中央编译局文库出版工作领导小组(编委会)

主　　任：贾高建
副 主 任：俞可平　魏海生　陈和平　柴方国　杨金海
委　　员：崔友平　沈红文　杨雪冬　季正聚　陈家刚
　　　　　赖海榕　郗卫东　张文成　刘明清

中央编译局文库出版工作领导小组办公室

主　　任：薛晓源
成　　员：徐向梅　苗永姝

中央编译出版社文库编辑中心编辑小组

刘明清　薛晓源　谭　洁　董　巍　贾宇琰
冯　章　曲建文　苗永姝　邓　彤　杜永明
盛菊艳　李媛媛　薛迎春　董　妍

国家"十二五"重点图书

马克思主义研究资料

第36卷

主　编　杨金海
副主编　冯　雷（常务）　薛晓源

国外马克思主义研究 II

本卷主编　冯　章

《马克思主义研究资料》顾问委员会

贾高建　俞可平　宋书声　殷叙彝　詹汝琮　张钟朴
李洙泗　冯文光　赵家祥　严书翰　梁树发　郭建宁

《马克思主义研究资料》编辑委员会

主　　编：杨金海

副主编：冯　雷（常务）　薛晓源

编　　委（按姓名拼音排序）

陈喜贵　冯　章　黄晓武　江　洋　李百玲　李义天
李媛媛　林进平　刘仁胜　刘　英　刘元琪　吕增奎
马　瑞　苗永姝　彭萍萍　盛菊艳　史清竹　武锡申
姚　颖　苑　洁　郑　锦　郑天喆　周艳辉

参加本卷编辑出版工作的有

邓　彤　韩继海　曲建文

总　序

呈献给读者的这套《马克思主义研究资料》丛书，旨在服务于我国正在实施的马克思主义理论研究和建设工程，积极吸收和借鉴国外马克思主义研究成果，对改革开放以来中央编译局编译的有关国外学者研究马克思主义的成果，以及少量相关的国内学者的研究成果整理出版，为我国马克思主义研究提供基础性的参考资料。本丛书计划出版37卷，三年内陆续完成编辑和出版工作。

编译国外学者关于马克思主义的研究成果，并对相关问题展开深入探讨，是马克思主义经典著作编译研究的基础性工作。中央编译局作为马克思主义经典著作编译研究的专门机构，历来十分重视这项工作。20世纪50年代以来，特别是改革开放以来，中央编译局的同志们编译了大量国外学者关于马克思主义的研究文献，也发表了不少自己的相关研究成果。这些成果曾经在中央编译局编辑的《马列著作编译资料》、《马列主义研究资料》、《马克思主义与现实》等刊物公开发表，或在内部刊物《马克思恩格斯研究》、《列宁研究》等刊载。这些成果对于推进马克思主义经典著作的编译和研究工作发挥了重要作用，时至今日，一些学者仍然把它们当做研究马克思主义的珍贵资料。

然而，随着近年来中央实施马克思主义理论研究和建设工程的深入推进以及马克思主义学科建设的快速发展，这些研究资料的留存情况已经远远不能适应形势发展的需要了。《马列著作编译资料》和《马列主义研究资料》早已停止出版，很多人难以找到原有资料；《马克思恩格斯研究》等内部刊物刊载的文章没有公开面世，也难以为人们广泛使用；而新编译的文献资料又很零散。因而，希望中央编译局提供马克思主义研究资料的呼声越来越高。

为了继承前辈的事业，适应学界的需要，尽可能全面系统地收集整理中央编译局近几十年来编译的国外学者关于马克思主义的研究成果以及相关的国内学者的研究成果，中央编译局专门成立了《马克思主义研究资料》丛书课题组，并对该项工作提供了基金资助。课题组不仅在局内组织力量进行工作，而且争取到社会力量的支持。经过课题组同仁两年多努力，已经形成一批编辑成果，还将继续补充、完善并陆续推出。这套《马克思主义研究资料》丛书就是这些成果的集中体现。

本丛书力求体现如下四个特点，这也是丛书编辑工作所力求遵循的四条原则：第一，保证文献性。本丛书主要收集改革开放以来中央编译局刊物发表的有关马克思主义理论编译和研究方面的成果，这些刊物包括公开出版的《马列著作编译资料》、《马列主义研究资料》、《马克思主义与现实》、《当代世界与社会主义》、《经济社会体制比较》、《国外理论动态》等，也包括内部刊物《马克思恩格斯研究》、《列宁研究》、《斯大林研究》、《马克思恩格斯列宁斯大林研究》等；少量收集其他杂志发表的中央编译局学者编译或撰写的有关文章；个别收集与中央编译局长期合作的其他学者的相关文章；对所收商榷性文章涉及的其他学者的成果，也作为附文收入，以示对相关学者的尊重，也便于读者在阅读正文时参考。收集整理这些学术成果的目的主要是为学界研究马克思主义提供参考资料,同时帮助人们了解马克思主义研究的历史进程和思想脉络。因此,本丛书所收文献力求保持其历史原貌,包括其中的人名、地名、术语、引文等,都不作改动,以便读者进行文献考证之用,只对个别错漏文字等进行校正,对于文中可能产生歧义的地方,以"本丛书编者注"的方式加以说明。其中读者特别应当留意的是译名、术语的不统一问题,例如关于《马克思恩格斯全集》历史考证版,就有多种表达方式:原文版、国际版和 MEGA 版,其中,往往又以"老"、"新"、"MEGA^1"、"MEGA^2"、"MEGA1"、"MEGA2"等来区分历史考证版第 1 版和第 2 版。第二,突出编译性。本丛书所收文献中,以国外学者的成果为主,包括国外学者关于马克思主义经典作家的著作、思想、生平事业,乃至书信往来、工作生活等方面的研究文献,凡比较有资料价值的,均在收集之列。如上所述,国内学者的相关考证性成果,包括经典著作翻译、版本、传播、重要术语考据等文献,凡具有资料价值的,也一并收入,但这部分内容所占比例较小。第三,力求系统性。上述几十年来形成的这些编译研究资料繁茂芜杂,十分零散,使用起来很不方便,编辑整理就更为困难。为把这些宝贵文献整理面世,使之更好地发挥作用,编辑人员下了很大功夫。在收集整理中,我们力图分门别类,尽可能将同类资料按照一定逻辑顺序编排,使之呈现一定的系统性,以便读者全面掌握有关资料。第四,力争权威性。本丛书力争选编国内外在相关研究领域具有一定权威性的专家学者的具有代表性和影响力的文献。为保证文献的权威性和准确性,我们对文献的引文进行了校订,特别是对有关马克思主义经典著作的引文进行了原版原文核对,并对注释尽可能地作了规范化处理,以便读者更准确地了解引文及其出处。

基于上述考虑，本丛书的编排体系大体分四个部分。第一部分是经典著作研究，包括关于《共产党宣言》、《资本论》等手稿、创作、版本、传播诸方面的研究文献；第二部分是基本理论研究，包括哲学、政治经济学、科学社会主义以及政治学、法学等方面的研究文献；第三部分是版本和传播、编译以及生平事业研究；第四部分是国外马克思主义研究。每一部分包括若干卷。每一卷都有本卷编辑说明，对本卷编辑的思路、内容和有关技术问题作简要交代。各卷内容按照逻辑顺序进行编排，在此基础上再按照时间顺序编排。各卷内容一般要作分类，并加分类标题，以便读者阅读研究。

需要说明的是，由于本丛书是整理编辑已有的文献，而且主要限于整理编辑中央编译局学者编译和研究的部分成果，这就决定了本丛书不可避免地存在一些缺憾。一是这些文献中有的观点不一定正确。选编这些文献并不意味着编者赞同其中的观点，我们的目的仅仅在于为人们研究马克思主义提供参考资料，其中正确的思想成果可以作为我们研究借鉴的思想资源，而错误的观点可以作为我们研究批评的对象。例如，对有关马恩对立论的观点，我们是不赞成的，但为了让研究者了解、研究和批评这种观点，也收入了相关文章。所以，谨请读者在使用这些文献时注意辨别是非。二是这些文献存在质量参差不齐的情况。由于这些文章的作者、译者水平不同，写作时间、背景、针对的问题、产生的影响以及发表的刊物等不同，其质量也就有一定差别。例如，有的概念和译文在今天看来不一定科学、准确，有的文献曾经很有价值而在今天看来最多只有学术史的价值。在选编过程中，我们尽量收入那些分量较重、影响较大的文献，但为了比较全面地反映学术史的原貌并提供尽可能详细的研究参考资料，也收入了一些篇幅较短、影响不大但有一定资料或史料价值的文献。另外,有少量比较重要的文献,由于作者或译者不同意收入,也不得不忍痛割爱。三是这些文献的系统性、规范性不太强。尽管我们努力按照上述编辑原则工作,对这些文献进行了分类整理,力求全面系统地提供给读者相关方面的文献资料,但由于这些资料十分繁杂,彼此之间的关联性不强,有的方面资料较多,有的较少,且发表的刊物、时间等不同,体例也很不统一,整理起来难度极大,加之各位编者的研究角度不同,水平各异,所以,每一卷书的结构、篇章、内容、观点等都不尽相同,其规范程度也不尽一致。对本丛书存在的以上不足或缺憾,谨请读者鉴谅;对其中可能存在的疏漏和错误之处,谨请读者批评指正。

本丛书在编写和出版过程中,得到了各个方面的大力支持。中央编译局对此项工作高度重视,始终给予鼎力支持。国家出版基金将本丛书列入2013年度资助项目。中央编译出版社为本丛书申报国家出版基金项目并最终立项,以及为丛书出版做了大量工作。本丛书所收文献的译者、作者和出版者,凡已联系上的,均给予我们大力支持,同意使用这些文献;对尚未联系上的,我们将尽力联系,也请相关同仁主动联系我们。丛书顾问委员会的专家对丛书的编写工作给予热情指导,编委会成员和课题组同仁为丛书的编写付出了辛勤劳动。在此一并致以衷心的谢意!

《马克思主义研究资料》
编辑委员会
2013 年 12 月 10 日

编辑说明

本卷收录了国外马克思主义研究方面的历史文献和研究论文 30 篇，内容上分为五个部分。

第一部分是对卢卡奇哲学思想和著作的研究，共 10 篇文章。第二部分介绍了葛兰西的霸权理论和对他的回忆文章，共有 5 篇。第三部分有 5 篇文章，论述了科尔施的理论贡献。第四部分分析了布洛赫对马克思主义的创新和他的生命哲学以及乌托邦思想。第五部分是研究阿尔都塞的认识论、结构主义的马克思主义和人道主义方面的论文，和分析科莱蒂关于黑格尔主义和马克思的关系的文章。

为保持文献性，本丛书的注释尽量保持原貌，不作改动；但对原注释有错误或有遗漏的，我们尽可能查阅了有关文献，作了必要的规范和完善；对有些查找不到的，保留原来的内容和格式。

目 录

关于卢卡奇的哲学观点

　　〔苏〕B. H. 别索诺夫　H. C. 纳尔斯基　M. B. 雅科夫列夫 ………… 1

纪念格奥尔格·卢卡奇

　　〔苏〕《哲学问题》杂志编辑部 ………………………………… 18

卢卡奇的《社会存在的本体论》

　　〔苏〕H. C. 纳尔斯基 …………………………………………… 23

卢卡奇的马克思主义和黑格尔主义

　　——《历史和阶级意识》述要

　　〔英〕G. H. R. 帕金森 …………………………………………… 39

卢卡奇的一篇重要谈话 ……………………………………………… 70

卢卡奇和胡塞尔

　　〔匈〕米·瓦伊达 ………………………………………………… 87

卢卡奇和生命哲学

　　〔西德〕R. 施太格瓦尔德 ……………………………………… 111

苏联哲学家代表团在纪念捷尔吉·卢卡奇诞辰一百周年的国际会议上

　　〔苏〕M. A. 赫维什 ……………………………………………… 153

一本关于马克思主义的新书
　　——与格·卢卡奇商榷
　　〔德〕赫·顿凯尔 ………………………………………… 163
作为帝国主义时代资产阶级哲学批判者的卢卡奇·捷尔吉
　　〔苏〕Т.Н.奥伊则尔曼 …………………………………… 167

＊　　＊　　＊

纪念葛兰西
　　〔英〕马丁·稚克　罗哲尔·西蒙　吉诺·贝达尼
　　　　安娜·肖斯塔克·萨松 ………………………………… 182
拉布里奥拉和葛兰西
　　〔苏〕留·阿·尼基奇切 ………………………………… 189
葛兰西之前的霸权理论：克罗齐案例
　　〔美〕埃德蒙·E.雅格比蒂 ……………………………… 198
葛兰西与霸权理论
　　〔美〕托马斯·R.贝茨 …………………………………… 213
葛兰西的从属和霸权理论
　　〔美〕卡尔·科尔施 ……………………………………… 227

＊　　＊　　＊

卡尔·科尔施（摘译）
　　〔英〕E.J.霍布斯鲍姆 …………………………………… 240
卡尔·科尔施的理论贡献
　　〔南斯拉夫〕普·弗兰尼茨基 …………………………… 246
卡尔·科尔施对马克思主义哲学的反列宁主义解释
　　〔苏〕С.М.布莱约维奇 …………………………………… 258

科尔施的"走向马克思的道路"

　　〔美〕保·布赖纳斯 ………………………………… 273

作为现实性的马克思主义（摘译）

　　〔西德〕米·布克米勒 ………………………………… 292

＊　　＊　　＊

哲学的实践

　　——布洛赫、葛兰西和卢森堡对马克思主义传统的创新

　　〔比〕卢多·阿比希特 ………………………………… 309

恩斯特·布洛赫和生命哲学

　　〔联邦德国〕R.施泰格瓦尔德 ………………………… 333

恩斯特·布洛赫——乌托邦和希望的思想家

　　〔南〕戈·施科里奇 …………………………………… 340

＊　　＊　　＊

阿尔都塞的认识论

　　〔英〕阿·卡林尼柯斯 ………………………………… 352

阿尔都塞的体系（摘译）

　　〔英〕阿·卡林尼柯斯 ………………………………… 370

阿尔都塞和结构主义马克思主义的兴起

　　〔美〕亚瑟·希尔施 …………………………………… 392

阿尔都塞和沙夫在人道主义问题上的对立

　　〔苏〕瓦·瓦·凯舍拉瓦 ……………………………… 409

从阿尔都塞的视角反思马克思的价值形式分析

　　〔希〕约翰·米利奥斯 ………………………………… 425

请你重读阿尔都塞
　　〔法〕雅克·比岱 ………………………………………… 443

＊　　　＊　　　＊

黑格尔主义和马克思：对科莱蒂的批判
　　〔美〕安·史密斯 ………………………………………… 455

关于卢卡奇的哲学观点[*]

〔苏〕В.Н.别索诺夫　Н.С.纳尔斯基　М.В.雅科夫列夫

格奥尔格·卢卡奇的活动（包括理论和实践两方面）是在二十年代开始的。他留下了大宗理论遗产，在过去和现在一直引起尖锐的争论和讨论，在国际工人运动的内部和外部得到各种不同的评价。共产主义的敌人（无论是资产阶级还是修正主义）至今还企图利用卢卡奇的名字、他的观点的矛盾方面和错误方面来反对马克思列宁主义，"证明"仿佛卢卡奇是马克思主义"正统"的最后一个代表人物。而某些资产阶级"理论家"则公开宣称卢卡奇是"修正主义的先锋"。至于卢卡奇本人，他曾不止一次地对自己的观点进行批判的考察，力图克服先前犯过的错误（有时候以新的形式重犯，又重新加以改正）。

在半个世纪的理论活动中，卢卡奇写了许多关于马克思主义哲学问题的著作。他竭力捍卫马克思主义，反对第二国际的机会主义者对它进行的庸俗的、机械论的歪曲，对十九世纪资产阶级思想的各种颓

---

[*] 本文选自《马列主义研究资料》1982年第6辑。

原题注：本文是别索诺夫《打着新马克思主义幌子的反马克思主义》一书（1978年莫斯科思想出版社版）中的一节，标题是译者加的。别索诺夫在脚注中说明，这一节是他同纳尔斯基和雅科夫列夫二教授合作写成的。

废的和反动的思潮进行了批判，热忱地和坚定地揭露了作为意识形态和政治运动的法西斯主义。他在文学和艺术理论方面的活动特别丰富多彩和富有成果。他揭示了艺术中各种形式主义概念的丑恶社会本质以及毫无生命力，对马克思主义美学的发展作出了一定的贡献。资产阶级"马克思学家"和"新马克思主义者"否认工人阶级在解放斗争中的领导作用，卢卡奇与他们相反，他认为正是工人运动是这一斗争的领导力量。如果说卡·科尔施认为俄国十月革命的经验是对马克思主义的"明显"否定的话，那么卢卡奇则相反，他认为是对马克思主义的明显肯定。

卢卡奇是从唯心主义哲学走向马克思主义世界观的。他在海德堡和弗赖堡学习期间，受到狄尔泰和西美尔的"生命哲学"以及李凯尔特的新康德主义哲学和维贝尔的社会学的影响；后来在维也纳和曼海姆一起讨论了意识形态理论问题。然而不久之后，卢卡奇爱上了黑格尔学说，他虽然在这个时候已开始系统地研究马克思的著作，然而他承认暂且还是"以黑格尔的眼光"来看待马克思的；还应该补充一点，对黑格尔本人他是以费希特的眼光来看待的。

在匈牙利共产党成立之后不久，卢卡奇加入了它的行列。他积极参加1919年匈牙利苏维埃共和国的政治生活，是共和国政府的教育文化人民委员，然后又是在前线作战的第五师的政治委员。因此，卢卡奇在理论方面接近马克思主义立场之前就已成为革命运动的积极参加者了。

这一情况，以及卢卡奇开始积极参加革命运动的那种历史环境的特点，给他的思想理论观点和政治立场的形成打上了明显的印记。资本主义各国革命斗争的高涨使那些年代的许多革命者产生了世界无产阶级革命必然很快获胜的深刻信念。在这种环境中，许多共产主义者犯了所谓的"左派"幼稚病,这反映了不坚定的、易于从一个极端摇摆到另一个极端的小资产阶级革命性对工人运动的影响。这个毛病卢卡奇也未能幸免。

据他自己承认,在这些年代他充满左倾宗派情绪;他迷恋若·索列尔的无政府工团主义思想。罗·卢森堡和艾·萨博的著作对他产生了特别大的影响。此外,他受到了"左派共产党人"的严重影响,但是,他说他也"几乎"认识了列宁的革命理论。

像许多"极左派"一样,卢卡奇把匈牙利革命事件的发展看作完全是"资产阶级阶级意识对无产阶级阶级意识的投降"。① 他流亡奥地利时,与极左派——意大利的博尔迪加和特拉契尼以及荷兰的潘涅库克和戈尔斯特——密切合作。这些集团团结在《共产主义》杂志(第三国际内的极左派的机关报)的周围,像后来卢卡奇说的那样,这个杂志实质上站在宗派的立场上,宣扬"救世主义的和乌托邦的目标"宣布"和资产阶级世界的一切制度和生活方式实行全面决裂"。

卢卡奇的《论议会制问题》一文就是在这种条件下产生的,他在这篇文章中坚决反对参加资产阶级议会。大家知道,列宁批评了这篇文章:"格·卢的文章左得很,坏得很。这篇文章中的马克思主义纯粹是口头上的,'防御'策略和'进攻'策略的区别是臆想出来的;没有对一定的历史情况的具体分析;没有注意最主要的东西(必须夺取和学会夺取资产阶级所借以影响群众的一切工作部门和机关等)"。②

卢卡奇认为列宁的批评是他世界观"转变的开始"。但是后来他说:"我还长期停留在宗派的立场上",他的确仍然继续跟随极左的工

---

① 卢卡奇:《历史和阶级意识》,1923年柏林版第79页。
② 《列宁选集》第4卷第289—290页。

团主义反对派反对共产国际的路线。据他自己承认，在趋极端的主观主义意义上的宗派主义最严重地影响了他对无产阶级革命的国际前景的估价，他在这方面表现了幅度极大的动摇，从极端兴高采烈变到悲观失望。

在十月革命后头几年的这种复杂的历史情况下，他写成了《历史和阶级意识》一书（1919—1922年），这本书对二十年代、三十年代和六十年代的修正主义者，以及资产阶级的存在主义哲学家和"法兰克福学派"的代表人物产生了极大的影响。这本书是一个论文集，这些论文的大部分是在1918—1923年间在期刊上发表了的。其中最有份量的一篇是《物化和无产阶级意识》。

在这本书的序言中，卢卡奇声称，他打算对马克思主义提出与第二国际机会主义者的庸俗唯物主义解释相对立的"真正马克思"精神的解释。第二国际的机会主义者把马克思主义只是看作客观主义的经济学说，他们在康德主义和实证主义的影响下把社会辩证法抛弃了或者庸俗化了，对历史唯物主义进行了教条式的歪曲。卢卡奇认为，恢复革命马克思主义必然和恢复黑格尔辩证法、黑格尔传统联系在一起。他正是把这点看作是《历史和阶级意识》的任务。写这本书表示作者想要站在马克思主义哲学的立场上，尽管这个愿望在许多方面并没有实现。在这本书中，他尖锐地提出了马克思主义的一些重要理论问题——哲学的对象和社会意义、社会过程的辩证法、人类实践的结构、主观因素、个人的积极性以及无产阶级世界观和资产阶级世界观对立的意义等。

他还专门考察了异化问题（在马克思的《1844年经济学哲学手稿》发表以前）。这样，卢卡奇就是最先提请研究者注意马克思主义异化概念，企图说明这个问题在马克思主义整个思想体系中的地位和意义的人们之一（虽然卢卡奇本人在本书中所阐述的异化概念不能认为是马克思主义的）。

整个说来，《历史和阶级意识》是一部不成熟的著作，带有卢卡奇在当时还没有克服的黑格尔主义和无政府工团主义的深刻痕迹。在这本书中，他把费希特、黑格尔和马克思的哲学立场说得过分接近，实质上把历史唯物主义同黑格尔的"历史中的合理性"概念等同起来了。卢卡奇宣布马克思对黑格尔的批判是黑格尔对其前辈进行的批判的直接继续和发展（不过，正像我们已经指出的，他对黑格尔本人也按费希特的精神进行了"重新加工"）。马克思的辩证方法被他看作是"黑格尔力图达到而未能达到的那种东西的合乎逻辑的继续"。

由于把黑格尔的辩证方法和马克思的辩证方法等同起来，《历史和阶级意识》按其基本的哲学立场和结论来看，在许多原理中带有唯心主义性质。例如，卢卡奇承认存在着社会过程的辩证法，却不赋予独立于主体的自然过程的辩证法以任何意义。他认为辩证法中主要的东西是主体和客体的相互作用，并把客体（其中也包括自然界）解释成为只是社会范畴。

按早期卢卡奇的理解，历史过程的基础按本质说是意识，意识使历史朝着早就包含在其中的目的发展。由于这个缘故，革命过程事实上被他描绘成只是意识"改革"的结果。在他对总体性、异化和中介等范畴的作用的夸大中，以及在他对实践范畴的解释中，也表现出了同样的错误。

"总体性"范畴，卢卡奇和科尔施一样，是从黑格尔那里借用来的，卢卡奇赋予这个范畴以特别的意义。卢卡奇在自己的整个活动期间，一直认为制定这个范畴是他的重大成就。他在1967年写道："毫无疑问，《历史和阶级意识》的巨大功绩在于，它给被社会民主党机会主义的'科学性'打入冷宫的总体性范畴重新赋予了决定性的方法论意义。"① 在这里，他说总体性范畴的意义在于，它使得有可能以对社会生活的全部过程和现象的相互联系和相互作用的系统辩证的研究来克服对现实的实证主义和折衷主义的描述（在考茨基那里则是按形而上学多因素论精神的描述）。

大家知道，在黑格尔那里，"总体性"范畴尽管有很深刻的辩证内容，归根结蒂是要在较高级的精神综合中调和矛盾。早期卢卡奇把这个范畴变为方法论原则，事实上跟科尔施一样，是要利用它在社会过程中掩盖其决定性的客观方面。"总体性"原则归根结蒂是反对历史唯物主义的。历史唯物主义在解决社会现象方面的哲学基本问题时，以经济占首位的原理作为出发点。这个原理被卢卡奇宣布为狭窄的和原始的。他写道："马克思主义和资产阶级科学的决定性差异，不是经济动机在解释历史中占首位的原则，而是总体的观点……"② 卢卡奇从总体性原则引出的纲领性要求之一，是把社会"封闭起来"，使它的内部中介绝对化，从而脱离开自然界来对它进行考察。

卢卡奇早期著作中的许多类似的提法都很含糊和容易产生误解：它们一方面真的反对第二国际机会主义者的"经济唯物主义"，但是另一方面也反对对经济过程及其对社会生活的影响进行客观科学分析。当时作者几乎没有在任何一处作过必要的确切说明，这使得有可能对《历史和阶级意识》一书的许多地方作不同的解释。这一切，以及卢卡奇本人把书中提出的原理说成是真正马克思主义原理的情况，注定了围绕着这部著作会进行复杂的思想斗争。

---

① 卢卡奇：《历史和阶级意识》1968年西柏林版第23页。
② 卢卡奇：《历史和阶级意识》1923年柏林版第39页。

卢卡奇按照"总体性"原则断言"自然界是社会范畴",并且赋予这个论点以多层次的意义:1) 人的感性的、自然的东西是不能同理性的、社会的东西分割开来的,这就是说,任何把理论和实践分开的做法都是错误的,应该捍卫实践的"总体性";2) 对自然界进行客观的考察是多余的,因为这违背这一原则:"任何部分的考察都是机械主义的";3) 自然界只有作为已经被包括进社会关系范围的、被改造了的产物,对社会过程说来才是有意义的。① 在这个问题上,卢卡奇批评了赫拉克利特和爱利亚派的观点,证明它们是对现实采取非辩证态度的反映。根据他的意见,黑格尔在《自然哲学》中也背离了历史主义的原则,因为他采取了非辩证的、主观的、以消极反映自然界的原则为基础的"实践"概念。

卢卡奇在否定自然辩证法时,还和恩格斯进行论战。卢卡奇说:"认识到这种方法只适用于历史和社会领域,极为重要。恩格斯对辩证法的表述之所以造成误解,主要是因为他错误地跟着黑格尔把这种方法扩大应用于自然界。而辩证法的一些基本要素,如主体和客观的相互作用、理论和实践的统一、各个范畴背后的现实的历史变化是思想变化的根本原因等等,并不存在于我们对自然界的认识中。"② 卢卡奇事实上按新黑格尔主义的精神不容许有关于在客体之间存在着辩证的相互作用的思想,正像我们已经指出的那样,他只接受主体和客体联系的辩证法,在这种辩证法中"客体"也已浸透了主体性。

当然,在人类社会之外或人类社会之前的自然界中,也就是在离开主体孤立地加以考察的自然界中,不可能有主体和客体的相互作用,但

---

① 卢卡奇:《历史和阶级意识》1923 年柏林版第 152 页。
② 卢卡奇:《历史和阶级意识》1923 年柏林版第 17 页。

是这丝毫也不损害辩证法。恰恰相反，把被解释成为主体活动的辩证法的社会辩证法同真正客观世界的辩证法分割开来，认为后者是一种"不重要的东西"，就完全抹杀了马克思关于自然界和社会之间的"物质交换"的原理，并且坚定不移地促使卢卡奇跟在麦·维贝尔之后对社会历史过程的本质进行唯心主义的歪曲，否定可能有关于社会现象的客观科学，从而否定革命行动的客观基础。

卢卡奇用社会"吞掉"自然界的借口是，在"整体"（实在）的各部分（领域）之间划定硬性的、绝对的界线是形而上学的。这个道理是对的。但是相对的界线无疑是有的，承认相对的界线决不意味着客观考察的"形而上学性"。而我们借助我们的实践活动（即人、主体的活动）来认识自然界的事实，以及我们周围是我们创造的社会物质的自然界即所谓第二自然界（机器、建筑、通讯联系的手段等）的情况，决不意味着可以忽略没有被生产作用及一切社会作用所触动的自然界：没有这个"第一"自然界，也不可能有"第二"自然界。缩小客观的、独立于人的自然界实在的意义，能使人摆脱宿命论，但是要付出很大的代价，这代价就是走上主观主义唯意志论的立场。上述观点也就使卢卡奇走上了这种立场。卢卡奇在这部书中还从唯心主义立场考察了无产阶级阶级意识形成的问题。他力图证明，真正的无产阶级阶级意识是从无产阶级在资本主义生产方式条件下的物质状况中自己产生出来的。卢卡奇在分析无产阶级阶级意识时，利用"物化"范畴作为中心范畴。按他的意见，无产阶级意识是资本主义生产关系"物化"的直接反映；卢卡奇认为，由此应得出结论，无产阶级的阶级意识同时是资本主义社会关系的自我意识，也就是说，它拥有正确而深刻地认识资本主义社会过程和发展趋向的力量和能力。卢卡奇的错误在于，他在解释社会意识问题时从新黑格尔主义的思维和存在、主体和客体、理论和实践同一的立场出发。对他说起来,"无产阶级是历史过程的同一的主体—客体,即历史上第一个能够(客观地)认识社会的主体",①毫无疑问,无产阶级的社会地位是客观认识社会发展规律的前提。然而,卢卡奇在这里忽略了马克思主义所确定的日常的、经验的认识和理论的、科学的认识之间的差别,毫无根据地赋予前者以揭示资本主义社会深刻本质及其历史发展趋势的能力。大家知道,马列主义的观点是,自发产生的无产阶级意识是小资产阶级的、工联主义的意识。社会主义的意识只能在科学的基础上产生出来,它是由站到无产阶级立场上来的学者们制定出来,由工人阶级的政党灌输到工人群众当中去的。

卢卡奇把无产阶级看作是自我认识和历史过程的"主体—客体",事实上是把客观实在(这里是资本主义社会制度)溶化在意识中,而把意识看作是革命行动的唯一尺度和标准。他断言,随着无产阶级"全面"斗争的发展,必然性将被"排除",主观因素将成为贯通一切的力量,特别是因为,一般说来,"任何社会的力量本质上都是精神力量"。②根据这一切结论,卢卡奇实质上开始把共产党的活动归结为只是文化教育活动,否定它们在无产阶级革命运动中的领导的、组织的和意识形态的作用。共产党的任何"以国家为目标的"政治活动,在卢卡奇看来,都应该被看作是偶像崇拜性的活动而加以"克服"。③卢卡奇的这些抽象的和绝对错误的说法,现在被右的和"左"的修正主义者用来反对马列主义的党的学说和革命学说。早期卢卡奇还按照自己的"总体性"原则解释了实践概念:在人们的生活中一切都是实践,除此

---

① 卢卡奇:《历史和阶级意识》中的《物化和无产阶级意识》一文的第6节。
② 卢卡奇:《历史和阶级意识》1923年柏林版第54页。
③ 卢卡奇:《历史和阶级意识》1923年柏林版第54页。

之外一无所有。然而，卢卡奇没有把人们的劳动生产实践当作他们一切实践活动的基础来分析。因此，卢卡奇尖锐地反对了恩格斯关于实验和工业形式的实践是认识标准的原理，并且宣称实验和工业是"直观的"活动。究竟什么是实践呢？就是主体的主动性被用于由这主动性所产生出的、同主体分离开的对象化的介质。点卡奇对实践的这种理解后来得到萨特和《实践》杂志的修正主义者们的附和，带有明显的费希特色彩，结果，物质被溶化在实践中，而实践变成了"社会的本体论基础"，一般被理解为主体的创造性活动，事实上被看作是独立于真正物质实践之外的东西。

从这个概念出发，卢卡奇宣布无产阶级的思维为实践的理论。他曾不止一次宣布，"马克思的学说必须每日每时地重新在实践中加工"。[①]这里也没有谈到党在实现革命理论过程中的组织和领导作用。卢卡奇实质上把共产党的实践活动、甚至整个主体因素的内容归结为似乎对无产阶级所有阶层说来都同时发生的先进意识的发展过程。他写道："要知道，党的力量是道义上的……"[②] 这些以及诸如此类的不确切的提法使卢卡奇的概念更加接近对实践的唯心主义理解。根据这一切原因，未必能够把卢卡奇的《历史和阶级意识》一书看作是马克思主义哲学的前进的理论发展中的一个环节。它当然是卢卡奇本人思想发展中的一个环节，但是它的一般社会理论影响在许多方面不仅没有促进，而且还阻碍了马克思主义思想的发展。在1934年，卢卡奇在莫斯科共产主义科学院哲学研究所的学术会议上，对自己这部早期著作进行了公开批评，说这是"下半截的唯心主义"，而且他想在"上半截"，即在理解社会生

---

① 卢卡奇：《我走向马克思的道路》。见本辑第240页。
② 卢卡奇：《历史和阶级意识》1923年柏林版第54页。

活方面成为唯物主义者，也是徒劳的。同时，卢卡奇强调指出列宁的《唯物主义和经验批判主义》一书在他的思想发展中所起的作用。他说，他在《历史和阶级意识》一书中所陷入的错误，"完全背离了马克思主义的路线"，列宁在《唯物主义和经验批判主义》中曾对这类背离进行过毁灭性的批判。卢卡奇承认，列宁对马赫主义"下半截唯心主义"的批评"恰恰击中了我的书的中心错误，虽然我从来没有接触过马赫主义。我反对反映论、反对马克思和恩格斯的自然辩证法观点，是这类'下半截唯心主义'的典型表现形式"。卢卡奇强调指出，"不言自明，结果'上半截的唯物主义'只能是唯心主义地歪曲了的'马克思主义'；对这一点，可以用我的书中所论述的所有具体问题来详细地说明，从哲学问题开始到阶级意识的定义和危机理论为止"。

卢卡奇指出，列宁对马赫主义的批判之所以有永久的意义，还因为它在实质上是对帝国主义时期所有资产阶级哲学的反动唯心主义倾向的批判。卢卡奇指出资产阶级哲学和马赫主义对认识论问题的提法很相似，由于资产阶级哲学中的大多数主观唯心主义流派（新康德主义、生命哲学）都是在马赫主义之外独自发展的，这种相似就更加令人吃惊。例如，尼采就采取了表面上反唯心主义的立场。卢卡奇认为，这种相似在克拉格斯的认识论中表现得最突出。按照克拉格斯的意见，认识论有两种主要可能的情况。一方面是逻辑中心论（无论唯物主义还是唯心主义都可作此理解），另一方面是新的、凌驾于唯物主义和唯心主义的"过时的"对立之上的生命哲学——生物中心论。卢卡奇指出，对这种认识理论法西斯主义的意识形态赋予重大的意义，因为法西斯主义的种族理论正是建立在这种认识理论，也就是直觉主义、生物学神秘主义的基础之上的。卢卡奇发现，马赫主义、马赫主义对马克思主义的修正以及各种资产阶级哲学流派在对因果关系问题的解释上也有一定的相似之处。拒绝因果概念、建立"新的""无因果概念"的科学是资产阶级唯心主义哲学的重要方法论原则和目的。这个倾向是这样实现的：先提出特殊种类的减弱了的因果概念形式（李凯尔特），然后在有因果概念的科学一旁提出"无因果概念"的科学（狄尔泰的分析的和描述的心理学），最后，非理性的"生命哲学"用无因果概念的"生命"领域与"僵死的"因果概念相对立（柏格森）。施本格勒按同样的精神提出建立无因果概念的历史"普通形态学"作为科学的最高目的等等。卢卡奇指出，所有这些唯心主义倾向在法西斯主义官方意识形态的折衷的神秘主义中达到了自己的顶点（博依姆勒、罗森堡）。所以，卢卡奇强调说，保卫唯物主义的斗争、恢复唯一正确的哲学战线，即唯物主义反对唯心主义的斗争，这一切正如列宁在《唯物主义和经验批判主义》中所表明的，是哲学的基本的、决定性的问题，是马克思主义哲学家党性的决定性特征。

卢卡奇作这种自我批评，在很大程度上要归功于他在莫斯科读到了他先前不知道的、首次发表的马克思的《1844年经济学哲学手稿》。他在马克思这部著作的影响下，重新审查了他关于异化的观点，放弃了黑格尔把异化和对象化等同起来的观点以及其他的唯心主义原理。他在1967年写道："我明白了，对象化是人克服自然世界的结果，而异化是在一定的社会情况影响下实现的……于是，构成《历史和阶级意识》特点的理论基础就被彻底摧毁了"。①

在自传体的论文《我走向马克思的道路》（1933年）中，他写道："尽管已经有意识地试图用马克思来克服和'扬弃'黑格尔，但是一些有决定意义的辩证法问题（如自然辩证法、实践概念、反映论等等）

---

① 卢卡奇：《历史和阶级意识》1968年西柏林版第22、23页。

还是按唯心主义方式解决的"。

据卢卡奇自己承认,他的实际的党的工作、苏共、德共的活动经验、在群众组织中反对右倾社会民主党人的改良主义路线和法西斯主义意识形态的直接意识形态斗争,对他产生了很大的影响。卢卡奇强调指出,"这一切更加强了我的这一信念,即对唯心主义的甚至最微不足道的让步也意味着对无产阶级革命的危险。这样,我不仅了解了我的书的理论错误,而且也了解了它的实际危险,我要坚决地在工人运动中反对任何唯心主义的倾向。"①

在1967年他再一次谈到《历史和阶级意识》:"这本书对我说来成了完全异己的东西……"② 在1967年为这本书再版写的序言中,卢卡奇把对实践概念的解释看作是《历史和阶级意识》一书的基本错误之一。他指出,在与宣布认识独立于实践的资产阶级的及其他形而上学的概念论战时,他自己"没有察觉,如果实践概念不建立在真正物质生产实践的基础上,不建立在作为它的最初形式和模式的劳动的基础上,那么这个概念就得到唯心主义的解释"③。卢卡奇正是根据唯心主义理解的实践概念,错误地把自然科学看成反辩证法的、直观的活动,然而在实际上,自然科学是被马克思和恩格斯理解为人们历史实践的本质和主要内容的物质改造活动的组成部分。卢卡奇强调说,"在这一切当中,有未被克服的和未进行唯物主义改造的黑格尔遗产的影响"。卢卡奇指出忽略自然界的客观辩证法是他这本书的主要错误。他写道,《历史和

---

① 卢卡奇:《〈唯物主义与经验批判主义〉对共产党布尔什维克化的意义》,载《在马克思主义旗帜下》1934年第4期。
② 卢卡奇:《历史和阶级意识》1968年西柏林版第42页。
③ 卢卡奇:《历史和阶级意识》1968年西柏林版第20页。

阶级意识》从而有意无意地、自觉不自觉地反对了"马克思主义的本体论基础",模糊了资产阶级世界观和社会主义世界观之间的"根本界线"。① 卢卡奇声明,他认为"自己的责任是提醒读者注意错误结论,这些错误结论也许在当时几乎是不可避免的,但是现在早已不是这种情况了"。

然而,尽管作者作了这种自我批评,《历史和阶级意识》一书的错误理论还是起了不小的消极作用。卢卡奇这部早期著作的思想,同卡·科尔施的类似概念一起,早在二十年代就在德国得到广泛的流传,在有批判意识的知识分子头脑中造成了混乱。毋庸争论,海德格尔的许多原理、萨特的《存在与虚无》也发端于卢卡奇的这部著作。

萨格勒布的《实践》杂志的修正主义者们在五十年代宣布卢卡奇是自己的精神导师。例如,弗兰尼茨基认为,卢卡奇比其他马克思主义者更深刻地理解了马克思《关于费尔巴哈的提纲》中所阐述的人的概念,比其他理论家更多地阐发了马克思的根本理论成就,他由于分析了异化、物化及其对个体意识和阶级意识的影响似乎"加深了马克思的中心问题之一和当代世界、当代人类的最根本问题之一,这个问题如果不解决,任何无产阶级革命都不能完成自己的历史任务"。② 在"法兰克福学派"中,卢卡奇这部早期著作对马尔库塞,在一定程度上对阿多尔诺和霍克海默,以及这个学派年青一代的代表人物施密特和涅格特产生了强烈的影响。图宾根福音派的马克思主义批评者(提尔、费切尔等)也常常援引它。青年卢卡奇对"新左派"的许多理论家也产生了很大的影响。所有"最新的"资产阶级"马克思学家"、"新马克思主义者"

---

① 卢卡奇:《历史和阶级意识》1968年西柏林版第20页。
② 弗兰尼茨基:《马克思主义史》第1卷第503页。

和修正主义者的一个主要观点，认为恩格斯作为理论家是和马克思对立的，他建立作为客观辩证法和反映理论的辩证唯物主义，"背叛了"作为异化理论的真正马克思主义——这个论点的来源不仅有新康德主义者和无政府工团主义者（索列尔等）的著作，而且也有《历史和阶级意识》。

卢卡奇对这本书的错误的批判并不是全面的和始终一贯的。例如，在1967年为《历史和阶级意识》第二版写的《序言》中，卢卡奇写道，"绝对不想说，这本书中所表述的思想统统一定是错误的。情况当然不是如此。在第一篇文章开头，我对马克思主义的正统性下了一个定义，按照我的信念，这个定义不仅在客观上是正确的，而且在今天马克思主义复兴的前夕，仍然具有巨大的现实意义。我指的是这一点：假定新的研究毫无疑义地证明了马克思的一切论述都站不住脚，每个真正'正统的马克思主义者'当然会承认这些新的结论，放弃马克思的一切论点，而仍然完全保持'马克思主义的正统性'"。他又强调说："马克思主义的正统性几乎只涉及方法"。[①] 非常清楚，决不能这样提问题。马克思的方法是不能和构成其基础的理论原理和结论、体现这个方法并且检验和证实这个方法的具体分析分开的；理论和方法是不可分割地联系在一起的；接受和"恢复"马克思的方法而不要他的理论学说——这是毫无约束力的含糊声明。

显然，卢卡奇不想半途而废。为了彻底弄清楚马列主义哲学的复杂问题，他打算写一部巨著《社会存在的本体论》，按照作者的意图，这部著作应该从马克思主义立场彻底阐明劳动、实践、社会生活条件再生产、意识形态和异化等范畴。这部手稿用德文发一表了一些片断，对它

[①] 卢卡奇：《历史和阶级意识》1968年西柏林版第13页。

们的分析表明，这位哲学家的观点有一定的进步，虽然并没有完全克服以前的一切错误。

应该说明，卢卡奇整个说来是属于马克思主义、属于列宁主义的。例如，在《列宁》一书中（该书在1924年写成并第一次发表，1967和1969年用德文、1970年用匈牙利文出了增订版），卢卡奇极高地评价了无产阶级革命领袖列宁的理论和实践功勋，强调指出，列宁作为马克思革命活动的伟大继承人，为分析和评价现时代做了写克思为资本主义形成和发展时代所做的同样的工作。他指出，只是随着列宁的出现才开始了马克思主义的真正复兴，正是列宁恢复了马克思学说的纯洁性和真正本质，无条件地同资产阶级和机会主义对马克思主义的任何歪曲决裂。

资产阶级和机会主义活动家认为列宁只是"伟大的俄国政治家"，指控他把只适用于俄国条件的经验"无批判地"、"无根据地，推广到发达资本主义国家，甚至推广到全世界，卢卡奇对这种诽谤谰言予以坚决驳斥。他提醒说，马克思主义的敌人也对马克思提出过同样的指责，说他把观察英国经济生活得出的结论"冒充为"社会发展的普遍规律。但是，卢卡奇指出，马克思的历史性天才正是在于，他"在英国工厂的微观世界中看到了资本主义生产方式、整个资本主义宏观世界的社会前提、条件、倾向"。①

同样，卢卡奇指出，列宁能够看到一切现象和过程的整体性、它们的辩证关系和相互联系，也是由于他的历史性天才。正是这种天才使得列宁能够在俄国无产阶级革命中看到"世界历史的前景"，并且指出无产阶级革命在世界历史上的迫切性，它在实际上已被提上日程。卢卡奇在评价列宁的整个活动时写道："列宁不仅为马克思主义清除了各种庸

---

① 卢卡奇：《列宁》1967年西柏林版第9—10页。

俗的简单化和捏造，而且还向前发展了马克思主义的方法，使它变得更具体、更有内容。列宁主义意味着，历史唯物主义的理论已成为实际的理论。"①

但是卢卡奇仍然未能全面地阐明马克思主义哲学发展中的列宁主义阶段的内容问题。尽管如此，他对列宁主义的评价完全驳斥了"新马克思主义者们"想把卢卡奇与列宁对立起来，宣布他是马克思学说的真正继承者、真正表达者的企图。

（杜章智 译）

---

① 卢卡奇：《列宁》1967年西柏林版第76、77页。

纪念格奥尔格·卢卡奇[*]

〔苏〕《哲学问题》杂志编辑部

著名的匈牙利哲学家、文学批评家和社会活动家、匈牙利科学院院士格奥尔格·卢卡奇于今年六月逝世。

格·卢卡奇有很复杂的遭遇。他主要是哲学家,他把他的极其渊博的知识、论战家的才能和研究家的精力用来研究解决最现实的精神问题。卢卡奇的著作以立论尖锐著称,引起了世界哲学界的重视。同时,卢卡奇的观点并不总是前后一贯,他有时犯严重的政治错误。

卢卡奇在布达佩斯、柏林和海德堡接受了哲学教育,他的老师中有西美尔、维贝尔等人。在1911—1912年,卢卡奇出版了他的头两本书——《现代戏剧发展史》和论文集《美学文化》,在其中还可以强烈地感觉出唯心主义哲学的影响。这时他已经接触了卡·马克思的著作,但是据他自己承认,他当时是"通过西美尔和维贝尔的三棱镜"看马克思的,即把他首先看作是经济学家和社会学家。的确,他

---

[*] 本文选自《马列主义研究资料》1982年第6辑。

原题注:这是苏联《哲学问题》杂志编辑部在格奥尔格·卢卡奇逝世后发表的悼念文章,载于该刊1971年第1期。从本文和下面别索诺夫等人的文章,可以看出苏联理论界对卢卡奇的一般评价。

由于比他的这两位老师更富于情感,领会了马克思著作的批判的、反资本主义的性质,不过他也跟这两位老师一样对唯物主义辩证法的意义估计不足。

在匈牙利苏维埃共和国失败以后(1919年),卢卡奇流亡到维也纳。维也纳流亡时期对卢卡奇说来是探索完整的、没有内在矛盾的世界观,进行紧张的工作和学习的时期。卢卡奇及其同志们——匈牙利、波兰、德国及其他国家的共产党人流亡者——在俄国十月革命获得成功、苏维埃政权取得内战胜利的鼓舞下,在这些年代认为,尽管在他们自己的国家里革命起义遭到失败,世界革命的实现是最近将来的问题,因此,鉴于革命浪潮的增长,所有共产党人必须以最激进的方法进行活动,除了与所有资产阶级制度、生活方式等立即完全决裂的策略以外,不相信任何其他的策略。这些年代在维也纳出版的《共产主义》杂志成了这种极左的革命救世主义思潮的号角,卢卡奇最积极地参与了这家刊物的思想理论和政治纲领的制定。

然而,政治斗争的现实性、采取具体实际决定的必要性迫使他一再考虑自己的原则路线,以求做到具体行动和思想立场的统一。而且,正如他说的,"生活本身提示了那种常常与我的唯心的空想主义、革命的救世主义相对立的理性立场"。毫无疑问,培养现实主义意识和党性意识的过程中的最重要因素之一,对卢卡奇说来就是了解弗·伊·列宁的著作、首先是列宁的革命理论,再就是列宁对卢卡奇一篇文章的直接批评。卢卡奇在当时就承认了这一批评的正确性,因为这一批评迫使他"更清楚和更彻底地把对历史前景的理解与日常实践联系起来,在这种意义上为观点的改变奠定了基础"。在这种无论对整个国际工人运动还是对这位哲学家本人都很重要的过渡时期,卢卡奇准备出版他的《历史和阶级意识》一书,这本书引起了不少的争论,这种争论一直延续到今天。在这部著作中,卢卡奇还未能克服在前些年形成的在关于马克思主义哲学对象的概念方面的理论上和方法论上的弱点。卢卡奇本人后来这样表述他这部著作的主要缺点:"《历史和阶级意识》与作者的主观意图毫不相符,客观上代表着马克思主义史中的这样一种倾向,这种倾向在哲学论证和政治结论方面暴露出极严重的偏向,不管是自觉还是不自觉,但总归是反对了马克思主义本体论的基础。我所指的是这样一种倾向,它把马克思主义解释成为只是关于社会的科学、社会哲学,忽略或者抛弃了马京思主义对自然界的结论。"

卢卡奇的以后一些著作,包括1936年在苏联科学院哲学研究所作为博士论文答辩过的《青年黑格尔和资本主义社会的问题》一书,反映出这位哲学家为了深刻领会马克思列宁主义经典作家的思想遗产而进行严肃工作的新时期。

在卢卡奇这一时期的研究中第一次得到阐明的许多理论问题,今天已得到普遍公认。其中也包括这位哲学家在三十年代到苏联来时所写的文学理论和文学史评论方面的著作。卢卡奇从1933到1945年在莫斯科哲学研究所工作,发表了一系列关于马克思和恩格斯的美学观点、古典文学和现代文学的论文,研究历史小说的巨著,论文集《关于现实主义的历史》,专著《歌德及其时代》、《论作家的责任》、《帝国主义时代的德国文学》等。由于有敏锐的历史感、渊博的学识,因而很容易弄清所考察时期的各种思想流派,在卢卡奇论述文学史的著作中展现出了带有这个或那个国家的历史特点的社会关系发展情况,这部或那部艺术作品创作时的具体社会心理情况的生动而准确的图景。最吸引卢卡奇的注意的是十九世纪,这是资本主义、资产阶级的生存和文化的各种形式最后形成,同时又是危机、这些形式的解体开始、强大的世界革命过程开始的时代。卢卡奇把欧洲现实主义的产生同由巨大社会变革诞生的新型的人的形成联系起来。

卢卡奇的美学信条是现实主义,现实主义对他说来"永远是寻找现实的本质,即隐藏在表面现象下面的本质"。卢卡奇否定作琐屑描写的自然主义现实主义,公正地把它看作是一种颓废派文艺,他同等看待模仿的现实主义和虚假的创新作风的美学价值,它们都同样没有真正在生活中扎根,不能完成艺术的真正任务——成为"人类自我意识的最高形式"。卢卡奇认为现代西方艺术的现代主义、非理性主义和绝对抽象的倾向是资本主义整个社会和经济体系全面崩溃的表现,认为"经济范畴正是在自己的瓦解中表明,它们在何种程度上真正是'存在的形式,存在的条件':当广大群众的物质社会生活建立于其上的基础被动摇时,必然产生出充满空虚和失望、悲观主义和神秘主义的情绪"。1945年,匈牙利由苏军从法西斯占领下解放出来之后,他回到了祖国,他在那里写的《理性的毁灭》(1954)一书中,也分析了(在资产阶级文化和哲学的危机背景上),十九世纪末至二十世纪初德国哲学中非理性主义的加强是法西斯意识形态准备的重要关键。

在五十年代,卢卡奇开始了一项规模很大的工作,打算把自己的观点加以最全面、最系统的叙述。在美学理论领域中,结果写成了一部两卷本的巨著《美学》(1963),专门讨论列宁的反映论应用于艺术领域的问题、对现实的美学态度形成的问题、日常反映转化成美学反映的问题和马克思主义美学的其他许多问题。在晚年,卢卡奇着手实现把他在本体论和认识论方面的观点建成同样完整的体系的想法。从这部著作中只发表了两篇文章,其标题为《人类存在的本体论基本原理》(这部书的标题大概应该是这样)和《黑格尔本体论中的真和假》。在这两篇文章中,卢卡奇在大致叙述他这最后一部著作的一般原则时写道,马克思主义在历史和哲学意义上很少被解释成本体论,所以他给自己提出的任务是说明,"对于马克思说来,实际上哲学中决定性的东西是:克服黑格尔的虚假本体论的唯心主义,描绘出唯物主义和历史的本体论的理论的和实际的轮廓"。因此,卢卡奇的最后一部著作看来在许多方面是应该发挥还在他的早期著作中就考察过的、与在所谓本体论水平上"工作"的愿望有联系的基本的直观的,但是这一次自然是按照另外的、辩证唯物主义的观点来发挥它了。死亡中断了这一工作。苏联哲学界将记住杰出的学者、思想家格·卢卡奇,他对世界哲学文化的发展作出了出色的贡献。

(劳徒 译)

卢卡奇的《社会存在的本体论》*

〔苏〕H.C.纳尔斯基①

格奥尔格·卢卡奇（1885—1971）的最后一部未完成著作《社会存在的本体论》（1961—1970），已引起人们极大的兴趣。这部著作已全部翻译成为匈牙利文，1976年在布达佩斯分三卷出版。这部著作的波兰文译本即将出齐，② 它曾在一系列其他国家全文或摘要发表。它用德文原文暂时以压缩的形式出版，标题是《关于社会存在的本体论》，③ 这突出地表明了这部巨著的未完成性质。这位杰出的匈牙利哲学家、美学家、文艺学家和政论家曾力图通过这部著作，对他走向马克思主义道路上的全部复杂的理论发展作出总结，把以前发生过的缺点错误改正过来。

---

* 本文选自《马列主义研究资料》1985年第6辑。

① 作者是哲学博士、苏共中央社会科学院哲学教研室的教授。——译者注

② 第一卷1982年在华沙出版，第二卷于1984年出版，第三卷将于1985年出版。

③ 德文手稿的主要部分在卢西特汗特出版社出了三本书：《关于社会存在的本体论。黑格尔的错误的和真正的本体论》1971年诺伊维特—柏林版；《关于社会存在的本体论。马克思的本体论的基本原理》1972年达姆施塔特—诺伊维特版；《关于社会存在的本体论。劳动》1973年达姆施塔特—诺伊维特版。

这部著作虽然总的概念相当清楚，然而有许多地方行文冗长、重复，有的提法相互之间直接矛盾，还有不少含糊不清和不很确切的说法。例如，它包含有黑格尔的"两种本体论"的思想，这在专门分析黑格尔学说的该书第一卷第三编中占有中心地位。然而作者在整部著作中都利用了这一思想，它在他的许多结论中和整个理论中都有所反映。

我们来提供一点关于这部著作产生的历史及其结构的情况。不言而喻，本文的任务不是要对这位匈牙利哲学家的全部复杂的思想理论发展过程作出分析。对卢卡奇的创作进行总的评价，即使把他的美学理论和文艺学著作以及政论作品除外（这种除外本身是非常相对的，因为卢卡奇无论写什么，总是在进行哲学思考），也应该是专门考察的对象。本文的篇幅有限，不容许对《社会存在的本体论》作全面详细的分析。

卢卡奇是在他一生最后十年中从事社会《本体论》一书的写作的。

卢卡奇在结束关于美学的汇总性理论著作的第一卷即《美学的特性》之后（1961年底），认为有可能终于着手进行他早已构思好的关于伦理问题的总结性著作了。然而当他开始写《伦理学》的绪论时，很快就发现这开始的一章必然要扩展成为一部描述伦理的本体论前提的巨型独立著作。按照卢卡奇的构想，这一本体论的性质应该完全是马克思主义的，从1964年起，这一本体论成了他的全部创作努力的主要对象。从六十年代末起卢卡奇患了无康复希望的重病，他很快就意识到，要对他以前在理解某些马克思主义原理方面的迷误作出详尽的理论分析并加以改正，要从理论上克服他在以前一些时期（如五十年代的中期和后期）的活动中所犯下的政治错误的后果，已不可能有别的机会。所以，《社会存在的本体论》，不管是否已经写完或者只完成了它的《绪论》

部分，在卢卡奇的理论计划中似乎成了他整个一生的理论活动的总结，成了他的哲学良心的一种自我批判。当手稿扩展到超过一千页时，开始失去清晰的轮廓，于是它的作者着手为《本体论》写一篇《绪论》，这篇《绪论》应该起整部著作的内容提要的作用，然而它也没有完成。

在一定程度上，卢卡奇的《本体论》的确解决了为它提出的任务，他以前著作中的许多不正确的原理在其中被排除了，并且被其他一些正确的原理取代了。卢卡奇现在极力从马克思列宁主义奠基人的真正思想出发（但是同时说这是"回到"真正的马克思），他在《本体论》中为他在《历史和阶级意识》（1923）中不公正地抛弃了的自然辩证法恢复了名誉；现在，对于自然界存在的本体论问题，他已经不是把它作为社会历史本体论的从属因素归入社会历史本体论，而是把它看作社会历史本体论的必要前提。这位匈牙利哲学家力求掌握唯物史观所特有的世界观思想的巨大财富，并在详细的历史哲学分析的背景上加以发展。他在第一卷第一至第三编中的这种批判分析的主要对象，是黑格尔的绝对唯心主义体系、N.哈尔特曼的新现实主义本体论、M.海德格尔的假无神论存在主义和早期维特根斯坦的逻辑实证主义。卢卡奇力求从上述头两位哲学家的创作中汲取一定的合理内核，后两位对他说来是绝对批判的对象：他认为新实证主义是为帝国主义操纵思想和人进行论证的理论，而存在主义则是为宗教意识形态对二十世纪人的心灵进行反攻作心理准备的东西。

其次，卢卡奇的概念主张，在黑格尔的哲学体系中矛盾地并存着两种原则上不同的概念：其中一种是主要的、然而是错误的，是这位思想家的唯心主义迷误的产物，另一种则是正确的，不过在黑格尔那里并没有完全确立起来，它导致唯物主义。这第二种概念与黑格尔对人们的社会历史实践劳动的理解有直接联系，后来像卢卡奇强调指出的，被马克思作为"合理内核"划分出来,发展成为历史唯物主义的学说。这里令人产生出这样一种印象,似乎黑格尔对人类生活的实际基础的观点在他的哲学研究范围内很大程度上已摆脱存在和思维唯心主义同一性的桎梏,而列宁关于"历史唯物主义,是在黑格尔那里处于萌芽状态的天才思想——种子——的一种应用和发展"①的名言应该理解为,这一"萌芽"在黑格尔那里似乎就已达到了这种发展程度,以致它能够和他的主要唯心主义原理相比,即能够把黑格尔的本体论一分为二。卢卡奇把实践已看作物质生产活动,而不是像通常在黑格尔那里一样看作纯粹精神活动,他把关于实践对决定社会存在性质的作用的思想的发展同他的《本体论》的第二个主导思想联系起来,即在人们的实践劳动本身中,起决定性的和先于劳动本身的作用的是它的有意识的、设定目的的性质。这一思想把卢卡奇引向了另一个方面,在他的解释中赋予了马克思的社会生产学说以这样一种色彩,从而使得对实践劳动的唯物主义理解反而不是更接近黑格尔的"第二种"本体论,而是更接近他的"第一种"本体论,即黑格尔的唯心主义哲学通常把实践作为精神活动、精神职能的解释。分析和评价《社会存在的本体论》的主要问题之一简单地说就是这样。

从《本体论》第一卷最后一编(第四编)开始,以后的全部内容,即第二卷和《绪论》(在全集中为第三卷),都是从事正面的探讨。作者依次分析了"劳动"、"实践"、个人和社会生活的"再生产"、"价值"、"理想"、"意识形态"和"异化"这些范畴。按照卢卡奇的观点,理想的东西的最初形式是劳动本身中的有意识要素。他通过极为广泛的社会存在和意识的现象对唯心主义现象进行了考察。第二卷最后一

---

① 《列宁全集》第38卷第202页。

编（第四编）专门论述异化。在这一编的三章中考察了异化的本体论方面和意识形态方面、作为一种异化的宗教、异化及其"消除"的客观基础以及"现代世界"上的异化形式。卢卡奇依据马克思的著作，分析了"对象化"、"外化"、"物化"、"物神化"等范畴的内容和相互关系。关于人们社会生活的客观基础的学说只有在它与客观物质世界的哲学理论的辩证联系中才能建立起来，也就是说，必须与这种哲学理论保持一致，以它为基础，同时又必须与它有质的不同。卢卡奇的方法论出发点就是如此。"……社会存在的本体论只能建立在自然界本体论的基础上……对自然辩证法的真正理解是必要的前提"。[①] 同时，按照卢卡奇的意图，对现实的唯物主义理解应该这样加以揭示，以使人们清楚地看到，它和"现在常见的对客观或主观因素的投降"毫无共同之处。

然而，这些由成熟的卢卡奇大体上正确拟定的原则是否充分实现了呢？至于把社会的本体论和辩证法建立在自然界和物质的本体论和辩证法上，那么这个原则在《本体论》的基本原理中实现了，作者不止一次设法证明，"通过发现经济过程在社会存在中的本体论第一性来实现的社会存在本体论中的唯物主义转折，必须以自然界的唯物主义本体论为前提"。[②] 诚然，在对这个题目的进一步阐述中，作者离开这个问题而去谈实践、意识形态和异化的结构问题去了。

虽然卢卡奇在原则上同等程度地既反对宿命论也反对唯意志论，但是由于上面所说的离题，结果在他那里有充分说服力的就只有对宿命论的否定了。可是这个两位一体的批判任务的解决，是同哲学基本问题在

---

① 《关于社会存在的本体论。黑格尔的错误的和真正的本体论》第11、127页。

② 《关于社会存在的本体论。马克思的本体论基本原理》第14页。

世界物质统一性的基础上在整个世界和社会方面的解决分不开的。卢卡奇的《本体论》中经常强调社会与自然界的差异,它们的统一性越来越退居次要她位。然而这个问题还是存在着。当作者考察像主体和客体之间的一般相互关系这种根本问题时,对主体自由程度的阐明必然导致那同一个宿命论和唯意志论之间的矛盾。而当他在第一卷第三编断言,不仅主体,而且客体也成为现实,而且是所谓在社会实践的范围内按同等权利成为现实时,那么这就将问题的一般本体论方面融化在认识论和实践方面(在那里,客体和主体在实际上,随着实践的发展和"第二自然界"的扩展,而越来越由相互制约的关系联系在一起),使《社会存在的本体论》从已经达到的立场后退;关于唯意志论和宿命论的问题,以及关于社会和自然界之间联系的决定论性质的问题就大大复杂化了。

显然,实践的产生只有在作为人的自然环境的自然界客体对正在诞生的社会、意识、认识和实践本身而言属第一性的情况下才能发生。在马克思主义中,哲学基本问题的解决无论是在世界观方面还是在理论认识方面,无论是对自然领域还是对社会领域都是一样的。但是这种结论要求对世界观(本体论)和认识论之间的相互联系有简单明了的理解。可是卢卡奇认为,马克思对本体论和认识论是"截然分开"的,他把本体论作为认识论的前提,而且在他的方法中甚至用本体论取代理论认识。[①] 然而卢卡奇本人在建立本体论时却在一定程度上采用了理论认识的方式,这是因为他在这最后一部著作中渴望深入了解社会关系世界的客观对象性,达到对这个世界的真正客观的认识。

---

① 参看《关于社会存在的本体论。马克思的本体论基本原理》第 29、32、58 页。

那么，卢卡奇对社会关系和联系的世界的真正本体论态度究竟是怎么回事呢？他把人们的劳动活动看作社会生活的本体论基础，看作它的"思维模式"①。卢卡奇把这条一般的唯物主义原理正好与黑格尔的"第二种"本体论联系起来，这种本体论的内容实质上在《青年黑格尔和资本主义社会的问题》一书中已经谈到了，只是在那里还没有把黑格尔的本体论立场一分为二。在《本体论》中作出了这种划分，因为他说，一方面在黑格尔那里有"一整套逻辑主义的同义反复"②，另一方面有"真正的本体论"，把"矛盾复杂的现实作为各种动态复杂的关系"③描绘出来。在黑格尔的第一种泛逻辑的本体论中统治着宿命论，而在第二种活动实践的本体论中则统治着人按照能动设定目的和改变目的的能力自由选择决定和在决定之后采取行动的原则。如果说"第一种本体论"是绝对必然性的领域，那么"第二种本体论"则是挑选的可能性、多少带偶然性的好恶感的王国。"第二种本体论"是自由创作的领域。"……全部社会人的能动性必然出自供选择的可能性，在他们的关系中必须有选择和决策"。④

卢卡奇在他的《本体论》中的下一步是把黑格尔的"第二种本体论"的这些特征转移到历史唯物主义上。如果说《实践》杂志曾用似乎摆脱了任何决定论从属性的实践创造来与实践劳动相对立，那么卢卡奇则采取另一种做法：他给按马克思主义理解的实践劳动本身赋予了挑选自由的特征。选择的可能变成实践的"不可分的基础"⑤；而全部劳

---

① 《关于社会存在的本体论。黑格尔的错误的和真正的本体论》第60页。
② 《关于社会存在的本体论。黑格尔的错误的和真正的本体论》第110页。
③ 《关于社会存在的本体论。黑格尔的错误的和真正的本体论》第109页。
④ 《关于社会存在的本体论。黑格尔的错误的和真正的本体论》第52页。
⑤ 参看《关于社会存在的本体论。劳动》第115页。

动变成彻头彻尾的创造；创造又变成自发的行动。卢卡奇常常似乎略去这样一种情况，即供选择的可能性远不是偶然出现的，而对它们的选择又是一定的，虽然这种选择在比较狭窄的范围内在可变性的意义上不是没有某种自由。这种自由作为建立伦理学的前提，对他说来特别重要：没有"选择自由"和对所作选择的"个人责任"这类范畴，伦理学就建立不起来。卢卡奇经常强调劳动的合目的的性质，但是常常似乎忘记彻底的合目的性与存在大量供选择的可能性是对立的，它不仅与自己实现手段的决定论联系在一起，而且本身以因果方式受到决定，所以人的选择不是在随意的意义上，而是在认识必然性并力求实现它的意义上才是自由的。卢卡奇也完全承认这一点，但是这与他的其他原理不协调。关于目的性存在这样的问题。卢卡奇强调意识在劳动过程中的作用，而且强调到这种程度，以至抹去了个人在具体劳动活动中的意识和社会意识之间的差别，结果，他从意识参与人的劳动的事实出发（事实是无可争辩的），有时使读者得出关于社会意识并不存在、全都包含在社会存在中的结论（这个结论是错误的）。同时卢卡奇反对在劳动及其他社会过程和现象的结构中把主体和客体等同起来，① 对此又不能不同意。然而，由于他一般过分夸大意识在劳动中的作用，他也把过分夸大有意识的目的性带进了马克思主义，以致把劳动（生产）活动的客观物质基础排挤到极次要的地位，把人的能动性变成某种绝对的东西。"随着设定目的的行动，在劳动本身中就已产生出社会存在"②，因此在阅读《本体论》时，读者会不由自主地想到，按照卢卡奇的观点，社会存在只不过是设定目的的有意识的行动作为自己的"最终要素"产生出来

---

① 参看《关于社会存在的本体论。劳动》第36页。
② 《关于社会存在的本体论。马克思的本体论基本原理》第12页。

的，虽然在许多其他场合，我们在他那里也能找到相反的说法：供选择的可能性、目的的设定和因果性之间的关系有时完全是另一种样子。他指出，"任何目的论的设定归根到底是由社会决定的……"①，"……目的论的设定和按因果性起作用的实现目的的手段"② 是相互之间分不开的，设定目的的意识是"在劳动中、为了劳动、通过劳动"③ 产生出来的，而对几种可能性的选择是由"社会形成的价值观念"④、其中包括"有用性"和"使用价值"决定的。不言而喻，马克思主义创始人曾充分估计到设定目的在人们生活中的作用。他们曾指出，"历史不过是追求着自己目的的人的活动而已"。⑤ 卢卡奇不止一次援引的马克思在《资本论》第一卷中说的那句话，"最蹩脚的建筑师从一开始就比最灵巧的蜜蜂高明的地方，是他在用蜂腊建筑蜂房以前，已经在自己的头脑中把它建成了"⑥，是大家都知道的。在《1861—1863年经济学手稿》中，马克思写道，"实际劳动是生产使用价值的、以与一定的需求相应的方式占有自然物质的有目的的活动"。⑦ 这个劳动定义马克思重复了不止一次，它也被写进了《资本论》的定稿。⑧ 马克思把主观的生产条件理解为"有目的地表现出来的劳动力"。⑨ 因此，那些把发现目的设

---

① 《关于社会存在的本体论。劳动》第73页。
② 《关于社会存在的本体论。劳动》第76页。
③ 《关于社会存在的本体论。劳动》第67页。
④ 《关于社会存在的本体论。劳动》第115页。
⑤ 《马克思恩格斯全集》第2卷第118—119页。
⑥ 《马克思恩格斯全集》第23卷第202页。
⑦ 《马克思恩格斯全集》第47卷第55页。
⑧ 参看《马克思恩格斯全集》第23卷第208—209页。
⑨ 《马克思恩格斯全集》第49卷第38页。

定在人的劳动中的作用归功于卢卡奇的作者们绝不是正确的。而且，正如我们已经指出的，卢卡奇和马克思不同，他把这种作用绝对化了，社会经济过程的真正辩证法的特征之一却在于，不管主观因素在历史中的作用如何增长，如果没有劳动本质的物质对象方面和基础，那么劳动的目的设定在劳动中也只能无力地悬在空中。①

　　卢卡奇把有意识的目的设定在劳动结构中的作用绝对化，由于他使用的术语不确切而变得更加严重。他写道，"在社会存在领域，产生过程仍然是目的论的"，② 这在更大的程度上发生在目的的选择中，而不是手段的选择中，③ 他在这样写时，指的是人们为自己提出一定的目的，然后力求实现。实质上，他的意思不是目的论，而是定有目的，即没有任何外部或内部唯心主义目的论性质的色彩。可惜不成功地选用了"目的论"这个术语，甚至不是选用，而纯粹是取自传统的唯心主义哲学的辞典。

　　"目的论的设定"（teleologische Setzung）这个术语的含义模糊，也使人从《社会存在的本体论》的内容中得出这样一种暗示，仿佛不仅在黑格尔那里，而且在马克思主义的历史发展中也可以看到两种在本体论上不同的路线；如果说马克思从《1844年经济学哲学手稿》开始发展了唯物主义的实践哲学，那么恩格斯和在他之后的普列汉诺夫没有充分认识马克思所进行的本体论革命的深度，只是在黑格尔的"世界精神"的唯心主义被"物质"的唯物主义所取代的意义上解释了他在世

---

① 参看 И. С. 纳尔斯基：《论实践的目的性和物质性》，载于论文集《列宁的反映论。实践的创造性》1979年斯维德洛夫斯克版第5—12页。
② 《关于社会存在的本体论。马克思的本体论基本原理》第22页。
③ 《关于社会存在的本体论。马克思的本体论基本原理》第144页。

界观上的伟大创举。毫不奇怪，资产阶级马克思学家利用卢卡奇的《本体论》来为"两种马克思主义"——实践马克思主义和物质马克思主义——的理论辩护。卢卡奇的理论遗产现在成了尖锐意识形态斗争的对象，这正好是原因之一。

例如，资产阶级马克思学家利用了卢卡奇书中的这一情况，即卢卡奇援引了马克思那封写给《祖国纪事》杂志编辑部的著名的信（1877），把它片面地解释成为纯粹"选择论"的思想，拿来与恩格斯的仿佛是宿命论的观点相对立。这种对立显然是站不住脚的：在这封信中，马克思反对把关于西欧资本主义产生规律的结论刻板地挪到十九世纪七十年代的俄国，但是同时决不是说，俄国在当时暂且还没有发生社会主义革命的情况下能够根本避免资本主义。没有这种"供选择的可能性"。马克思既拒绝了黑格尔的社会有目的地向完善状态"上升"的宿命论公式，也拒绝了有无边无际供选择的可能性的唯意志论公式，而要求具体地研究现实的社会联系。恩格斯在十九世纪九十年代上半期关于历史唯物主义的信件也是以这种精神写的：基础和上层建筑的辩证的相互作用以及社会意识对社会存在的反作用，既和有无穷无尽"自由"选择可能性的思想也和历史按纯粹经济决定论轨道单线发展的理论相对立。

同时西方马克思学家不仅把恩格斯同马克思对立起来，而且把马克思同马克思对立起来：现在他们往往把《资本论》描述成为宿命论的著作，而把马克思写给《祖国纪事》杂志编辑部的信描述成为唯意志论的文件。这种做法更加虚伪：大家知道，《资本论》中阐述了决策和行动在国家政治和资产阶级社会各种不同精神现象的领域中的能动作用，而马克思在上述那封信中（而且不仅在那里）承认的发展道路的选择可能性只属于历史过程的一定时期和条件，不带普遍性。规律和趋势的作用决定一些社会经济形态被另一些社会经济形态更替的一般顺序（不排除某一个社会形态从总的顺序中"漏掉"的可能性），任何"自由选择"也不能推翻这种历史发展规律。例如，列宁曾写到农业中资本主义发展的两条不同道路——"普鲁士道路"和"美国道路"。但是这两条道路都意味着从封建经营方式过渡到资本主义经营方式。列宁在1907年强调指出，"在**这**方面，俄国只有按资产阶级方向发展**一条**道路，"① 而为采取哪种方式走这条道路进行着斗争，这一斗争不是由对各种可能性的"自由选择"决定的，而是由俄国改革以后的社会的不同阶级的实际利益冲突决定的。② 这些阶级利益斗争的结果也就决定了在俄国发生的"选择"的最终性质，它在1917年10月推翻了两种可能的方式，为农民开拓了已经不是资产阶级的而是社会主义的前景，这一前景是由工人阶级及其列宁主义的党为农民开拓的。卢卡奇在许多提法中把可进行选择的形势绝对化，为了加强他关于历史进程一般有选择性的论点，他援引了马克思为 F. 基佐的小册子《为什么英国革命成功了？》（1850）写的书评，那里谈到英法资产阶级革命之间的各种差异，然后他又援引了《共产党宣言》，那里谈到历史上阶级斗争的结局"都是整个社会受到革命改造或者斗争的各阶级同归于尽"。③ 以此为根据，卢卡奇写到历史不仅有不同的、而且甚至有"对立的"发展道路，写到"全部历史发展的可选择性质"④。然而他所举的例子恰好并不属于可"任意选择"的情况，正如同对二十世纪末

---

① 《列宁全集》第13卷第219页，参看《列宁全集》1984年新版第1卷第318页。

② 《列宁全集》1984年新版第1卷第318页。

③ 《马克思恩格斯选集》第1卷第251页。

④ 《关于社会存在的本体论。马克思的本体论基本原理》第184页。

的人类说来，决定是继续生存和发展下去还是在全球的核灾难中毁灭的问题并不是"任意选择"的对象一样。当卢卡奇同意历史发展的动力应该到人们对他们随时都可遇到的选择机会作出的决策中去寻找时，可以看到自由、偶然和必然的辩证法受到歪曲，社会生活的本体论被"分裂"为决定论的和创造"自由的"、唯意志论的，但这只是发生在卢卡奇那里，而不是发生在马克思主义中。卢卡奇在他这部著作的不同地方，时而表示赞同第一种本体论，把它理解为全部存在的绝对物质基础的本体论，时而赞同第二种本体论，把它称作历史的"实践本体论"。把自由理解为"借助于对事物的认识来作出决定的那种能力"①，开始在卢卡奇那里丧失意义，有时"自由"在他那里变成"必然"：第一种本体论违反第二种本体论而起作用，对它根本不加考虑。卢卡奇写道："社会存在的客观规律与个人的选择性行动密不可分，然而同时拥有不依赖于此的社会强制性力量。"② 结果是，历史规律违反历史过程所有参加者的意志，作为总体的超力量而起作用。而从手稿的其他片断中则可以形成完全另一种印象，即卢卡奇的主要用心在于"一劳永逸地拒绝把存在最终总体化的任何意图，因为这种意图按本质总是唯心主义的"。③ 总之，在《社会存在的本体论》中可以看到各种不同倾向之间的不协调或冲突。作者在解决其他许多问题时也表现了这一点。例如，对"价值"的解释含糊不清：它时而是政治经济学的范畴，时而是道

---

① 《马克思恩格斯全集》第 20 卷第 125 页。
② 《关于社会存在的本体论。马克思的本体论基本原理》第 89 页，着重号是本文作者加的。
③ K. 斯列兹卡：《两种本体论：黑格尔？马克思？卢卡奇？》，载《哲学研究》1983 年第 10 期第 7 页。

德价值观念的范畴。① 异化被卢卡奇时而说成劳动客观过程的一个方面，时而说成首先是虚假意识的一种现象，这时商品拜物教和宗教观念不由自主地变成异化的主要形式，也就是由于这个缘故，卢卡奇把先进艺术的主要任务解释成为使社会生活的任何现象非物神化，② 而且几乎任何社会必然性在卢卡奇那里都带有物神的色彩。其实，正像我们知道的，商品拜物教是劳动异化在作为资本主义生产方式当事人的个人的经济意识中的反映，即一种特别的幻想的对象化形式，它虽然在资本主义制度下以许多派生形式出现，却并不带有绝对普遍的性质。但是晚年卢卡奇的肯定无疑的功绩在于，他抛弃了在《历史和阶级意识》中把异化变成社会理论主要问题的错误立场：现在他强调指出，历史唯物主义的基本范畴是"物质实践"、"劳动"、"生产"。③ 在《社会存在的本体论》中也包含有对卢卡奇早期社会哲学著作所特有的那种把"总体性"原则绝对化做法④的批判，但是这种批判有时显得过分极端。例如他说马克思似乎根本反对对历史过程作系统整体的理解，因为他认为历史过程是不同质的，不能作统一的说明。但是在这种情况下，卢卡奇本人又怎能谈到什么统一的"社会存在的本体论"呢？这位匈牙利哲学家的这最后一部著作引起了许多各种不同的评价。他的学生 F. 费赫尔、A.

---

① 参看《关于社会存在的本体论。劳动》第 101—108 页。

② 参看卢卡奇：《美学》1972 年诺伊维特和达姆施塔特版第 4 卷第 216 页。

③ 修正主义者和西方马克思学家对卢卡奇在这个问题上改变侧重点以及他把反映论应用于美学很不喜欢。他们一般赞扬卢卡奇，但在这两个问题上通常对他进行歪曲。

④ 在《历史和阶级意识》中，"总体性"范畴表现为使自然界范畴服从于社会范畴、论证主体的无限能动性和社会的某种"封闭性"的手段，这导致无视自然辩证法，而使社会的内部联系和中介绝对化。

赫勒尔、G.马尔库斯、M.瓦伊达也反对他的观点，他们很不喜欢他承认自然界的本体论和辩证法，以及继续进行在《理性的毁灭》（1948）所展开的对二十世纪资产阶级哲学的批判。① 这些评价也和对卢卡奇活动的其他评价一样，性质极为广泛，但是在对这些评价作出评价时不应该有混乱因为基础总是对马克思主义的一定态度，这是应该估计到的。（托马斯·曼在小说《魔山》中把卢卡奇描绘成耶稣会士纳夫特的形象，当然是远离真理的。）《社会存在的本体论》的优点是肯定无疑的。卢卡奇设法通过"劳动"范畴把社会和自然界联系起来，揭示人们的劳动活动的以及建立在其上的全部文化的本体论结构。他为"物质的本体论"恢复了名誉，并在它的基础上提出了"实践的本体论"，这种本体论有时表现为"经济价值的本体论"。他强调指出了认识反映在劳动过程中的作用和意识对人们实践活动的依赖性。他也研究了像意识形态和异化这种上层建筑现象。卢卡奇最后一部著作的这一切优点，都来源于他对马克思主义思想财富的愈益深刻的领会。

这部著作的缺点，在很大程度上作者本人也感觉到了。在它那里，历史或是归结为经济必然性的大道，或是完全由人们分散的决策和行动所构成，而这些人们通常既没有真正的意识，也不能预见未来。不依赖于人们的任性及其近期目的性活动的历史客观规律的形成机制退居到次要地位，这些规律和人们行动的联系被理解为它们之间的相互补充，而不是真正辩证的综合。这一切动摇了它的概念，使它不可能达到真正理论上的统一。所产生的这一切分歧都深深扎根于必然和自由之间的对立。

---

① 参看 F.费赫尔、A.赫勒尔、G.马尔库斯、M.瓦伊达：《评卢卡奇的本体诊》，载美国《目的》杂志 1976 年第 29 期第 170—180 页。

卢卡奇看到了这种矛盾，他懂得，掌握马克思主义理论的道路还必须继续走下去。但是从1970年春天开始，他已经不能对手稿进行加工，不能对它作任何实质性的修改和订正。他对马克思主义学说的真理性、正确性和强大力量充满不可动摇的信念，并且渴望用自己进一步的研究来加以证明。不幸死亡在他创作鼎盛时期夺去了他的生命。

（原载苏联《哲学科学》杂志1985年第3期）

（洞庭 译）

卢卡奇的马克思主义和黑格尔主义

——《历史和阶级意识》述要*

〔英〕G.H.R.帕金森

一

1923年,卢卡奇发表了他作为马克思主义者的第一部巨著——《历史和阶级意识》。这本书包括八篇论文,大部分是在1919和1921年之间的不同时间里写的,只有两篇——《关于组织问题的方法论》和《物化和无产阶级意识》——是专门为这本书写的。这是一本很难读懂的书。它的文风很复杂,而且到处是抽象观念,加之文章是在不同的场合写的,要把握卢卡奇思想的逻辑结构往往很难。再一点,有许多东西,例如当时关于马克思主义的讨论,现在已不为人们所熟悉,而卢卡奇是把它们作为尽人皆知的东西对待的。本文不打算逐篇讨论这本书中的文章,只想说明这部著作的主要思想及其历史背景和逻辑联系。

---

* 本文选自《马列主义研究资料》1985年第4辑。

G.H.R.帕金森是英国雷丁大学哲学教授,本文是他的《格奥尔格·卢卡奇》一书(1977年伦敦版)的第三章,对卢卡奇的《历史和阶级意识》一书的内容作了比较客观的介绍。——译者注我们知道，这本书在发表之后不久，就遭到主要的共产党人的指责，说它是"修正主义的"，也就是说它主张为了跟上现代知识，必须废除重要的马克思主义学说，而代之以别的学说。卢卡奇本人并不这样看待这本书。他说，他是在颂扬正统马克思主义；虽然，正如他的第一篇文章的标题"什么是正统马克思主义？"所暗示的，他认为并不是每个人都很清楚正统马克思主义实际上是什么。若是只读这本书并把它与公认的马克思主义经典著作相比较，那么有人可能会觉得，这种对正统性的要求、这种以为自己是在对真正马克思主义的性质提出正确意见的想法很荒谬。他们可能会觉得，卢卡奇的批评者们是对的；这本书中有许多东西是马克思和恩格斯的著作中没有的，显然也不是从这些著作中可以推论出来的。但是，如果我们把这本书放到它的历史背景上去看，那么卢卡奇的这一要求如果说不是正当的，至少也是可以理解的了。

马克思写《资本论》第一卷和卢卡奇写《历史和阶级意识》时的思潮之间有某些相似之处。在两种场合下，一般的看法都是黑格尔的哲学已经过时，用马克思的话说就是黑格尔是"一条死狗"①。在本世纪的前二十年光景，新康德主义者在德国哲学中占统治地位，对马克思主义者和社会主义者有普遍影响，当时的口号是"回到康德去！"② 特别是主要的修正主义者爱德华·伯恩施坦主张，应该把黑格尔清除出马克

---

① 《马克思恩格斯全集》第23卷第24页。

② 卢卡奇在说到"批判"时，就是指这类新康德主义者。在《历史和阶级意识》中受到批评的麦克斯·阿U勒和奥托·鲍威尔，是主要的新康德主义马克思主义者。参见《历史和阶级意识》1923年柏林马里克出版社版第16、23—24、43—44页。

思主义，而代之以诉诸康德的权威。① 马克思对普遍反对黑格尔所作出的反应是，宣布自己是"这位大思想家的学生"②。同样，卢卡奇在本世纪二十年代主张，应该以强调马克思主义的黑格尔方面来迎击修正主义和恢复正统。

二

我们在这里关心的是卢卡奇的马克思主义的性质以及他采取这种马克思主义的原因，我们不想涉及它是否真正正统马克思主义的问题。不过，尽可能弄清楚他的思想与那些在公认的经典著作中即在马克思和恩格斯的著作中可能找到的思想之间的关系，的确很重要。问题在于，不管卢卡奇是否属于真正的正统，他自认为是正统的马克思主义者，坚持着真马克思主义而不是假马克思主义的传统。然而他发现他不得不说，恩格斯本人曾严重误解马克思的思想，换句话说，卢卡奇在表明他自己的立场时，对通常所说的马克思主义经典有所接受，也有所拒绝。那么，为了理解卢卡奇，就必须对这些经典中所阐述的学说略有所知。前面说过，卢卡奇主张，要恢复正统，必须赋予马克思主义的黑格尔方面以应有的重视。这一方面就是"辩证法"；的确，《历史和阶级意识》的副标题就是"马克思主义辩证法研究"。因此，首先需要概述一下在卢卡奇写这本书时可以读到的马克思主义经典著作中所包含的关于辩证

---

① 伯恩施坦能不能真正称作康德主义者，有点可疑，但是他曾诉诸康德的权威这一点，是没有疑问的（卡尔·福尔兰德：《康德和马克思》1926 年蒂宾根版第 183 页）。

② 《马克思恩格斯全集》第 23 卷第 24 页。

法的观点，以便确定他用作参照并且有时加以反对的辩证法理论框架是什么。

马克思关于这个题目的著作不多并且不系统，① 一位1923年的读者也像现在的读者一样，会在恩格斯的著作中找到对马克思主义辩证法的经典阐述。他不会看到《自然辩证法》，这部论辩证法的书恩格斯没有完成，1925年才第一次发表。但是他能够读到《路德维希·费尔巴哈和德国古典哲学的终结》，这部著作是1886年发表的，恩格斯在其中讨论了马克思主义和黑格尔主义的关系。更重要的是，他能够读到《反杜林论》，它是在1878年出版单行本的。在对一位德国社会主义者的著作进行批判的过程中，恩格斯用三章篇幅（第一章、第十二章和第十三章）专门论述了辩证法。这是在《历史和阶级意识》成书时能够看到的马克思或恩格斯提供的关于这个题目的最全面系统的说明，简略介绍一下它的内容不无好处。在第一章中，恩格斯概述了辩证法的基本性质，把它称作最高的思维形式。这种思维有两个主要特点。第一，它不是孤立地而是在相互联系中把握事物以及反映事物的思想，把它们看作事物的"广泛的总的联系"的一部分。第二，它把事物看作是运动的而不是固定的，所以恩格斯后来能够说，辩证法是"关于自然、人类社会和思维的运动和发展的普遍规律的科学"。② 恩格斯把他所谓的"形而上学"思维方式拿来与这种思维方式对比。形而上学的思维方式把事物和概念混淆成是固定的、僵硬的、一成不变的研究对象。形而上学者

---

① 一位1923年的读者可能读到散见在《资本论》和马克思书信中的关于辩证法的论述。他也可能知道《政治经济学批判》导言（《马克思恩格斯全集》第13卷），这篇著作写于1857年，但在1903年才第一次发表，马克思在其中讨论了"政治经济学的方法"，事实上是提供了关于辩证法的说明。

② 《马克思恩格斯选集》第3卷第181页。

在绝对不相容的对立中，用"是就是，不是就不是"来思维。在形而上学者看来，一个事物要么存在，要么就不存在，一个事物不能同时是自己又是别的东西。形而上学的思维方式可能表现为一种合理的、的确也是合乎常识的思维方式，但是恩格斯认为，它很快就会达到一个界限，一超过这个界限，它就要变成片面的、抽象的，并且陷入不可解决的矛盾。这是因为它不像辩证法，它只看到一个一个的事物，看不到它们互相间的联系，看到它们的存在，看不到它们的产生和消失；看到它们的静止，看不到它们的运动。上面提到辩证法是一门关于普遍规律的科学。《反杜林论》的第十二和第十三章讨论了两条这样的规律，即量变质变的规律和否定的否定的规律。在《自然辩证法》中提到了第三条规律，即对立的相互渗透的规律。① 这在《反杜林论》中没有明确地作为一条规律来论述，虽然在第一章中说到某种对立的两极"相互渗透"。恩格斯用几个例子很好地说明了这些规律的性质。应该注意的是，这些例子既有取自自然科学的，也有取自可以称作人文科学的领域的。在量变质变的实例中，有水在0℃时转化为冰，在100℃时转化为汽，和一定数量的货币必须达到一定的最低限额才能转化为资本。这种转变常常被称作"质的飞跃"，或简单地称作"飞跃"。用来说明否定的否定的例子，是大麦粒的发芽（麦粒成为一株植物，即麦粒的否定，这株植物又产生出大麦粒）；还有哲学史中的一个例子，即原始唯物主义被唯心主义所否定，后者又被现代唯物主义所否定。对立的相互渗透似乎是用来拒绝"形而上学"思维方式的原则，说人们不应该认为一个事物总是要么存在，要么不存在，永远不能够同时既是自己又是别的东

---

① 关于辩证法的规律，参看《马克思恩格斯选集》第3卷第53—54、62、84、105、164—165、175—176、179—180、484页。

西。《反杜林论》中提供的可以被认为是说明这一原则的例子，属于自然科学；恩格斯指出，人们不是总能够说，一个事物要么是活的，要么是死的，或者一个事物要么是气体，要么是液体。在《自然辩证法》中，恩格斯明确说，这三条规律都曾经被黑格尔"以其唯心主义的方式"① 加以阐明。这展示了恩格斯对辩证法的解释的另一个方面。辩证法不仅是一种思维形式，一门普遍规律的科学，而且也包含有对现实的性质的看法。在黑格尔看来，思维的规律就是现实的规律，因为现实就是思维，可是在马克思主义者看来，现实是物质的。恩格斯在《路德维希·费尔巴哈和德国古典哲学的终结》中很清楚地谈到这一点。他说，哲学家分为唯心主义者和唯物主义者两类，前者断定精神对自然界来说是本原的，后者认为自然界是本原的。按照恩格斯的观点，自然界是本原的，他对这点的解释是，物质先于精神，物质不是像唯心主义者断言的那样是精神的产物，相反，精神只是物质的最高产物。②

三

马克思主义辩证法的经典说明大致就是这样。卢卡奇的辩证法理论之所以引人注目，是因为第一，甚至在他同意恩格斯的地方，他的着重点也是很不相同的，第二，他超出了恩格斯所说的范围，至少在一个很重要的问题上与他意见不一致。先说第一点。没有理由猜想，卢卡奇会拒绝恩格斯的任何一条辩证法规律；然而，这些规律并不构成卢卡奇的理论的核心。恩格斯在《反杜林论》中用整整一章论述的量变质变的

---

① 《马克思恩格斯选集》第 3 卷第 484 页。
② 《马克思恩格斯选集》第 4 卷第 220、223 页。

规律，在卢卡奇的书中只占几页篇幅，对立的统一他只是一提而过，①而否定的否定则根本没有被提到。那么，卢卡奇对辩证法的看法是什么呢？

卢卡奇说，马克思主义是一种方法。它并不意味着无批判地接受马克思的各种研究成果；它不是对圣书的注解。恰恰相反，它"科学地坚信在辩证的马克思主义中已找到正确的研究方法"。② 卢卡奇强调方法，并不是标新立异。恩格斯在《费尔巴哈论》中把黑格尔的方法与他的体系对立起来，说前者比后者更加宝贵得多，新康德主义者也声称采纳康德的方法，拒绝他的体系。再有，列宁在《唯物主义和经验批判主义》（1908年）中就已说过，遵循马克思主义理论的**道路**前进，我们肯定会越来越接近客观真理，这意味着马克思主义不是一个完成的和封闭的体系。③ 不过，卢卡奇关于马克思主义是一种方法的观点颇为极端，他甚至说，即使现代的研究完全驳倒了马克思的所有命题，每个正统马克思主义者也能够接受它并且仍然继续是马克思主义者。

这是一个颇为荒唐的说法。例如，一贯自命为马克思主义者，而不接受《共产党宣言》第一节开头的那句话——"到目前为止的一切社会的历史都是阶级斗争的历史"——是真理，这是很难想象的。但是，虽然卢卡奇后来拒绝了《历史和阶级意识》中的许多内容，他并没有放弃关于马克思主义基本上是一种方法的观点，④ 因此需要弄清楚他的确切意思。面对这种认为马克思主义是一种方法的论点，人们很自然要

---

① 关于量变质变，见《历史和阶级意识》第183—184页，在第188、256、283页也简略提到。关于对立的统一，见《历史和阶级意识》第282页。

② 〔匈〕卢卡奇：《历史和阶级意识》，伦敦梅林1971年版，第13页。

③ 《列宁选集》第2卷第143页。

④ 参看《历史和阶级意识》1967年版序言。

问,"**什么**方法?是探索真理的方法还是改造社会的方法?"卢卡奇的答案会是"两者都是",但是,为了弄清楚他的意思和他这样说的原因,需要进行仔细的研究。卢卡奇说,马克思从黑格尔那里接过来的方法的本质—即辩证法的本质—是具体的总体的范畴,他把它宣布为支配着现实的范畴。① 马克思在这里所想到的,是黑格尔的这样一个论点,即思维的最完善的形式是高度系统的。黑格尔这样说的意思,不仅是说它是内在连贯的,而且是说它是完全的和具体的。这就是说,它适用于一切事物,但不是(譬如说)像物理学那样适用于一切事物,即把它的对象的许多特征都撇开不管。最高的思维形式导致这样一种体系,在其中个体没有被抹杀,而是被保存着,这就是把它叫作"具体的"所包含的意思。总之,认识中的每一次进展都是从较不完全到比较完全、从抽象到相对具体的进展,黑格尔把这个观点凝炼成《精神现象学》序言中的这样一句名言:"真理是整体。"这大致就是卢卡奇在说"具体的总体"时所想到的东西。在后面会看到,卢卡奇并不同意黑格尔关于这一总体所说的一切,但是他的确同意,如果我们需要理解某一特别的历史事件或过程,那么我们就必须把它看作一个具体的整体的一个方面,正像他说的,这一整体乃是思维和历史的统一。②

上面关于卢卡奇的"具体的总体"概念所说的东西,在经典马克思主义中有明显类似的地方。在《反杜林论》的第一章中,恩格斯曾说,辩证法把事物作为"广泛的总的联系"的一部分去把握,虽然他没有明确提到具体的总体,他说形而上学的思维方式是抽象的而加以拒

---

① 参看《历史和阶级意识》1967年版第23、39页。
② 〔匈〕卢卡奇:《历史和阶级意识》,伦敦梅林1971年版,第40页。

绝时，是包含着这层意思的。但是，尽管在卢卡奇和经典马克思主义之间有这种类似之处，也有根本的差别。这种差别就存在于他们关于具体的总体的性质的观点中。卢卡奇断言这种总体是主体，① 并且为此引用了黑格尔的话（也是引自《精神现象学》序言）："一切问题的关键在于：不仅把真实的东西或真理理解和表述为实体，而且同样理解和表述为主体。"他补充说，黑格尔这样说是对的，只错在没有照自己说的去做。经典马克思主义里根本没有这种事情，的确，要是一个马克思主义者同意黑格尔的说法，可能会显得很奇怪。黑格尔实际上是说，存在着的东西是一种思维的主体，就是说，他是在阐述一种通常所谓的哲学唯心主义。然而，前面已经说过，恩格斯断言马克思主义的辩证法是唯物主义的，卢卡奇自称为辩证唯物主义者，② 对此也会同意的。然而，他也相信，黑格尔的观点表达了一条重要的真理，虽然表述的方式混乱，容易让人误解。

这条真理是什么，卢卡奇说具体的总体是主体，是什么意思，——通过考察他想确立这条真理的企图可以最容易看出来。虽然他得出的结论不是黑格尔所能接受的，然而论证的方式却是黑格尔主义的。黑格尔曾把哲学看作基本上是历史的，即它是由一种发展的思维过程构成的，后面的阶段纠正前面的阶段，若不考虑到前面的阶段，后面的阶段也不能理解。简言之，卢卡奇的论据是，现实既是具体的总体又是主体的见解是始于十七世纪的一种思维方式的顶峰，必须根据这种思维方式的历史来加以考察。他的论据可以在《物化和无产阶级意识》一文的两节中看到，这两节对于理解包含在《历史和阶级意识》中的辩证法概念极

---

① 〔匈〕卢卡奇：《历史和阶级意识》，伦敦梅林1971年版，第40、51页。
② 例如，《历史和阶级意识》第32页。

为重要，这就是第二节《资产阶级思想的矛盾》和第三节《无产阶级的观点》。

四

在《资产阶级思想的矛盾》这一节中，卢卡奇关心他所谓的"现代唯理论"，特别是"德国古典哲学"。关于后者，他（和恩格斯一样）指的是从康德到黑格尔这个时期的德国哲学。[①] "现代唯理论"，按卢卡奇的意思，则比现在通常所说的"唯理论"，即以笛卡儿、斯宾诺莎和莱布尼茨为主要代表的十七世纪和十八世纪早期的那股哲学思潮更广。在卢卡奇看来，这个名词不仅适用于这些哲学家，而且也适用于像康德和黑格尔这样的哲学家。他的意思是，所有这些哲学家尽管有差异，也有一些共同点：即他们的目的都是要建立一个全面的、包罗万象的认识体系。[②]

卢卡奇关心的不是仅仅记述现代唯理论的发展；他要说明这种发展所表现出的逻辑，把它的不同阶段作为一场争论中的阶段展现出来。正像这一节的标题所提示的，他的论点是，这种唯理论导致了矛盾，而且不得不导致矛盾，即相互矛盾的原理，其中每一个似乎都可由争论证明为正当的。他相信，这些矛盾通过把争论向前推进一个阶段，即从黑格尔的辩证法前进到马克思主义的辩证法，就可以得到调和。

他一开始就说，现代哲学的明显特点是它的这一观点，即世界不是独立于认识主体，而是必须被看作这个主体的产物。这就是康德所说的

---

① 《马克思恩格斯选集》第4卷第212页。
② 〔匈〕卢卡奇：《历史和阶级意识》，伦敦梅林1971年版，第125页。

他在哲学中的"哥白尼革命",但是这在他之前很久,在像笛卡儿、霍布斯、斯宾诺莎、莱布尼茨和维科这样的哲学家的著作中就可看到了。① 因为在数学中看得最明显,我们所知道的东西是由我们创造的,数学就成了认识的模范,数学的、形式的认识就被等同于一般的认识。就是因为这样,哲学家们产生了那个在卢卡奇看来对现代唯理论具有典型意义的目的,即建立一个包罗万象的认识体系,其组成部分之间的联系是必然的联系。②

这是一个重要的(也是引起争论的)论点。卢卡奇说的是,对现代唯理论带根本性的东西,不是它相信人类认识构成一个类似数学体系的总体系。这个观点的确是唯理论的一个特征,但是它是从一个更加基本的观点中产生出来的,这个观点由维科表达得最清楚,这就是,我们所认识的是我们自己所创造出来的。③ 认识到卢卡奇并不反对认识是一种创造的观点,也不反对认识有一个完整体系的思想,是很重要的。他的论据将是非马克思主义的哲学未能对这一活动、特别是这一活动的主体作出令人满意的说明,其次,虽然企图建立一个完整体系并不是错误的,但是非马克思主义的哲学未能做到这一点(而且只能如此)。

现代唯理论必须面临的主要问题,与它自己的认识理想即一个包括一切的体系的理想有密切的联系。问题是如何在这种体系中容纳非理性的、只是给定的东西。卢卡奇说,这个问题在康德的"自在之物"概

---

① 《历史和阶级意识》第 123 页。康德的话见他的《纯粹理性批判》的序言。
② 参看《历史和阶级意识》第 129 页。
③ 维科:《新科学》1948 年纽约版第 1 卷第 349 节。卢卡奇注意到,马克思的《资本论》中曾顺便提到这一节(《马克思恩格斯全集》第 23 卷第 409—410 页)。

念的例子中可以看得最清楚。① 康德的"哥白尼革命"的本质是关于客体必须符合我们认识的观点。康德说，任何可被我们认识的客体**必须**表现出是实体以及能够与其他客体发生因果关系这样的特征。这些特征是由康德所谓的"判断力"提供的，在这种意义上我们所认识的客体可以称作我们的创造。但是康德坚持认为，被认识的客体不完全是判断力的创造。判断力只是提供我们关于客体的认识的形式或结构，它作用于其上的材料是由我们的感觉提供的。我们关于客体的认识的这种感觉内容，不应该归于判断力，而应该归于独立于判断力的作用之外的不能认识的"自在之物"。总之，康德不得不把判断力作用于其上的感觉内容的存在和本性看作只是不能合理解释的事实。卢卡奇说，这种困难不是康德所特有的，而是一般唯理论都有的。唯理论要求有一个体系，要求完全可以被解释，但是它不能满足它自己的要求。②

于是唯理论似乎面临着一种难以解决的二难推理。一方面，它不能直截了当地否认在我们关于客体的认识中的非理性内容的存在；康德所遇到的问题不能用这种幼稚的独断主义来解决。然而唯一的另一选择似乎是完全放弃体系的想法，把哲学变成只是纪录没有任何理性联系的事实——而这将意味着唯理论的终结。③ 卢卡奇指出，包括整个新康德主义学派在内的许多哲学家接受了这后一种选择；他们拒绝了任何"形而上学"、任何把现实作为整体理解的企图。④ 然而他们走错了路，因为刚才说的这个二难推理不是真正的二难推理。卢卡奇说，正确的道路被那

---

① 〔匈〕卢卡奇：《历史和阶级意识》，伦敦梅林1971年版，第126页。
② 〔匈〕卢卡奇：《历史和阶级意识》，伦敦梅林1971年版，第128页。
③ 〔匈〕卢卡奇：《历史和阶级意识》，伦敦梅林1971年版，第130页。
④ 〔匈〕卢卡奇：《历史和阶级意识》，伦敦梅林1971年版，第132—144页。

些奠定了辩证法基础的德国古典哲学家指出了。

他们的问题是找出一个产生那看来只是给定的东西的主体。① 康德在《实践理性批判》中已经暗示过这个答案,他在那里论证说,某些用纯粹的、理论的理性不能解决的问题有实际的解决办法。例如,自由意志的问题把纯粹理性引入不可解决的矛盾,而在认识到自由是实践理性的要求之一时就能得到解决。费希特发展了这一思想,把行动置于他的哲学体系的正中心。然而,按照卢卡奇的观点,唯理论的要求还是没有被满足,这在康德那里还是可以看得很清楚。唯理论要求一个统一的和完整的体系,而康德的体系既不统一又不完整。说它不统一,是因为它把自由和必然尖锐对立起来,主张一个属于概念世界,另一个属于现象世界,的确,思维的主体本身被康德分裂为现实和现象。说它不是完整的体系,是因为康德的伦理学停留在形式的、抽象的规律的水平上,从那里得不出任何具体的行为规则。

卢卡奇于是转向黑格尔的哲学。黑格尔更接近于解决唯理论的问题,因为他的哲学承认历史的重要性。② 正像维科已经指出的,我们创造了我们自己的历史,而通过把整个现实看作历史——我们的历史——黑格尔能够把整个现实看作我们自己的创造。历史在这方面的重要性在于,在历史中,我们所创造的东西并不与我们尖锐对立,我们既是历史过程的生产者又是它的产物。这样,黑格尔能够排除主体和客体之间的对立,否认客体与主体截然分开,确认有一个同一的主体—客体。黑格尔在排除自在之物问题的同时,正确处理唯理论对完整体系的要求,说历史过程只能被理解为一个具体的总体。为了理解历史发展,

---

① 〔匈〕卢卡奇:《历史和阶级意识》,伦敦梅林1971年版,第135—137页。
② 〔匈〕卢卡奇:《历史和阶级意识》,伦敦梅林1971年版,第157—160页。

人们必须赋予现象中独特的东西以应有的重视,这就是说,人们必须注意它们的内容,必须不满足于抽象的概念。但是人们不应该把现象只是看作独特的东西,而是必须把它们置于一个具体的总体即具体而完整的历史过程的前后关系中。

但是尽管黑格尔取得了很大的进展,他也面临着一个他不能解决的问题:历史过程的主体的性质问题。他不能够在历史内部找到那个同一的主体—客体,于是只好到历史之外、到他所谓的"绝对精神"的无时间领域中去,即到艺术、宗教和哲学中去寻找它。① 卢卡奇论证说,这只是制造神话。最后,黑格尔建立一种体系的企图失败了,不是因为它假定一种同一的主体—客体,而是因为它不能在历史内部找出这种主体—客体。

卢卡奇宣称,马克思主义辩证法弥补了这一缺陷。它在历史内部找到了同一的主体—客体;它在一个社会阶级即无产阶级身上找到了这个同一的主体—客体,只要无产阶级有了自我意识,有了阶级意识,它就成了一个同一的主体—客体。② 人们自然会问,为什么同一的主体—客体必须是一个社会阶级,为什么这个社会阶级是无产阶级。卢卡奇对这两个问题的答案是密切联系在一起的。关于这个题目他所说的东西大部分可以包含在《物化和无产阶级意识》的第三节《无产阶级的观点》中,但是《历史和阶级意识》中的其他文章也论及有关的问题。在继续往下讨论以前,回顾一下以上所述的卢卡奇关于认识的观点将是有好处的。他说过:(1)我们所认识的是我们所创造的;(2)我们所认识的必须不仅是一个总体,而且是一个包括内容和形式的具体总体;

---

① 〔匈〕卢卡奇:《历史和阶级意识》,伦敦梅林1971年版,第162页。
② 〔匈〕卢卡奇:《历史和阶级意识》,伦敦梅林1971年版,第216页。

(3) 只有假定认识者和被认识者是一个东西,即假定主体和客体是同一的,这些条件才能被满足。卢卡奇坚持认为,认识不是简单的直观,在他看来,认识就是实践,不是消极反映现实。正像他指出的,这使他与恩格斯发生冲突,因为恩格斯曾说概念是现实事物的映象;卢卡奇还可以指出,他和列宁在《唯物主义和经验批判主义》中一再表述的观点相矛盾。他在这一点上非常坚定。他说,把思维只是看作直观,就是把直观的主体和被直观的客体截然分开,就会使人陷入康德所遇到的那类困难。① 卢卡奇面临的第一个问题是:即使认识是实践,为什么它还应该是一个社会阶级的实践呢?答案包括他关于认识必须掌握总体的观点。他说,只有阶级才能够"完全掌握社会现实的总体并从总体上变革它"。② 换句话说,卢卡奇所想的是革命实践,变革整个社会的实践。既然如此,那么第二个问题的答案是很清楚的。这个问题是"为什么这个实践必须是无产阶级的实践?"而答案则是:"因为在现代社会中,无产阶级是唯一革命的阶级"。无产阶级的革命性不是它偶尔具有的特征,相反,这是从它的本性中产生出来的。在这个问题上,卢卡奇援引了马克思早期著作《黑格尔法哲学批判》导言中的一段话:"无产阶级宣告现存世界制度的解体,只不过是揭示自己本身存在的秘密,因为它就是这个世界制度的实际解体。"③

这看起来可能与在它之前的所有关于总体和同一的主体—客体的自

---

① 〔匈〕卢卡奇:《历史和阶级意识》,伦敦梅林1971年版,第218、224页。还可参看《马克思恩格斯选集》第4卷第240页;《列宁选集》第2卷第102、128、180、192、268、308、333、353页。

② 〔匈〕卢卡奇:《历史和阶级意识》,伦敦梅林1971年版,第51页。

③ 〔匈〕卢卡奇:《历史和阶级意识》,伦敦梅林1971年版,第164—165页。马克思的话见《马克思恩格斯选集》第1卷第14—15页。

我意识的黑格尔主义语言相差很远，但是在卢卡奇看来联系是很清楚的。首先考虑一下阶级的自我意识即它的阶级意识。如果任何阶级要认识自己，如果它要理解它自己在社会中的地位，那么（由于关于具体的总体已经说过的东西）它就必须理解作为整体的社会。可能有人以为，任何阶级都能够有这种认识。例如，资产阶级能够理解它自己作为阶级的本性。卢卡奇会回答说，情况不是如此。资本主义社会的统治阶级即资产阶级是少数集团，它追求自己的利益，但是必须装作是为所有人的利益进行统治的。因此，它不能看到自己的真正本性，而无产阶级"能够从中心看社会，把它看成一个相互联系的整体"。① 有人可能以为，卢卡奇这样提到无产阶级"看"到的东西，是把认识看作直观，尽管他自己明确反对这样做。然而卢卡奇会否认这是他的态度。无产阶级的意识像任何正确的意识一样，意味着在其客体中，而且首先是在自身中的变化。工人的自我意识不只是一个客体的意识；它是实践的，因为它在认识客体中发生变化。② 这看来是卢卡奇在谈到无产阶级那里存在着"理论和实践的统一"时的意思。③ 理论和实践统一的概念多年来是正统的苏联马克思主义的组成部分。这个学说的权威提法可能是斯大林的这段论述（在《历史和阶级意识》发表一年以后说的）："离开革命实践的理论是空洞的理论，而不以革命理论为指南的实践是盲目的实践。"④ 然而，这似乎不是卢卡奇的意思。卢卡奇说的是，只要无产阶级认识自己，它就变革自己；而且它不仅变革自己，还彻底变革整个社

---

① 〔匈〕卢卡奇：《历史和阶级意识》，伦敦梅林1971年版，第81页。
② 〔匈〕卢卡奇：《历史和阶级意识》，伦敦梅林1971年版，第185、218页。
③ 〔匈〕卢卡奇：《历史和阶级意识》，伦敦梅林1971年版，第51、53、207页。
④ 《斯大林文选》人民出版社版第1卷第199—200页。

会。不过，卢卡奇会强调，这种彻底变革、这种革命活动并不使历史偏离自己的道路。相反——在这一点上，他思想中的黑格尔主义因素重新出现——无产阶级的革命活动是可以称作历史逻辑的东西的一部分。正像卢卡奇说的，无产阶级对资产阶级的优越性在于，它能意识到历史发展的"内在意义"并付诸实践。①

卢卡奇关于同一的主体—客体的观点大致就是这样。很清楚，它并不包含任何哲学唯心主义，就是说丝毫没有关于物理客体只是精神的伪装形式的观点。无产阶级之所以是同一的主体—客体，是因为它而且只有它能认识自己。关于辩证法的这一概念还有需要回答的问题；特别是，人们想要更多地了解卢卡奇所说的历史发展的"内在意义"的性质。这要到下一节讨论卢卡奇关于历史唯物主义的观点时才能谈到；但是上面关于辩证法所说的东西已足以说明第三节中所提出的一个问题，并且还使人能够指出《历史和阶级意识》和《小说理论》的某些方面之间的联系。

第三节中提出的那个问题是，卢卡奇关于马克思主义辩证法是一种方法的观点是否意味着他真的准备在必要时抛弃马克思曾认为正确的一切原理。现在很清楚，这是不大可能的。卢卡奇的马克思主义依赖于至少这样一条原理的正确性，即在现代社会中无产阶级是革命阶级，卢卡奇不能停止相信这一原理的正确性而不停止成为马克思主义者。如果他要想前后一致的话，那么他关于马克思主义是一种方法的说法必须只能有这样的含义，即马克思主义辩证法不是一个能够现成应用于一切场合的公式；无产阶级的正确行动路线不能根据一种陈套的理论来预见。这种说法是大多数，而且也许所有的马克思主义者都会接受的，卢卡奇可能是想要过分强调一下，因为他认为对许多马克思主义者说来，在这个

---

① 〔匈〕卢卡奇：《历史和阶级意识》，伦敦梅林1971年版，第215页。

问题上无论如何理论和实践是不一致的。

上面提到的《历史和阶级意识》和《小说理论》的一些方面,就是它们提出的关于总体的观点。《小说理论》在前面被描写为属于卢卡奇思想中先于《历史和阶级意识》的阶段,的确是如此。但是不应该认为,一个人的思想中的不同阶段总是截然分开的,相反,属于后一个阶段的思想往往以比较不发达的形式在前一个阶段中出现。卢卡奇的总体概念就是这种情况。在《小说理论》中,他曾论证说,小说竭力要发现一个广阔的总体,而且他还说过,这种企图必定要失败,因为现代生活已不再是一个总体。为了使世界成为一个总体,必须以某种手段使之发生彻底变化。发现或建立这一总体的艺术形式不能是被拴在一个支离破碎的世界上的小说,而将不得不是一种新型的史诗。在《历史和阶级意识》中,被说成竭力要掌握总体即具体的整体的,与其说是艺术,不如说是一般人类思维。[①] 然而主要的差别是下面这一点。写《历史和阶级意识》的卢卡奇会同意,总体只有通过革命才能被掌握。在《小说理论》中没有指明将被用来使世界彻底变革的手段,而在《历史和阶级意识》中则毫不含糊。卢卡奇现在认为,有一个阶级,即无产阶级,能够掌握总体,这个阶级就是变革世界的手段。

五

在卢卡奇看来,关于有阶级意识的无产阶级即历史的同一的主体—客体的理论,不只是辩证法的边缘部分,而且是它的中心部分、它的本

[①] 〔匈〕卢卡奇:《历史和阶级意识》,伦敦梅林1971年版,只是在谈到十八世纪德国美学史时略微涉及艺术(见该书第151页以后)。

质部分。所以他只得和恩格斯的辩证法观点发生矛盾。因为,如果说辩证法必须包含关于有意识的作用者的观念,那么就不可能有自然辩证法的地位。但是,正如在第二节中指出的那样,恩格斯相信有这种辩证法,他在《反杜林论》中列举的辩证法规律的例子,既有取自自然界的,也有取自社会的。卢卡奇认为恩格斯犯了错误,并且否认这使得他自己的观点成为"修正主义的"。相反,他声称他在保卫正统马克思主义,反对恩格斯。卢卡奇说,马克思把辩证方法只应用于历史社会现实,而恩格斯错误地仿效黑格尔的榜样,把这个方法推广于整个现实。①

这个观点后来被卢卡奇放弃了,② 它是否正确我们在这里并不关心。然而有一个重要的术语问题必须加以指出。现在习惯于区分辩证唯物主义和历史唯物主义。恩格斯所阐述的辩证法规律对两者都适用,但是辩证唯物主义适用于有生命的和无生命的全部自然界,而历史唯物主义只适用于社会,并且有自己特殊的规律。在《历史和阶级意识》中,卢卡奇既谈到辩证唯物主义又谈到历史唯物主义,但是从上节所述中可以看出,当他捍卫"辩证唯物主义"时,③ 他想到的不可能是刚才说明的这个术语的意义。"辩证唯物主义"对他说来只是他所理解的马克思主义辩证法的同义语,因此只适用于社会。

《历史和阶级意识》的一些最重要的篇幅是用来讨论历史唯物主义这个题目的。在讨论卢卡奇关于这个题目的观点之前,概述一下马克思

---

① 〔匈〕卢卡奇:《历史和阶级意识》,伦敦梅林1971年版,第7页、第17页脚注。
② 〔匈〕卢卡奇:《历史和阶级意识》,伦敦梅林1971年版,第18页。
③ 〔匈〕卢卡奇:《历史和阶级意识》,伦敦梅林1971年版,第32、37、207页。

在《政治经济学批判》序言①中提供的对历史唯物主义的经典说明将是有益的。马克思把社会分为"基础"和"上层建筑"。基础包括物质生产力和生产关系;上层建筑包括法律、政治、宗教、艺术和哲学等,并且被基础、被"物质生活的生产方式"所"制约"。正像马克思的一句名言说的那样,"不是人们的意识决定人们的存在,相反,是人们的社会存在决定人们的意识"。马克思把社会变革的原因归之于物质生产力和生产关系之间的冲突。"于是这些关系便由生产力的发展形式变成生产力的桎梏。那时社会革命的时代就到来了。随着经济基础的变更,全部庞大的上层建筑也或慢或快地发生变革。"这里没有篇幅来讨论与这段著名的话有关的全部问题,援引这段话只是为了便于讨论关于卢卡奇观点的问题。这些问题中的第一个涉及历史唯物主义和卢卡奇的辩证法之间的关系。因为两者都与社会有关,似乎它们可以简单地等同起来。然而,问题并不这么简单。诚然,卢卡奇认为社会存在决定意识的说法是"辩证方法的基本原理",②并且还说无产阶级在其达到阶级意识的斗争中利用历史唯物主义学说。③然而,他并不认为历史唯物主义将永远适用于社会。历史唯物主义假定经济因素是基本的。卢卡奇说,在人类历史的漫长时期中的确是这样;但是,一旦无产阶级革命导致这样一个时代,在这个时代中经济不再是社会的主宰,而是其奴仆,人类进入

---

① 《马克多恩格斯选集》第 2 卷第 82—83 页。
② 〔匈〕卢卡奇:《历史和阶级意识》,伦敦梅林 1971 年版,第 256 页。
③ 〔匈〕卢卡奇:《历史和阶级意识》,伦敦梅林 1971 年版,第 35、80、230 页。

了马克思和恩格斯所谓的"自由王国",那时历史唯物主义就不再适用了。① 这并不意味着辩证方法不能被应用于新社会,但是可以设想,卢卡奇认为它将采取新的形式。然而,卢卡奇确信,无产阶级在未来的许多年中将利用历史唯物主义。② 所以,他认为需要找出对历史唯物主义引起的两个著名问题的答案,来回答对它的进攻。第一个问题是历史唯物主义是否是自我反驳的。第二个问题是它是否为人的自由留下任何余地,就是说,它是否赞同至少有一些重要的历史事件或过程是人的自由决策的结果。第一个问题是像下面这样发生的。

法律、政治、宗教和哲学已经被描写为构成一种建立在"物质生活的生产方式"的基础之上的"上层建筑",马克思主义者也把它们称作"意识形态"。意识形态家——譬如说政治家或哲学家——不知道推动他的真正动力。他的确是一个有意识的作用者,但是他的意识是恩格斯所谓的"虚假的意识"。③ 这给历史唯物主义者造成的困难,被卢卡奇表述如下。④ 意识形态是经济关系的函数,卢卡奇这样说的意思是,意识形态是由经济关系决定的。但是历史唯物主义本身是一种意识形态,即无产阶级的意识形态,因此它本身只是一定类型的社会即资本主义社会的函数。这就是说,历史唯物主义也是一种"虚假的意识"。

卢卡奇本来可以遵循马克思在1859年《政治经济学批判》序言中以及马克思和恩格斯在早期著作《德意志意识形态》(1845—1846)中

---

① 〔匈〕卢卡奇:《历史和阶级意识》,伦敦梅林1971年版,第254、258页。关于"自由王国",参看《马克思恩格斯选集》第3卷第323页和《资本论》第3卷末尾。

② 〔匈〕卢卡奇:《历史和阶级意识》,伦敦梅林1971年版,第260页。

③ 《马克思恩格斯选集》第4卷第501页,《历史和阶级意识》第61页引用。

④ 〔匈〕卢卡奇:《历史和阶级意识》,伦敦梅林1971年版,第234页。

所采取的方针，主张历史唯物主义不是意识形态，而是科学。① 这样就可以说，每一种意识形态都包含虚假的意识，但是历史唯物主义不是意识形态，从而避免把虚假的意识加到马克思主义头上。然而，卢卡奇没有遵循这一方针。他说，历史唯物主义是一种意识形态，它能够而且必须被应用于自身。他避免把虚假的意识加到马克思主义头上的办法，是采取了认为不是所有意识形态都包含虚假意识的立场。他这种立场符合马克思主义思想中较近的思潮，这种思潮倾向于把"意识形态"这个词应用于无论真伪的一切理论。②

卢卡奇的论证采取了对认为历史唯物主义含有"相对主义"意思的反对意见作出回答的形式。他没有给这个名词下定义，但似乎是持这样一种观点，即不能说一个理论比另一个理论更正确，只能说每一个理论都是与社会发展的特殊阶段相关的。卢卡奇对关于相对主义的指责提供了两个回答。第一个回答写于1919年，他在那里说，历史唯物主义的真理在特定的社会经济制度内部是正确的，而且在这种情况下有绝对的正确性。"然而，对特定制度说来是正确的东西不必对所有制度说来都正确。"③ 例如，历史唯物主义主要是一种关于资产阶级或资本主义社会的理论。它能被应用于资本主义以前的社会，虽然有一些困难，但是它已经看到它不能被应用于未来的无阶级社会，即"自由王国"。卢卡奇的第二个回答写于1922年，真有点挖空心思的味道。他论证说，④ 称

---

① 参看 H. B. 阿克顿：《时代的幻想》1955年伦敦版第125页及以下几页。

② 〔匈〕卢卡奇：《历史和阶级意识》，伦敦梅林1971年版，第234页。参看阿克顿前引书第131页。

③ 〔匈〕卢卡奇：《历史和阶级意识》，伦敦梅林1971年版，第234—235页。

④ 〔匈〕卢卡奇：《历史和阶级意识》，伦敦梅林1971年版，第204页及以下几页。

某事物为"相对的",是说它相对于某事物,是把它所相对的某事物看作一种绝对的、即非相对的事物。可是马克思主义辩证法把一切事物都相对化,所以把它叫作"相对主义"是极为错误的。诚然,它在把人看作一切事物的尺度时类似相对主义,然而它与相对主义不同,不把人的本性看作某种固定的和不变的东西。但是,即使历史唯物主义不是自我反驳的,上面提出的两个问题中的第二个问题依然存在。这涉及人的自由,首先需要弄清问题本身。历史唯物主义常常被称作一种历史决定论。称它是决定论,这不是说它宣称一切人类活动都是形势造成的,而是说它认为历史家感兴趣的那种人类活动——伟大事件、主要社会变革——是形势造成的。毫无疑问,马克思本人是这种意义上的历史决定论者。例如在《资本论》第一卷中,他提到现存资本主义秩序的"必然"崩溃;他说到资本主义生产"以自然过程的必然性"产生出自己的否定,他说资本主义生产的规律以"铁的必然性"起作用。① 所以显然存在着马克思主义者能否承认任何重大历史事件中有人的自由的任何地位的问题。卢卡奇用无产阶级达到自我意识来说明这个问题。他问道,② 这只不过是大量工人在大工厂的集中、劳动过程的机械化和标准化以及生活水平的降低的合乎规律的结果吗?他作了否定的回答。上面提到的因素的确是无产阶级向阶级意识发展的必要条件,但不是充分条件。换句话说,无产阶级若没有这些经济条件就不能达到阶级意识,但是仅仅经济条件不会产生出这种阶级意识。正像已经看到的,无产阶级的意识与实践、与革命活动有联系;卢卡奇说,这就是无产阶级的**自由**

---

① 《马克思恩格斯全集》第 23 卷第 8、24、832 页。

② 〔匈〕卢卡奇:《历史和阶级意识》,伦敦梅林 1971 年版,第 189 页。

活动。① 按照卢卡奇的看法，资本主义将被摧毁这一点没有任何物质保证。无产阶级有可能不使社会革命化，而是使自己适应于各种资产阶级文化。用政治术语说，这意味着它可能让自己受到社会民主的诱惑，即向资产阶级投降。② 如果资本主义应该被取代——如果在资本主义内部起作用的各种势力不应该盲目地走向文明的彻底毁灭——，那么无产阶级就必须意识到自己的历史使命。向自由王国的过渡要求无产阶级的有意识的意志。③ 很清楚，卢卡奇远没有低估自由决定在历史中的重要性；另一方面，他并不说辩证法中没有历史必然性概念的地位。首先，他认为资产阶级是完全从属于历史必然性的。例如，他论证说，除非无产阶级起来变革现实，不然社会中的矛盾将得不到解决，并且会被"辩证的发展力学"以更强烈的形式复制出来。他说，发展过程的客观必然性就在于此。④ 其次，他声称，无产阶级意识本身是历史辩证法的固有结论，因此不过是历史必然性的表现而已。但是他即刻补充说，"辩证的必然性决不等同于机械的、因果的必然性"。⑤ 然而，他并没有说清楚这种辩证必然性的性质究竟是什么，以及它是怎样为无产阶级的自由行动留下余地的。也许使辩证必然性区别于机械必然性的地方在于前者是与合理行动的内在联系。卢卡奇实际上是说，产生出某个阶级，即无产阶级，这个阶级应该采取的合理行动方针是一种会导致阶级社会解体

---

① 〔匈〕卢卡奇：《历史和阶级意识》，伦敦梅林1971年版，第228页。
② 〔匈〕卢卡奇：《历史和阶级意识》，伦敦梅林1971年版，第55、214、228页。
③ 〔匈〕卢卡奇：《历史和阶级意识》，伦敦梅林1971年版，第82、286、316页。
④ 〔匈〕卢卡奇：《历史和阶级意识》，伦敦梅林1971年版，第216页。
⑤ 〔匈〕卢卡奇：《历史和阶级意识》，伦敦梅林1971年版，第194页。

的革命方针,这是历史的必然。无产阶级是否合理地行动,则不是必然的,这取决于它自己的自由决定。

六

在《历史和阶级意识》进行这种阐述的过程中,关于无产阶级的自我认识即它的阶级意识,已说得很多。然而至此为止还没有接触到这样一个很明显的问题,即这一阶级意识的内容怎样才能发现,也就是怎样才能看出无产阶级是如何看待自己和它在整个社会中的地位的。看来这不能通过在无产者中的实地调查来发现。按照卢卡奇的观点,无产阶级能够**理解**整个社会,能够找出对经济学和社会学的复杂问题的**正确**答案。但是很难相信,正确答案单是通过发现无产者如何思考这些问题就能找出。

的确,卢卡奇也不认为他们能够这样。当卢卡奇在这种场合说到阶级意识时,他不是指一个阶级实际上所想的东西。他说,① 阶级意识既不是构成阶级的个人实际上想的或感觉的东西的总和,也不是它的平均数,相反,阶级意识包含有"客观可能性"的范畴。在说明这一点时,卢卡奇先指出人们在生产过程中有一定的立场,而这些不同的立场决定着各种各样的社会类型。这是一个标准的马克思主义论点,卢卡奇在别处表述得更清楚,② 即社会阶级取决于生产过程中的立场。于是,有可能为任何这种类型或阶级推断出适合其立场的思想和感情。就是说,有可能推断出人们若是适当地理解自己的地位,在一个特殊立场上会有的

---

① 〔匈〕卢卡奇:《历史和阶级意识》,伦敦梅林1971年版,第62页。
② 〔匈〕卢卡奇:《历史和阶级意识》,伦敦梅林1971年版,第57页。

思想和感情。阶级意识就是"被认为在生产过程中的特定立场上应该有的一种合理而适当的反应"。① 可见阶级意识有一种假设性质；它是人们在特定的处境中，若是充分理解这种处境所会想到的东西。但是卢卡奇坚持认为，虽然阶级意识没有心理上的现实性，但它不是纯粹的幻想，因为它有一种解释功能，人们用它能够解释"无产阶级革命的痛苦道路"。②

于是，在《历史和阶级意识》中，阶级意识是一种也能用以解释社会事件的假想的东西。作为这样一种东西，它与在卢卡奇以前的老师麦克斯·维贝尔的著作中可以看到的"理想类型"的概念有某种相似之处。③ 维贝尔的确切的含义已成为许多讨论的主题，但是它可以大致说明如下。自然科学家在说明自然界时使用像理想气体这样的概念，即使没有任何实际的气体确切地像理想气体那样活动。同样，社会学家在说明社会时使用像官僚主义、资本主义这样的理想类型或者甚至像合理行为这种极为一般的概念，不管在实际上是否已找到这些东西的任何完善的实例。使用这种理想类型之所以有道理，是因为它们能被用来说明所观察到的事件；如果卢卡奇的阶级意识概念能够有这种用途，那么它也是有道理的。然而，不能说《历史和阶级意识》多少详细地表明了无产阶级阶级意识的概念应该如何用来说明"无产阶级革命的痛苦道路"。而且，还有这样的问题，即发现在任何特定的社会形势下这一阶级意识是什么，就是说对这一形势的合理反应是什么。上面已经说过，人们不应该去看无产阶级所实际想的；那么应该去看什么呢？就是在这

---

① 〔匈〕卢卡奇：《历史和阶级意识》，伦敦梅林1971年版，第62页。
② 〔匈〕卢卡奇：《历史和阶级意识》，伦敦梅林1971年版，第88页。
③ 这是卢卡奇本人注意到的，见《历史和阶级意识》第62页注①。

里共产党出场了。卢卡奇所说的"共产党",是指列宁建立的那种类型的党——一个有严格纪律的革命者团体,其成员服从于集体意志,把自己的一生全部交给党,而且这是一个独立的即独立于无产阶级的组织。① 卢卡奇坚持认为,共产党的独立性并不意味着它想要为了无产阶级并且代替无产阶级去进行战斗。它作为一个独立的实体存在,"这样无产阶级就能够立即看到它自己被赋予了历史形态的阶级意识"。② 或者像卢卡奇在他的论列宁的论文(1924年)中所说的,共产党是"已经达到可见形态的无产阶级阶级意识"。③ 因此,看来通过观察共产党将能发现无产阶级阶级意识的内容。卢卡奇所说的党员可能看起来像是柏拉图《共和国》中的卫士。就是说,他们可能被认为是经过挑选的少数精英,只有他们真正洞察了现实的性质,应由他们来统治那些没有这种洞察力的人们。然而,这肯定不是卢卡奇的意思。按照卢卡奇的看法,共产党的确拥有正确的理论,而且它有时必须采取与群众的立场对立的立场。但是卢卡奇坚持认为,党与无产阶级是经常相互影响的。其次,党员的服从不是盲目的服从,在党员的意志和党的领导人的意志之间必须有相互影响。④ 这意味着,当党在解决它领导无产阶级革命的任务时,它不是一个最后完成了的组织。正像卢卡奇在关于列宁的论文中说的:"党并不存在;党在产生。"⑤

---

① 〔匈〕卢卡奇:《历史和阶级意识》,伦敦梅林1971年版,第318、329、339页。

② 〔匈〕卢卡奇:《历史和阶级意识》,伦敦梅林1971年版,第329页。

③ 《卢卡奇全集》第2卷第536页。

④ 这些关于共产党的观点见《历史和阶级意识》第324、330、331、334、339页。

⑤ 《卢卡奇全集》第2卷第545页。

七

《历史和阶级意识》的一个重要主题还需要讨论。第四节中对卢卡奇关于现代唯理论历史的论述的说明，似乎只涉及这个论述的一个方面。我在那里说卢卡奇只是从唯理论的论据适当与否，也就是只是从哲学家们为他们的观点提出的理由是否好的角度来讨论唯理论的。这种说法并没有错，卢卡奇和其他马克思主义者一样，的确是这样讨论哲学的。但是卢卡奇和其他马克思主义者一样，也按照那曾促使哲学家们持有他们所持有的观点的东西去考虑哲学。他讨论现代唯理论的那一节叫作"资产阶级思想的矛盾"，这个标题是意味深长的。卢卡奇说的"资产阶级思想"，不是指只是偶尔在资产阶级时代发展起来的思想，相反，他是指不仅在那个时代产生、而且还带有那个时代的印记的思想。他论证说，这种思想带有"物化"的印记，"物化"在这个时期把它的形象铭刻在人的整个意识上。① 这里有三个问题：卢卡奇说的"物化"是什么意思，他是如何考虑物化和资产阶级思想的关系的，以及这个概念的重要性是什么。这一章的最后部分将用来回答这三个问题。卢卡奇在《物化和无产阶级意识》一文的第一节中讨论了物化的性质。他把《资本论》中马克思讨论"商品的拜物教性质"的那一节作为他的出发点。马克思论证说，当资产阶级经济学家讨论商品时，他们犯了一个根本性的错误；他们把生产者与他们劳动总和的社会关系当成存在于他们之外的事物的社会关系。换句话说，人们之间的社会关系采取了事物之间的

---

① 〔匈〕卢卡奇：《历史和阶级意识》，伦敦梅林1971年版，第112—122页。

关系的变幻不定的形式。① 马克思发现宗教有相似之处，在宗教中，人类精神的产物对信仰者表现为独立的客体。这就是马克思所说的"商品的拜物教性质"，他对这点的说明在卢卡奇看来就是对物化的基本现象的描述。② 马克思证明，资产阶级经济学家错在把事实上是一种生产形式即资本主义形式所特有的东西当成自然界的永恒规律。③ 卢卡奇同意这一点，但是他以《资本论》中所没有的方式进一步发展了物化的概念。④ 他说，商品的拜物教这一"物化的基本现象"之所以重要，是因为由于它，一个人的活动、他自己的劳动成了对他说来是客观的和对立的东西。这种对立既有客观的方面也有主观的方面。客观的方面是，出现了一个事物及其关系（商品及其在市场上的运动）的世界，它们的规律的确能被人们所认识和利用，但是人们不能加以改变。主观的方面是，一个人的自己的活动，他的劳动成了与他对立的客体，这个客体服从于支配社会的客观自然规律，但是对人说来是异己的。正如前面指出的，卢卡奇断言物化在资产阶级时期人的全部意识上打上了自己的印记；因此，它在资产阶级哲学上打上了自己的印记。卢卡奇的论点是，⑤ 在现代唯理论体系中可以找到的矛盾——主体和客体、自由和必然之间的矛盾——是用哲学术语对唯理论哲学家们生活所在的社会的表述。卢卡奇说，在这样的社会中，人们经常毁坏和抛弃"自然"纽带，他这样说的意思是，资产阶级时代是对自然的控制日益增加的时代，然

---

① 《马克思恩格斯全集》第23卷第89页。

② 〔匈〕卢卡奇：《历史和阶级意识》，伦敦梅林1971年版，第97页。

③ 《马克思恩格斯全集》第23卷第92—93页，第12卷第737页。

④ 〔匈〕卢卡奇：《历史和阶级意识》，伦敦梅林1971年版，第97—98、105—106页。

⑤ 《历史和阶级众识》第141页。

而在这同时，人们创造出一种"第二自然"，它的规律同自然界的旧的非理性的规律一样不可抗拒。在这里（虽然没有明说），卢卡奇心里想的显然是"商品拜物教"，把社会关系变成受带有自然规律必然性的规律支配的客体这种倾向。简言之，卢卡奇说的是，资产阶级社会未能真正控制它的世界——它用"第二自然"取代它已控制的自然，而这个"第二自然"同旧的自然力一样不可抗拒——这在思想中反映出来，就是资产阶级哲学未能发现真正产生出客体的主体，未能调和自由和必然之间的矛盾。卢卡奇写《历史和阶级意识》时，并不知道马克思1844年在巴黎写的那部现在已是众所周知的手稿，但是他关于物化所说的同马克思在那里关于"异化"或"外化"所说的某些东西极为相似。马克思描述了资本主义社会中的工人的三种异化：与他的劳动产品的异化，与作为生产行为的劳动本身的异化以及与人的本质的异化。卢卡奇关于物化，特别是关于它的主观方面所说的，同第二种异化、即与作为生产行为的劳动的异化很接近。按照马克思的观点，这就是，劳动对工人说来是外在的，它不属于他，而是属于别人。① 可能看起来像是卢卡奇通过自己的努力重新创造了他和世人当时都不知道的马克思的某些学说。然而事实上，他关于异化的观点大部分要归因于格奥尔格·西美尔的《货币的哲学》一书。在论文化概念的一节中，② 西美尔描述了分工对工人的影响。他论证说，由于工人不生产整个的产品，劳动对他说来不再是活生生的东西，他也不再在自己的劳动中看到自己。工人与劳动资料分离，劳动资料由资本家占有和分配，也产生出同样的结果。劳动力成为商品，工人与劳动力分离，好像与某种客观的东西分离一样。最

---

① 《马克思恩格斯全集》第42卷第93—94页。
② 西美尔：《货币的哲学》1920年，慕尼黑和莱比锡第3版第502页以后。

后，被生产出的客体成为某种独立存在并且与生产者的性格迥异的东西。简言之，专业化随着产品获得客观的独立，在工人与其产品之间造成越来越大的外在性。① 在《历史和阶级意识》中，卢卡奇有点含含糊糊地承认他对西美尔的借鉴，他说，《货币的哲学》"在细节方面是很有趣和很确切的"，② 但是西美尔把物化的表现变为某种独立的和永恒的东西、一种无时间性的人类关系类型，则是错误的。不过，卢卡奇借鉴西美尔这一点，并不减小《历史和阶级意识》中关于物化的论述的重要性。卢卡奇1967年回顾这本书时，非常正确地指出，这本书对知识分子产生了深刻的影响，正是因为它把异化作为资本主义批判的中心问题。③ 卢卡奇后来公开声明放弃《历史和阶级意识》中所包含的观点，是受到策略考虑的影响。但是不应该因此忽视这样的事实，即卢卡奇的确曾诚恳地相信这本书在许多方面犯了错误。他感到强调书中的错误比探询其中包含的某些思潮是否正确更为重要，他认为后一个问题应该留给别人去考虑。④

(杜章智 译)

---

① 西美尔：《货币的哲学》1920年，慕尼黑和莱比锡第3版第516、519页。
② 〔匈〕卢卡奇：《历史和阶级意识》，伦敦梅林1971年版，第106页。
③ 〔匈〕卢卡奇：《历史和阶级意识》，伦敦梅林1971年版，1967年版序言，见《卢卡奇全集》第2卷第24页。
④ 《历史和阶级意识》1967年版序言，见《卢卡奇全集》第2卷第41页。

卢卡奇的一篇重要谈话*

卢卡奇同志,您是怎样看待您的一生和您生活所在的历史时代的?在从事革命斗争和学术研究的五十年当中,您既得到过荣誉,也蒙受过羞辱。我们也知道,贝拉·库恩1937年被捕之后,您的生命曾岌岌可危。如果您要写自传或个人回忆的话,您会从这一切当中引出什么样的最终教训呢?做了五十年的马克思主义战士意味着什么呢?

简略地回答你们,我应该说,我最大的幸运是经历了一番动荡的、充满重大转折的生活。特别幸福的是经历了1917—1919年的时期。由于我出身资产阶级家庭,父亲在布达佩斯当过银行行长,我自己虽然在

---

* 本文选自《马列主义研究资料》1985年第6辑。

原题注:这是格奥尔格·卢卡奇逝世前不久对甫斯拉夫记者发表的一篇重要谈话,他在谈话中回顾了自己的过去,对自己的生平事业作了堪称总结性的评价,此外对马克思主义的发展、社会主义国家中的经济体制改革等重要理论问题发表了坦率的看法,对研究卢卡奇有一定参考价值。这篇谈话最初以《完全的人。——和卢卡奇的谈话》为标题发表在匈牙利1970年1月1日出版的一期《自由论坛》杂志上,英国的《新左派评论》不久即以《两种危机》为标题加以转载,后收入美国纽约德尔出版公司1973年出版的卢卡奇论文集《马克思主义和人类解放》,译文是根据该论文集译出的。——译者注

《西方》杂志社中代表一种特殊的反对派立场，但在实质上毕竟还是资产阶级的反对派。现在不敢说，也不能说第一次世界大战的纯粹消极影响就足以使我成为一个社会主义者。但可以肯定的是，俄国革命和继之而来的匈牙利革命运动，的确把我造就成为一个社会主义者，我从此为它奋斗一生。我认为这是我一生中最积极的一个方面。至于说我整个一生中曾出现过向上、向下和向其他各方面的摆动，那是另外的问题，但可以说它在某种程度上还是统一的。回顾过去，我能够看到，我一生有两个倾向，一是发表自己的看法，二是为社会主义运动服务——像我在每个时期所理解的那样。这两个倾向从不背道而驰，我从未感觉到它们之间有何冲突。往往事后发现——按我自己的看法以及别人的看法——我所做的并不正确，我也能够坦然承认。在那种情况下，我就认为，我有权抛弃我在事后发现是错误的旧观点。归根到底，我能够平心静气地说，我在任何时候都曾企图尽我所能地说出我必须说的东西。至于我一生工作的价值和形象是什么，对此我不能发言——这不是我应该关心的事情。历史将以某种方式作出决定。至于我自己，我能够满足于已经做出了努力，在这方面我能够说我是满足的：当然，这不是说我对这些努力的结果感到满意。在还留给我的短时期内，我将尽力更准确、更公正和更科学地为马克思主义表述某些思想。

一个人能满足他的状态吗？真存在这种状态吗？

坦白地说，一个作家在写作时可能时而感受到这种状态。我偶尔觉得我设法表达了我所要表达的东西。它在三天以后将显得怎么样，那是另外的问题。我说的只是，的确存在这种状态。

您不仅是本世纪历史的见证人，而且还是一个积极的参加者。如果您现在要对您青年时代的理想和梦想，对社会主义从匈牙利苏维埃共和国到现今的发展作出结论，那会包括什么内容？

在这个问题上必须把主观因素和客观因素加以区分。在主观上，我要说，不要说在今天，在二十年代就已经很清楚，我们从1917年起追随俄国革命所怀抱的那些极为热切的希望是不会实现的：我们所信赖的世界革命浪潮并没有到来。革命停留在苏联的国境以内，这不是某一个人的理论的结果，而是世界历史的事实造成的。人们的主观希望在这种意义上没有被实现。另一方面，我们若是自称马克思主义者，因而认为自己是历史研究者的话，就必须知道，没有任何一次伟大的社会变革是一夜之间就实现了的。原始共产主义过了几千年才变成了阶级社会。或者，从有历史的时代举一个例子，我们现在能够看到奴隶社会解体的历史，能够得出结论，奴隶社会经历了八百年、将近一千年的危机才进入了封建社会。因此，越是马克思主义者，越是应该知道，像从资本主义过渡到社会主义这样决定性的变化不是在几个星期、几个月或甚至几年之内就能完成的，我们所生活的时期只是这一过渡的开始，谁知道还要过几十年甚至几百年世界才能进入真正社会主义的时代。若要做马克思主义者，就必须把自己的期望与对事件的评价分开来。主观上大家都想看到真正社会主义的时代，这是很自然的，但是马克思主义者应该根据自己的生活经验知道，这种变化不是一天之内就能发生的。

马克思主义哲学与我们时代的巨大哲学财富应该是什么关系？这一财富的哪一部分可以被认为是对进一步发展极为宝贵的东西或者说促进的因素呢？

请原谅我不直接回答这个问题。我对现代资产阶级哲学的评价并不高。当社会主义国家的人们对斯大林主义歪曲马克思主义感到失望的时候,他们转向西方哲学,这是可以理解的,你可以很容易看到一个遭到自己丈夫欺骗的女人倒入任何人的怀抱,道理完全一样。我必须承认,我对资产阶级哲学的评价不高,我认为黑格尔是最后一个伟大的资产阶级思想家。如果说美国的、德国的或法国的报刊宣布 X 或 y 是伟大的思想家,如果说由于斯大林主义而感到失望的人们以为他们能够譬如说用结构主义来补救马克思主义,那么——请原谅我直说——我认为这是幻想。我不赞同在斯大林时期官方马克思主义与苏联以外的发展成果完全隔绝起来的做法。这是错误的和非马克思主义的。因为马克思、恩格斯和列宁总是极其留心当代哲学和科学思想的发展,但是我要补充说,这种留心是高度批判性的。如果你们考察马克思的思想历程,你们会看到不仅仅是像达尔文和摩尔根这样的杰出人物影响他的思想。例如,他对李比希的农业化学实验、毛瑟的历史研究等都极感兴趣。但是我们必须补充说,马克思对他的所谓伟大同时代人的看法——我这时想到孔德和斯宾塞——是颇为轻蔑的。我在心理上能够理解为什么今天的马克思主义者总是到西方去为他们的改革寻求支持,但是我认为这在客观上是不正确的。我认为必要的是,我们应该很好地弄懂马克思主义,我们应该回到它的真正方法论上去,我们应该设法通过运用这种方法论弄懂在马克思逝世后的时代的历史。这还有待于从马克思主义的理论立场出发去做出努力。马克思主义者的重大过错之一,是在列宁那本 1916 年写的关于帝国主义的书之后,没有作出对资本主义的任何真正的经济分析。因此,我认为马克思主义者的任务是,他们应该对我们能够从西方著作中学到的东西进行批判的考察。毫无疑问,在自然科学的许多领域中西方取得了巨大的成就,我们肯定能够从那里学到东西。我认为,对哲学方面(严格意义上的)和社会科学方面的著作必须进行极仔细的批判考察。若是以为仍然能够从尼采那里学到什么,那将是幻想,虽然很遗憾，我们知道，对斯大林主义的马克思主义失望的人们常常想这样做。我们从尼采那里能够得到的至多是这样一个教训，即不应该如何搞哲学和什么东西对哲学说来危险和糟糕。因此我必须明确说，我对能够从西方学习什么这个问题的态度是高度批判性的。我希望马克思主义者采取批判的态度，也运用真正马克思主义的方法来判断西方思潮。

您用了"官方马克思主义"的概念来与资产阶级哲学思潮相对立，而且还说在经典著作发表之后许多工作需要做。您所说的官方马克思主义是什么意思？

我说的官方马克思主义，是指斯大林在意识形态，政治和组织方面取得对托洛茨基、布哈林等人的胜利之后在苏联发展的那种马克思主义。这是作为一个过程发生的。我不想详细谈，但是有一点是肯定的，即我们不能说到某一天为止是列宁主义，第二天斯大林就提出了斯大林主义。更正确地说，是在长达十多年的过程当中一再重新解释马克思主义以适应斯大林统治的需要。这件事的基本点我已经写到过好几次。如果可以重复的话，这事大致是这样的：马克思从一种包罗万象的辩证方法中得出一种伟大的世界历史观点并且力图以各种方式为它奠定经济的和政治的基础。这种观点为马克思的活动提供最后的动力。就是这种最后的动力使他能够分析每一个时代和每一种形势中的战略形势，并在战略形势的范围内分析策略原因。斯大林把这一切颠倒过来。对斯大林说来，某一特定时期的策略形势是至高无上的，他正是为了这一策略形势而制定战略和一般理论。我要说，即使二十大谴责了斯大林关于阶级斗争在社会主义社会中不断激化的理论，它也未能说明，很遗憾，问题不是斯大林得出了这样的结论，然后根据这一结论准备了对布哈林等人的大清洗。问题毋宁是斯大林感到他有进行这种清洗的策略需要。他进行了这种清洗，然后为这种清洗制造了一种理论，说是阶级斗争在社会主义制度下愈来愈激化。我可以举一件甚至更意味深长的事情来说明这一点，在这件事上，斯大林在策略上实际是正确的。当斯大林在1939年与希特勒签署条约时，他采取了策略上正确的一步。接着开始了英国和美国同苏联结成联盟抗击希特勒的战争阶段，苏联成功地挡住了纳粹主义的危险。我常想，要是没有斯大林最初那个策略行动，这种情况是否会发生很成问题。可是，当斯大林在1939年宣称第二次世界大战在本质上与第一次世界大战没有任何差别，因此各国共产党的任务仍然是像李卜克内西说的那样在自己国内打击敌人的时候，他就是从一个策略上正确的步骤出发，以共产国际的名义给法国党和英国党出了灾难性的错误主意。我认为，斯大林的方法所产生出的荒唐结果从这个例子中可以看得非常清楚。我要说，斯大林主义的概念仍然有待于完全消除。因此我们关于世界政治的许多概念纯粹是策略性的，它们可能过一天就显得不正确，老实说，它们与社会现实中发生的真实过程没有什么关系。

您怎么看待您的著作在南斯拉夫所受到的欢迎？

我必须承认，我认为我没有权利来评论南斯拉夫意识形态发展的问题。简单说，我所能说的只是，在第二次世界大战期间，南斯拉夫激起了我们所有人的热情。在小国当中，它是唯一对希特勒独立进行大规模抗战的国家。从这一点看，南斯拉夫人民的行为是对所有其他人的榜样，包括匈牙利人在内，我们抗击希特勒的意志远没有他们那样清醒、坚决或成功。其次，我们所了人——我这里指的是有思维的人——都对斯大林主义的发展不大满意。任何读过我二十年代和三十年代的文章的人都会看到，甚至在那个时候我对斯大林和日丹诺夫的路线也是不同意的。例如，我写的那本论黑格尔的书是与日丹诺夫对他的分析针锋相对的。然而，尽管如此，匈牙利的政策紧跟苏联路线，对我们所有能够独立思考的人说起来，铁托以实际批判的精神开始对斯大林主义的方法作战，的确是一件大事。社会主义的历史永远不会忘记铁托的这一伟大功绩。结果，马克思主义的著作在南斯拉夫开始比官方马克思主义更受欢迎得多。我注意到了这一点，但是这也意味着我有时候对官方马克思主义进行了尖锐的批评。我必须重复一下，这种发展不像跳下一列火车，爬上另一列火车。在一个新阶段的意识形态形成以前，需要有伟大的意识形态战斗。这个过程已经开始这一点为南斯拉夫的同志们大大增光，这决不会永远不被注意的。然而——不仅仅南斯拉夫是如此，而且整个运动都是如此——对斯大林主义思想的批判和争取马克思主义复兴的斗争，正在遇到什么思想工具就用什么思想工具，显然还没有形成完全清晰的观点和占支配地位的趋向。我相信，如果我说我在主观上希望我所支持的趋向将成为占支配地位的趋向，你们不会见怪，虽然我知道每一个人都希望历史将最终赞同他自己的观点，无论如何，像什么是正确道路这样的历史决定尚有待客观地做出，所以在社会主义和资本主义国家中，人们到处都在为复兴马克思主义而奋斗。大家都争取采用自己的方法，彼此间进行争论，希望能找到某种道路使马克思主义摆脱由于斯大林的影响而陷入的不愉快处境。

有人认为工人自治制度是南斯拉夫特有的发明，不是社会主义发展的表现。您对此有何看法？

很难回答你们以这种形式提出的问题。一般说来，我想要说，工人自治是社会主义的最重要问题之一。我认为，许多人用一般民主，更确切说即资产阶级民主来反对斯大林主义，是不正确的。马克思在上世纪四十年代描述了资产阶级民主的基本结构；它是建立在唯心主义的公民和唯物主义的资产者的对立之上的，资本主义发展的必然结果是资本主义的资产者成为头面人物，而唯心主义的公民成为他的仆人。相反，社会主义发展（由巴黎公社开始，由两次俄国革命继续下来）的本质则叫作工人委员会。用理论来表达，我们可以说，这是日常生活的民主。民主自治向日常生活最基本的层次发展，直至全体人民对所有重大的公共问题作出决定。我们今天正处在这种发展的最开头。但是不可能有任何疑问，在南斯拉夫发生的那些创新以及它们成为严肃讨论主题的事实，在今天的新情况下将有助于工人委员会终于再次成为任何社会主义发展的基本原则。

您曾表示过这样一种想法，即完全的人是社会生活中的人。请您详细谈谈这一点，好吗？

我相信，这是马克思主义的一个基本论题，马克思早年在写关于费尔巴哈的提纲时所讨论的一个问题。当马克思批评费尔巴哈的时候，他说的是，费尔巴哈对唯物主义的理解仅止于自然界。在有机的自然界中的确产生出某些类，但是这些类——正像马克思在他驳斥费尔巴哈的论据中所说的——是无声的类。狮子、单个的狮子属于狮子类。但是单个的狮子对此并不知道。当它猎取食物时或者当它生小狮子时，它完全只是满足自己的生物需要，同时在无意识的情况下服务于自己的类，代表自己的类。当马克思说人类社会不是一种无声的类的时候，是什么意思呢？正像狮子是动物界的一分子，或者说草是植物界的一分子一样，人是人类的不可分割的一分子。然而不同的是，人甚至在最原始的水平上也是一个部落的有意识的成员。这一事实本身，即他是最原始部落的成员这一点，使他超出于纯粹生物的无声之上。这样就产生了类对个体的要求、个体对类的责任和这两者对类和个体的相互影响之间的独特辩证关系。这构成人向人演变的基础。如果我们好好考察历史，我们就会看到这是全部历史的真正内容。这里还应该补充马克思在很久以前说过的一点，即我们所经历的发展——而它已有多大规模，只要把石斧和原子弹加以比较，就能看出——仍然是人类的史前期。人到共产主义时，把阶级社会的所有障碍都抛在身后了，才开始他的真正历史。这就是说，当我们在评价当代的人和他对类的关系时，我们应该知道我们仍然处于史前阶段。我想要对此作的解释是，在史前阶段，属于类同人的纯粹个人要求仍然基本上是对立的，只有在个别人那里这两者完全融合，他们是历史上的例外。例如，请想一想那个纪念塞尔莫庇里的三百名斯巴达人的碑文。① 然而，辩证法在不断加紧工作。这一辩证法在人类社会的过程中将促使越来越多的人们想到，只有当类的最高命令作为个体的义务被接受时，个人的实现才有可能。像苏格拉底或列宁这种人物之所以有极大的魅力——不是任何人都一定意识到这一点——就是因为他们个性的自由发展和他们对类的命令的自愿完成高度和谐一致。我现在想要说的是，共产主义制度下的马克思主义目标，应该正好是使人们能够随着他们认识到个人的实现就在于完成作为类的成员所固有的义务，而从囿于无声的类的境地中摆脱出来。

您已经两次特别亲切地提到列宁的名字。他在您的个人生活中对您意味着什么？

如果你们是指我和他在个人之间有多少关系，那么答复是非常之少。我们的个人接触在于，列宁在二十年代极其直率地指出我的论议会制的文章写得很坏，不是马克思主义的。我必须承认，这是曾使我学到

---

① 碑文是："陌生人，捎话给斯巴达人，我们躺在这里履行着他们的诺言。"

许多东西的批评之一。因为列宁——实际上不是在这一批评中,而是在他的探讨同一问题的《共产主义运动中的"左派"幼稚病》中——着重指出了一个像议会这样的制度在世界历史前景中的衰落与它在实际政治中被废弃之间所存在的差异。我在我的文章中把这两者混淆起来了。我从列宁对这种差异的强调中学到了许多东西;后来我能够更加容易地理解这种问题。事实上,我同列宁的个人接触仅此而已。我在共产国际第三次代表大会上的确见到了列宁,但是不要忘记当时我只是一个小小的非法党的中央委员,当有人在走廊上把我介绍给列宁时,他有更紧迫的问题要考虑,哪能同一个二流的匈牙利人进行讨论。尽管如此,列宁在第三次代表大会上的举止使我产生了深刻的印象。研究他的著作,只是更加强了这种印象。更确切地说,我们在列宁身上看到了一种崭新类型的真正革命者。我这样说,并不是要贬低老的革命者。但是可以说,在城邦瓦解之后,在希求恢复市民道德的斯多噶派中产生了一种实验,试图建立一种能够与人民的不公正行动比起来较公正地行动的新贵族。这种态度的残余及其在十七、十八世纪的复活,意味着在伟大的革命家身上可以发现某种禁欲主义。例如,你们如果考虑一下罗伯斯庇尔,那么这种禁欲主义是很明显的。这对我们的时期也有影响。如果我们看看我们自己的革命时代,看看像匈牙利的奥托·科尔文或慕尼黑的欧根·列文这样的杰出人物,你们就会懂得我说的意思。欧根·列文说,共产党人总是视死如归。这事实上是最高度的禁欲主义。相反,恩格斯,特别是列宁代表一种非禁欲主义类型的革命者。他们的革命性表现在他们的个人的人的特性在他们的生活中不起任何作用,即使他们做出违反自己个人爱好的决定,这些决定也不是以禁欲主义的方式做出的。当我们读高尔基记叙列宁的文章,特别是那些关于列宁谈论贝多芬的热情奏鸣曲的精彩段落时,可以看得非常清楚,列宁与罗伯斯庇尔和列文这种类型相反，代表一种新型的革命者，这种新型的革命者与旧型的革命者一样献身于公共事务，并且牺牲自己的个人命运，但是这种自我牺牲没有任何禁欲主义的味道。在我看来，列宁的榜样在未来的发展中将起巨大的作用。

在禁欲主义和共产主义运动中的左派幼稚病之间有直接联系吗？

自然有。那个时候的激进革命者大多数是禁欲主义类型的。他们当中的许许多多人是异常正直和忠诚的革命者，我确信列宁对此知道得非常清楚。列宁本来决不会想到要否认荷兰人潘涅库克或罗兰—霍尔斯特是真正的革命者，尽管如此，他谴责了他们的宗派主义。这无疑是作为政治问题提到列宁面前的，不过背后也有道义的问题。然而列宁不仅是杰出的理论家，而且也是伟大的实践家，他非常清楚，这个道义的问题只有在更高的发展阶段上才可能在社会上出现。在二十年代的辩论中，是他对具体问题的立场——赞成还是反对宗派主义——导致列宁的实际决定。

从幼稚病的角度，您对今天国际工人运动有什么看法？

这是一个很复杂的问题。毫无疑问，左倾激进主义起了某种作用。但是，如何把经典著作中对历史问题的论断运用于今天的现实，对此我们必须非常小心。谁若以为他能够把列宁1920年写的一本书运用于1969年的美国青年，或者能把列宁对罗兰—霍尔斯特的批评运用于杜契克，那他就大错特错了，另一方面，这里有一个现实的问题，在这个问题上，我们能够向列宁学习。就是说，我们现在正处在资本主义社会的一场危机的最开头。如果你们回过头去想想1945年和战胜希特勒，那么当时许多人都相信，新的被操纵的资本主义——美国生活方式——

标志着人类发展中的一个新纪元。他们说,这不再是资本主义,而是某种更高级的社会等等。从那时以来已过了二十五年,今天这整个制度面临着一场异常深刻的危机的最初阶段。我必须既强调最初阶段又强调危机。最初阶段意味着大学生和知识分子的造反,但是这还必须产生出一个有充分根据的纲领才行。已经提出的各种纲领一般说来是极其幼稚的。例如,青年人喜欢说,克服操纵的途径是把劳动变为游戏,他们实际上只是在重复可怜的老傅立叶在十九世纪初说过的话,这些东西在上世纪四十年代曾遭到马克思相当尖刻的嘲讽。因此,我们现在所看到的是一个在意识形态方面很不成熟的运动,之所以应该给它以肯定的评价,是因为它反对现在在被操纵的资本主义社会中所产生的那些矛盾。我这里指的是越南战争、美国的种族危机、英国无力找到自己在帝国以后的作用以及法、德、意等国的危机。换句话说,用世界历史的观点来看,我们正处在一场世界危机的门槛上。这个门槛当然可以意味着五十年,这一点我们必须清楚。今天,我看到了对复兴马克思主义的强大实际动力,因为正像列宁在《怎么办?》中正确指出的,没有革命的理论就不可能有任何革命。回到我在前面已经说过的话上来,在西方和我们自己的国家中必须复活马克思主义的方法,对资本主义制度下已获得的东西进行经济的和社会的分析:这种分析我们马克思主义者还没有做,可是没有这种分析,我们就不能找出需要解决的具体问题。只有到那时,我们才能谈到能采取重大决策的革命运动。正因为如此,我认为复兴马克思主义是十分重要的问题。在社会主义国家中也有问题,因为没有必要的理论复兴就不可能有任何实践的复兴。有人相信资本主义能被偶然事件所推翻,自然是很幼稚的。

马克思主义理论的复兴为社会主义国家的实践提出了什么具体问题?您

觉得哪些可以挑出来谈谈？

这里有许多问题。让我从经济开始。列宁知道得很清楚，俄国革命并不是在最发达的资本主义国家中或以世界革命的形式爆发的，而是在一个相对落后的国家孤立地爆发的。这意味着苏联面临着把苏联生产提高到足以使真正社会主义在经济上成为可能的水平的独特任务，这个任务是马克思提出的公式所没有包括的，因为马克思曾想象社会主义革命发生在最发达的国家中。今天我觉得，斯大林击败了他的对手们，不仅是因为他是他们当中唯一熟练的策略家，而且还因为他首先最坚决地鼓吹了这种在一国范围内的社会主义和克服经济落后的需要。苏联在斯大林时期的确赶上来了，即使还没有完全赶上。还没有做到的是，生产应当成为正常的生产，尤其是那种能够使向社会主义过渡成为可能的生产。在这种情况下，今天在苏联和每一个社会主义国家中都产生了"怎么办？"的问题。这个问题不能用斯大林主义的方法解决。当我就匈牙利实行经济改革接受《团结报》采访时（1966年8月22日），我曾说这个问题只能用实行社会主义民主来解决。新经济发展的问题和从非民主的斯大林主义制度向社会主义民主过渡是一揽子的问题。一个不解决，另一个也不可能解决。但是由于这一点在大多数国家中甚至还没有得到承认（或者虽然有个别人承认，但仍然远远没有得到解决），我们在某种意义上也处于一种危机的形势中，这种情况必须既在理论上又在实践中加以克服。

这一点对我们说来具有决定性的重要意义，因为若没有它，我们就不能在我们的生产中达到世界标准。而且，这种民主发展会使由于斯大林主义制度而产生的巨大缺陷得到补救。我已说过不止一次，这是异常典型的，在列宁的时候，即使苏联面临着军事的、政治的和经济的危机,当苏联发生饥荒时,我记得在维也纳参加了许多流亡者的集会,为苏联挨饿的人们募捐。不仅那里的大多数知识分子,而且尤其是工人们感到,在苏联发生的事情对他们的生活也具有决定性的意义。用拉丁文来表达就是,如果俄国人要建设社会主义,这是 nostra causa agitur(完成我们的事业)。斯大林主义的发展在国际上造成的灾难性后果就是,这种"完成我们的事业"的感情在欧洲社会主义运动中不再存在了。一个法国的或意大利的社会主义者之所以是社会主义者,并不是因为他想要像苏联工人一样生活。他并不想要那样生活。如果他是一个真正的社会主义者,他想要的是一种社会主义的生活,但他并不认为苏联工人或集体农民所过的生活是一种社会主义的生活。这里可以看到这两种危机的一种相互依存的状况。除非我们能够恢复马克思主义的社会主义理论,除非我们能够使这种理论成为社会主义国家中的活的现实,不然社会主义的异常强大的吸引力——从1917年大约延续到大清洗的时候——和国际上对社会主义的同情就不可能被恢复。在这种情况下,改革的两大问题是直接相互依存的。这种相互依存的基础——对这一点无论如何强调都不算过分——只可能是恢复马克思主义理论。

在社会主义国家中有许多人谈论经济改革。卢卡奇同志,照您的看法,是否可能只改革经济?

对经济决不能孤立地看。这里以及在西方,人们常常错误地以为,在大学里有一席之地的一个学科就是现实中的一个独立的实体。我能够在大学中讲授经济学而不提及社会或意识形态等等,但是尽管如此,现实的经济发展一向是整个社会发展的基础和拱顶石。换句话说,我现在说的是,不仅马克思主义的经济学需要更新,马克思主义本身也需要更新。马克思决不像我们的学者们所说的那样是单纯的经济学家。如果你们通读《资本论》，那么在每一页上你们都会看到许多可以划归社会学或历史学的东西。但是马克思是一个伟大的思想家，作为伟大的思想家，他丝毫不在乎那种分类，而是如实地对社会发展进行完整的考察。所以，正像我已经说过的，在匈牙利我主张这样一种观点，即若不开始恢复社会主义民主，新的经济体制就不可能实行起来。我确信，我们在新的经济机制中发现许多毛病和故障，正是由于我们实行了一种经济体制而没有首先考虑它的社会基础并加以改革。所以在这里，问题也是和恢复马克思主义方法的基础结合在一起的。关于马克思有许多东西可以说，但是他决不是像某些匈牙利或南斯拉夫的教授所认为的那样，只是一名"职业的经济学家"——我怀疑即使马克思的最坏的敌人也不能这样说他。在这一点上——不用设想自己是什么第二个马克思——我们必须使我们的工作、理论和目标回到马克思的方法论上来。

您关于民族政策问题没有说多少话。这是否意味着您对这个问题没有什么特别要补充的东西？

我的观点是，马克思和列宁所说的——很抱歉我是如此正统——是绝对正确的。马克思说压迫别的民族的民族不可能是自由的，列宁则要求每个民族有自治甚至分离的权利。在这当中，他们对那种使多民族国家有可能实现社会主义发展的相互依存因素表示了看法。我认为，我们对此没有什么要特别补充的东西。他们很准确地阐述了这种相互依存关系，我们的任务应该是在可能和必要的地方予以具体应用。

您是说应该吗？

对。的确必须在一切场合应用。我们到目前为止一直在讨论意识形态问题。我不想谈论日常的政治问题。但是作为一个遥远的观察者和匈牙利的观察者,一般说来我颇喜欢你们在南斯拉夫解决这个问题的方式。我认为已朝马克思列宁主义的解决方向迈出了一些步子。如果有一些消极方面的话,那么也许我们不应该在这次讨论中来提及它们。

在所谓官方马克思主义内部流传一种观点,认为随着所有制关系的转变,社会主义国家中的民族问题一般说来将"自行解决"。

列宁从来没有说过任何问题在任何时候会自行解决。我活了漫长的一辈子,无论是小的私人问题还是大的社会问题,我从来没有发现哪一个是自行解决了的。

那句话是在引号里的。

很好,但是让我来翻译一下这个引号。如果我想要抽烟,那么我就必须到商店里去买一盒科苏特牌香烟,因为如果不这样,我就抽不成。在我一生中我从来没有发现,我作为一个社会主义者,能够坐在这个套间里,香烟会自己跑到我的书桌上来。同样,我不相信重大的社会问题比这些日常生活的细小问题更容易解决。

如果我们按照马克思主义的最杰出代表人物的著作来看马克思主义的现状,那么他们不仅彼此之间很不相同,而且在许多问题上相互反驳或者进行尖锐的批评。您怎么看待马克思主义的这种越来越厉害的复调性质?

这个问题中有些东西表明,马克思主义哲学中的这种多态性可能是一种积极现象。我对此有保留看法。我的确认为,在每个国家中有人说"我现在要来分析一下这个问题"或者"我要对那个问题采取一种立场",是一种积极的现象。这毫无疑问是一种积极的现象。它造成的结果是,今天出现的马克思主义带有一种复调的和多态的——有人甚至说——多元的性质。让我在这里加进一点疑问。因为马克思主义完全和任何别的东西一样，服从于只有一个真理的规律。历史或者是阶级斗争的历史，或者不是。在阶级斗争的历史内部，对它是以这种方式还是以那种方式发生的可以进行争论。这是完全不同的问题。但是我们必须知道，在客观上每个问题只可有一个真理，所以，我不谴责现存的多态现象，但是我的确认为，我们在对目前危机的意识形态解决中只处于最初阶段。直到我们达到真理以前，各种趋向将相互反对。但是我必须再次强调，只有一个真理。这种多态现象的确表明，我们正走在通向真理的道路上。然而，如果我们接受错误的资产阶级概念，把多元化看作某种理想，认为马克思主义的优越性就在于，它既可以是唯心主义的又可以是唯物主义的，既可以是因果论的又可以是目的论的，既可以是这样的又可以是那样的，那就非常不好了。我们可以把这种概念留给操纵的资本主义——它可以随心所欲地去为马克思主义捏造理论。我们必须清楚地认识到，每个问题只有一个真理，我们马克思主义者正在为真理的出现而奋斗。直到真理出现以前，这些趋向将继续相互冲突，我必须补充说，我反对设法用行政方法加速这个过程。这些是意识形态问题，必须用意识形态方式解决。同时，我的确认为必须远离西方的多元论，采取任何问题只有一个真理的原则。我可能和你们在南斯拉夫对这个问题的看法不一致。但是我已经说过，友爱不在于意见完全一致，而在于感觉到我们都在服务于共同的伟大事业，即使我们卷入了极其尖锐的辩论，我们也知道这些辩论是为同样的目标服务的。

（杜章智 译）

卢卡奇和胡塞尔*

〔匈〕米·瓦伊达

马克思主义和现象学在与科学的关系上有着惊人的相似。但是,由于现象学和马克思主义有很多的学派,因而不能抽象地分析这个问题。所以,下面的分析将集中于两部十分重要的著作:卢卡奇的《历史和阶级意识》和胡塞尔的《欧洲科学的危机与先验现象学》。选择这两部著作并不是随意的。它们是两位作者各自学派的代表作,明显地影响了这两个学派后来的发展。此外,这两部著作是在两次世界大战之间的二十年中产生的,可以说是资产阶级文化危机的典型表现。

哲学同科学的关系并非仅仅取决于它本身的性质和发展,而是主要地取决于学术风气,随着学术风气的变化,它会被不断地重新加以阐述。马克思同科学的关系比他20世纪的追随者们要明确得多。用胡塞尔自己的话说:"19世纪下半叶,现代人的总体世界观带有排他性,这使它受到实证科学的限制,并被实证科学带来的'繁荣'所蒙蔽。"①

---

* 本文选自《马列主义研究资料》1989年第3辑。作者为匈牙利科学院哲学研究所研究员。

① 〔德〕胡塞尔:《欧洲科学的危机与先验现象学》,西北大学1970年版,第5—6页。

这种排他性也在马克思的思想中起过决定性的作用。虽然他从不同的科学思想出发激烈地批判资产阶级社会科学特别是经济学的发现和方法，但他并不怀疑科学本身的价值。

科学及其功能在20世纪失去了这种神圣性。现代现象学本身就是一个时代的产物，这个时代对科学的无条件的信仰扮演了一个守旧的而不是批判的角色。这就说明了现象学同科学的明确关系。马克思主义同科学的关系更为复杂。其中一个重要的因素就是它19世纪的原始理论与后来长期的激进主义之间有着重大的差别。所谓实践哲学或"西方马克思主义"，其主要著作是卢卡奇的《历史和阶级意识》，恰恰是为了坚持其激进主义而不由自主地坚持了富于战斗性的立场，反对保守的马克思主义学派的唯科学主义。这种唯科学主义不仅表现了他们政治上的保守主义，而且从狭义上讲也是正统观念的牺牲品。卢卡奇把正统的马克思主义定义为方法论，他不得不从马克思本人的方法中找出对科学的潜在批判。

下文将尽量简要地概括出上述两种批判的一致点。这两种批判都没有抨击科学对精密化的要求。现象学和马克思主义批评的是精密科学中的排他性要求，这种排他性不符合、也不可能符合科学的要求。今天的科学证明精密科学的存在是失败的，因为它们与人类生存的意义没有关系。胡塞尔一开始就非常尖锐地系统阐述了这个问题：

> 只重事实的科学造就了只重事实的人……在我们生命攸关的需要方面——就我们所知——这种科学对我们什么也没有说。它只是在原则上拒斥置身于我们这个不幸的时代的可怕动乱中的人们所发现的最重要的问题：即整个人类的生存有无意义的问题……科学真理和客观真理只是确认这个世界即物质世界和精神世界实际上是什么的问题。但是，如果科学只承认按照这种方式客观地创立起来的理论才是唯一真实的，并且，如果历史只不过告诉

我们,一切精神世界的形态、一切生活条件、理想以及人所依赖的生活准则都像即逝的波浪一样自生自灭,而且过去总是、将来也永远是如此,理性一次又一次地变成无价值的东西,幸福一次又一次地变成苦难,如果是这样,那么世界以及生存于其中的人类还会真正有意义吗?①

卢卡奇竭力强调:只是发现"事实"并谋求通过这些事实确定人类世界的规律和结构的科学,不能支配我们的行为和活动。

"事实"明白无误地直言对一定活动进程的支持或反对这种情况还从来没有存在过,并且既不可能存在也不会存在。对事实的考察越是认真仔细——把它们分开来进行考察,即在直接的关系中考察——,它们在各方面所要表明的东西就越是令人难以置信。不言而喻,单纯的主观决断将被"按照规律"自发起作用的不可理解的事实所粉碎。②

科学只能预言我们必须适应的事件。从这种意义上说,它们不是自我实现的手段;它们使人类成为由它们发现的自然规律所控制的"客观"世界的一部分:它们使人类成为超然存在的客体。

科学之所以没能完成人类认识的任务,即没能说明人类生存的意义,按照胡塞尔和卢卡奇的说法,是因为它不能接受**总体性的观点**。科学已经**降低为技术**,一种操作艺术,它不考虑有意义的和真实的人类活动,而赞成有限的计算,因为它不是把人类现实作为总体来研究,而只是把它作为受"客观"规律支配的"特殊事实"的总和。取消总体性同时意味着**取消历史性**。卢卡奇认为:"这种貌似科学方法的非科学性

---

① 〔德〕胡塞尔:《欧洲科学的危机与先验现象学》,西北大学1970年版,第6—7页。

② 〔匈〕卢卡奇:《历史和阶级意识》伦敦梅林1971年版,第23页。

质在于它没有看到和重视它所依赖的**事实的历史特征**。"①

胡塞尔以明确的措词系统阐述了同样的思想。

> 我们要了解的东西并不是来自外界，来自事实，似乎人类自身进化的短暂过程仅仅是外在的因果系列。相反，我们试图从内部了解它。只有在这种情况下，我们才能有真正属于我们自己的任务，而这时的我们不仅拥有精神遗产，而且已经在历史的和精神的意义上完全彻底地成为我们自己。我们获得这一任务……只是通过对历史——人类的历史——的整体的批判地省察。②

科学缺少的正是这种对人类历史整体的批判地省察。

批评的另一个共同点是**批判总体的量化**。科学已经使我们生活着的这个质的世界——胡塞尔的专用术语**生活世界**（Lebenswelt）——降低为单纯的数量关系。质的意义的丧失与这个特殊时代的意义的丧失息息相关。对现代科学来说，时间已经失去了它的质，它已成为与空间同等标准的另一种尺度。

胡塞尔和卢卡奇对科学的批评还有许多相同的观点。事实上，既然对科学的批评在两个人的著作中完全相同，那么区别二者的观点就非常困难。他们不仅批评科学不能完成人类认识的真正任务，批评科学的方法论，而且都指责科学之所以没能完成上述任务，是因为它采取了**虚假的理性主义**的错误观点。科学的危机也是人的危机（在胡塞尔看来是欧洲人的危机，是真正的目的论的解体；在卢卡奇看来是资本主义的危机——但这两种观点说的都是一回事，即人的全面物化），其根源是自

---

① 〔匈〕卢卡奇：《历史和阶级意识》伦敦梅林 1971 年版，第 6 页。
② 〔德〕胡塞尔：《欧洲科学的危机与先验现象学》，西北大学 1970 年版，第 71 页。

然的客观主义。

这一"危机"显然是理性主义的失败,这一点已经变得明确起来。但是,理性文化失败的原因……不在于理性主义自身的本质,而只在于人们对它的肤浅表述,在于它陷入"自然主义"和"客观主义"。①

卢卡奇则说:

这个时代的显著特征是把形式的、数学的和推理的知识等同于一般的知识,也等同于"我们的"知识,这种等同在那些最富"批判"精神的哲学家身上表现为幼稚和武断。②

这种片面的、形式的、客观主义和自然主义的理性主义的必然结果一定是非理性主义,因为它在整体上是非理性的。这种通过推理可以认识的局部的体系,"这种以可计算和**能计算的**东西为基础的合理化原则"③,以及第一自然界和第二自然界,在整体世界的非理性中得到确认——在这个世界里,人作为陌生人和无家可归者生活着,受制于非理性的力量。

这种理性主义的客观主义与一种极端荒谬的世界观相结合,就构成了现代科学观的基本特征,并成为我们这个时代特有的标志。然而,科学的这种沉闷的衰落只是人类致命危机的一个征兆,胡塞尔和卢卡奇都在探求这一危机的原因和实际解决办法。在这种努力中,两人都追溯了

---

① 〔德〕胡塞尔:《欧洲科学的危机与先验现象学》,西北大学1970年版,第299页。
② 〔匈〕卢卡奇:《历史和阶级意识》,伦敦梅林1971年版,第12页。
③ 〔匈〕卢卡奇:《历史和阶级意识》,伦敦梅林1971年版,第88页。

近代欧洲哲学的历史；两人都阐述了何以近代思想早期的客观主义必然终止于怀疑论，两人都认为，德国古典唯心主义在先验论中恢复主客体同一的尝试仅仅成功了一半，最后，两人都指出，解决的方法必须在拥有逻辑结论的先验论中才能找到。

但是，能够达到目标的条件初看上去似乎是截然不同的。那个能够带来科学和人类生存复兴的整体论观点被胡塞尔看作是哲学的希望，而被卢卡奇看作是无产阶级的希望。在胡塞尔那里，真正人性的复兴是个人和单纯理性的事情，而在卢卡奇那里则要通过一个阶级的实践才能完成。对卢卡奇来说，精神的重新取向，即通过认识重新发现总体的观点，似乎只是动摇资产阶级世界的现实剧变中的一个次要的、局部的因素。人们甚至可以说，卢卡奇的下述论述也表明了胡塞尔的观点：

> 技术的专门化导致了所有整体形象的破灭。尽管如此，由于把握整体的需要——至少在认识上——不会消失，因此我们发现，同样建立在专门化基础上而且能直接应用的科学因为支离了真实的世界和失去了整体的眼光而受到抨击。①

卢卡奇的激进的马克思主义观点其说法和目标是与现象学一致的。然而对卢卡奇来说，胡塞尔的观点只是他们两人批判和寻求超越的一个方面。在卢卡奇看来，既然认识上的进步只能作为社会关系进步的一个方面而出现，那么胡塞尔的解释肯定是错误的。观念史和历史唯物主义不能够也不应该被调和。在胡塞尔看来，思想本身必须独立地再现它在欧洲历史上形成的最初历程，以消灭虚假的客观现实，而卢卡奇则认为资产阶级生产方式的革命性变革必然会改变人的思想。

---

① 〔匈〕卢卡奇：《历史和阶级意识》，伦敦梅林1971年版，第103—104页。

然而，这样简单地对比这两种思想实在不恰当。如果胡塞尔的思想被说成观念史，而卢卡奇的思想则是历史唯物主义，那么二者在批评及其目标上的一致就令人难以置信。无疑，在胡塞尔那里，人类历史的决定因素是精神。但如果这里的精神只是指人们的各种各样的态度，它们在每一具体历史情况下决定着人们各自的行为，那么他的整个现象学就是毫无意义的和本质上矛盾的。胡塞尔在他最初的著作中批判的主要对象是所谓观念史的心理学观点，甚至在《欧洲科学的危机与先验现象学》中它仍被看作是客观主义科学的反面。

历史主义在实在的领域里提出自己的观点，并使这个领域绝对化而不使其保持中立（因为特定的意义本来就与历史的思想相悖，或至少改变不了历史的一般规定），结果成为与自然主义心理说密切相关的相对主义，陷入类似怀疑论的困境……。

他早在1911年就在其著名的《作为严密科学的哲学》中论述过。[①] 观念史的观点同自然主义观点一样，过去和现在都与胡塞尔格格不入。胡塞尔的"精神"与黑格尔的"绝对精神"一样吗？黑格尔的现象学解释毕竟不无道理。既然胡塞尔从未找到他的先验现象学的最终解决方法，那么容许这种解释的大门还是敞开的。然而，胡塞尔所寻求的解决方法是完全不同的。黑格尔的绝对精神的发展是人类历史的总体，它把每一个具体的人降低为总体的手段。黑格尔哲学留下了人类异化的哲学。而胡塞尔的精神是思维和行动的统一，它的真实发展不仅是人类的实际形成，而且也是每一具体个人的实际形成。在胡塞尔看来，先验现

---

① 〔德〕胡塞尔：《作为严密科学的哲学》，见《逻各斯》第1期（图宾根），西北大学1970年版，第323页。

象学观点的实现是"欧洲从哲学精神中复兴"。① 这不仅是一种新的思维观,而且是一种新的实践观,是生命的一个真正崭新的精神形式。当然,他没有考察这个新生命的物质前提。然而,他的哲学并非仅仅是一种新的思维观。跟马克思主义一样,胡塞尔现象学的一个重要组成部分是强调理论和实践能够统一而且应该统一。

> 第三种形式的世界观是可能的(作为与建立在自然观基础上的宗教神话观和理论观相对立的世界观),即在理论观到实践观的过渡中完成的宗教神话观与理论观的结合,因此,在一种紧密的统一中和在对所有实践不作判断的情况下产生的理论(一般科学)被要求(并且在理论洞察本身中表现出它要求)以一种新的方式为人类服务,这里说的人类,就其具体存在方式而言,是指那些始终生活在自然界中的人类。这是在一种新的实践形式中发生的,也就是说,它是在对全部生活和全部生活目的以及起因于人类生活的所有文化产品和文化制度的一般批判中发生的,因而它也成了对人类本身的批判,成了对或明或暗地引导着人类的价值的批判。此外,这是一种旨在通过一般科学理论提高人类素质的实践,它根据各种形式的真理标准,把人类从原始状态提升为以纯粹理论洞察力为基础的、完全能对自己负责的新型人类。②

同样,卢卡奇的观点明显地不同于肤浅的历史唯物主义。主客观同一的观点不仅是思维的进步,而且也是早期交往和行为方式的总体转变。并不是由于自然规律或与意志随心所欲的努力交替作用,引起了社

---

① 〔德〕胡塞尔:《欧洲科学的危机与先验现象学》,西北大学1970年版,第299页。

② 〔德〕胡塞尔:《欧洲科学的危机与先验现象学》,西北大学1970年版,第283页。

会关系（根本上是生产关系）盲目的、带有自发性的剧变，才发现了正确的观点。社会的变动和正确观点的发现这二者不仅是不可分割的，而且根本上是同一的过程。物化世界（即资产阶级的世界，资本主义的生产方式）的革命性转变，同属于无产阶级（主客体同一的观点）的无产者的阶级意识的发展相一致。卢卡奇对此已经在1919年作了如下系统的阐述：

> 社会的发展是一个一体化的过程。这就意味着，发展的某一阶段不会发生在对所有其他领域都没有影响的社会生活的领域内。通过社会发展的这种统一性，就有可能从不同社会现象的立场上把握和理解这同一个过程。因此，人们可以撇开其他社会现象来谈论文化，因为如果我们正确地掌握了一个阶段的文化，我们就可以通过它去掌握这一阶段全部发展的基础，就像我们从分析经济关系入手时所做的那样。①

如果我们根据这些来考察胡塞尔和卢卡奇对科学的批判，那么，胡塞尔只关注这个过程的哲学方面，只专心于心态的变化，这一事实并不影响二人的相似。对一个人来说，主客体同一的观点是真正哲学家的观点。而对另一个人来说则是无产阶级的观点。但是，既然每一种观点最终都是作为哲学家的观点提出来的，那么是什么阻碍了真正哲学家的观点同时也成为无产阶级的观点呢？两人观点的真正差别并不归结为观念史与历史唯物主义之间的差别。按照卢卡奇的理论，每一时代都构成一个历史整体，因此，即使我们承认一个历史时期的本质既能通过这个时期的生产方式来理解又能通过它的文化来理解这一前提，我们仍会看

---

① 〔匈〕卢卡奇：《旧文化与新文化》，见巴特·戈拉尔与保罗·彼考纳合编：《论新马克思主义》，圣路易斯1973年版，第21页。

到,按最有可能的方式去理解,要么是胡塞尔对社会关系的分析缺乏总体性,表明他不能解释各种观点的关联,要么是他认为这种关联无需解释。这里可以求助于胡塞尔那本书中关于个体的章节,在那本书中他坦率地指出了改变观点的"真实"原因。例如,在讨论希腊人最初理论观点的形成时,他写道:"当然,理论观点的产生像历史上出现的万事万物一样,在历史事件的具体结构中有其现实的动因。在这点上,人们应该弄清 thaumazein 何以能提出来并成为习惯用语。""我们不会详细地探究它",他补充说。因此,对胡塞尔来说,"历史发展"的"真实动因"是次要的,① 因为所有的历史观都不是客观地把人类历史看作自然的事件,而且都没有去尽力把握这个历史的每一细节。如果人们创造了他们自己的历史(如果它不被超常的力量所决定),那么就不应该把真实的动因说成是改变观点的原因。按照卢卡奇所说:

> 我们创造了现实这个想法不再有多少假定的性质,因为,用预言家维科的话说,我们已经创造了我们自己的历史,而且,如果我们能把整个现实看作历史(即看作我们的历史,因为没有其他的历史),那么,我们实际上就已经上升到了一定的高度,能认识到现实就是我们的"活动"。②

如果我们不想根据超验的原因客观主义地解释人类历史,那么,我们要做的就只是注意相继出现的观点的内在联系。在这种情况下,通过研究观点变化的关联也能把握人类历史的真实面貌。肤浅的历史唯物主义把历史看作物质运动形式的演化——首先看作生产关系的结果,其次

---

① 〔德〕胡塞尔:《欧洲科学的危机与先验现象学》,西北大学1970年版,第285页。

② 〔匈〕卢卡奇:《历史和阶级意识》,伦敦梅林1971年版,第145页。

看作生产资料的发展（在这两种情况下，它成了先验哲学）。这种演化也包含心态的发展。在这点上，卢卡奇和胡塞尔的思想有重大区别。两人都强调人类发展中的意识因素；两人都认为哲学思想的发展表现了欧洲历史的精神实质。两人都试图解决实证主义科学统治中固有的危机，把它说成是坏的意义上的客观主义、自然主义和理性主义。胡塞尔把这个物化的时代称为欧洲目的论的一个错误的转折。但是，是否这个时代对卢卡奇来说也是一个错误的转折呢？卢卡奇也对物化作出了否定的评价，他甚至抛弃了道德规则的乌托邦观点。

> 每当主体拒绝简单地接受经验给定的存在从而采取一种"应该"的形式时，就意味着直接给定的经验事实确认了哲学，并把哲学奉为神明：这是哲学上的永恒。①

对卢卡奇来说问题仅仅是，物化是否是主客体同一的非物化、非异化状态的一个必要前提，或者，是否它只是人类本来可以避免的欧洲历史的一个阶段。对卢卡奇来说，整体论观点只能通过消灭这个支离破碎的世界才能实现，而胡塞尔似乎把这个自然主义观点的时代看作一个偶然的过渡阶段。

虽然胡塞尔和卢卡奇都以物化一词描述从笛卡尔到德国古典唯心论的欧洲历史进程，但胡塞尔把这整个的错误进程仅仅归因于笛卡尔的精神的发展。在这里，胡塞尔和卢卡奇的区别是显而易见的。卢卡奇注重的是现代社会科学。在他批判科学时，他通常指的是经济、法律等等；自然科学在他的分析中不占特殊地位，尽管他的批判也适用于它们。胡塞尔同样也反对各门科学中的客观主义和自然主义观点。然而对他来

---

① 〔匈〕卢卡奇：《历史和阶级意识》，伦敦梅林1971年版，第160页。

说，这种观点并不是科学方法的必然结果，他认为科学方法是人类最有价值的成就之一。问题只是出在这种方法的意义被作了错误的理解。这个错误是社会科学盗用科学方法的典型。试图构造一个类似于自然科学创造的自然界的精神世界，这只有在自然科学对自然界作了错误解释的情况下才会发生。他们把精神世界看作客观的自然界，错误地把客观的描述和工艺的过程等同起来。这个错误观点是和伽利略同时出现的。

伽利略，物理学或物理自然的……发现者，既是一个发现的天才，又是一个隐藏的天才。①

他进一步写道：

我当然要十分郑重地把伽利略放在和继续放在当代最伟大的发现者名单之首。自然，我也热衷于赞美古典物理学的和古典时代以后的物理学的伟大发现及其学术成就，这一成就不仅仅是物理学上的成就，事实上它在最高意义上是令人震惊的。这个成就丝毫也不会因为上面把它解释为技术或按照原则对它进行批判而受到贬低。这个原则指出：这些理论的真正意义——这个意义就理论的起源来说是名副其实的——仍然是物理学家们（包括那些伟大的和最伟大的物理学家）不得而知的秘密，而且只将如此。②

这个"一直无法得知的秘密"指的不是历史的局限性——从卢卡奇的理论中可以得出这个结论——而是指人们不可能既完全运用这种方法，同时又对它持批评态度。

---

① 〔德〕胡塞尔：《欧洲科学的危机与先验现象学》，西北大学1970年版，第52页。

② 〔德〕胡塞尔：《欧洲科学的危机与先验现象学》，西北大学1970年版，第53页。

但是数学家、自然科学家充其量只是这种方法的优秀技术专家——他们把他们所唯一追求的发现归功于这种方法——,一般说来,他们根本不可能进行这种反思。在他们去探索和发现的现实领域中,他们根本不知道,这些反思所应该阐明的每一事物甚至都有待阐明,其目的在于满足对哲学或科学来说具有决定意义的兴趣,即正确认识**世界本身**和**自然本身**的兴趣。这正是作为传统接受过来并已成为技术的科学所失掉的东西,而这种兴趣在科学初创时起过重要作用。把科学家引向这种反思的每一次尝试,如果它是来自非数学和非科学的学者圈子,都会被斥之为"形而上学的"。①

自然科学本身的产生并没有使自然主义的客观主义的发展成为必然。然而,自然科学的成就使现代欧洲人失去了判断力:"世界在本质上应该是理性的世界,这种理性在新的意义上是由数学的或数学化的自然构成的;相应地,作为世界一般科学的哲学应该建立为一种一体化的理性学说,**更趋几何图形化**。"② 当然,"如果科学意义上的理性自然是一个自在物体的世界——在特定的历史情况下这个世界被认为是理所当然的——那么,这个自在的世界在被认识以前必定是一个特殊地**分裂了的世界**,它被分裂成自在的自然和不同于精神上的存在的存在方式。"③

因此,我们认为,精密科学的世界观是拙劣理性的和客观主义的世界观,因为这种观点丧失了作为整体的世界。卢卡奇也会赞同这种对当代思想发展的描述。这个**几何学意义上**的理性理论的世界只不过是"第

---

① 〔德〕胡塞尔:《欧洲科学的危机与先验现象学》,西北大学1970年版,第56—57页。

② 〔德〕胡塞尔:《欧洲科学的危机与先验现象学》,西北大学1970年版,第61页。

③ 〔德〕胡塞尔:《欧洲科学的危机与先验现象学》,西北大学1970年版,第61页。

二"自然的资本主义世界,这个世界的实质是总体的丧失与日益增长的自然统治的结合。世界分裂成自然本身和单个人的精神自然(被理解为"第二"自然),这同卢卡奇所说的资本主义物化世界是一致的。其中

> 一个人的自我活动,他自己的劳动,变成了某种外在的和独立于他的东西,变成了某种由于自发地异化于人而控制人的东西。**从客观上说**,客体和物与物之间关系的世界变成了[商品的世界和它们在市场上的运动]。支配这些客体的规律确实逐渐被人发现了,但虽然如此,这些规律却作为产生它们自己能量的无形的力量而同人相对抗……**从主观上说**——在经济得到充分地发展的地方——人的活动变得同他自己疏远起来;它变成了一种商品,受到非人的社会自然规律的客观性的支配,就像任何消费品一样,它必定独立于人而自行运作。①

对卢卡奇来说,缺乏对科学方法的真实意义的反思,是那些作为总体性对立面的生产关系的必然结果,包括受方法的支配。而且,物化只有在实践上得以克服才能在哲学上得到超越。卢卡奇必然接近于胡塞尔的思想,认为笛卡尔"通过观念自身的历史作用(仿佛是遵循着历史中神秘的目的论)第一次提出了天赋观念的理论;为的是通过揭示其神秘的荒谬性来驳倒这种理性主义。正是那些要把这种理性主义解释为**永恒真理**的观念本身带有一种**深奥的意义**,一旦这种意义被认识,这种理性主义就被彻底根除了"②。资产阶级思想不可能超越自身。只有无产阶级才能达到整体论的观点。

---

① 〔匈〕卢卡奇:《历史和阶级意识》,伦敦梅林1971年版,第87页。
② 〔德〕胡塞尔:《欧洲科学的危机与先验现象学》,西北大学1970年版,第74页。

胡塞尔仅仅通过笛卡尔对问题作了解释。

在笛卡尔看来，在以人自身的精神自我取代〔绝对〕自我、心理学的内在性取代自我理论的内在性以及精神的、"内在的"或"自我感受"的表现取代自我理论中的自我感受这些独特形式中，**沉思确立了自身**；这也是它们影响至今的历史原因。①

这种心理学上的误解在欧洲思想中一被固定下来，主体的总体客观性就必然达到主体—客体的同一。胡塞尔没有回答这种误解是否可以避免的问题。

胡塞尔认为，先验现象学只有从公正的观察者的优越地位上看才是可能的，而现代的精密科学和理性主义哲学由于它们的理性主义立场已经放弃了这种优越地位。在卢卡奇看来，主客体同一的观点根本不是超然的观察者的观点。相反，卢卡奇强调说，只有深受物化了的社会条件影响的阶级以及其命运完全有赖于击败资产阶级观点的阶级，才能通过实践活动和理论活动废除这种物化。

我们分析的结果，即卢卡奇和胡塞尔在探讨虚假意识问题时存在的真正分歧，前面已经说过了。在卢卡奇看来，整体论的观点是无产阶级的观点，而胡塞尔则认为它是真正哲学家的观点。这种差别在这里被看作是无关紧要的，因为无产阶级的观点也在哲学上得到理论地系统阐述，而且胡塞尔并没有讨论哲学家的观点在社会学上是否适用。然而，知识的传播对胡塞尔来说是一场政治斗争，是一个政权问题：

---

① 〔德〕胡塞尔：《欧洲科学的危机与先验现象学》，西北大学1970年版，第81页。

显然这不仅会导致普遍改善国民生活的变革，而且可能导致内部的分裂，在这种分裂中，国民生活和整个民族文化必定经受一次动乱。那些满足于传统习惯的保守主义者和有哲学头脑的人将互相交战，斗争肯定会发展到政治权力的领域。①

与卢卡奇不同，胡塞尔对于这个哲学家集团关于社会问题的所作所为没有作出具体的说明。

照此说来，我们这个时代最重要的问题似乎是：我们是否需要一个总体的重新取向来克服我们时代的危机，而且是否这样一个重新取向——不管它是总体的还是部分的——一定代表着一种能够社会学地和具体地划分社会集团的观点（或它是否可以不受这种特殊性支配）。

让我们回到胡塞尔从自然的观点到先验现象学的思想发展上来。

科学以外的文化，即尚未触及科学的文化，存在于有限的人的工作和成就中。人生活着的广大无边的世界尚未被揭示；他的目标，他的活动，他的职业和交往，他的个人的社会的、民族的和神秘的动力——所有这些都在周围世界有限的可观察范围内运动着。在这里没有无限的工作，没有理想的收获。②

于是，自然的生命可以表述为朴素地、直接地指向世界的生命，而它所指向的这个世界在一定意义上总是在意识中呈现为一般的世界，然而它并非

---

① 〔德〕胡塞尔：《欧洲科学的危机与先验现象学》，西北大学1970年版，第288页。

② 〔德〕胡塞尔：《欧洲科学的危机与先验现象学》，西北大学1970年版，第279页。

世界本身。①

这种自然观,这种社会—文化世界的同一,是人类生存的一般方式。

一切别的观点都可以相应地追溯到这种作为[对其]重新取向的自然观。② 一方面,它们历史地形成于最早的和原始的观点;另一方面,它们仍然执着于原始的观点,甚至在其他几代人因受到历史的影响而产生了更高明的新观点以后仍然如此。

这些重新为自己取向的个人,作为其生活共同体(他们的民族)中的人而继续拥有他们的自然利益,每一个人都有他自己的利益;如果不重新取向,他们就会完全丧失这些利益;这将意味着每一个人自生命开端迈步前行起所做的努力将徒然白费。因而无论如何,重新取向只能是周期性的。③

原始的观点在原始的社会—文化环境中是实用的。对普遍性的重新取向有两种不同的可能:实践的重新取向和理论的重新取向。胡塞尔认定较高层次的实践观是宗教的和神话的观点,这种观点表现为:"作为整体的世界变成了主题,不过是按照实践的方式变成的。"

但是,所有的思辨认识都服务于人的目的,他可以尽可能幸福地安排自

---

① [德]胡塞尔:《欧洲科学的危机与先验现象学》,西北大学1970年版,第279页。
② [德]胡塞尔:《欧洲科学的危机与先验现象学》,西北大学1970年版,第279页。
③ [德]胡塞尔:《欧洲科学的危机与先验现象学》,西北大学1970年版,第279页。

己的现世生活，防止疾病，防止各种邪恶的命运，防止灾难和死亡。①

但是，除了这种较高层次的实践观以外；还存在着另一种改变一般自然观即**理论观点**的基本可能性。②

人陷于对世界观和世界知识的偏爱之中，避开了所有现实利益，进入了其认识活动的封闭领域，在这个关注人的时代里，人所追求和达到的只不过是纯粹的理论。也就是说，人成了这个世界的不参与的旁观者、洞悉者；他成了哲学家……。③

〔这是〕他的批判态度所特有的普遍性，他决心不盲目接受任何先入之见或传统，以便能在弄清全真的东西和理想的东西以后，澄清所有传统上预先给定的世界。然而这并非仅仅是一个新的认识观点。因为需要为所有经验的事实提供理想的标准（即那些无条件的真理），就必须对人类生存（即整个文化生活）的全部习惯进行广泛深入的变革，因此，它今后不应该从素朴的经验和日常生活习惯中，而应该从客观的真理中，接受它的标准。④

如前所述，由于把技术，一种纯粹的工艺，看作真理，这种目的论已经在现代客观主义中误入歧途。

因此，两人批判科学的目的不过是要重新发现**真理**。两人都坚持人类历史的意义只能从整体论的立场来把握。力求适应他自己的异化世界

---

① 〔德〕胡塞尔：《欧洲科学的危机与先验现象学》，西北大学1970年版，第283、294页。

② 〔德〕胡塞尔：《欧洲科学的危机与先验现象学》，西北大学1970年版，第282页。

③ 〔德〕胡塞尔：《欧洲科学的危机与先验现象学》，西北大学1970年版，第285页。

④ 〔德〕胡塞尔：《欧洲科学的危机与先验现象学》，西北大学1970年版，第286—287页。

的人类放弃了其人的本质,而且没能实现其目的论。卢卡奇也认为,这种目的论最终要造就这样的人类,他从**客观真理**中获得其规范,即他能通过纯粹的理论洞察力而完全自我负责。这是一个客观认识的问题。卢卡奇说:"无产阶级是……历史上的第一主体,它(在客观上)能够胜任社会意识。"① 对无产阶级来说,为社会现实的充分自觉而生是必然的。"② 卢卡奇和胡塞尔都断定总体**重新取向**的必然性,其本质在于把握总体性。这种对总体性的认识就是对自我的认识。这样一种彻底的**重新取向**,意味着哲学和科学二元性的取消。卢卡奇认为:

> 只有克服哲学和具体科学、方法论和现实认识的——理论上的——二元性,才能找到一条取消思维和存在二元性的途径。③

胡塞尔认为:

> 一定的理想构成了一般哲学及其方法的开端;可以说,现代哲学及其所有派别最初都是这样确立起来的。但这种理想无法在现实中得到实现,而是在内部解体了。④

伴随这一解体的是,关于"绝对"理性(世界因此而有意义)的信仰,关于历史和人性的意义的信仰,关于人的自由即相信人有能力确保个人和共同的人类存在的理性意义的信仰,全都瓦解了。⑤

---

① 〔匈〕卢卡奇:《历史和阶级意识》,伦敦梅林1971年版,第199页。
② 〔匈〕卢卡奇:《历史和阶级意识》,伦敦梅林1971年版,第19页。
③ 〔匈〕卢卡奇:《历史和阶级意识》,伦敦梅林1971年版,第203页。
④ 〔德〕胡塞尔:《欧洲科学的危机与先验现象学》,西北大学1970年版,第12页。
⑤ 〔德〕胡塞尔:《欧洲科学的危机与先验现象学》,西北大学1970年版,第13页。

这两位思想家都在探求能够拯救人类知识和生命沦落的阿基米德点，力图创立一种一体化人类生存目的论，一种自我决定的目的论。对支离破碎和荒谬的客观主义的批评意在从外在决定中解放出来。由于科学以及科学对自由的客观性的允诺失败了，人们对科学不再抱幻想，从而对科学的批判愈加激烈。在资本主义时代，"真实的"客观性以及没有个性的、赤裸裸的和冷酷无情的"事实"对人的新的、或许是更加不幸的奴役取代了受上帝保护的传统。人是孤立的，无力支配一个邪恶的世界。精密科学希望通过对所发现的事实及其规律的理解和适应来保证生存和不发生意外之事。然而，由具有人性的（尽管是未知的）力量支配的世界要比这好得多。对科学的所有激进的批判，包括现象学和马克思主义，都试图揭示这种科学家的世界观是虚假的意识。

否定这种世界观必然导致整体论的观点吗？整体论的观点是对人类命运的总体昭示，还是总体支配？人要么做主人要么做奴隶这个说法成立吗？要回答这些问题，我们必须提出另外的问题：究竟如何才能把握作为总体的历史现实？那意味着什么？整体论的观点不能仅仅归结为客体的总体性，也包括主体的总体性。此外，客观主义者的世界观依然完好无损。总体性从**一开始**就是**主体与客体**的同一。对卢卡奇和胡塞尔来说，这是人类历史的一体化过程。人类是认识的主体，也是认识的客体，因为人创造了他所认识的、包括自然界在内的客观世界。由此断定，人仅仅创造他自己的历史，这只限于黑格尔的观点。人仍然是一个**抽象**的概念，容易被绝对精神所取代。对有血有肉的个人来说，对现实的认识唯有作为对他**自身能力**的认识才是有意义的。这种能力的先决条件是个人参与现实的创造。**这是排斥总体性观点的**。两位哲学家都认识到了这一点。胡塞尔一生专注于这一问题。他既不接受黑格尔牺牲个体的解决方法，也不同意唯我论和极端相对主义的解决方法。他试图表明，先验自我的主体间性满足了总体性概念的要求。

相反，卢卡奇简单地抛弃了个体的观点。

> 个体决不能成为万物的尺度。因为，当个体面对客观现实时，他所面对的是一堆现成的和不变的客体，只允许他做出承认或否认的主观应答。①
> 对个体来说，物化和由此而导致的决定论是不可避免的。②

卢卡奇发现，在无产阶级作为一个阶级的情况下，主体能够把握总体：

> 唯有这个阶级才能通过现实的革命与现实的总体联系起来。（"类"不能这样做，因为它只不过是一个在沉思的精神中被神化和典型化了的个体。）③

上述说法，即个体已经"在沉思的精神中被神化和典型化"，只适用于类而不适用于阶级吗？卢卡奇的回答是肯定的。人类至今未能实现它的真正历史的统一，而无产阶级则被迫去这样做。个体无产者是历史上最早的个体，他虽然不能同整个人类相一致，但却能无条件地与他的阶级相一致。既然无产阶级的自觉需要整个社会和历史的自觉，那么有阶级觉悟的无产者，作为他的阶级的代表，就成了历史的真正主体。卢卡奇也指出，当有阶级觉悟的无产阶级不再给社会冠以阶级的名词时，**个体将最终归入类**。

是总体服从，还是总体支配？对自然主义的客观主义的批判，对冷酷的现实世界（全面官僚主义化的科学主义）的批判是正确的，因为

---

① 〔匈〕卢卡奇：《历史和阶级意识》，伦敦梅林1971年版，第193页。
② 〔匈〕卢卡奇：《历史和阶级意识》，伦敦梅林1971年版，第193页。
③ 〔匈〕卢卡奇：《历史和阶级意识》，伦敦梅林1971年版，第193页。

人不是由持久不变的、客观的事实支配的主体。客观主义的科学世界观和拙劣的理性主义哲学以及非理性主体哲学的世界观应该被超越，但不是被总体性的观点所超越。因为那将意味着同一不仅是主体和客体的同一，而且是在客体中理解自身的主体的同一：个体与类的同一。这种同一意味着总体对个体的镇压——消灭是不可能的。

哲学相信它有能力抑制自身的特殊性，因而也能抑制所有其他的特殊性，这又是一种虚假的意识，其结果就像虚假的客观主义一样，导致残忍和不人道。真正地和现实地揭露客观主义的虚假意识还必须指出，主体决不会完全成为客体，人的关系和人的意识的物化只是一种趋势，它虽然在资产阶级时代居支配地位，但从未成功地消灭相反的趋势。

在《现象学和资产阶级社会》① 这篇论文中，我尽量概括了现象学**重新取向**的可能性，因为资产阶级个体的完全异化，像受客观主义支配一样，只不过是表面上的。这个个体永远都是一个社会存在。这样，这一**重新取向**不应该也不可能是一个总体的**重新取向**。总体的**重新取向**用整体论取代客观主义并且实现对个体的抑制，不会解决人类的危机。这一危机只能**通过发展个体的社会特征**来克服。

因为，"对个体来说，物化以及由此而产生的决定论不可避免"的说法是错误的。②《历史和阶级意识》是建立在假定客观主义正确的基础上的。由于这个假定，卢卡奇只能从总体**重新取向**的立场上开展他的批判。然而胡塞尔那些模棱两可的话却道出一个不同的解决方法。总体

---

① 见 B. 瓦尔顿弗尔斯、J. M. 布鲁克曼与 A. 巴扎宁合编的《现象学和马克思主义》第 3 卷《社会哲学》，法兰克福祖尔坎如普出版社 1978 年版，第 115—143 页。

② 〔匈〕卢卡奇：《历史和阶级意识》，伦敦梅林 1971 年版，第 193 页。

性的观点在这里是哲学家的观点,其**重新取向**只是暂时的。

只有无条件地做到:在周期性的但各时间点本质上一致的情况下采取同样的观点,并通过其连续性有意识地消除分歧,以维持这种态度对于正当的和正在进行中的工作的新的兴趣,并通过相应的文化结构实现它们,**重新取向**对人的整个余生才能具有恒常的有效性。①

哲学表达总体性的观点,或者像哈贝马斯所说,表达人类的解放事业。如果哲学使自己的观点像实证主义的决定论那样服从于科学的观点,那么它就确实抛弃了它的真正使命。不仅当哲学表达孤立的个体、私有者、资产阶级的观点时,而且当它表达另一种特殊性即无产阶级时,都可以说是抛弃了自己的真正使命。《历史和阶级意识》中的精英统治论显露出布尔什维主义的虚假意识,它相信一个自觉的精英能够并且应该代表一个阶级并通过它代表整个人类。

摆脱所有的特殊性,结果只能是普遍的恐怖。只强调特殊性的观点其结果也是如此。如果有一个解决方法的话,那么它只能是绝大多数不同的特殊性的相互认可。这种总体性观点既不能也不应该付诸实施。它不属于一个阶级,或者说它不属于一个特定的受压迫的特殊性,而是属于整个人类。由于人类的统一只是在不同的特殊性追求相互认可而不是相互消灭的情况下才有价值,所以总体性的观点(即哲学)就不应该付诸实施。如果说人类的统一是有价值的,那也只是在规范的意义上,而不是在构成的意义上。对科学来说,这意味着什么呢?

---

① 〔德〕胡塞尔:《欧洲科学的危机与先验现象学》,西北大学1970年版,第281—282页。

如果总体性观点仅仅是批判的出发点，而不是希望达到的现实，那么我们需要排除的仅仅是科学的普遍化，而不是科学本身。哈贝马斯正确地但不是逻辑地写道：

> 严格地运用科学的方法，而不考虑认识者的兴趣，这成了科学的光荣。各门科学全都更加肯定它们的学科，因为它们在方法论上不知道自己做了什么，即不知道它们在一个没有问题化的结构内的方法论进步。虚假的意识起了支持的作用。[①]

哈贝马斯在这里不是逻辑推理，因为科学的意识只是在它不可避免地追求其世界观的普遍化的意义上才是错误的。我们也不能使属于科学的技术兴趣（以及释义学的实践兴趣，这种兴趣总是环绕着具体的人类）服从于解放的兴趣。这种服从意味着极权主义世界的秩序，而这正是我们要拒斥的。这样，"客观科学"的意识本质上或本来并不是错误的。"客观科学"表现人类现实的一部分，因为要克服全部的客观性是不可能的。此外，科学没有创造意义的功能。生命的意义无论如何不能来自知识，任何来自知识的意义对我们来说都是超验的。

（原载阿格尼丝·赫勒编《卢卡奇再评价》1983年巴兹尔。布莱克韦尔出版有限公司版第107—124页）

（苑洁 译 李惠斌 校）

[①]〔德〕哈贝马斯：《作为意识形态的技术和科学》，法兰克福祖尔坎如普出版社1968年版，第165页。

卢卡奇和生命哲学[*]

〔西德〕R.施太格瓦尔德

在哲学方面首先和"马堡"派新康德主义有联系的修正主义,摧毁了曾一度是马克思主义的德国社会民主党的基础。这种情况发生在爆

---

[*] 本文选自《马列主义研究资料》1984年第6辑。

原题注:非常明显,我们现在正面临着一场关于卢卡奇观点的新讨论。有两点原因值得特别提一下。第一点是马克思主义者对一些意识形态和政治性质的基本问题进行了新的探讨,第二点是人们还在继续不停地用"西欧马克思主义"(A.施米特)的概念与"苏联马克思主义"(H.马尔库塞)对抗。对卢卡奇的卷帙浩繁的著作必须进行彻底而详尽的批判分析,也许这只有通过集体努力才能办到。这样做,可以防止人们利用卢卡奇的为数不少而且也不算小的错误进行修正主义思辨,同时也可以把卢卡奇著作中那些无疑对马克思主义具有宝贵价值的东西拯救出来。除了对卢卡奇的分析作品以外,当然也必须发表卢卡奇自己的著作,因为,虽然我们不打算对卢卡奇一味颂扬,我们也不应该把必要的批判与不分青红皂白的谴责混为一谈。在关于卢卡奇观点的新讨论中值得注意的著作有:《与格·卢卡奇的对话和争论。德国社会主义作家的方法论辩论》,1975年莱比锡版;A.格律恩堡的《公民和革命者。格·卢卡奇。1918—1928》,1976年科伦—法兰克福版;И.阿比奇的《格·卢卡奇1933年以前的社会理论和美学》,1977年斯图加特版;R.德拉维加的《作为空想的意识形态》,1977年马堡版。(作者R.施太格瓦尔德是德国共产党领导成员,法兰克福大学教授,他写了许多评介资产阶级哲学和西方马克思主义的著作,本文译自他的近著《帝国主义德国的资产阶级哲学和修正主义》的第三章。——译者注)

发资本主义总危机、开始第一次世界大战和完成十月革命的时期,并不是偶然的。因为这时在德国,马克思主义的主要堡垒已不是社会民主党,而是刚成立的德国共产党,所以在马克思主义和修正主义之间的斗争中,战场和内容都发生了一定的变化。德共在解决它所面临的问题时,从一开始就估计到修正主义对德国社会民主党产生了毁灭性影响的经验,对各种机会主义倾向表现了更高的警惕性。不久之后,1919年创立的共产国际也开始帮助德国共产党人同机会主义进行坚决的斗争。然而,对布尔什维克获得胜利的原因的认识,对马克思主义的列宁发展阶段的理解,在这早期阶段的德国共产党内是极其不够的。列宁及其战友们的极其重要的著作还没有译成德文。在党的政治和意识形态领导力量中,罗莎·卢森堡懂俄文,知道列宁的许多著作,但是她在1919年1月就被反革命分子卑鄙地杀害了。

  在这种情况下,有一种独特的修正主义侵入了德国工人运动那部分仍然忠于马克思主义的队伍,其中包括共产党。这种修正主义的拥护者们当然必须同老修正主义划清界限,不然它就根本不可能在党内得到发展。工人运动当时处于革命高潮之中。与机会主义脱离也表现在设法更明确地在意识形态上划清界限。正好有许多准备从资产阶级立场转到无产阶级立场的青年知识分子,对机会主义崇拜"事实"、崇拜"客观"过程的态度感到愤慨(实际上,这种"事实"和"客观"都是被误解了的概念),对正在发生的党和工会机构的官僚化表示不满。他们由于还没有站到马克思主义立场上来,在自己的世界观探索中受到了生命哲学及其"异化理论"的影响,滑到了主观主义和修正主义的观点上。这样就在年轻的德国共产主义运动中形成了一种在资产阶级哲学和修正主义之间的新联系———一种"左的"修正主义,它的拥护者们(跟在信奉生命哲学的新黑格尔主义者的屁股后面)从使主体实在化的立场出发批评"老的"、崇拜事实的机会主义。他们用马克思主义的术语来表述自己的新黑格尔主义,把它说成是真正的、"现代的"马克思主义。但是在实际上,与他们似乎良好的愿望相反,他们攻击了唯物主义、唯物主义辩证法、客观社会规律;他们为社会主义提出了伦理动机的要求。而这意味着,在"新"修正主义中保存了"老"修正主义的**基本成分**!在口头上,他们承认列宁、布尔什维克、十月革命,但是在客观上,他们反对列宁主义。这是与今天的修正主义者不同的地方:今天的修正主义者站在那个时期就已产生的"新"修正主义(卢卡奇、布洛赫、科尔施、潘涅库克的概念)的基础上公开进行反对列宁主义的斗争。

所考察的这些事件,正如我们已经指出的,是超出民族范围的过程的表现。这关系到资本主义总危机的全部复杂问题,资本主义总危机为机会主义的发展创造了新的因素。随着在帝国主义时期(首先在那些拥有以马克思主义为指针的强大工人运动的国家里)资产阶级和无产阶级之间的阶级斗争异常尖锐化,资产阶级对世界观提出的要求的性质也发生变化。依靠马堡派新康德主义来批驳社会主义科学基础的老式修正主义,在资本主义危机形势的条件下让位给了已是建立在别的哲学基础之上的新的修正主义观点体系。老修正主义抛弃社会主义的唯物主义论据和无产阶级革命,代之以改良;抛弃工人阶级的历史使命,代之以社会主义的全人类的、人本主义的动机。但是,它即使是在口头上,仍然是承认社会主义的,而这对资产阶级说来就变得太冒险了。在资产阶级社会形形色色的危机特征正在汇成总危机的形势面前,资产阶级现在需要一种坚决确认垄断资本权力的哲学。反动和侵略的倾向要求不"仅仅"拒绝社会主义,而且甚至拒绝资产阶级的民主主义和人道主义。

按照我的看法，在新康德主义第二发展阶段的范围内，比其他新康德主义流派形成稍晚的巴登学派，哪怕由于它的"精神科学"倾向本身，也就是由于它和生命哲学的联系，就已对修正主义产生了与其他流派不同的激励作用。其原因是，马堡派的新康德主义修正主义还是（正是"还是"！）表达资产阶级反对马克思主义的斗争的、主要是自由主义改良主义的阶段，而巴登派已受到资产阶级进入帝国主义阶段后在世界观立场上的变动更强烈的影响。我觉得，在一些批判修正主义的著作中对这一事实没有足够的估计。

当然，这里应该提防公式化。上面所说的差别并没有绝对性质。在新康德主义、首先是巴登派新康德主义的范围内，不仅有修正主义的派别，而且公然有帝国主义的、侵略的和反动的派别。在这方面只要想起麦克斯·维贝尔就够了。在实证主义者当中，现在左的改良主义者比主张国家垄断资本主义的改良主义者少了。另一方面，在生命哲学的范围内有采取新政治方针的人物，例如特奥多尔·莱辛，以及后来的萨特。胡塞尔也决不能归到"右的"派别里去。特别应该强调指出，也有既从生命哲学中又从实证主义来源中汲取自己论点的"左的"修正主义派别。例如，潘涅库克和科尔施是马赫主义者，从而属于实证主义流派，而卢卡奇以及大多数现代"左的"修正主义者从新黑格尔主义式的生命哲学或弗洛伊德主义式的生命哲学方面受到的影响，比从新康德主义和实证主义方面受到的影响要强烈得多。在"左的"修正主义的框框里发展了一种生命哲学的"唯物主义"和一种生命哲学的"辩证法"；创立了对"活动者"和"实践"的唯灵论解释，这种解释是针对据阿尔弗雷德·施米特和奥斯卡·涅格特说由"苏联式马克思主义"坚持的"物化的合法科学"的。

然而，这一切现象反映了马克思主义和修正主义之间的斗争在十月革命胜利之后开始的新阶段。卢卡奇和科尔施在共产主义运动中而不是在社会民主主义运动中的活动，也是落在十月革命以后的时期。卢卡奇受到了生命哲学以及巴登派新康德主义的影响。相反，在第一次世界大战前曾是费边派改良主义拥护者的科尔施，与新康德主义没有直接关系。后来与科尔施情投意合的潘涅库克，在十月革命前是马克思主义者，但是以后他也分享了对我们世界观的真正哲学基础估计不足的第二国际大多数主要马克思主义者的"命运"。他的修正主义（更确切地说应该是潘涅库克—科尔施—马蒂克的修正主义）受到的不是巴登派的新康德主义的影响，而是马堡派和马赫主义色彩的实证主义的影响，虽然起初卢卡奇和科尔施的观点在许多方面是近似的。我们指出这一点，只是为了防止草率地、毫无保留地把现代修正主义（哪怕只是右翼社会民主党的现代修正主义）同老的新康德主义联系起来。

修正主义从来不是什么独立的东西，它总是资产阶级（帝国主义）意识形态在（革命）工人运动中的影响。因此，正像列宁在《马克思主义和修正主义》一文中很早就指出过的那样，修正主义的特点是借用当时的资产阶级时髦哲学的东西。在老的新康德主义和现代的新康德主义之间，发表了各种各样"现代化的"、"大杂烩"式的时髦修正主义作品，它们一方面保持新康德主义对问题的提法和论证，另一方面又依靠生命哲学或现代实证主义，利用某些当时时兴的存在主义的、弗洛伊德主义的、"法兰克福学派"的，而在更现代的阶段上则是"批判理性主义"的、结构主义的和系统论的（这里不是指数学或生物学的系统论，而是指哲学的系统论）哲学理论。

萨拜斯说道："基督教关于人们及其伦理标准平等的学说；法国大

革命所宣布的人权；康德的启蒙和伦理学；黑格尔的辩证历史理论；马克思对资本主义的批判；伯恩施坦的批判马克思主义；罗莎·卢森堡的自发性理论和对布尔什维主义的批评；舒马赫的自由社会主义；恩·布洛赫、霍克海默、阿多尔诺、哈贝马斯、列舍克·科拉科夫斯基、米诺万·哲拉斯等人的最新贡献——这一切可以说是一个接一个的、同时又是彼此平行地产生影响的民主社会主义的意识行动，它们归根到底都可以归结为伦理动机。"① 当然，这种说法把实际上根本没有联系的东西扯在一起，是很荒唐的。然而，说这种说法荒唐是不够的，因为同时它也反映了今天修正主义的实质：今天的修正主义在实际上只不过是所有各种形式的资产阶级意识形态的大杂烩。

下面我想说明**早期**卢卡奇的某些重要论点对联邦德国修正主义的影响。因此不是要对卢卡奇的生平事业和理论著述进行详尽的评价和批判。毫无疑问，卢卡奇的著作中至少有新康德主义影响的成分，虽然把新康德主义（这里是巴登学派的新康德主义）看作是卢卡奇一切有关著作的出发点当然是不对的。在这一点上，我对我以前表述的一个论点②作了修正。卢卡奇与巴登学派新康德主义的代表人物有密切接触，单是由于这个缘故就受到了生命哲学的影响。

在第一次世界大战以前的年代里，诺瓦里斯、克尔凯郭尔和陀思妥耶夫斯基引起了卢卡奇最大的兴趣。在早期阶段，还在1902年，他就

---

① H.W.萨拜斯：《民主社会主义是社会应用人道主义》，载《新社会》杂志1972年第19期第859页。这位"人道主义者"是联邦德国禁止民主运动参加者就业的倡议者之一。

② 参看 R.施太格瓦尔德：《德国晚近资产阶级哲学的总危机》，载苏联《哲学问题》杂志1965年第8期第165—167页。

开始研究狄尔泰和西美尔的著作。在1906—1907年，他和西美尔本人认识，后来成了他的学生。

由于西美尔对卢卡奇产生了很大的影响，这里应该简略介绍一下西美尔的社会学。西美尔想"补充"唯物史观，为它奠定"基石"。他把自己的社会学看作这种基石，仿佛他的社会学使得有可能把经济学理解为较深刻的思潮和估价的结果。西美尔认为主要的是，人们按照自己的趋向、爱好、兴趣及其他心理动机，彼此间发生一定的社会关系，例如模仿、同意、争论、统治或服从等。借助这种脱离历史土壤和经济基础的形式主义的心理学社会学，西美尔把经济学和唯物史观变成为一种抽象的、超乎历史的唯心主义社会学说，而且这种学说中也能够包括马克思主义的范畴，例如异化范畴，当然这些范畴也采取脱离现实的历史土壤和社会背景的形式，就好像是一些永恒的人本学命题一样。

在第一次世界大战以后的年代里，受到生命哲学影响的新黑格尔主义开始迅速发展，特别是在德国（克廖纳、格洛克纳、格林、李伯尔特、拉松、李特、弗赖耶尔）；不过，这种发展的条件早先就已经创造出来了，虽然那时这种思潮看来似乎是"悬在空中"，没有着落。广泛传播的危机和"精神无能为力"的感觉以及大难临头和矛盾重重的预感——这一切使得资产阶级思想家更加容易接受作为矛盾、运动、"灾变"理论的辩证法，从而为黑格尔的重新被发现开拓了道路。但是新黑格尔主义是在新康德主义的土壤上形成的，它把黑格尔解释成为康德事业的完成者，而这一康德事业又受到按新康德主义（主要是巴登学派）精神作出的主观唯心主义解释。因此，我们在这里就遇到了借助对康德的错误解释进行的对黑格尔的错误解释。

新黑格尔主义从产生之日起就是资产阶级的危机哲学。它对自由竞争的资本主义及其不断进步的哲学丧失了信心。同时，新黑格尔主义也不愿对现存现实作简单的实证主义的确认。相反，新黑格尔主义把现实置于怀疑之中，不愿消极和直观地接受它。从新黑格尔主义的观点看来，这种消极接受是一种错误哲学立场的结果：唯理论由于竭力追求客观的、主体之外的真理标准，由于想要合理地把握世界，便把思维和存在的分离作为前提。然而，按照新黑格尔主义者的看法，这意味着，实际上出自主体的东西被赋予独立的意义：发生了物化，① 因此异化似乎是唯理论哲学的结果。按照这种概念，理性只能承认它自己构造的东西；这样一来，直观的对象应该在作为能动的存在原则的精神中被克服，而对立则应该通过使客观的东西返回到精神的整体性中被排除。假如客观的东西独立地存在，那么康德关于"自在之物"不可认识的论点对它就会适用了；在这里又表现出新康德主义作为出发点的立场对已在形成的新黑格尔主义的影响。认识只和在主体中发生的过程相联系。这样歪曲黑格尔的立场的结果是，黑格尔的客观唯心主义变成了主观唯心主义，虽然由于"主观精神"被用"生命"伪装起来（"生命"实际上也被解释成主观感受），整个学说仍然保留着骗人的客观唯心主义的形式。

　　从这一切当中，卢卡奇在《历史和阶级意识》一书中吸取了下述对辩证法的解释。首先，辩证法只可能有主观性质。不管什么样的自然辩证法，都是物化的、异化的思维的表现。虽然卢卡奇把他的新黑格尔主义的批评直接指向布哈林的机械的、形而上学的观点，但是他在这种

---

① 参看G.西美尔：《概念和文化的悲剧》，载《逻各斯》1911—1912年版第2卷20页；卢卡奇完全是按自己的老师西美尔的精神，在他的《历史和阶级意识》一书中发挥了同样的思想。

批评中走得太远,甚至把自然科学也置于怀疑之下。他宣布,无论是资本主义还是自然科学都是物化的思维和行为的领域,较低一级的即唯理论的理论和实践的表现。这种理论和实践建立在单纯接受事实的基础上,它们不理解事实的流动性以及主体和客体在其中的统一(主体在这种统一中占首位)。因此,在这种物化的和纯理性的"存在"领域中,真正的精神性即辩证法就不可能占优势。当科学是自然科学和一般经验科学,即某种物化的、异化的东西的时候,它那里就没有辩证法的地位;科学在何种程度上超出于这种物化状况之上,它就在何种程度上离开这种理性的东西和经验的东西的土壤,成为非理性的东西,而对新黑格尔主义说来,这也就意味着成为辩证的东西。这里必然包含的意思是,不存在客观的辩证法,只有在按主观主义解释的历史中才可能有辩证法。已被历史(客观的)超越并且判处了死刑的资产阶级,否定客观辩证法,想使客观的东西回到主观性中,并且在把任何外化、物化与异化等同起来的基础上,宣布承认客观现实是物化和异化的,在上述意义上也是错误的思维的一种表现。

这样做的结果是很明显的:不仅异化被描写为超乎历史之外的范畴,早在1844年就已在很大程度上被马克思揭示出来的异化的社会根源被否定,而且异化被宣布为无论在资本主义制度下还是在社会主义制度下都存在的人类命运。这样一来,历史的客观规律也"消失"了:向主观主义、唯意志论和自发论以及资产阶级的能动主义敞开了大门。

在帝国主义阶段,修正主义和新康德主义的结合带有对资本主义制度充满危险的后果,但是出现了把这种结合换成另一种结合的可能性,这另一种结合就是"能动主义的"、主观上"左的"以及(像这些理论的某些拥护者的党派属性所表明的)右的修正主义同我们所考察的带有生命哲学色调的新黑格尔主义"能动主义"的联盟。第二国际"老"机会主义惯用的手法是,为了论证"现实政治"的"理论",滥用社会民主党在工会和议会斗争中以及在争取改良的斗争中的重大成就。而企图钻进第三国际的"新"机会主义则拒绝了对资产阶级社会事实的任何"琐碎"关心,而且完全忽略客观现实性及其规律,其中也包括社会规律,把客观现实性"吸收进"主体中来、宣布它是"流动的",从而为主观主义和唯意志论敞开了大门。正像已经说过的,把生命哲学和新黑格尔主义原则结合在一起的哲学理论,只是在第一次世界大战后才在德国广泛流行,但是它早先就存在了。卢卡奇的老师西美尔是为这种理论的发展创造了条件的众多著作家之一。不过,卢卡奇本人也应该被列入这种著作家的行列。

虽然资产阶级的反映危机形势的情绪对卢卡奇产生了很大的影响,但是他本人没有能正确理解危机。他努力去消除他所意识到的资产阶级生活中的对立。对他说来,社会是表现在社会结构中的生活;虽然这些社会结构是我们自己生产出来的,但是它们既被客体化,就同自然界一样对我们说来是异己的。按照早期卢卡奇的看法,我们的生活已丧失了最初的和谐,现在在"我"和世界、"是"和"应该"等的对立中进行,而感受和克服这些对立的地方是人们的"灵魂"。它的自我实现应该开辟通往新的人类共同性、通往和谐的道路。他把艺术看作是实现这种和谐的手段,于是艺术在他那里表现为关于形式和生活这两个范畴之间的关系的论题。艺术的形式对他说来是先验的范畴,在它的彼岸是真正的、不可企及的生活,而在它的"此岸"则是日常的生活。在心灵和形式的神秘的、艺术的结合中实现着日常生活与真正的、更高的生活之间的瞬息即逝的统一。

在艺术中，使互相对立的基本原理短暂结合的手段，在卢卡奇看来首先是充满冲突的悲剧。他问道：我们的意识面对着与它对立的现实能够达到什么呢？在艺术作品中（为了使它成为具体的完整性和客观的乌托邦），形式和内容、主体和客体、"是"和"应该"怎么能够结合在一起呢？艺术作品把超乎历史之上的范畴和具体历史结合起来，在这一点上，后来长篇小说作为能实现这种结合的艺术体裁取代了悲剧。在长篇小说中形成了上述的具体完整性，那种已失去的最初的和谐又在其中得到了恢复。过去失去这种和谐时曾引起"我"和世界、"是"和"应该"的分裂，长篇小说便力求恢复这种已失去的存在完整性，从而克服物化，带领我们越过拥有各种矛盾的社会走向共同体、走向重新恢复的和谐。

我们看到，卢卡奇的观点完全可以纳入在那个时期形成的以臆造的社会和共同体之间的对立作为出发点的、反动的德国文化哲学和文化社会学的思潮。这个思潮与生命哲学是什么关系？资产阶级知识分子对历史的"感受"与这样一种观念有联系，即在历史过程中出现的一切都获得某种独立的存在，并且与自己的创造者、与他的愿望和目的完全脱离开来。① 这样，我们在西美尔和早期卢卡奇那里就已经可以看到那种后来（三十年代或七十年代）被存在主义的"青年马克思"解释者直至现代修正主义者所发挥的对马克思的异化概念的解释。现代修正主义者把这种按反历史主义精神解释的、人本主义化的"异化"范畴同样地应用于社会主义和资本主义。这种例子可以在捷克斯洛伐克关于卡夫

---

① 参看卢卡奇：《心灵和形式》，1911年柏林版第336页及以下几页。

卡的辩论过程中看到①，当时宣布，异化不是由生产资料私有制和社会分工的特殊条件产生出来的，而是一切人类活动的命运。同时精神上的无能为力（危机时代的资产阶级思想家想把它强加在我们头上）在哲

---

① 可能，这里应该提到在所谓"布拉格之春"的积极活动家那里可以看到的各种不同观点，并且直率地提出这些观点同马克思主义是什么关系的问题。我将引用捷克斯洛伐克科学院出版社出的卡夫卡讨论会的资料（《1963年从布拉格看弗朗茨·卡夫卡》1965年布拉格版）。伊凡·斯维塔克在他的发言《作为哲学家的卡夫卡》中说："只有从哲学人本学的立场出发，我们才能完全理解卡夫卡……因为正是在这种立场的范围内，他写的东西变成为哲学的论题"（第87页）。这里指的是什么样的人本学呢？"卡夫卡著作的哲学基础，这是人类关于世界的经验的公开体系，决不是任何一个思想家的世界观。这是具体的人类存在的哲学，这根本不是体系，而是那株其根源可以上溯到苏格拉底对人类自我认识的召唤和斯多噶学派关于人们的思维的树上的一颗小小的果实。说卡夫卡是哲学上的存在主义者，这几乎等于什么也没有说，因为任何哲学在一定意义上都是对人类存在问题的一种理解"（第87—88页）。由此得出一个很能说明问题的、看来没有阶级特性的、全人类的论点："卡夫卡的著作似乎是一首哲学的长诗，就是说，它们是人和他自身存在的秘密的碰面，是宣告对世界的意义和人满怀信心，同时它们又不是立足于唯理论的、确指事实的知识之上"（第89页）。总之，对世界的非理性主义（对历史而言）神秘化被宣布为"有人的面孔的社会主义的理论基础"，而这个面孔又被宣布为是一个"谜"！"把卡夫卡与存在主义思维联系在一起的第二点，是把人看作是在有限情境中的特殊存在形式的观点"（同上）。接着在谈到按照卡夫卡的看法，我们一切活动的最终结果是灾难、死亡、沉默时，斯维塔克把这个反映资产阶级绝望的观点拿来作为他自己的、他认为是"马克思主义"的"说法"的基础。在同一次讨论会上，加罗第在他的论述卡夫卡的报告《卡夫卡的现代艺术和我们》中说道，卡夫卡也能够对那些生活在社会主义社会中的人们说点什么，因为在这个社会中也"还有异化"（第205页）。当然，在社会主义社会中还可以遇到官僚主义、对人冷酷无情和各种各样的悲剧，总之，许多不应该有的现象。然而，企图借助存在主义的非理性主义来解决这些问题，等于企图用筛子汲水。

学意义上被改变为任何想合理地理解和改造现实的企图都是徒然的。只剩下一条路，即回到主体中去，回到与似乎不充分的理性原则脱离的非理性感受的领域中去。

然而，这只是第一步。帝国主义资产阶级不满足于这样破坏想借助真正唯物主义的认识理论和物质的实践来掌握客观现实的企图。帝国主义资产阶级不愿意也不能够仅仅限于对马克思主义进行防御性的斗争。它需要那种可以用来为了帝国主义的目的、为了反革命的利益而推动反对工人运动的势力的理论。如果说现实是万物世界的异化的混沌状态，那就出现了在"感受"的非理性深处可以找到一个更高级世界的问题。据卢卡奇认为，这一点既涉及理论（通过哲学），又涉及艺术。

在卢卡奇的早期著作中，对这种混沌状态的整顿是由艺术以及艺术家实现的。他把艺术理解为一种整顿并且赋予意义的形式。这些观点与马堡学派新康德主义哲学的区别相当于"理性"主体与"艺术"（非理性地形成的）主体之间的区别；这是主观主义内部的区别，如此而已，虽然强调的是主观能动性的另一种形式。在这种哲学中，混沌状态的、敌视精神的世界是由艺术家形成和赋予灵性的。如果按照康德的看法，世界的规律是我们给规定的，那么按照这种主观主义生命哲学的唯美主义观点，这个世界就是由艺术家"形成"的。

然而，这应该如何发生呢？它的可能性只有在"精神无能为力"的论点被另一个认为主观唯意志论的非理性无所不能的论点取代的条件下才会出现。事实上，卢卡奇走的正是这条道路，他假定这种非理性（主体）在自己的"深处"与形而上学的必然性联系着！[①] 而且他把这

---

① 参看卢卡奇：《论精神的贫困。一次谈话和一封信》，载《新文选》1912年第5—6期第85页。

同摒弃任何个人的心理内容，同"精神的贫困"联系在一起，由于这个缘故，就为给当时流行的资产阶级关于人生意义的谰言进行貌似客观的辩护和捏造这类披着神话般世界观外衣的谰言，准备了土壤。使马克思主义揭示的现实资本主义关系失去历史和社会的性质，是为了把它们抬到至高无上的形而上学万能地位。

因此，这个概念是和新康德主义一样主观主义的，它和新康德主义不同的地方在于，在这里人不是借助从自己的主观性中引出的规律，而是用艺术创作来产生出世界。于是，马堡派的"合理性"就被艺术所取代。这完全可以归因于卢卡奇的与生命哲学有联系的艺术概念。这种艺术乌托邦形式在生命哲学的卢卡奇那里扮演的角色，就如同概念或道德理想在马堡派那里一样。但是在两种场合下，无论是道德理想还是艺术乌托邦形式都是用来达到同一个目的："消除"现实的社会矛盾。

我们在早期卢卡奇的生命哲学著作里也碰到精神和权利的虚假对立。这种对立在他那里是通过把现实描写成为异己的、敌对的东西而出现的。异化问题被按照西美尔的精神同历史土壤分割开来。在这种反动的、生命哲学的背景上，可以通过西美尔把马克思"吸收"进来；现实变成非理性的命运，而马克思甚至被用来"论证"这种非理性的、生命哲学的立场。

因此，卢卡奇在第一次世界大战以前发表的著作是主观唯心主义的。如果他在《历史和阶级意识》再版序言中说他在第一次世界大战以前的年代里转向黑格尔，那么这种转向还是在主观主义的框框内实现的。他跟在自己的"权威"（生命哲学的代表人物以及后来巴登派新康德主义的代表人物）之后，把具体科学与哲学分割开来。这种分割的内在逻辑导致他使哲学离开物质的实践，把它归结为与自然界没有任何联系的主体的精神能动性。这里表现出早期卢卡奇更接近于新康德主义中那些使他与生命哲学而不是与实证主义接近的流派。但是这种立场归根到底导致神学和后来出现的存在主义。在我们刚才考察的概念中说的就是这种"实践";卢卡奇后来在《历史和阶级意识》中把这种实践了解为方法,并且使这种方法成为"畅通无阻"的东西。这里可以清楚地看到把方法作为理论绝对化。这是按照康德来解释黑格尔的表现。相反,在黑格尔那里,辩证法是理论,作为理论又是方法。没有自然界的黑格尔、仅仅局限于社会概念的黑格尔,是什么呢?黑格尔自然哲学中对一切先验的、思辨的东西表示不信任,这在过去是、现在仍然是有道理的。然而,如果借口这种不信任而转到按生命哲学解释的黑格尔方面,那就不是克服黑格尔的神秘主义,而是加强这种神秘主义。因为,如果社会的因素和实践是和自然脱离的话,在它们的基础之上可能建立什么样的辩证法呢?归根到底,这甚至不是黑格尔的客观唯心主义的辩证法,而是主观唯心主义的辩证法。黑格尔在生命哲学的理解中就是如此!所以,卢卡奇恰恰不喜欢黑格尔辩证法中与自然有关的方面,决不是偶然的(后来1923年,他责备恩格斯在建立自然辩证法时以这个黑格尔作为出发点)。

总之,卢卡奇的黑格尔主义有新康德主义的性质,而且是从生命哲学立场解释的那种新康德主义。

卢卡奇按照这种生命哲学的方式提出了必须把直观作为特殊认识手段的要求。按照他的主要是审美的兴趣和他从新康德主义出发的立场,他把世界想象为混沌状态,是艺术家赋予它以形式和秩序。他的哲学的主体就是艺术家,世界由艺术家来组织,艺术是他的秩序原则。这种观点与危机时期典型的没落资产阶级思维方式有联系。世界在他看来不仅是混乱的和异化的(后来他把生命哲学的这种非理性概念与马克思的异化理论混为一谈);而且,这种组织世界的艺术主体的生命本身,在他看来归根到底是"走向死亡的存在"。不知这是克尔凯郭尔的余音呢还是海德格尔的先声,但是它是在第一次世界大战以前写的。①

在写《历史和阶级意识》一书的时期,卢卡奇的哲学观点受到争取新文化的斗争的决定性影响。创造这种文化的手段是政治。而且,按照卢卡奇的意见,虽然阶级斗争是必要的,然而这是指那种归根到底将在康德伦理学的框框内展开的阶级斗争。无产阶级的斗争应该导致这种由康德归纳的伦理学的实现,借助这种伦理学似乎将能够克服与社会发展有联系的必然性和规律。

卢卡奇关于阶级斗争和文化斗争的概念是在尖锐地感受到已经出现革命形势的背景上发展而成的,但是他被这种感觉弄得晕头转向,没有考虑到工人阶级应该准备并且能够运用一切可以运用的斗争形式和组织形式。匈牙利共产党和社会民主党的团结是匈牙利革命的基础,匈牙利革命的这种特殊发展条件使他产生了这样一种想法,似乎今后党将融解在统一的无产阶级的"纯粹行动"中。这样,他就错误地理解了党的问题,按自发性概念解释了工人阶级和党的关系。在他看来,共产党是无产阶级革命意志的组织表现,应该服从于这一意志。按他的理论,不是党领导阶级,而是阶级领导党。卢卡奇用他反对(这是正确的)社会民主党那种束缚党的手脚和麻痹群众首创性的官僚主义来论证这一理论。然而,这种对社会民主党的机会主义、对社会民主党机会主义领导机关中的官僚主义的有害影响的合理愤慨,被卢卡奇倾泻到了共产党身上,从而表现出,对他说来,官僚主义问题不是资产阶级的阶级统治问

---

① L.G.戈尔德把卢卡奇称作克尔凯郭尔主义者,同时又认为他是存在主义的主要先驱之一(见他的《辩证法探索》1966年新维德—西柏林版第173—174页),我们不能不同意他的这个观点。

题,也不是与资产阶级的意识形态和政治侵入工人阶级政党有联系的问题。他从官僚主义的某种抽象模式出发,认为一切组织似乎都会自动产生官僚主义;按照他的意见,与这种官僚主义作斗争,最好是尽可能把组织推到群众自发性的后面去。

最后,卢卡奇也和那个时期的科尔施一样,要求"恢复更新"马克思主义。这种"新马克思主义"应该是某种非物质化的主观辩证法。卢卡奇在论证这种观点时援引了列宁的话,可是他对列宁的解释是唯意志论的。

《历史和阶级意识》

卢卡奇加入共产党以后,希望支持它回到"正统马克思主义"上来,消除对马克思主义的"自然主义和本体论的歪曲",他认为这种歪曲起因于恩格斯,而恩格斯又是追随黑格尔,黑格尔克服了康德对自然和社会的分割。卢卡奇在论文集《历史和阶级意识》中阐述的这一纲领是颇为自命不凡的,特别是如果考虑到他的马列主义修养无疑并不充分的话(这在某种意义上是必然的)。使情况变得更加复杂的是,在迅速发展的革命高潮形势下,卢卡奇充当了极左的进攻理论的拥护者,对人民群众的自发运动寄予了过高的希望,而这必然伴随着对党的作用估计不足。

至于正统马克思主义的实质,卢卡奇把它只是归结为马克思主义的方法,认为这种方法不依赖于马克思主义中所包含的任何具体原理。这样,卢卡奇甚至落后于黑格尔,因为黑格尔还试图辩证地解决体系和方法的问题。卢卡奇坚持只接受马克思主义的方法,拒绝在马克思主义中作为内容制定出的一切,认为这种拒绝不会意味着拒绝马克思主义。这样，就将一个其结果在每一具体场合都可能成为疑问的方法宣布为科学的方法。但是，如果一个方法不提供任何可信的结果，它又有什么价值呢？如果这样提出问题，这种立场之荒唐是毫无疑义的。然而，在今天各种各样的假马克思主义神话中，我们在1923年发表的卢卡奇的《历史和阶级意识》一书中没有遇到过的恐怕一个也找不出来。

对这一切问题讨论的性质清楚地表明，卢卡奇在写这本书时是站在什么样的世界观哲学立场上。第一，卢卡奇关于马克思主义哲学的论点，是对马克思、恩格斯和列宁的著作在许多方面不够熟悉的结果（上面已经说过，这部分地是不可避免的）；第二，这些论点是建立在与新康德主义和生命哲学的传统有联系的哲学基础之上的，这些传统对卢卡奇观点的发展起了决定性的作用。

卢卡奇对完全可以列入这个传统的承认自然界和社会的客观现实和客观规律的攻击，以及他就此对自由问题所作的评论，起初是由他在批评考茨基、布哈林等人的幌子下阐述的。同样，这种批评在卢卡奇那里是和他的主观意识有联系的（按照这种主观意识，他是捍卫革命主体不受这些理论家的假革命的机械客观主义的侵犯，他认为列宁、李卜克内西和罗莎·卢森堡会支持他的反对机械客观主义消灭革命主体的概念）。可以说，在卢卡奇及其一伙人的例子上，我们看到的（在最好的情况下）是对布尔什维克观点的主观主义的歪曲反映。而后来，他对机械客观主义的这种攻击曾被利用来作为拒绝辩证唯物主义客观性的理由，同时作为针对恩格斯、后来（在卢卡奇的许多崇拜者那里）则是针对列宁的批评。因为在客观上，这里的问题完全不在于考茨基和布哈林，而是在于要给予资产阶级和小资产阶级知识分子以行动自由。把自然界和社会的规律区分开，无疑有助于这个目的。历史（仅仅）是由主体、通过主体的（非物质的）实践确定的。这是从建立在新康德主义和生命哲学基础上的主观主义中得出的结论；是从这种主观主义对认识问题的立场中，从它拒绝辩证唯物主义的反映论中得出的结论；是从接受下面这个老唯心主义论点中得出的结论，这个老唯心主义论点就是，可以认识的只有一般社会世界——只有它是我们自己的创造物，因此也只有它是可以认识的。

在卢卡奇之后，早期的科尔施和潘涅库克以及那些与他们有同样信念的人（在我们今天，例如杜契克），曾不止一次装出"真正"马克思主义的捍卫者的姿态，虽然他们同时径直发表反对列宁的言论，而卢卡奇一向是非常尊重列宁的。总之，对卢卡奇的追随者说来，"真正的马克思主义者"，除了马克思本人以外，就是卢卡奇、潘涅库克和科尔施，而恩格斯和列宁被列为修正主义者，至少是不自觉的、非蓄意的修正主义者。在《历史和阶级意识》中，卢卡奇解释说，他进行论战"反对的是恩格斯的个别说法！……出发点是整个系统的精神和这样一种观念，即在这些个别地方，作者哪怕反对恩格斯，也要坚守正统马克思主义的立场"。① 但是，在卢卡奇的书发表之后不久，它的马克思主义批评者们就已弄清楚了，问题决不是反对恩格斯的某些个别说法。② 事实上，卢卡奇的《历史和阶级意识》一书成了现代修正主义者和马克思伪造者们的"潘多拉的盒子"（可能甚至是这类"盒子"中主要的一个）。甚至那些在其他方面愿意大肆吹捧卢卡奇为真正创造性马克思主义者的资产阶级著作家也指出这一点。例如，龚特尔·罗尔姆泽尔不是

---

① 卢卡奇：《历史和阶级意识》，1968年新维德—西柏林版第164页。
② 参看L.鲁达斯：《是正统马克思主义吗？》，载《工人文学》1924年维也纳第9期第493页以下；《卢卡奇的阶级意识理论》（一），同上，第10期第669页以下。（二），同上，第12期第65页以下。参看F.切路蒂等人：《〈历史和阶级意识〉在今天。讨论和文献资料》，1971年阿姆斯特丹版第67—89、131—161页。

毫无根据地断言,"卢卡奇是一切在理论方面多少值得注意的修正主义的始祖"。① M.瓦特尼克表明,《历史和阶级意识》是马克思主义敌人的书,是修正主义的来源,它"对许多现代欧洲哲学流派产生了巨大的影响"②,这里指的是 K.曼海姆的知识社会学和存在主义。

在马克思主义者和卢卡奇及其追随者之间,在许多重大问题上展开了斗争。其中例如有马克思主义对其来源、特别是对黑格尔的关系问题,以及对马克思主义哲学的解释问题。在比较带局部性的问题中,这里可以提到这样一些:对唯物主义在马克思主义哲学中的作用的估计;辩证法在马克思主义中的性质;对唯物史观的解释;马克思主义认识理论的问题体系;实践在马克思主义中的意义;主体的作用。同时还可以列举出党及其作用的问题,以及马克思主义的战略和策略的主要问题。

关于卢卡奇的全部著作,特别是关于《历史和阶级意识》一书的讨论(虽然只是在六十年代才开始产生独特的、助长修正主义的影响),是马克思主义同以赤裸裸的形式和修正主义形式表现出的资产阶级意识形态之间进行的斗争中的最重要插曲之一。部分地也是在卢卡奇上述文集影响下提出的"阶级意识和党"的问题,例如在联邦德国就是很迫切的问题。能证明这点的,有本文开头第一个脚注中提到的那些著作,还有就 F.切路蒂的文章进行的讨论,以及为"路希特汗特"出版社编辑的、后来又遭到拒绝的一个论文集(不过,它对卢卡奇是采取批判态度的)。西柏林的"阶级分析"小组发表的一些著作,也能证明对"阶级意识和党"的问题很感兴趣。此外,还可以提到著名马克思

---

① 《马克思主义研究》1968 年图宾根版第 5 辑第 25 页。
② M.瓦特尼克:《修正主义》,1966 年科伦版第 191、202 页。

主义者埃里希·哈恩和法兰克福马克思主义研究所的著作。①

这一切问题的讨论,实质上关系到资产阶级和无产阶级之间阶级斗争的主要问题,也就是关于马克思主义的工人革命政党、关于支持这种政党还是以所谓马克思主义正统名义反对它的问题。

《历史和阶级意识》(1923)过去是,现在仍然是理解卢卡奇全部著作的一本关键的书,尽管它在发表的时期,在魏玛共和国的年代里,几乎没有起过任何作用。后来,卢卡奇对这本书进行了批评,而且他在不同时期对这部著作的评价是不一样的。我们不能在这里详细分析这一切说法。

按其哲学实质看,《历史和阶级意识》是一部以生命哲学精神写成的新黑格尔主义著作,而且卢卡奇在写它的时候还处于西美尔的抽象社会学及其将主要历史过程"非历史化"的影响下,因此他将对象化和异化合并成为一个总的概念"物化"。这使得他能够像一般新黑格尔主义者做的那样,把"自在之物"、客观现实作为某种异化和物化的东西加以拒绝,并且提出使之返回到主体中去的纲领。这样一来,辩证法就被解释成为只是主观的东西。如果一切客观的东西被承认为只是虚假意识的表现,如果对这种虚假意识的批评依赖于对机会主义接受"事实"的批评,如果这种主观主义被宣布为唯一的革命立场,那就完全可能,

---

① F.切路蒂、D.克劳森、H.J.克拉尔、O.涅格特、A.施米特:《〈历史和阶级意识〉在今天。讨论和文献资料》;马克思主义大学生联盟出版的《马克思主义理论和政治集刊》第32期,《法兰克福马克思主义研究所1973年5月26—27日会议》(这部著作是会议的材料,会上讨论的两个主题之一是:《关于联邦德国阶级意识的形成和发展》),E.哈恩:《唯物主义辩证法和阶级意识》,载《坚定不移。马克思列宁主义的理论和实践集刊》1974年第1期专刊,出版者为西柏林的社会主义统一党。

对机会主义的批评在基本上只是充当对这种概念的主观唯心主义倾向的掩饰。卢卡奇把普遍化的商品生产、商品拜物教看作是可与异化等同的物化的基础，而把那些其思维受到这种物化（＝异化）束缚的人们的直观和机械的生命立场看作是物化的结果。卢卡奇认为（又是以新黑格尔主义的精神），只有借助使客观的东西返回到主观性中，才能够打碎物化的镣铐。

所以，卢卡奇不是把对社会理论的唯物主义论证，而是把从总体立场出发的思想方法（这里指的是新黑格尔主义立场，它把主体和客体、存在和意识、理论和实践都合并在这个范畴中），看作是对马克思主义最重要的观点。当然，按唯物主义解释的总体概念在马克思的社会理论中也有其地位，但是我们在这里反对的不是这个概念，而是按唯心主义生命哲学对它进行的解释。从马克思主义（作为唯物主义）的立场看，总体范畴具有与卢卡奇那里不同的意义，卢卡奇借助这个范畴干脆取消了在客体和主体之间的认识论上的差异。不过，卢卡奇常常由于这个范畴引起新黑格尔主义的联想而回避它，在有关的场合代之以"联系"的范畴，然而在他那里，"联系"这个范畴在原则上具有同样的含义，也就是意味着消除主体和客体之间的对立，意味着主体和客体在主观唯心主义基础上的合一。评价他的立场的复杂性在于，他使用这两个范畴（"总体"和"联系"），有时提出在理论方面内容充实的原理；所以，必须在批判这些范畴中和卢卡奇对它们的解释中所表现的唯心主义的同时，设法保存在卢卡奇的有关论述中所包含的真正重要的论点，尽管卢卡奇的总的思路无疑带有唯心主义的性质。无论如何，应该把这些论述中的唯物主义与其中包含的将主体和客体、意识和存在视为同一或者在理论和实践的统一中对这种对立的"扬弃"区分开来。按照卢卡奇的看法，解放是意识的结果，而客观的东西只是在异化形式下的主观的东西。这关系到黑格尔"精神现象学"中的主人和奴隶的辩证法的新黑格尔主义解释。奴隶意识到了东西正是由他这个奴隶生产的,所以正是主人通过奴隶生产出来的东西而依赖于奴隶,这样,奴隶就从主人那里获得了解放。按照卢卡奇的看法,唯物主义意味着破坏表现为接受"物化"经济范畴的异化现象,要理解真正的历史,必须深入钻研这些范畴。

这种理论的基本思路,我们在把异化和物化视为同一、使客观性返回到主体中去的生命哲学中,其次在卢卡奇发展初期所提出的问题中已经可以看到,这就是克服经验的资产阶级生活的对立,从而冲向真正的生活。虽然这种理论中的概念发生了变化,但是它的基础,它归根到底在其中发展的哲学土壤保存下来了。

这也表现在,卢卡奇继续企图在这些范畴后面揭示真正历史(先前是:真正生活),这些范畴对卢卡奇说来(与对马克思说来不同)是客观的生存方式(在卢卡奇的早期著作中,它们具有先验性质)。卢卡奇还在早期就已意识到的矛盾,现在被描绘成资本主义的矛盾:无产阶级(黑格尔的"奴隶")的存在呈现为形式和内容、客体和主体、存在和意识等之间的矛盾的极端表现,然而正是在这种极端表现的基础上,这些矛盾是可以认识的,因此是可以消除的。无产阶级达到自己的阶级意识而设定革命主体,成了应当解决的中心问题。

当主体和客体、意识和存在在总体范畴中结合在一起时,恩格斯关于哲学基本问题的提法自然就取消了。这种提法在这里实质上表达的是思维的异化性质。因为卢卡奇不想走得太远,他承认了恩格斯的提法以及将唯物主义和唯心主义对立起来的意义,但这只是就作为异化的物化形成和克服的过程而言,因此,最多是就无阶级社会形成以前的阶段而言。这个观点后来被霍克海默接过去,对整个"法兰克福学派"的发展产生了影响，按照法兰克福学派的看法，关于这个问题的真正哲学的和正确的概念应该把客体融化在主体的关系和过程中，把一切都归结于历史。任何存在归根到底变成为"活动"，正像一切形式的商品拜物教都融化在社会行动中一样。在克廖纳尔那里，"实践"占有类似的地位。萨格勒布的"实践"小组的哲学家们也接受这种新黑格尔主义的立场。同时，他们利用了葛兰西的某些含糊的和错误的原理，歪曲地解释这位杰出共产党人的遗产。① 辩证法在这种背景下必然只是主观主义的。如果人是自己世界的创造者，那么在这种思想方法中被看作是恩格斯对马克思主义的"添加物"而被拒绝的反映论，自然表示异化的死胡同（因为反映要求存在客观世界）。这种异化的思维从总体的角度是站不住脚的，因为它从客体的独立存在出发，反对主体和客体的统一。

《历史和阶级意识》的本质归结为，存在是社会性质的概念，② 自然只是一个社会范畴，③ 而辩证法是主体对客体的关系，因此，在这个关系之外，不可能有任何辩证法。也不可能有任何自然辩证法，④ 如果有的话，那只是作为主体对现实的虚假关系的产物，这时人的创造物表现为独立于人的东西，主体的辩证法表现为独立于主体的辩证法，因此，按照卢卡奇的看法，自然辩证法事实上是物化了的思维的表现。恩格斯在研究制订他在自然科学中的辩证法思想时，似乎受到了黑格尔自然哲学的影响⑤，这种自然哲学基于主体和客体的同一忽视自然界和社

---

① 对这一遗产进行马克思主义的研究，捍卫它，使之不受修正主义的歪曲理解，今天是极其迫切的任务。

② 参看卢卡奇：《历史和阶级意识》，第192页。

③ 参看卢卡奇：《历史和阶级意识》，第309页。

④ 〔匈〕卢卡奇：《历史和阶级意识》，伦敦梅林1971年版，第175页。

⑤ 〔匈〕卢卡奇：《历史和阶级意识》，伦敦梅林1971年版，第175、396页。

会之间的基本差别；恩格斯遵照黑格尔的榜样，想发展某种普遍的辩证法。但是，卢卡奇认为，这种企图只会导致按照物化的和客观主义的自然科学的样式建立马克思主义。这似乎也表现在恩格斯的反映和实践的概念中，在那里物化的和独立的世界与直观的意识相对立，① 这样一来，马克思把人看作是自己世界的创造者和内在本质、而不是它的外在的消极直观者的排除任何反映概念的观点就不见了。

  因此，在卢卡奇看来，恩格斯和列宁的观点与马克思的观点相对立。问题的关键就在**这里**，如果我们在研究这个问题时贯彻始终地思考了卢卡奇关于社会存在和认识由主体的实践构成的论点的话。给这个论点提出这种措词的是 O. 涅格特，② 而这是新康德主义和新黑格尔主义的修正主义。这种理解没有给反映论留下余地，因为在主体中不应该反映由主体自己构成的东西。对这种理解说来，自然辩证法是一个怪物，因为卢卡奇照旧坚持按新康德主义把对现象的认识和对本质的认识分割开来，对现象的认识可以无限地发展，而对本质的认识则似乎完全不可能。只剩下了主观唯心主义性质的主体和客体的同一。卢卡奇到1923年时已经从这种同一中得出了政治结论：当这个主体获得意识时，就会发生普遍的变革；革命就是意识。变得有意识的主体能够凌驾于保守的客观现实之上。在这一过程中，主体会认识到，事实上这个保守的客观现实只不过是它的物化的自身。这样一来，一切都会改变，甚至组织的性质。组织也应该摆脱它在落后的俄国条件影响下所采取的物化形式。需要的不是集权的、有严格等级制和官僚制的党，而是生动灵活的党。

---

 ① 〔匈〕卢卡奇：《历史和阶级意识》，伦敦梅林1971年版，第312、387页。
 ② 参看 F. 切路蒂等人：《〈历史和阶级意识〉在今天》，第2—23、26、29、31页。

它既能拒绝"客观性"的激情,也能拒绝从这种"客观主义"中得出的要求"承认必然与主观因素毫不相关"的"机械"结论。①

至于卢卡奇给唯物主义、马克思主义的辩证法和马克思的唯物史观所作的解释,至于卢卡奇及其追随者(包括现代的追随者在内)关于马克思和恩格斯之间在这些问题上似乎有根本分歧、而且列宁似乎是站在恩格斯一边、而不是站在马克思一边的错误说法,那么应该作下述说明:

在《历史和阶级意识》刚刚发表之后,在那之前和卢卡奇合和的拉迪斯拉夫·鲁达什就既在事实上又在哲学理论上驳斥了他的说法。②我的《赫伯特·马尔库塞的"第三条道路"》一书中收了一篇《论马克思和恩格斯之间的所谓根本哲学对立》。③在法兰克福马克思主义研究所1970年会行的"从马克思主义观点看法兰克福学派"讨论会上,有好几个报告讨论了这个问题。④库尔特·莱伊普里赫在他的一部专著中重新阐述了这个题目,另外补充了一些严肃的证据。⑤安德烈·莱塞维茨仔细地总结了在这一论点中阐述的论据的实质。⑥

---

① 参看F·切路蒂等人:《〈历史和阶级意识〉在今天》,第38页;还可参看O·涅格特为德波林和布哈林的《关于辩证唯物主义和机械唯物主义的争论》一书写的序言,1969年法兰克福版第45页。

② 参看F·切路蒂等人的《〈历史和阶级意识〉在今天》一书所附的文献资料。

③ 参看R·施太格瓦尔德:《赫伯特·马尔库塞的"第三条道路"》,1969年柏林—科伦版第28页以后。

④ 参看《从马克思主义观点看法兰克福学派》1970年法兰克福版。

⑤ 参看K·莱伊普里赫:《卡尔·马克思和弗里德里希·恩格斯的哲学自然科学著作》,1969年柏林版。

⑥ 参看马克思主义大学生联盟出版的《马克思主义的理论和政治集刊》第9年卷第30期。

论据无可辩驳地不利于卢卡奇以及重复他的论调的阿尔弗雷德·施米特、萨格勒布"实践"集团的作者们等等。但是问题不在于论据,而在于相互对立的阶级立场——卢卡奇的拥护者们根本不想去反驳这些论据,就已表明这一点。例如,阿尔弗雷德·施米特干脆声明,这些论据不能使他信服。① 另外的人则企图借助反共辞藻的"烟幕"来回避直接论战,他们从资产阶级意识形态中接过"斯大林主义"这个名词,宣布自己对手们的立场是"斯大林主义的教条主义"。总之,问题不在于从哲学上和历史上证明卢卡奇及其理论的现代捍卫者如何不对,而在于这场争论的参加者们的阶级立场是对立的。在这方面,1.海泽勒尔的意见说得很中肯:"当把辩证法只是局限于历史和社会领域的时候,包含在这种观点中的对历史和社会中作为范畴的规律性和现实的不信任是令人吃惊的。在进行这种限制时,就从自然界规律和历史规律之间的现实重大差别中筑起某种不可克服的障碍,以便归根到底有可能保存规律性概念对历史和社会只是在隐喻意义上的适用性。"②

除了对自然界和社会的规律性感到恐惧以外,卢卡奇及其拥护者所采取的立场还对有规律地发生的越来越大量的知识分子无产阶级化的过程,对科学越来越直接地服从于追求利润和权力、使知识分子在他们的领域中失去传统自由的垄断资本的利益感到恐惧。但是同时,对规律性

---

① 阿尔弗雷德·施米特写道:"正统方面对作者在第一章第二节中对属于晚期恩格斯的'自然辩证法'札记片断所作的批评提出的反对意见,仍然不能使作者信服。"A·施米特:《马克思学说中的自然概念》,1971年法兰克福—维也纳版第208—209页)。关于他所说的"正统方面",他直截了当提到论文集《从马克思主义观点看法兰克福学派》。因此,施米特是知邀我们对他坚持的论点的批评的,然而他用上述那类说法回避对这种批评进行多少认真回答的义务。

② 《从马克思主义观点看法兰克福学派》第142页。

的恐惧也反映了对以世界规模有规律地进行的从资本主义向社会主义的过渡的恐惧。

另一方面,这种立场的拥护者们所特有的对辩证法的"分割",反映了他们顽强地不愿接受真正的理论,不愿接受建立在世界物质性之上的世界的统一(在概念中和现实中)。

把自然界和社会之间、自然科学和社会科学之间的差别绝对化,使得作为整体的世界在原则上的可认识性成为问题(虽然是以伪装的形式)、除了这种可认识性以外,这种绝对化"归根到底还使任何稍微超出单纯实用的、日常的政治任务的改变世界的企图成为问题。在反对世界在原则上可认识的人看来,人通过运用社会和自然规律统治社会和自然的情况像是一种纯粹的乌托邦"。① 海泽勒尔在他的一篇上面提到的批判文章中,援引霍克海默三十年代初的一部著作,同意他的这一看法,即"关于党对统治制度和对科学性的态度不可分割的论点,可能也支持了那些力求把'精神科学'或'文化科学'与对自然界的研究、归根到底与一切科学对立起来的哲学流派"。② 这正好关系到冲刷掉马克思主义的唯物主义性质,使自然界清除掉辩证法,使辩证法清除掉自然界。这关系到一种恐惧的意识形态,"还没有加入工人运动的知识分子,害怕在他们之外展开的社会过程,既害怕失去施展手段的机会,又害怕不得不采取某种具体的党的立场"。③ 在马克思主义作者对《历史和阶级意识》的批评中,党的问题至少在外表上没有起什么作用。这可

---

① H.勒吉乌斯(M.霍克海默的笔名):《黎明》,1934年版第91页(书上未注明出版地点)。

② 《从马克思主义观点看法兰克福学派》第14页。

③ 《从马克思主义观点看法兰克福学派》第143—144页。

能使人以为，在这个问题上，卢卡奇的立场没有引起反对意见。的确，在他关于党的问题的文章中和他与罗莎·卢森堡的论战中，卢卡奇力求使自己的观点与列宁的观点接近。然而我们应该检查一下，这种接近是否真的发生了：因为很难想象，从卢卡奇的唯心主义观点出发能够正确论证历史主体问题。卢卡奇在这个问题上是从这样一个错误论断出发的，即既然《资本论》的第五十章没有完成，马克思和恩格斯就没有完成阶级和阶级斗争理论。① 他毫不掩饰，他为自己提出了为马克思主义填补这一"空白"的任务。他当然是在他的上述理论立场上来进行这一工作的。他把无产阶级解释成为主体和客体同一的化身。他反对把主体和客体对立起来，认为那是教条主义，而用活动原则来论证两者的同一② （这个观点成了今天时髦的修正主义"实践哲学"的来源之一）。存在的本质在于社会过程，存在是人的活动的产物。"我"产生出"非我"。这是最确定无疑的费希特式的主观唯心主义。无产阶级"是历史的同一的主体—客体"。③ 按照这个概念的费希特性质，这种同一性的承担者的意识，即无产阶级的意识，在"自我意识的行动"变革"其客体的对象形式"的意义上，是决定性的范畴。④ 对卢卡奇说来，意识是"实际的出发点"。⑤ 所以，"阶级意识问题归根到底是决定性因素"⑥，"对无产阶级说来，正确理解社会本质也许是地道的决定武

---

① 参看卢卡奇：《历史和阶级意识》第218页。
② 卢卡奇：《历史和阶级意识》第190、206、301、304页。
③ 卢卡奇：《历史和阶级意识》第385、394页。
④ 卢卡奇：《历史和阶级意识》第363页。
⑤ 卢卡奇：《历史和阶级意识》第218—219页。
⑥ 卢卡奇：《历史和阶级意识》第226页。

器"①。无产阶级阶级斗争的本质可能"正是由这一点决定的,即这里的主导因素是未转化为行动的认识"②。所以,"意识的这种改革也就是革命过程本身"③:客观地说,这已是承认教育是唯一斗争手段的社会民主党的改良主义。对卢卡奇说来,革命过程"等于无产阶级阶级意识的发展过程"④,无产阶级阶级意识的发展就是"无产阶级革命的发展"⑤。

当然,没有一个共产党人反对阶级意识的巨大意义。大家都知道马克思说过,思想一经掌握群众,就成为物质力量。然而阶级意识问题应该从辩证唯物主义立场来考察,因为要使思想能够成为物质力量,一方面需要物质的和社会的"土壤",另一方面需要为这土壤"播种的人",即作为主观因素的党。首先,无论是无产阶级的革命作用,还是归根到底它的力量来源,都首先不是与它的意识、而是与它的物质作用和意义有联系。在关于党的问题上,卢卡奇也是像唯心主义者那样进行论证。黑格尔当时就认为,一旦概念王国革命化了,现实立刻就会跟上去。可是马克思认为,阶级斗争的物质作用比教育领域中的改革更重要,它是群众意识真正革命化的条件。

卢卡奇根据他对党的问题的理解,认为党是无产阶级阶级意识的形式和无产阶级革命意志的组织表现,无产阶级基于经济地位,必然要被驱使按照无产阶级的方式行动。⑥ 在卢卡奇看来,"在这个既不能由党

---

① 卢卡奇:《历史和阶级意识》第243页。
② 卢卡奇:《历史和阶级意识》第400页。
③ 卢卡奇:《历史和阶级意识》第435页。
④ 卢卡奇:《历史和阶级意识》第503页。
⑤ 卢卡奇:《历史和阶级意识》第506页。
⑥ 〔匈〕卢卡奇:《历史和阶级意识》,伦敦梅林1971年版,第244页。

引起也不能被党阻止的过程中",① 就包含着工人阶级历史使命的道义力量和良心。②

卢卡奇一向反对"物化"、反对客观机制,在这里却突然成为客观机制的坚决捍卫者,驱动力的坚决捍卫者,这种驱动力不顾无产阶级的意志及其意志表现者党的愿望而为自己开辟道路。但是,如果党为之行动的力量只是"被驱使的",那么党能表现什么意志呢?这里哪里有主观性的地位呢?难道党是意志表现者,而不是先锋队,而且还是那种没有任何意志的东西的意志表现者吗?这就是这种理论的精髓,它正是在应该说明客观性和主观性的辩证法的客观方面的地方支持主观主义,正是在不能把资本主义的历史发展机制偶像化,必须要主观性来实行客观历史规律的地方取消主观性。实质上,透过卢卡奇的极左纲领,显露出老的机会主义自发性概念。

卢卡奇完全是以这种机会主义自发性概念的精神写道:"罗莎·卢森堡早已认识到,组织在更大得多的程度上是革命过程的结果,而不是它的前提。"③ 对辩证法家说来,把组织既理解为革命过程的前提,同时又理解为它的结果,并没有什么困难。尽管如此,还是应该承认,作为**党的官员**站在卢卡奇喜爱的立场上的罗莎·卢森堡在这里同作为**理论家**的罗莎·卢森堡发生了矛盾。然而也当然不是一定要同意作为理论家的罗莎·卢森堡所真正犯的错误,这些错误在十一月革命以后在德国起了致命的作用。如果说在俄国有布尔什维克领导革命,那么在德国革命中则没有共产党。然而,关于只有在革命提上日程时才出现无产阶级革

---

① 〔匈〕卢卡奇:《历史和阶级意识》,伦敦梅林1971年版,第214页。
② 〔匈〕卢卡奇:《历史和阶级意识》,伦敦梅林1971年版,第214—215页。
③ 〔匈〕卢卡奇:《历史和阶级意识》,伦敦梅林1971年版,第214页。

命党问题的这一概念，①在更大得多的程度上属于卢卡奇本人，而不是属于他所援引的罗莎·卢森堡。而在这一概念中恰好表现出尾巴主义政策，不仅列宁，而且马克思和恩格斯都终生与这种政策进行了斗争。我们不能因此不考虑到，正是在资本主义的帝国主义阶段出现了无产阶级革命的"历史迫切性"问题，从而建立新型政党的问题——这种政党必须能够在革命改造过程中领导工人阶级及其同盟者。因此，不仅"俄国的特殊性"，而且这个时代资本主义世界所固有的普遍特征，都要求以新的精神解决党的问题。在这里，卢卡奇也没有站在列宁的立场上！

然而，卢卡奇这本书的机会主义不仅是表现在这个中心问题上，而且也表现在这个党本身的内部建设问题上。我们完全应该承认，发表《历史和阶级意识》的时期，卢卡奇的许多论点应该理解为是对社会民主党机会主义路线的反动。在那些年代里，不仅卢卡奇，而且还有其他一些著名的知识分子投身于马克思主义的工人运动，想要以此对机会主义的叛卖政策表示抗议。这个过程在他们那里是伴随着对苏维埃（委员会）的某种理想化的。这是由于他们缺乏政治经验，从而把委员会和群众的主动性"神圣化"了。在某种意义上，对倾向左派的资产阶级人道主义知识分子说来，这种"神圣化"几乎是不可避免的反应方式。正是因为如此卢卡奇根据关于完整、全面、和谐的人的经典资产阶级理想观念，②用大量篇幅论述他所思考的党应该是向无阶级社会迈出的一大步。他正是从这种理想出发论证党的纪律、党内个人和集体的关系问题。可是在这之前，卢卡奇还描绘了人们由于商品生产及其物化的影响而在精神和文化上完全堕落的图景！试问在这种社会里哪里有卢卡奇描

---

① 〔匈〕卢卡奇：《历史和阶级意识》，伦敦梅林1971年版，第473页。
② 〔匈〕卢卡奇：《历史和阶级意识》，伦敦梅林1971年版，第491页以后。

写的那种标准理想的（按麦克斯·维贝尔的意义）无产者呢？资本主义并没有培养出他们。相信共产党在资本主义生活条件下能够培养出这种理想的人，实质上只是关于资本主义社会中有"孤岛"和"绿洲"的乌托邦无政府主义观念具体运用在这个社会的无产者身上。

当然，这些空中楼阁也是建立在这样一种观念之上的，即工人委员会是克服资本主义异化的表现①，同时也是工人对他们党的领袖的官僚主义进行胜利斗争的象征②。这种论证方式首先是资产阶级形式主义的：难道不曾有孟什维克领导的委员会吗？可能有某种社会制度"自然而然"是无产阶级的，而另一种社会制度"自然而然"是资产阶级的吗？制度和形式可能"自然而然"是革命的或机会主义的吗？应该认为什么是有决定意义的——是形式还是内容呢？正是阶级力量利用这种或那种形式，这里有决定意义的是它们的政策的内容。卢卡奇对现实社会主义的形式主义的、未经周密思考的批评也是受了阶级因素的影响。

在我们上面分析的他的论证中也利用了资产阶级的"官僚主义"滥调：维护群众的自发性，反对领袖的官僚主义。卢卡奇在口头上并没有忽略，任何从资本主义向社会主义的历史转变过程都要求有自觉的因素与自发转向社会主义的群众相互作用，共产主义运动的领袖们不仅仅有机会主义的活动，还有革命的活动。但是，在他的"反官僚主义"概念中就包含有对任何领导的否定评价，这个概念实际上是资产阶级知识分子的个人主义和无政府主义的表现。在这个概念中起作用的是旧的无政府工团主义把生机勃勃的群众与官僚主义的领导对立起来的做法。这是生命哲学的政治表现方式。

---

① 〔匈〕卢卡奇：《历史和阶级意识》，伦敦梅林1971年版，第511页以后。
② 〔匈〕卢卡奇：《历史和阶级意识》，伦敦梅林1971年版，第514页。

在提出这一切批评意见的时候，必须估计到，卢卡奇对党的观点还受到"法兰克福学派"的左翼成员 O. 涅格特、H. J. 克拉尔等人从右边来的批评。他们指责卢卡奇用他的费希特式的、主观唯心主义的、资产阶级的论据促进了列宁式的党的建立。他们批评他没有准备从自己的无政府工团主义立场得出关于组织模式的结论，并且在十月革命胜利的影响下倾向于这样的"迷误"，仿佛这次革命不仅仅是俄国的特殊现象，而且能够成为中欧和西欧革命的榜样。① 如果读卢卡奇的《历史和阶级意识》并且赞同它的批评者所写的东西，如果分析卢卡奇及其支持者对马克思主义中的党的问题的态度，就可能产生一种印象，仿佛关于这个题目几乎没有什么具体历史资料使我们能够判断，马克思、恩格斯和列宁是怎么对待它的，他们是怎样制定党的问题中的主观性和客观性的辩证法的。② 鲁达什就批评过卢卡奇的抽象"哲学行话"；现在阿·施米特、克拉尔、切路蒂、克劳森用同样的行话议论党的问题。生动的、具体的马克思主义在抽象理论的稀薄的、缺氧的空气中憋得奄奄一息。

事实上，共产党的概念、工人阶级政党的概念在马克思和恩格斯那里经历了不同的阶段。在1847到1850、1851年革命失败的时期中，党的概念是一种不大的国际干部组织。后来，他们把党基本上看作是没有

---

① 参看 F. 切路蒂等人：《〈历史和阶级意识〉在今天》，第10—13页。

② 在这方面，莱茵河畔法兰克福的"马克思主义论丛"出版社1974年出版《马克思、恩格斯、列宁论工人阶级政党》文集，是非常及时的。研究这本文集中的材料，可以防止小资产阶级"左倾"知识分子所特别喜好的那种想入非非、凭空编造的做法。为了看到在对待建立工人阶级政党当中意识形成问题的态度方面的根本差别，只要把马克思1880年草拟的《工人调查表》拿来比较一下就够了。(参看《马克思恩格斯全集》第19卷第250—258页)

固定组织的宣传运动。在十九世纪六十年代初，这些概念发生了变化，因为马克思和恩格斯开始把党理解为包括许多工人组织（党）在内的广泛国际联盟；在作为国际工人协会的第一国际中实现了这种联盟。同时，由于爱森纳赫派建立了党，马克思和恩格斯发展了民族范围内的群众性政党的概念。在1880年，第一国际已经解散，德国社会民主党的活动遭到禁止，这时马克思和恩格斯按照英国的条件进一步发展了党的概念，认为党可能是民族范围的宪章派类型的无产阶级群众组织。同时，毫无疑问，在认真研究马克思和恩格斯对党的问题的态度时，必须摆脱这样一种公式化概念，仿佛在他们的著作中包含有一种一下子就彻底完成了的、与阶级斗争具体条件脱离的马克思主义政党理论。然而，关于这种理论的某些出发点，马克思和恩格斯从十九世纪四十年代末起就没有动摇过。恩格斯1889年在给格尔桑·特利尔的信中写道："要使无产阶级在决定关头强大到足以取得胜利，无产阶级必须（马克思和我从1847年以来就坚持这种立场）组成一个不同于其他所有政党并与它们对立的特殊政党，一个自觉的阶级政党。"①

关于社会发展的客观方面和主观方面如何体现在工人阶级政党的水平上的问题，马克思和恩格斯基本上是按内容解决的。这种解决的根本原理，我们可以在马克思和恩格斯的许多著作中看到，它们可以综合如下：根据客观社会原因，工人阶级是资本主义的掘墓人和新的社会主义社会制度的创造者。工人阶级的力量在于它的人数众多和在物质生产领域占据关键位置，但是这种力量只有在有共同科学信念和组织起来的时候才能成为有效的力量。按照内容，党的问题的这种主观方面是客观上

---

① 《马克思恩格斯全集》第37卷第321页。

决定了的，因为工人阶级的生活条件受到与民族、种族及其他障碍无关的资本主义关系的影响。所以，工人阶级按其本质是国际性的，它的理论也应该是国际性的。工人阶级在历史发展过程中，按照它应该为之奋斗的具体的、客观形成的利益，发展一定的组织。其中最重要的是政党，因为它在自己的活动中超出部分的、属于特定时期的利益范围，超出在现存资本主义制度下也能够被满足的利益范围。同时，它应该遵循反映工人阶级根本利益的理论，通过反对资产阶级的阶级斗争实现这些利益——这种斗争应该在一切社会生活领域中进行，其目的是推翻资产阶级的统治。在这里我们也能够看到客观的东西和主观的东西的内部的辩证统一：这种党与工人阶级其他一切部分不同的地方在于，它那里集合了这个阶级的这样一些成员，他们正像马克思和恩格斯在《共产党宣言》中写的那样，"……在各国无产者的斗争中……强调和坚持整个无产阶级的不分民族的共同利益……在无产阶级和资产阶级的斗争所经历的各个发展阶段上……始终代表整个运动的利益。因此，在实践方面，共产党人是各国工人政党中最坚决的、始终推动运动前进的部分；在理论方面，他们比其余的无产阶级群众优越的地方在于他们了解无产阶级运动的条件、进程和一般结果"。[①]

因此，共产党不能等同于工人阶级，而只是工人阶级的一部分，而且这一部分的特点（这也符合党的问题的主观方面）在于，共产党人最明确地捍卫整个阶级的利益，而且由于了解一般社会过程的规律，是工人阶级的最先进的代表。但是这一切又是和客观因素联系在一起的：党不和阶级对立，而是它的一部分。共产党斗争的成败，取决于它能否

[①] 《马克思恩格斯选集》第 1 卷第 264 页。

找到对阶级的其他部分和组织的正确立场。它应该争取越来越充分地了解历史发展进程,使自己能够越来越确切地预见未来,以此来设法领导、说明和教育阶级的其他部分和组织。这种了解和预见是实现领导的决定性前提。为了获得这种前提,党应该经常以最大的责任感教育自己的成员实行一种在原则上不可动摇、在策略上又极其灵活的政策。工人运动各种不同队伍的活动的方法和形式越多样化,工人运动的规模越广泛,通过无产阶级的站在社会主义立场上的思想统一的党来保证原则的坚定性和目的的明确性就变得更加重要。

列宁直接从马克思和恩格斯关于党的性质的这些指示出发。而且,他根据对资本主义的帝国主义阶段的分析(即根据对问题的客观方面的分析),弄清楚了帝国主义是无产阶级革命的前夕。罗莎·卢森堡和卢卡奇认为,无产阶级的革命党只有在革命时机成熟时才应该建立,对列宁说来情况则不是这样,因为列宁很清楚,帝国主义本身是无产阶级革命的时代。因此列宁写道:"在任何'平常的、和平的'环境中,在任何'革命精神衰落'的时期,从事建立战斗的组织和进行政治鼓动都是必要的。不仅如此,正是在这样的环境中和这样的时期,上述的工作尤其需要,因为到了爆发和发动时期再建立组织就太晚了;组织必须准备好,以便在需要时能够立刻展开自己的活动。"①

只要把我们在列宁早期著作中就已看到的这种立场与罗莎·卢森堡和卢卡奇的立场加以比较,就可以看出这两种对党的问题的解决之间的重大差别。实际结果随着革命的爆发而表现出来,这种实际结果最有力地驳斥了卢卡奇追随罗莎·卢森堡所捍卫的概念。自然,列宁

---

① 《列宁全集》第5卷第2页。

对党的理解并不是一下子形成、以后再没有发展的东西。许多批评列宁的党的理论的人只从这种理论的发展中挑出某一个阶段,特别是相当于列宁在沙皇俄国进行严酷地下工作时期的那个阶段,然后把它同无产阶级阶级斗争的其他发展阶段进行对比,从这种对比中得出关于列宁式的党的消极结论。① 这是今天共产主义运动的所谓左翼批评者所特别喜爱的手法。

这一切决不是偶然的。工人阶级的党是马克思主义理论和革命社会主义实践的统一的生动体现。因此,在"组织问题"方面的攻击是意识形态阶级斗争的一部分,归根到底是为了破坏理论和实践的这种统一,阻碍革命理论转化为具体实践。由此可见,"左派"队伍中关于党的问题的讨论是阶级斗争的一部分,是无产阶级意识形态反对各种表现形式的资产阶级意识形态、反对它企图解除工人阶级武装的倾向的斗争。

马克思、恩格斯和列宁认为,组织在我们所做的一切中,因此也在阶级斗争中,起着最重要的作用。这特别适用于工人阶级,按照马克思的看法,只有当工人阶级根据共同目的有组织地行动时,它的人数众多才有份量。而列宁在《进一步,退两步》中说:"无产阶级在争取政权的斗争中,除了组织而外,没有别的武器"。② 如果不是有组织地行动,就是说,如果不是协调一致和有计划地行动,那就不可能实现任何目的。由此可见,组织、组织性是在斗争中争取胜利的必要因素。

---

① 例如,这些作者把列宁关于如何在沙皇俄国严酷地下工作条件下组织党的概念,看作是干部党和群众党的概念的对立面,并且同时看作是列宁的党的理论的核心——尽管列宁本人对这种歪曲提出过抗议!

② 《列宁选集》第1卷第510页。

然而，组织本身还不是工人阶级进行胜利斗争的充分条件。因为提出的目的往往是各种各样的：既有现实的，也有空想的或反动的。归根到底，无产阶级实现它的有物质基础的使命、进行胜利斗争的决定性条件，是掌握马克思列宁主义世界观。这是因为马克思、恩格斯和列宁的理论正确地反映了根本的社会过程，从而使得有可能大体上预见这些过程的进一步发展。只有通过把马克思主义理论和组织性结合起来，才有可能产生作为无产阶级抵抗资本主义制度的中心的无产阶级政党。只有工人阶级的战斗的马克思主义政党才是从无产阶级立场对"组织问题"的解决。

工人阶级的最优秀、最坚决、最富战斗性和最觉悟的部分，根据马克思、恩格斯和列宁的思想结合成为工人阶级的党。这个党的真正力量决定于它的成员的马克思主义觉悟水平。所以，要加强党，必须不断设法提高党的全体成员和领导机关的思想政治水平。党的成员对基本社会过程和工人阶级的历史任务认识得愈深刻，党对整个无产阶级一般根本利益的共同性的了解，对争取日常利益的斗争与反对垄断资本、争取社会主义目的的斗争之间的联系的了解愈明确，党的成员、支部和领导的国际主义方向愈清楚、并且在实际支援中表现得愈坚决；争取阶级统一和有阶级觉悟的组织性的斗争进行得愈有力，党反对"左"右倾机会主义和修正主义的斗争进行得愈坚决，那么党就会愈强大。这并不意味着，党可以仅仅限于机械地掌握马克思、恩格斯和列宁的思想遗产。党的力量取决于它在何种程度上能够把这种遗产运用于当代的具体问题，在这种运用的过程中对它进行创造性的发展。机械地重复背得烂熟的、从而成为僵死公式的原理，使人不能够解决新成熟的问题，这样就使得修正主义能够在工人运动队伍中造成混乱。真正掌握马克思主义意味着听从恩格斯的教导：马克思主义应该是行动的指南，而不是教条。

因此，党的问题关系到实现完全一定的组织原则。马克思在反对蒲鲁东和巴枯宁的无政府主义时特别明确地指出了，列宁后来也同意了，两个根本的组织原则是民主制和集中制。必须力求做到这两种因素的内在结合。工人阶级政党的特点在于，它是志同道合者基于同样的阶级地位和共同的马克思列宁主义世界观的集合体。由这里产生出党内意志的统一，这是行动统一和协调一致的基础。这种统一和协调一致的积极性之所以必要，也因为资本主义是高度有组织的和集中的。试图像某些"左派"劝告的那样用分散作战、自发行动的小组去反对这种力量，将是一种唐吉诃德式的做法。而且，独立于工人阶级某一部分的集团利益之外、独立于工人阶级这类集团的局部特点等等之外、与资本主义阶级的利益相对立的一般的（当前的和将来的）阶级利益，只有在人们从工人群众，从全国范围的阶级、从它在全国范围与资产阶级及其权力的对抗出发时才能弄清楚。这一点就已清楚地表明了集中制因素在马克思主义政党的组织原则中的巨大意义。

党的战斗力和战斗准备建筑在民主制和集中制原则辩证统一的基础上。这两个组织原则在其具体运用中是国家、阶级、党、纪律统一原则的直接体现，而这意味着党的决定对于这个党的每个成员，不管他的职位高低，都具有约束力，上级党机关必须在纪律方面做出表率。

其次，工人阶级的马克思主义政党的组织原则中还包括一切领导机关由选举产生；它们定期向有关党组织报告工作；决定由集体做出；少数必须服从多数，下级必须服从上级，全党的最高机关是党代表大会，代表大会的一切参加者均以民主方式选出。

　　战斗的马克思主义政党的组织原则还包括党内不容许宗派存在。宗派是一种闭塞的小集团，它有自己的政纲，借以同党代表大会以及其他按党章成立的党机关所确定的政策划清界限。宗派用自己的宗派纪律来替换对党的选举产生的机关的纪律。容许宗派存在必然要导致党的统一的破坏，使党陷于分崩离析。各种不同的、有对立阶级立场的宗派以及意识形态和政治的"多元化"，只能意味着在工人阶级政党的队伍中必然侵入了资产阶级的意识形态和政治（顺便说，在资本主义制度的任何一个政党里都不存在有不同阶级立场的宗派：它们在自己的队伍中只容许资产阶级思想的"多元化"）。

　　所以，争取党的统一、反对宗派主义的斗争，是争取在无产阶级的意识形态和政治基础上的统一、反对资产阶级的意识形态和政治侵入工人阶级政党的斗争。这是争取保证这个党的存在本身和力量的斗争，列宁在俄共（布）第十次代表大会上几次针对托洛茨基企图分裂和取消党的做法的发言中指出了这一点。

　　因此，无论如何不能把马克思主义的党的理论归结为卢卡奇那种（何况还是非马克思主义的）阶级意识的理论。相反，马克思主义的党的概念是建立在资本主义的根本的经济和社会过程之上的，这种经济和社会过程一方面决不会导致资本主义的自动崩溃，另一方面又产生出工人阶级这种为资本主义掘墓的物质力量，并且使之日益壮大起来，这样一来，这种过程在客观上就为马克思列宁主义理论的发展准备了土壤，这种理论与工人阶级的最觉悟部分结合起来，就产生出一种将置资本主义于死地的驱动力。马克思主义与工人阶级核心部分的这种结合，采取了在工人阶级完成其历史任务的过程中诞生的、受过阶级斗争锤炼的有其固有准则的组织形式。这种组织就是工人阶级的党,一切觉悟的无产者都应该为巩固、发展和扩大它而奋斗,反对小资产阶级知识分子对党的理论的一切重要问题所进行的歪曲和捏造。

(原载《帝国主义德国的资产阶级哲学和修正主义》
1980年柏林科学院出版社版)

(杜章智 译)

苏联哲学家代表团在纪念捷尔吉·卢卡奇诞辰一百周年的国际会议上[*]

〔苏〕M. A. 赫维什

1985年4月，一位著名匈牙利马克思主义哲学家诞辰满一百周年。全世界许多国家的哲学界都举行了纪念活动。1985年4月在布达佩斯举行了最富代表性的国际会议"捷尔吉·卢卡奇在二十世纪马克思主义哲学发展中的地位和作用"。它是由匈牙利科学院、教育部与匈牙利社会主义工人党中央直属的党史研究所和社会科学研究所共同组织的。参加会议的有来自社会主义国家以及联邦德国、意大利和美国的学者。会议参加者对卢卡奇的理论遗产进行了仔细的分析，对无论是将这一遗产理想化还是贬低卢卡奇对哲学发展的贡献的企图，都进行了批评。

匈牙利社会主义工人党中央直属党史研究所所长胡萨尔·伊斯特万致开幕词，对卢卡奇的创作给予了高度的评价。他强调指出，卢卡奇在1918年完全自觉地转到了无产阶级的立场上，并且直到生命终结一直忠于自己所选择的道路。

纪念活动筹委会主任、匈牙利社会主义工人党中央政治局委员阿策尔·捷尔吉给会议参加者写了贺信。信中说卢卡奇是杰出的共产党人思

---

[*] 本文选自《马列主义研究资料》1986年第1—2辑。作者是苏联哲学博士，在苏联科学院哲学研究所西欧北美哲学史室工作。——译者注

想家，为了发展马克思主义必须对他的遗产进行批判研究。卢卡奇曾不止一次犯过错误，但是他能够认识自己的错误。最富有成果的是他创作的最后时期，他那时写出了像《审美特征》和《关于社会存在的本体论》这样的大部头著作，信中强调指出，这个时期卢卡奇是在党的队伍中度过的，他和党一起为争取社会主义而进行了斗争。

匈牙利的会议参加者在他们的报告和发言中从各个方面对卢卡奇的创作进行了分析。例如，匈牙利科学院通讯院士推凯伊·费伦茨论述了对卢卡奇政治哲学中的社会主义和民主的理解，匈牙利科学院哲学研究所所长卢卡奇·尤若夫院士分析了卢卡奇对文化的社会职能的解释，凯佩奇·贝拉院士分析了卢卡奇对文化及其在匈牙利解放后的作用的理解，在安契尔·安德莱、阿尔马什·米克洛什等人的报告中，研究了专门的哲学问题，例如，卢卡奇对马克思主义的本体论、对艺术的伦理方面等等的理解。

民主德国中央哲学研究所所长 M. 布尔院士作了《卢卡奇和当代资产阶级哲学》的报告，T. 雅罗舍夫斯基院士（波兰）论述了卢卡奇哲学中对人及其解放问题的理解，Г. 霍尔茨（联邦德国）论述了卢卡奇对本体论的理解和他对非理性主义的批评。

苏联代表团由 Т. И. 奥伊泽尔曼率领。代表团最积极地参加了会议的工作，出席了布达佩斯的卢卡奇纪念碑的揭幕式，参观了介绍他的创作的展览会。

奥伊泽尔曼作了题为《作为黑格尔哲学研究者的捷尔吉·卢卡奇》的报告。这个报告不仅详细阐述了卢卡奇的观点，而且谈到了他在解释黑格尔哲学中的观点演变情况。在《历史和阶级意识》（1923）中，这位匈牙利哲学家在许多方面还站在黑格尔的立场上，追随黑格尔把"对象化"和"异化"等同起来。只是在后来，当卢卡奇来到苏联，成为马恩列研究院的研究人员，有可能读到马克思的《1844年经济学哲学手稿》的时候，他才放弃了他这本著作的许多观点。报告人叙述了，1934年卢卡奇在苏联科学院哲学研究所为纪念列宁《唯物主义和经验批判主义》出版二十五周年而举行的学术会议，上发言时，如何把他二十年代的观点看作"下半截的唯心主义"。

早在《历史和阶级意识》中，卢卡奇就给自己提出了说明马克思的观点和第二国际的理论家们的观点是如何不同的任务。奥伊泽尔曼强调指出，马克思和恩格斯通过对黑格尔哲学进行革命批判的唯物主义改造，实现了向辩证唯物主义的世界观的过渡。然而，第二国际的活动家们过低估计，有时甚至否定黑格尔辩证法在马克思主义形成的历史过程中的意义。这些理论家们把对黑格尔辩证法进行唯物主义改造的任务实质上说成是一种空想。列宁说辩证法是马克思主义的灵魂，是革命的代数学，就是反对对马克思和恩格斯的观点作这样简单化、庸俗化的解释。

所以，卢卡奇的揭示黑格尔辩证法和资产阶级革命性的历史联系的著作《青年黑格尔和资本主义社会问题》（1948），成了在研究资产阶级起源方面的创新工作。奥伊泽尔曼指出，为了理解这本书的创新本质，还应该考虑到，卢卡奇是在这部著作中针对资产阶级对马克思《1844年手稿》的歪曲提出有根据的马克思主义评价的第一个马克思主义者。像异化和马克思对黑格尔《精神现象学》的批判分析这种极其重要的问题，是卢卡奇进行特别仔细分析的对象。

按照报告人的看法，异化问题由于卢卡奇这部专著而成了系统的马列主义分析的对象。在这部专著中，卢卡奇从列宁的《哲学笔记》出发，把列宁关于辩证唯心主义比旧的形而上学唯物主义更接近辩证唯物主义的教导加以具体的运用。他注意到黑格尔的哲学观点和经济学观点之间的联系，认为黑格尔辩证法的最重要源泉是对资产阶级革命时代的理论思考。

奥伊泽尔曼强调指出，德国的哲学革命按其意识形态内容与法国在1789年之前半个世纪中发生的哲学革命类似。然而，黑格尔哲学已经对革命后资本主义发展的经验进行了思考。黑格尔既不把资本主义的现在，也不把它可以预见的将来同臭名昭著的理性王国等同起来，但是他坚信不疑，社会按照理性原则的改造是可能的和必要的。卢卡奇表明了，黑格尔辩证法就深深扎根于这种由历史经验得到的智慧，它的制定在很大程度上是同对资本主义经济发展的思考联系在一起的。黑格尔与浪漫主义者不同，注意到资本主义的进步性，而资本主义所产生的、使任何有人文主义思想的人感到骇人听闻的社会生活的激变，被他解释成为社会发展中的历史上暂时的矛盾。报告人特别强调指出，黑格尔对现实的容忍包含着对这一现实的辩证理解，黑格尔的哲学是资产阶级革命的意识形态，而它的保守的、有时是反动的特征反映了任何资产阶级意识形态的原则上的局限性，特别是德国的落后性。

报告人非常注意《青年黑格尔》中对异化问题的解释，他指出，黑格尔的异化概念并不归结为对客观现实作思辨和唯心主义的构筑，黑格尔试图借助这个范畴解释阶级社会关系。卢卡奇早在三十年代就第一次揭示了《精神现象学》中叫作"统治和奴役"的一节的深刻社会意义。他正是用这个例子表明了黑格尔的统治和奴役概念的明显反封建的、资产阶级革命的性质。奥伊泽尔曼说，卢卡奇得以揭示出在黑格尔对资本主义社会的理解中所蕴藏着的悲剧性矛盾。黑格尔已经批判地对待资产阶级社会，并且同时把它解释成为社会发展的较高级阶段。正是因为黑格尔由于停留在承认资产阶级社会的基础上，不能理解另一种社会制度的原则必然性，他只能在意识中谈论克服异化。

奥伊泽尔曼的报告引起了热烈的意见交换，尤其是因为《青年黑格尔》这部著作很少成为在分析卢卡奇的哲学创作时讨论的对象。

在最后一次全体会议上听取了 H. C. 纳尔斯基的报告《评卢卡奇的〈社会存在本体论〉》。这里说的是卢卡奇的最后一部未完成著作，这是一部总篇幅达到一百印张的综合性、总结性著作。会上还有主要是匈牙利学者作的几个报告和发言论述了这部著作。这并非偶然，因为这部著作用匈牙利文全文发表了，而用德文直到最近只发表了一些个别的部分，专为卢卡奇纪念日准备的完整的德文版只在1985年4月才问世。

按照报告人的看法，《本体论》的主要思想之一在于，在黑格尔的哲学体系中有两种原则上不同的本体论概念并存。第一种概念是黑格尔的客观唯心主义观点的结果。第二种概念与黑格尔对人的劳动活动的社会历史实践的理解有直接联系。卢卡奇强调指出，正是这第二种概念后来被马克思作为"合理内核"分离出来，发展成为历史唯物主义的学说。

卢卡奇把实践看作物质生产活动、而不纯粹是精神活动，他把关于这种实践对于确定社会存在的性质的作用的思想的发展与《本体论》的第二个主导思想联系起来，这第二个主导思想就是：在实践本身中，巨大的作用属于这种劳动的有意识的、设定目的的性质。按照 И. С. 纳尔斯基的看法，在一定程度上《本体论》真正解决了其中所提出的任务。与在《历史和阶级意识》中所发挥的观点不同，卢卡奇已经不是把自然界存在的本体论问题从属于社会的历史，而是把它看作后者的必要前提。卢卡奇直截了当地说，社会存在的本体论只能建立在自然界本体论的基础上，对自然辩证法的真正理解构成唯物史观的必要前提。同时，卢卡奇给自己提出了这样的任务，即证明马克思主义的历史观与宿命论的和唯意志论的历史观毫无共同之处。

按照《本体论》的概念，社会存在具有选择性，就是说，社会存在客观上包含有各种不同的发展可能性。在卢卡奇那里，对"选择自由"和对所作选择的"个人责任"这些范畴赋予特别的意义。按纳尔斯基的看法，卢卡奇在强调劳动的有意识的、设定目的的性质时，并不是说设定目的本身是被决定了的。他是如此坚决强调意识在劳动过程中的作用，以致抹去了个人意识和社会意识之间的差别。由于对实践的形成过程研究不够，在卢卡奇有时发生对有意识的目的设定过分夸大的现象，这不由自主地把劳动（生产）活动的客观物质基础排挤到次要地位。报告人断言，不管主观因素在历史中的作用如何增长，如果没有劳动的物质对象方面和基础，劳动的目的设定还是一句空话。卢卡奇考虑到这一点，并且说道，有选择性不能推翻历史必然性，社会存在的客观规律和选择性的个人行动密不可分地联系在一起，同时还具有社会的强制力。

众所周知，《本体论》引起了许多互相矛盾的评价。然而这些评价的基础首先是对马克思主义的态度。按照报告人的看法，《本体论》的优点是毫无疑义的。它对片面的认识论主义进行了打击，展开了人们的劳动活动以及以它为基础的文化的本体论结构，强调了认识反映在劳动过程中的作用以及意识对人们的实践活动的依赖。卢卡奇本人感觉到他这部著作有一定的缺陷。客观历史规律的形成机制有时说得很不清楚，而对这些规律与人们行动的联系的描述，按纳尔斯基的看法，只达到附加说明的水平，而没有达到真正辩证综合的水平。所以，卢卡奇的本体论概念的真正理论的统一还没有找到自己完全适当的术语和理论的表现。这个问题深深扎根于必然和自由的对立。卢卡奇很好地看到了出现的矛盾和继续研究社会存在的本体论问题的必要性。他坚定不移地相信马克思主义的真理性、正义性和具有无比威力，他热切地希望在自己的进一步研究过程中证明这一点。纳尔斯基强调指出,《本体论》作为出发点的思想(历史唯物主义不仅是认识社会现象的理论方法,而且是社会的本体论、世界观),对我们说来毫无疑问具有意义,并且要求得到进一步的发展。

Н.В.皮里本科在分组会上的发言也是分析卢卡奇的著作《社会存在本体论》的。报告人注意到,"本体论"这个术语的使用是有成果和有道理的,而这个概念的内容本身直接取决于某个哲学家、哲学流派的规定。"存在"、"社会存在"这些概念曾不止一次被马克思列宁主义经典作家使用过,这是哲学的基本范畴。按照卢卡奇的观点,本体论的对象是真正存在的东西。为了研究存在的东西的存在,必须在存在的东西内部分解出不同的阶段和联系。卢卡奇认为,本体论应该研究存在的联系,把在心理学、社会学、逻辑学等范围内研究的具体的存在构成物(形式)撇在一边。卢卡奇在马克思和列宁之后认为,范畴不仅是按逻辑和认识论的观点确定的,它们也是存在的范畴。他在自己的《本体论》中力图揭示对本体论的马克思主义理解,这种本体论的基础就是发展。

皮里本科认为,卢卡奇对马克思列宁主义本体论问题的立场在我们今天具有重大的意义,因为现在资产阶级哲学的大多数流派都只研究认识论,把本体论问题撇在一边,有时甚至把它算作虚假问题。甚至在一部分马克思主义哲学家中,我们也遇到对本体论问题估计不足的现象。报告人指出,任务不在于诅咒"本体论"这个术语,而在于在适当的地方使用这个术语。从这个观点出发,卢卡奇这部著作具有重大的意义,应该成为仔细研究的对象。

在这同一次会上听取了А.Г.梅斯里夫钦科的报告《对卢卡奇在马克思主义哲学发展中的作用的解释》。他强调指出,卢卡奇的创作在二十世纪马克思主义哲学中具有重大意义。

按照梅斯里夫钦科的看法,对卢卡奇发生兴趣的原因问题只有在最近几十年来在西方书刊中发生的推行各种各样马克思主义"复兴"的原因的更广泛背景上才能理解。例如,在五十和六十年代,为了对马克思主义哲学史作特殊解释和把青年马克思和老年马克思对立起来,对卢卡奇的《历史和阶级意识》一书的兴趣又恢复了。可是,报告人指出,卢卡奇从来没有搞这样的对立。而且,他反对这种只把马克思的早期创作看作"真正"马克思主义的企图。联邦德国的马克思主义者在研究卢卡奇"复兴"的现象时证明,法兰克福学派的代表们在他们活动的第一个时期认为卢卡奇是自己的敌人,因为对许多知识分子说来,他似乎是通向马克思主义的过路板。后来,他们开始对他的唯物主义立场进行批判,有时企图把他的观点解释成为反对马克思主义的。早期卢卡奇的赞扬者们故意不说或歪曲他对自己错误的多次批判,忽视他后来那些对同样问题作出不同解释的著作。所以,各国马克思主义者号召"破除"围绕着卢卡奇及其《历史和阶级意识》一书所制造的神话。反对用卢卡奇的错误投机的斗争丝毫不应该导致贬低他在马克思主义哲学发展中的作用,忽视他作为文学和美学的理论家,作为对历史唯物主义和辩证唯物主义许多问题进行讨论的倡导者的确定无疑的功绩。

关于如何解释卢卡奇在所谓西方马克思主义中的作用问题值得进行专门的考察。他在《历史和阶级意识》一书中的许多思想被解释成为"西方马克思主义"的来源。可是卢卡奇在《历史和阶级意识》的序言(1967)中批驳了这种企图。梅斯里夫钦科认为,之所以千方百计要把卢卡奇与列宁主义对立起来,把他列入"西方的"、"真正的"马克思主义拥护者的行列,是因为想要把马克思主义变成"多元主义的"，企图把统一的、国际的马克思列宁主义学说分解成各种不同的变种。

梅斯里夫钦科在结束时说道，不断增长的革命过程的途径和形式的多样性、马克思主义理论在个别国家发展的特殊性，这一切证明的不是马克思主义的"多元化"，而是创造性运用马克思列宁主义、一般和特殊、国际性和民族性的辩证法起作用的合乎规律的必然性。

在M.A.赫维什的报告《资产阶级哲学中对卢卡奇的创作的解释》中，提出了关于卢卡奇对当代哲学思想影响的起源问题。大家都承认，卢卡奇对二十世纪哲学的影响是由于提出和力图解决在当代资本主义社会中人的存在的一系列奠基性问题、首先是异化问题而引起的。同时，卢卡奇的概念始终反对对社会现象采取实证主义和科学主义的态度，反对借助许多相互分隔的学科来研究社会和人，这些学科只分析某些局部，对社会和社会现象没有整体观念。

卢卡奇是在二十世纪初资产阶级哲学各种不同流派的直接影响下成长起来的。那个时期在西欧知识分子中广泛流行的浪漫的反资本主义，对他产生了直接的影响。卢卡奇由于了解和感觉到资本主义的危机，特别是这种危机对文化造成的威胁，在本世纪头十年中就已经对资本主义社会下了毫不妥协的判决。他正是从这种立场出发，开始对马克思，对马克思主义发生兴趣。只是在转到无产阶级立场上，成了共产党人，后来又来到苏联之后，卢卡奇才逐渐摆脱他以前的许多观点和概念，转到马克思列宁主义的立场上。

卢卡奇在成了马克思主义者之后，表现为资产阶级哲学的尖锐批评者。作为这种批评者，他不可能合这种哲学的心意，虽然他提出的许多观点依旧继续对这种哲学产生影响，或者促使它提出一系列问题。只有考虑到卢卡奇哲学观点发展中的这些特点，才能够理解，为什么正是卢卡奇为许多马克思主义原理填充了非马克思主义内容的《历史和阶级意识》（1923）这本书，产生了如此巨大的影响，为什么在论黑格尔的书刊中造成了革命的《青年黑格尔》（1948）没有引起这样直接的反响，而完全敌视一切非理性形式的《理性的毁灭》（1954）却引起了资产阶级哲学方面极端否定的反应。从七十年代中期起，由于资产阶级意识改变方向，随着新保守主义成为占统治地位的思潮，西方对卢卡奇及其创作的态度变得越来越否定。卢卡奇越来越多地被解释成为"教条主义"马克思主义者，在不仅否定马克思主义、而且否定哲学中的任何理性主义路线的新保守主义气氛中，卢卡奇的观点不可能引起任何兴趣。

在最近十年中，在关于卢卡奇创作的研究中形成了一种特殊的情况。一方面，我们看到在一些以前对卢卡奇的创作很少知道的国家中对他的遗产继续发生兴趣，出版了他的著作的许多新译本和介绍他的书籍。例如，在拉丁美洲和亚洲的一些国家中就是这样。同时，在那些以前对他广泛感兴趣的国家中，例如在联邦德国、意大利、法国，现在书刊中关于卢卡奇的评价变得越来越否定。

在苏联代表们提出的报告中，阐述了卢卡奇创作和与对卢卡奇的评价以及他对当代哲学的影响有关的大量问题的许多方面。这种多方面的探讨引起了国际会议参加者们的兴趣并使他们感到满意。关于在苏联出版了卢卡奇一系列著作的消息也受到了欢迎。

（原载苏联《哲学科学》1986年第1期）

（莫立知 译）

一本关于马克思主义的新书

——与格·卢卡奇商榷*

〔德〕赫·顿凯尔

马里克出版社刚刚出版的格奥尔格·卢卡奇的《历史和阶级意识》有很大一部分是论述资本主义制度下的"物化过程"的。与这种过程有关的还有一种与商品拜物教性质并行不悖的现象,即资本主义时代存在的分工、专业化和社会限制性使人的意识模糊的现象。比卢卡奇这本书更好的意识模糊的例子,是难以找到的。这位受过学院教育的知识分子和学者在这本书中炫耀他在一般凡人难以理解的拉丁文方面的渊博学识,他迷恋于玩弄概念和问题,使专业知识不够的人感到莫名其妙,只能望洋兴叹。

假如卢卡奇写这本书只是为了给自己看,那就没有必要谈叙述的形式。但是它是打算给读者看的。这部研究马克思主义辩证法的著作(正像它的副标题说的)到底是打算给什么读者看的呢?它不可能给我们共产党员干部的学习带来任何好处,更不要说群众的学习了。哲学修养差

---

* 本文选自《马列主义研究资料》1983年第1辑。这是对卢卡奇的《历史和阶级意识》进行批评的第一篇评论文章,发表在1923年5月27日德共机关刊物《红旗》上,作者赫·顿凯尔是"斯巴达克同盟"和德共的创建者之一,德国著名的马克思主义者。

的读者在外来语和抽象名词的荆棘丛中感到束手无策。显然，作者并不认为需要在叙述方式通俗易懂方面迎合自己的读者。在这一点上，卢卡奇说得完全正确；"如果党员同党的生活和革命不再有**生动的联系**，而**只是一个专门家**，那他必然陷于内心的停滞"（第388页）。

当然，卢卡奇提出的问题值得在同志们当中进行认真的研究。可惜的是，卢卡奇对许多问题的叙述，例如关于政权是经济力量、关于合法党和非法党、关于必须进行社会的和经济的整体分析等等，对无产阶级读者说来写得如此困难，就好像用铁丝网围着，简直无法接近。

由于这个缘故，卢卡奇的书可能引起的讨论很难进行。但是他有一些说法迫切需要予以进一步的讨论。例如，卢卡奇把"**正统马克思主义**"只是理解为研究的**方法**，与马克思的研究**成果**不应该有任何共同之处！因此卢卡奇与伦纳这样的改良主义者完全坐在一条板凳上，他们冒充马克思主义者，但不研究马克思主义学说的积极内容。按我们的看法，马克思主义的方法是指明目标和道路、为政策提供马克思主义解释的，只有运用马克思主义方法的人才能称自己为正统马克思主义者。

马克思主义研究方法的主要组成部分是辩证法。我们理解的广义的辩证法，是整个存在的无穷变化过程的按规律发展的情景以及随之而来的一切概念的流动性。

卢卡奇在这里把概念弄得出人意料的狭隘：辩证观不能应用于自然界，而只能应用于社会历史实在（第17页）。恩格斯正好用自然领域的例子说明了辩证法的本质，卢卡奇与恩格斯论战，提出了认识历史过程中主体和客体之间的相互作用是辩证方法的重要标准。但是革命实践是现代条件下马克思主义辩证法的历史表现。辩证的认识方法作为世界观的组成部分应该可以应用于任何运动的一般过程，应用于我们周围世界的一切生命和一切行动。难道马克思没有把达尔文的学说看作是自己发展理论的自然历史基础吗？

历史唯物主义是辩证方法对社会现象的应用。在这里我们又看到卢卡奇使真正正统的观点变得令人惊奇地狭隘。卢卡奇认为，唯物史观只能充分地应用于资本主义时代。"经济的阶级利益只有在资本主义制度下以纯粹的形式表现为历史的推动力"（第70页）。"按内容看，历史唯物主义的真理……是一定的社会生产制度内部的真理"（第234页）。"历史唯物主义完全不能在同样程度上应用于资本主义以前的各种形态"（第24页）。历史唯物主义是作为任何历史考察的基础提出来的研究原则。不管怎么样，总有一种情况是对的：不是生产关系的作用在一切历史时期中可以明确地被证明，就是它是在现在的阶级意识中形成的。社会存在决定社会意识，这对马克思说来是绝对的规律。"大体说来，亚细亚的、古代的、封建的和现代资产阶级的生产方式可以看作是社会经济形态演进的几个时代"。① 如果卢卡奇能够宣布历史唯物主义是暂时、过渡的范畴、只是资本主义社会的范畴，那么马克思和恩格斯建立的社会学一元论、经济决定论的宏伟大厦就要崩溃。这样就要给历史唯心主义敞开一切大门。

但是卢卡奇企图证明，历史唯物主义已经过时，不能应用于共产主义时代。那时"客观经济规律也要像国家一样消亡"（第316页），"管理和政权"要消亡（第250页）。的确，卢卡奇把"自由王国"想象为在神话里才有的国家，那里管理自然将成为多余的东西。但是这已经超出了傅立叶关于未来的幻想范围。

最后，卢卡奇甚至把历史唯物主义对资本主义的作用领域也加以限制。按照卢卡奇的看法，在过渡时期和危机时期，经济规律"停

---

① 《马克思恩格斯全集》第13卷第9页。

止"起作用,"其实,根本谈不上在全社会中起支配作用的任何经济规律"(第241页)。但是在另一处卢卡奇把危机的结构说成是资本主义社会日常生活的数量和强度的简单增长(第12页),还说到资本主义的隐蔽的、不断的危机(第53页)。现在清楚了,为什么卢卡奇根本不愿意把"经济动机在历史观中占首要地位"看作是马克思主义的基本思想。

不管这在我们看来是多么模糊不清,然而还是应该有正统马克思主义!

(原载赫·顿凯尔:《马克思主义概论》莫斯科1963年版第170—173页)

(莫立知 译)

作为帝国主义时代资产阶级哲学批判者的卢卡奇·捷尔吉*

〔苏〕T.H.奥伊则尔曼

杰出的匈牙利哲学家、文学理论家、美学家、社会活动家、本世纪中叶马克思主义思想的著名代表卢卡奇·捷尔吉在1985年4月过了诞辰100周年。

匈牙利哲学家的这个纪念日，社会主义各国哲学界进行了广泛的庆祝。在匈牙利和民主德国，为研究他的创作举办了大规模的学术会议。苏联科学院哲学研究所举行了专门的学术会议，邀请了匈牙利的著名哲学家参加。西方也对这个日子表现了浓厚的兴趣。

对卢卡奇的周年纪念这样关心，决不是偶然的。在本世纪上半叶马克思主义哲学思想的发展中，他的出现不仅是个很重要的现象，而且是一个极为复杂的、非单义的、自然也是引起（而且还在继续引起）尖锐争论的现象。他的哲学观点的发展也很复杂，充满矛盾。他的早期著作中有许多论点他后来自己进行了批判，然而这些论点对赫·马尔库塞和法兰克福学派其他成员的形成产生了不小的影响，而且在以后的几十年中，马克思主义的资产阶级批评者和小资产阶级"拥护者"们还一

---

* 本文选自《马列主义研究资料》1987年第4辑。作者是苏联著名哲学家，科学院院士。——译者注

再回到这些论点上来。卢卡奇的后期著作也在国际共产主义运动中引起了极为尖锐的讨论和评价。

卢卡奇著作的矛盾性，在一定程度上是由于客观的复杂性，由于他所提出的那些对确立马列主义世界观极为重要的问题没有得到足够的研究。卢卡奇在企图解决这些问题时，表现出了极为渊博的学识、进行多学科综合分析的能力和对马列主义基本原理的绝对忠诚。但是这位匈牙利哲学家没有能够避免错误，没有能够克服对纷繁复杂的科学和思想材料进行分析和评价时的一切困难。

可是，正像按匈牙利社会主义工人党中央政治局的决定发表的《纪念卢卡奇·捷尔吉诞辰10周年提纲》中指出的那样，他"作为共产党人成长为一位不断同自己的失误进行斗争、为着马列主义思想的本质而斗争的科学家、思想家"。这一点最充分地表现在卢卡奇对帝国主义时代资产阶级哲学进行批判的著作中。这些著作不仅是对现代资产阶级哲学一些最有影响的思潮最广泛和深刻的分析，而且是当代马克思主义哲学著述中对帝国主义时代资产阶级哲学的深刻的、最有份量的评述。在这些著作写成之后过了三十多年的今天，它们还不仅保存着自己的现实性，而且迫使哲学史家更深刻地思考自己研究的方法论原则、首先是在哲学史过程研究中的历史主义观点。

例如，马列主义的哲学史研究不能不估计到哲学的现状，不管研究者与它所研究的时代相隔多远。因为哲学的过去并不在时间之流中消逝；它在每个新的历史时代中重新出现。被重新解释、重新思考、被发展并且纳入新的观点体系中。对资本主义形成和确立时代的哲学学说的研究，由对当代反动资产阶级哲学的批判分析而得到新的推动。但是更重要的，是在研究帝国主义时代的资产阶级哲学时回头看看资产阶级哲学发展的历史进步时代。因为唯心主义哲学思维的最新变种，是在一定程度上抛弃了古典哲学的成就，在一定程度上加剧了、加深了在资本主义上升时期的哲学中就已经存在的那些反动倾向。

列宁的著作《唯物主义和经验批判主义》是对帝国主义时代资产阶级哲学进行完整的、估计到历史联系多样性的马克思主义研究的伟大典范。它的特点是把最初发展阶段的现代主义唯心主义哲学——马赫主义、经验批判主义等——与古典的、但决非进步的哲学学说加以比较。列宁强调指出，资产阶级哲学的古典作家并不企图回避哲学上的分野、在折衷主义的庇护下躲过进行哲学选择的必要性。他们毫不妥协地把主要的——唯物主义和唯心主义的——哲学派别相互对立起来。

帝国主义时代的资产阶级哲学家完全是另一种做法。他们在反对唯物主义的同时表现为唯心主义的敌人，自以为克服了哲学基本问题所确定的分野。但是实际上，他们只是革新了唯心主义，用它的改变了的形式来与古典唯心主义学说对立起来。列宁极其明确和深刻地揭示了马赫主义和19世纪末其他唯心主义学说与资本主义社会走向没落的发展之间的客观联系。但是他也研究了马赫主义思潮的理论的、与非哲学知识的发展有直接联系的来源，以及这一模仿的、然而被许多同时代人看作哲学上的真正新成就的学说产生影响的原因。这些来源就是19和20世纪之交的物理学的方法论危机，古典力学借以发展的形而上学思维方式的危机，特别重要的是机械唯物主义根本不足以从世界观上理解物理学领域的新的杰出发现。正是由于这个缘故，列宁用辩证唯物主义不仅与唯心主义而且与已经过时的机械唯物主义对立起来，列宁后来在《哲学笔记》中所提出的原则，即辩证的唯心主义比陈旧的、机械的唯物主义更接近辩证唯物主义，在某种程度上在《唯物主义和经验批判主义》中就已经有所表现了'列宁分析帝国主义时代唯心主义哲学的方法、列宁要求对唯物主义各种历史形式也进行批判分析的哲学党性原则，鼓舞着卢卡奇写成了哲学史巨著《存在主义还是马克思主义?》（1948年）和《理性的毁灭》（1954年）。这两部著作不仅是对现代资产阶级哲学一些最有影响的流派的最广泛深刻的分析，而且是当代马克思主义哲学著述中对整个帝国主义时代资产阶级哲学的深刻的、最有份量的评述。

卢卡奇在确定作为他的研究的出发点的原理时，说明了列宁批判马赫主义的原则的方法论意义。"列宁对马赫主义进行的认识论的批判带有根本性，对帝国主义时代所有其他哲学流派都有意义……以为列宁的批判只适合于马赫主义，后来的资产阶级哲学已经克服了列宁所批判的观点，那就大错特错了。"① 这一论点是直接针对当代资产阶级哲学妄想贬低《唯物主义和经验批判主义》的意义的企图的，卢卡奇在阐述这个论点时表明了：列宁所揭露的妄图在哲学中发现新的、排除唯物主义和唯心主义对立的"第三条道路"的做法，在帝国主义时代全部资产阶级哲学的发展中占有重要地位。这种做法最明显地表现在假装放弃唯心主义、故意令人注目地批判唯心主义（但是是从唯心主义的立场!）。一些历史上声名狼藉的唯心主义派别被代之以否认物质和精神之

---

① 卢卡奇：《存在主义还是马克思主义?》1951年柏林版第132页。卢卡奇这一论点的现实性可由这一事实表明，即当代资产阶级哲学家还依旧把马赫主义解释成哲学中的创新流派，企图以此贬低列宁《唯物主义和经验批判主义》一书的杰出作用、它对批判分析当代资产阶级哲学的原则意义。例如，接近新托马斯主义的美国哲学家E·斯密特断言："当代的物理学、20世纪的物理学之所以达到了杰出成就，主要是由于它按照马赫的主张，使思想落实到世界的可用感觉观察到的方面上"（《思想——今天的人》1950年密尔沃基版第196页）。另一个美国哲学家E·纳格尔对最新的实证主义概念与马赫主义的思想亲缘关系闭口不谈。关于列宁这部著作，他说道，"这本书中所包含的论战，与西方哲学的现状再没有直接关系"（《没有形而上学的逻辑学》1956年纽约版第393页）。

间、主观和客观之间对立的理论。这样来试图消除使得必须在原则上划分唯物主义和唯心主义的认识论绝对命令。正如卢卡奇公正地指出的,"在实际上,自然一切都只不过是革新唯心主义、制造反对唯物主义世界观的新斗争形式"。① 卢卡奇表明了,正是列宁系统地驳斥了哲学中"第三条道路"的概念,而且就在这一概念刚刚在历史舞台上出现的时期。在资产阶级哲学以后的发展中,想要发现新的、"第三条道路"的企图越来越多,这一事实令人信服地证实了列宁批判分析的杰出意义。例如,不管 E. 胡塞尔的现象学和 J. P. 萨特或 M. 海德格尔的"无神论"存在主义与经验批判主义、马赫主义及其他唯心主义经验主义变种有多大的差别,它们都同样具有在哲学中继续走"第三条道路"、凌驾于唯物主义和唯心主久之间似乎片面的对立之上的反动空想愿望。

卢卡奇遵照列宁的方法论原则,给自己提出了高度重要的研究任务:揭示帝国主义时代资产阶级哲学的起源、考察它的发展的基本阶段、揭露它的反动内容——这种反动内容的极端表现就是法西斯主义的仇视人的世界观、它的种族主义的历史哲学和反理性主义的神话。这位匈牙利马克思主义者用他的一系列著作首先是获得广泛承认的巨著《理性的毁灭》,来解决这个任务。虽然这部著作的直接主题是帝国主义时代的资产阶级哲学,它的很大一部分是详细分析在资本主义意识形态以前发展过程中就已出现的反动哲学倾向。他从这一观点来考察晚期谢林的学说、叔本华的唯意志论体系和克尔凯郭尔的宗教哲学。正像卢卡奇表明的,资产阶级哲学的没落、唯心主义的危机在上世纪前半叶、即在西欧完成资产阶级民主变革和产生科学社会主义意识形态马克思主义的时期,就已经开始了。卢卡奇认为,唯心主义哲学危机的最明显、令人

---

① 卢卡奇:《存在主义还是马克思主义》第 128 页。

印象最深刻和最本质的表现，特别是在帝国主义时代，是**哲学非理性主义**，对此不能不同意。当然，非理性主义的唯心主义在以前也存在过。在基督教的黎明时期、在中世纪、在资产阶级哲学的进步发展时期，我们都看到过非理性主义。然而以前的非理性主义（也包括17—18世纪某些资产阶级思想家的非理性主义在内），主要是宗教神秘的学说，往往是与哲学对立的东西。非理性主义哲学的影响在18世纪、甚至在20世纪前半叶，都是微不足道的。卢卡奇指出，很能说明问题的是，"非理性主义"这个名词本身只是在19世纪才在哲学中出现的。[①]

在帝国主义时代成为占统治地位的思潮的哲学非理性主义，是唯心主义的一种崭新的变种。这是一种把自己与古典唯心主义哲学和正统独断的基督教神学对立起来的唯心主义。叔本华体系中的"世界意志"自然远非关于至善的神的开端、绝对理性等的传统基督教概念。按照叔本华的学说，宇宙意志是变化为能动实体的绝对破坏性的、彻底反理性的、无人称的全面的恶。不过，克尔凯郭尔的基本上是宗教的哲学也是挑衅性地与基督教正统和任何神学独断主义对立起来的。难怪某些资产阶级研究者把克尔凯郭尔的学说解释成为宗教的无神论。可惜，卢卡奇在他这部著作中只是顺便触及这些美化哲学信仰主义的企图，虽然这些企图正是对非理性主义色彩的哲学家们说来最具有典型性的。

正如卢卡奇令人信服地表明的那样，非宗教的非理性主义的最突出的、最咄咄逼人的代表是尼采。然而，不管他如何反对基督教的神学独断主义，他归根到底扩大了宗教的世界观基础，虽然这一点是通过否定传统唯心主义的精神概念达到的。尼采用神化"活的生命"、肉体、躯体来对抗关于超自然的非物质的现实性的超自然主义理论。但是他所谓

---

① 参看卢卡奇：《理性的毁灭》1955年柏林版第7页。

的"独立自在的物质性",检验起来却是物质的神秘化、作为本能与理性、思维的无意识的绝对化。因此,非理性主义的唯心主义断言,本能、思维、意识是第二位的,是由"生命"即凌驾于物质和精神的"有限"对立之上的实体的独立自在的现实性派生出的。因此,尼采主义是又一种想要超越唯物主义和唯心主义的对立的企图。在它那里理性的概念归结为神话,而唯心主义哲学则被指控造神话。揭露理性被宣布为哲学的最重要任务。

现代的哲学非理性主义,从西美尔、施本格勒、谢勒、存在主义者和新黑格尔主义者开始,到亲法西斯的和法西斯的"生命哲学"、种族主义的假社会学为止,都认为自己的划时代的使命是发现和达到据说是科学、理智所不能达到的最高现实性。这种似乎是亘古以来就存在的现实性也就是非理性——盲目的力大无边的自发性,自作聪明的"知识分子的"理智企图为它规定法规或行为规则。但是非理性主义者断言,法规只对那些"必须遵守"的人们存在。而真正的现实——非理性——不知道任何规律性、任何限制。在非理性中笼罩一切的是无法无天、本体论的任性、不能预见或控制的命运。

卢卡奇仔细观察了尼采、叔本华同存在主义、新黑格尔主义及其先行者之间的理论继承性,他坚决反对把现代非理性主义的历史解释成为纯粹理论的、哲学的过程。卢卡奇强调说,尼采哲学的本质不是建立了一种新的、继承了叔本华学说的"生命哲学"。"尼采的非理性意义的生命哲学是对反动的、反民主和反社会主义的帝国主义行动主义的公开号召……"①。资产阶级的哲学史家、特别是非理性主义的信徒,力图把这种哲学流派的基本发展阶段描述成为达到非理性现实性的一连串阶

---

① 参看卢卡奇:《理性的毁灭》1955年柏林版第24页。

段，描述成为向新的、真正的哲学形式的过渡。与这种执行为非理性主义辩护的意识形态职能的唯心主义概念相反，卢卡奇从唯物史观的立场来说明这个流派的发展，他把唯物史观的原理具体地运用于所研究的对象。与对非理性主义历史的唯心主义解释、特别是非理性主义解释相反，卢卡奇表明了，"非理性主义历史的不同阶段是对在阶级斗争进程中产生的问题的反动回答。因此，非理性主义对社会进步的反应的内容、方法、形式、色彩与其说是决定于非理性主义的内部辩证法，不如说是决定于斗争的条件、反动资产阶级不得不反对的敌人。正是这一点应该作为研究非理性主义发展的根本原则确定下来"。① 例如，近代的非理性主义是作为对资产阶级革命的反应产生出来的。它的进一步发展决定于资本主义社会对抗性矛盾之深化、无产阶级之成为威胁资本主义制度存在的独立政治力量、以及对进步资产阶级哲学成就作批判理解和科学加工的科学社会主义意识形态之产生。哲学非理性主义之成为亲法西斯的、然后是法西斯的帝国主义恐怖和劫掠的意识形态，也不是简单地决定于非理性主义基本论点的发展。这种意识形态过程的基础，是资本主义制度的总危机、帝国主义链条在最薄弱环节被突破、伟大十月革命的胜利、社会主义在苏联的胜利。

不难理解（而这一点在专著《理性的毁灭》中很好地表明了），当代非理性主义的中心论题不是某个本来意义上的原理，而是被称作社会进步的现实历史过程。非理性主义不仅是否定社会进步的存在——而且对它进行斗争。

在我们今天，已经不可能直截了当地否认社会进步（例如，与科技进步不同，虽然它们之间有密切联系）只有通过受到客观和经济条件制

---

① 参看卢卡奇：《理性的毁灭》1955年柏林版第10页。

约的由资本主义社会关系向社会主义社会关系的过渡才能实现。很有意义的是,当代非理性主义通常并不否认科技进步。非理性主义否定的对象是社会经济的进步、合理改造社会关系的可能性、也就是改善人们的社会生活条件的可能性。

当代的哲学非理性主义与越来越成为帝国主义资产阶级意识形态的组成部分的社会悲观主义合流。卢卡奇指出,社会悲观主义"首先意味着在哲学上肯定任何政治行动都毫无意义。这就是这种间接为资本主义辩护的形式的社会职能。为了论证这个结论,首先就必须贬损社会及其历史"。① 如果说垄断前的资本主义的辩护士们力图证明一切社会灾难都是由于资本主义经济发展不够而产生的,因此将在它的进一步发展进程中被克服,那么为国家垄断资本主义辩护的当代非理性主义通常坚持认为社会的恶是自古就有的、不能根除的,而对美好未来的希望只不过是一种自我欺骗。当代非理性主义的宣扬者们把合理组织社会生活的思想看作孕育着可怕灾难的荒唐空想,几乎看作对清醒地、不存醉人幻想地看待人类生活、人的本质的做法的隐蔽的恐惧。

正如卢卡奇对帝国主义资产阶级的哲学和社会学进行的批判分析所表明的,对资本主义的哲学辩护发生非理性主义的变形是完全合乎规律的,当代资产阶级的非理性主义与以前的哲学学说不同,并不否认资产阶级社会中已经变得很明显的社会灾变的现实性。

忽视资本主义内在固有的对抗性矛盾的过时的破产了的观点,被代之以对这些矛盾的非理性主义神秘化。资本主义制度的危机现在被描绘成"技术文明"的危机、一般人类生存的危机、过于自信和不负责任地擅自处理人类理智的致命后果。

---

① 参看卢卡奇:《理性的毁灭》1955年柏林版第165页。

因此，我们看到，卢卡奇在他对帝国主义时代资产阶级哲学的批判中，正像马列主义的方法论所要求的，首先揭示这种哲学的意识形态职能、它与特定历史时代的密切联系以及它内在固有的矛盾。对帝国主义时代矛盾的分析使得有可能理解，为什么当代资产阶级的辩护哲学采取了表面自相矛盾的形式，例如打着浪漫主义反资本主义的幌子，或者表现为对任何社会交往的存在主义批判。

大家知道，马列主义不限于分析唯心主义哲学的阶级根源。正像列宁强调指出的，还必须揭示唯心主义迷误的认识论根源。从这个观点，列宁关于绝对相对主义是对我们认识的辩证相对性的歪曲的分析是极有教益的。遵循这些原则，卢卡奇为了揭示当代非理性主义的认识论根源，着手分析非理性主义对辩证法的态度。匈牙利哲学家提醒人们，认识只是近似地反映客体。因此在反映和被反映之间必然有矛盾。这一矛盾在认识进步的道路上被克服，然而在这过程中，在已获得的知识和客观现实之间又产生出新的矛盾。"既然客观现实在原则上甚至比我们思维的最发达的概念都更丰富、更全面、更复杂，思维和存在之间的冲突就是必然的。在社会发展特别迅速、促使新的自然现象不断被发现的时代，非理性主义就有可能借助各种各样的神秘化把这种进步描绘成倒退。"① 在法国大革命时代、在19世纪末20世纪初自然科学大发现的时代，就是这种情况。

因此，非理性主义对反映是最重要认识现象的否定、关于"理智无能为力"和认识是徒劳的反辩证法谈论，反映了（自然是以形而上学的方式）认识的现实矛盾——对这些矛盾，从唯物辩证法的立场，不仅要发现，而且还要加以解决。列宁对这些矛盾作了原则性的说明："如

---

① 参看卢卡奇：《理性的毁灭》1955年柏林版第78页。

果不把不间断的东西割断,不使活生生的东西简单化、粗糙化,不加以割碎,不使之僵化,那么我们就不能想象、表达、测量、描述运动。思维对运动的描述,总是粗糙化、僵化。不仅思维是这样,而且感觉也是这样;不仅对运动是这样,而且对任何概念也都是这样。这里也有辩证法的**本质**。对立面的统一、同一这个公式正是表现着**这个本质**。"①

列宁肯定在认识—反映过程中有歪曲现实的必然性,同时表明,认识的主体发现这种歪曲(真理和谬误之间的必然辩证对立的合乎规律的表现),会越来越准确地认识客观现实。可是非理性主义不能理解这种"辩证法的本质",把认识的矛盾性解释成为不可能获得关于现存事物的真正的、有客观内容的知识,卢卡奇在说明非理性主义的认识论根源时表明,被这种学说神秘化的问题在马克思主义哲学中得到了合理的解决。

卢卡奇对帝国主义时代资产阶级哲学的批判分析,主要限于考察哲学非理性主义。然而,这并不意味着他把当代一切唯心主义学说都归结为非理性主义哲学。匈牙利哲学家警告要防止这种片面态度,他强调指出:非理性主义"只是资产阶级反动哲学的重要倾向之一"。但是这种倾向在一定程度上是一切反动唯心主义学说所固有的。虽然"反动资产阶级哲学的领域比严格意义上的非理性主义哲学要广泛得多",但是

---

① 《列宁全集》中文第 1 版第 38 卷第 285 页。

"几乎不存在不带一定非理性主义成分的反动哲学……"①。这种理论考虑完全能说明,为什么卢卡奇在他对帝国主义时代资产阶级哲学的批判中专门突出非理性主义,赋予对它的批判以头等重要的意义。不过,应该指出,卢卡奇远非总是始终一贯地按他提出的方法论原理行事。非理性主义常常被他解释得过于广泛,结果这种思潮不能与那个通常称作反理智论的内容更繁杂的哲学流派充分区别开来。例如,唯心主义经验论的拥护者(从贝克莱和休谟开始到新实证主义为止)是反理智论者,可是他们并没有哲学非理性主义的信念。卢卡奇把所有的不可知论学说都归入非理性主义,也是不能令人同意的:在柏格森或雅斯贝斯的不可知论与休谟主义的不可知论认识论之间存在着相当大的距离。更不用说那些被恩格斯称作"羞羞答答的唯物主义者"的自然科学家不可知论者了。大家知道,赫胥黎、杜布瓦—雷蒙、亥姆霍兹和许多其他的杰出科学家都是这种人。

　　对非理性主义的扩大理解往往导致把主要哲学流派——唯物主义和唯心主义——的斗争放到非理性主义和理性主义哲学的斗争之后,虽然

---

①　卢卡奇:《理性的毁灭》第5页。卢卡奇通过对非理性主义者柏格森同实证主义者马赫的非常恰当的比较来说明这一正确思想。"马赫对感知的主观直接性的纯粹不可知论的召唤,在柏格森那里变成为一种建立在彻底非理性主义直觉之上的世界观"(同上书,第23页)。马赫主义蕴涵着的这种非理性主义倾向,在马克思主义著述中第一次是由列宁指出的。俄国的马赫主义者认为认识的任务是"把理性,逻各斯导入非理性的知觉流,列宁援引了这句话之后写道:"我们面前是一个穿着斑驳陆离的、刺人眼目的'最新'术语所作成的小丑服装的主观唯心主义者。在他看来,外部世界、自然界和自然规律都是我们认识的符号。知觉流是没有理性、秩序,规律性的,是我们的认识把理性导入其中……最新实证论的最新成就乃是费尔巴哈已经揭露了的那个陈旧的信仰主义说法"。(《列宁全集》中文第1版第14卷第170—171页)

后者常常是在唯心主义本身的范围内展开的。难怪卢卡奇在一次谈话中把关于唯物主义和唯心主义之间的斗争构成哲学史过程最重要内容的观点看作简单化的观点，提出"理性主义哲学和非理性主义哲学之间的斗争"① 来与它对立。

在总结对卢卡奇著作中对哲学非理性主义的批判的分析时，必须强调指出，决定他的研究的这种方向的不仅仅是理论考虑，而且首先是政治考虑。非理性主义不仅仅是反动的哲学理论，它是恐怖主义的法西斯专政的思想准备。希特勒意识形态从非理性主义的理论武库中吸取了它的主要世界观原理。正是因为如此，辩证唯物主义和非理性主义之间的不可调和的对立，是当代世界社会主义体系和帝国主义反动势力之间的意识形态斗争的主要方向的哲学表现。

资产阶级反对共产主义的斗争在伟大十月革命之前很久就开始了，自然并没有在希特勒主义在军事上和思想政治上被粉碎之后就宣告结束。卢卡奇正确地指出，反对共产主义的"十字军征讨"现在由美帝国主义领头，他强调指出在反共主义、冷战政策和帝国主义宣传所利用的非理性主义哲学之间的有机联系。卢卡奇写道，"我们马克思主义者知道，在哲学领域中，在理性和非理性之间、唯物主义辩证法和非理性主义之间的伟大决定性战斗，早已成为保卫马克思主义的斗争，它只有随着无产阶级推翻资本主义、建成社会主义、从而战胜资产阶级，才能以最后胜利告终。"② 然而，既然帝国主义是全面的反动势力，既然帝国主义资产阶级进攻劳动者的民主成果，反对帝国主义反动势力及其非理性主义哲学外衣的斗争就不仅是社会主义的任务，而且是一般民主

---

① 《卢卡奇自传》1986年社科文献出版社版第150页。
② 卢卡奇：《理性的毁灭》第674页。

的、人道主义的任务。卢卡奇说道:"群众站在理性方面,用示威游行来宣布自己直接参与决定世界命运的权利。他们永远不会再放弃这个用自己的理性来决定自己的事情、从而全人类的事情的权利,以便不生活在军国主义疯狂的混乱中,而是生活在被合理组织和领导的世界中。"①

因此,对资产阶级哲学危机及其最明显的非理性主义表现的理论分析,在卢卡奇的研究中变成了对社会主义和民主力量在客观上必须一致反对以美帝国主义为首的帝国主义反动势力的科学论证。对纳粹仇恨人类的意识形态的揭露,因此不仅成为对反动的历史过去的研究,而且成为与那些现在仍继续从事希特勒主义肮脏勾当的反动势力进行斗争的战斗号召。

卢卡奇不是把当代资产阶级哲学、特别是非理性主义仅仅当作一种理论体系、大堆谬误等等进行研究的书斋学者。他很好地懂得,"在理性和非理性之间的选择从来不是'内在的'哲学问题"。②他经常强调指出,哲学上的冲突不仅是认识问题:它们反映了社会实际的矛盾。正确理解哲学思想的运动,要求一定的社会政治立场。卢卡奇写道:"真正的和杰出的思想家必须是自己时代、自己国家和自己阶级的儿子。"③这句话无疑适用于他本人,他尽管犯了一些错误,却是工人阶级的社会主义运动的有觉悟的思想家。

卢卡奇对帝国主义时代资产阶级哲学的批判,是对马列主义科学的宝贵贡献。在30年前发表的总结这种批判的专著《理性的毁灭》,丝毫没有失去它的理论的、意识形态的和科学的现实性。这不仅证明杰出

---

① 卢卡奇:《理性的毁灭》第79页。
② 卢卡奇:《理性的毁灭》第674页。
③ 卢卡奇:《理性的毁灭》第79页。

匈牙利马克思主义者的这部著作有重大的科学意义，而且直接表明它有马列主义的党性，它与活生生的生活、与争取社会主义、社会进步和民主、反对一切形式的帝国主义反动势力的斗争保持有机的联系。

（原载《苏联科学院通报》1985年第1期）

（莫立知 译）

纪念葛兰西*

〔英〕马丁·稚克　罗哲尔·西蒙　吉诺·贝达尼
安娜·肖斯塔克·萨松

第一篇

安东尼奥·葛兰西在墨索里尼的监狱中被囚禁了多年之后,于50年前的这个月(1937年4月)去世。但是,像一个作曲家在去世多年之后,他的主要交响乐才被发现一样,过了好几十年,大部分世界,特别是在意大利以外,才发现了葛兰西的著作。直到70年代初,当《狱中札记》的一个有份量的英译本初次问世的时候,葛兰西的影响才开始

---

* 本文选自《马克思主义与现实》1988年第1期。

原题注:1987年4月,意大利杰出马克思主义者安东尼奥·葛兰西逝世满50周年。意共把这一年定为"葛兰西年",从年初起就开始进行一系列纪念活动。苏联的《哲学问题》、《哲学科学》、《苏共党史》等刊物发表了纪念文章,阐述葛兰西时马克思主义理论的贡献,训斥西方某些人把葛兰西说成是唯心主义者、改良主义者、"西方马克思主义"奠基者、"多元论者"等等的谰言。英共机关刊物《今日马克思主义》1987年4月号为纪念这个日子发表了一系列短文,这里选译其中四篇,供读者参考。第一篇是马丁·雅克写的,带开场白性质,宣布《今日马克思主义》的纪念措施。第二篇的作者罗哲尔·西蒙,阐述葛兰西革命理论的一些基本概念。第三篇简略介绍葛兰西的生平事业,作者是吉诺·贝达尼。第四篇的作者是安娜·肖斯塔克·萨松,谈目前对葛兰西的研究情况。

在英国左派中比较广泛地传播。当时印象是很深刻的。突然展现了一个完全崭新的世界。葛兰西以全新的方式理解西方社会。对强制的国家概念和像"虚假意识"这样的思想的过分依赖,让位于一些新的细致而复杂的考虑。英国的马克思主义过去无论在历史上和理论上都一向过分依赖俄国的经验。现在,葛兰西的领导权、市民社会和许多其他的概念使人们能够得出完全崭新的看法。他很快就开始被看作真正西欧革命的理论家。

在70年代,整个一代马克思主义者受到葛兰西的影响。他是关键人物。到70年代末,那个时期的辩论随着新的政治现实开始产生影响而临近结束;向右转的现象随处可见。然而那些辩论——尤其是葛兰西的影响——对80年代的政治分析必然要产生巨大的影响。直截了当地说,若没有葛兰西,我们对撒切尔主义的了解会贫乏得多。毫无疑问,葛兰西是在上一个十年中对《今日马克思主义》杂志产生了最重大影响的人物。

《今日马克思主义》将在4月1日举行一天学术会议来纪念葛兰西逝世50周年。将有一批有影响的学者发言,帮助我们估价葛兰西思想的意义,向年轻的一代介绍这些思想和讨论它们对今日英国的重要性。

第二篇

葛兰西以他的领导权概念而广泛闻名,这无疑是他的政治思想的基石和他对马克思主义理论的重大贡献。但是,如果不考虑到他的其他概念,对领导权概念的涵义就不可能充分理解。可能从市民社会的概念入手比较合适,我觉得这个概念在左派方面还没有得到它应有的重视。

葛兰西把包括国家在内的公众机构同在国家领域之外的所有一切人民之间的私人的、自愿的关系区分开来。这些自愿的关系体现为各种各样的组织和活动，如工会、政党、教会、社区、文化和慈善组织。所有这些各种各样的自愿活动构成市民社会；它们属于社会的领域而不是属于国家的领域。这样，市民社会就是由大量既不同于经济结构、也不同于国家的社会关系构成的。特别需要指出的，它包括所有的文化活动和闲暇活动。

葛兰西认为，一个统治阶级是借助暴力和同意的结合统治别的阶级的。暴力主要通过国家的强制机关——军队、警察、法庭和监狱——来推行，而同意则通过实行政治的、道义的和思想的领导来取得。他用领导权这个词来表示这种全国性的领导。建立联盟对领导权概念具有极重要的意义。一个有领导权的阶级，是通过建立各种联盟的体系并使之不断适应变化的条件，以获得其他阶级和社会集团的同意，从而维持全国领导地位的阶级。

葛兰西表明，领导权主要是在市民社会内部实行。在《狱中札记》的一段很著名的话中，他把市民社会比作立在国家后面的"工事和地堡"体系：市民社会在先进资本主义国家中已变得比在1917年以前的沙皇俄国远为复杂得多，在沙皇俄国，社会由国家统治着，那里的统治阶级比西方的统治阶级更多得多地依靠暴力，更少得多地依靠领导权。因此在俄国，被葛兰西称作运动战的正面攻击能够取得成功。但是在西方，需要采用一种不同的革命战略，即阵地战。向社会主义前进包括变革市民社会，因为它是变革国家的基础。

因此，在市民社会高度发达的国家中，例如在英国，工人运动必须通过建立自己的联盟体系和自己在市民社会中的领导权，来破坏资本家阶级的领导权。

这要求对意识形态斗争、对改变人们的思维和行动方式、对葛兰西所谓的道德和精神的改革，予以极大的重视。葛兰西对意识形态问题采取了新的态度，他把这个名词用于人们理解他们所在的世界的方式。他用常识这个词来指人们作的一般判断，人们看待世界的方式，在这个世界中，某些价值似乎是自然的和没有疑问的。在这种常识的意义上，意识形态就不仅仅是统治工具或一套错误信念。相反，它是一个斗争的领域。它是统治的意识形态构成的地方，也是对那种意识形态进行抵制的地方。

葛兰西表明，意识形态在把各种不同社会力量连接成一个集团方面是有作用的。因此，"福利国家"的观念在形成对战后政治解决的一致方面起了极重要的作用，个人自我利益的论题对撒切尔主义也一直是非常重要的论题。工人运动必须建立起用意识形态团结起来的新的社会力量集团，这种意识形态即新的常识，必须以与工人阶级的需要和经验有联系的方式表达社会主义的价值。

对建立联盟网，葛兰西用他的民族—人民的概念补充了一个很重要的方面：一个阶级如果局限于它自己作为阶级的直接物质利益，就不可能有领导权。它必须考虑到范围广泛的全民的和民主的问题，这些问题并没有纯粹阶级性质，而且在许多情况下引起了重大的社会运动，如涉及妇女、和平、少数民族、公民权、民族解放和环境保护的运动。这些民主问题是两大基本阶级争高低的舞台。只有能够把引起这些问题的利益与本阶级的利益结合起来以取得全国领导的阶级，才是有领导权的阶级。

我想得出两点结论：

第一，葛兰西的市民社会和阵地战的概念有深远的意义：它们扩大了政治的范围，加深了它的涵义。它们表明政党的竞选活动只是涉及市民社会变革的社会主义政治的一部分。女权运动和大伦敦议会的成就是这点的极好说明,为我们指明了前进的道路。

第二,葛兰西之所以能够阐明他的概念,只是因为这些概念是从他对意大利和欧洲历史的具体分析中产生出来的。正因为如此,《今日马克思主义》的工作在为左派重新思考他们的政治和经济战略、使葛兰西的马克思主义适用于英国条件并加以发展及奠定基础方面,是何等重要。

第三篇

葛兰西于1891年诞生在撒丁岛,于1911年获得奖学金入都灵大学学习。都灵是意大利工业迅速发展的北方的首府,这位年轻的撒丁民族主义者的政治观点开始迅速形成,他于1913年加入了社会党。

当1917年传出十月革命的消息时,都灵这个意大利的"彼得格勒"的社会主义者选择了葛兰西作为他们的领袖。1919年,他和陶里亚蒂一起创办了《新秩序》杂志,给工厂委员会运动以鼓舞。

1921年1月的社会党代表大会以分裂告终,葛兰西、陶里亚蒂等人在几天之内创立了意大利共产党。从1922到1923年,葛兰西是意共参加莫斯科共产国际执委会的代表。回到意大利以后,他很快就成为反对波尔迪加的宗派主义做法的反对派的精神和政治领袖。

葛兰西在1924年取代了波尔迪加成为领袖,对意大利共产主义说来标志着一个决定性的转折点。在1924—1926年期间,他分析了意大利法西斯主义的社会根源和发展情况、以及为击败它所需要建立的各种政治联盟。意共1926年里昂代表大会赞同了他的思想,在这次代表大会之后不久,葛兰西被捕,被关押到1928年,然后被判处20年监禁。

葛兰西甚至在监狱中也不断作出自己的贡献。他的《狱中札记》加深了他在领导工作时期开始的新分析。新的形势要求有新的分析工具。"历史集团"、"阵地战"、"领导权"是葛兰西想方设法创造有效的战略概念来满足这一需要而产生出来的思想。

党的领导改由他的最亲密的政治合作者陶里亚蒂担任。陶里亚蒂在流亡中读到了在葛兰西于1937年去世后从狱中偷偷送出的《札记》。葛兰西的思想和政治本能几乎成了陶里亚蒂的思想习惯,当他在1944年回到意大利时,他这位先前的同志的思想成了他给予"新党"的方向的政治特征的一部分。

第四篇

在最近十年左右,葛兰西在意大利已几乎被束之高阁。由于在70年代末历史妥协破裂,恐怖主义制造了近乎内战的气氛,而披着克拉克希的不像是真的社会主义伪装的新自由主义提高了很大一部分人的生活水平(把数目很大的少数人拉在后面),意大利的知识分子已认为葛兰西不时髦了。

对马克思主义和左派政治的局限性的积极批评,已发展到对1968年那一代人的理论之"父"们的完全拒绝。写文章谈论葛兰西和出售他的著作,已成为难能可贵的事情。

意大利共产党就是在这种背景下开始辩论和讨论的一年,来纪念葛兰西逝世50周年的。带有象征意义的是,1987年的意共党证印上了葛兰西的肖像,但更重要的是,意共《团结报》在1月份发表了意共总书记亚历山德罗·纳塔关于葛兰西的长篇答记者问。

他谈话的主旨是,正像葛兰西写作的时候对欧洲社会说来是转折点一样（那时资本主义正按照 30 年代的"美国"模式进行改组，苏联在建设社会主义的最初具体努力中遇到巨大的问题），今天欧洲、东方和西方正处在另外的十字路口上。

纳塔虽然认为意共已超越了葛兰西的某些范畴，例如总体化的党的概念，但是强调，像消极革命这样一些其他的范畴以及葛兰西对分析欧洲社会面临的变化的整个态度，在欧洲左派所面临的巨大任务中是有用的。这个巨大的任务就是发展一种能为欧洲范围的战略提供基础的当前形势分析。

葛兰西作为一个其范畴对于重新思考当前世界危机有用的世界规模的文化人物的地位，将是意大利这个葛兰西年的主题。

欧洲左派如果想要对现在在西方世界可以看得很明显的正在发展中的社会、经济、政治和文化过程产生任何影响，必须对自己加以改造。意共想要成为这一欧洲左派的组成部分，现在把葛兰西奉献出来，正是这种努力的一部分。

（原载《今日马克思主义》1987 年 4 月号）

（莫立知 译）

拉布里奥拉和葛兰西[*]

〔苏〕留·阿·尼基奇切

拉布里奥拉写作他的马克思主义著作时，社会主义传统在意大利还很微弱，意大利的社会经济条件没有产生革命形势。这不仅是拉布里奥拉的观点，恩格斯也这样看。恩格斯1894年在给屠拉梯的信中写道："显然，社会党还太年轻，而且由于经济条件太差，不能希望社会主义立即取得胜利。"在这样的条件下，主要的任务是对人民群众进行民主主义的教育和在工人阶级的战斗中形成社会主义的意识。拉布里奥拉指出，马克思主义在意大利的传播可以"在民族的智慧的眼光下"进行。

从这个意义上讲，拉布里奥拉本人的马克思主义著作是杰出的典范。但是，如果说他在意大利开创了马克思主义哲学传统，那么他并未能在意大利完整地建立起马克思主义的哲学传统，而后一点却正是他孜孜以求的。在意大利这样的国家里，真正的马克思主义传统是要在社会主义运动实际发展的基础上才能够建立起来，而社会主义运动又要以马克思主义的理论为基础。但情况是这样，意大利的社会主义运动一开始就几乎是在完全脱离马克思主义的情况下发展起来的，而实证主义否定

---

[*] 本文选自《马列著作编译资料》第18辑。

因素在理论中的影响在这里得到了发展，这就导致了政治上和实践中的改良主义。

大约过去了二十年，世界资本主义的发展，加上意大利社会的经济变化和政治变化，使得意大利社会主义革命的任务首次被提上了日程。社会主义运动尽管犯了种种严重的错误，但它巩固下来了，扎下了深根。意大利的新一代马克思主义者、深刻的理论家和杰出的组织者成长起来了。在这样的条件下，当新的一代需要回到马克思那里时，就需要首先回到拉布里奥拉那里，去纪念他，去研究他的著作。

第一个正确评价并继承拉布里奥拉在意大利传播马克思主义并进一步发展马克思主义的事业的，是安东尼奥·葛兰西。葛兰西曾写道："把安·拉布里奥拉关于实践哲学的全部著作，而不是过去出版的零散作品，加以客观地、系统地概述（即使是在学校里进行的那种分析也行），是十分有益的。在着手引导人们重新研究本来只有少数人知道的拉布里奥拉的哲学思想之前，就应进行这一工作。"

葛兰西继续了拉布里奥拉开始的对洛里亚的观点的批判。洛里亚由于屠拉梯的姑息而在社会主义者中间享有了不应得的尊敬，获得了严肃的社会主义理论家的威望。葛兰西认为洛里亚给意大利社会主义文化带来损失，因为"我们运动中……的虚伪原理"，大部分"属于洛里亚"。

拉布里奥拉的著作对葛兰西理论观点的形成具有影响。葛兰西《狱中札记》的相当部分可以被看作是进一步发展和深化了拉布里奥拉所研究的整个问题，从"实践哲学"这样的唯物史观到分析具有独立性的复杂现象的上层建筑。葛兰西在《狱中札记》里使用了"实践哲学"这一概念，一以作为马克思主义的标志。弗·吉拉坦指出，"实践哲学"对葛兰西来说，不仅仅是一个有条件的述语，他是在具有更加明确的意义的基础上,在非常接近于拉布里奥拉所使用的意义上来使用它的。

拉布里奥拉经历了一条漫长的政治演进道路——从温和的自由主义者、民主激进主义者到社会主义者和革命者。他坚决克服了当时所有的政治实践形式,演进到认识社会主义并不是"民主运动"的补充,而是新的历史阶段的开始。拉布里奥拉在意大利第一个奋起为在工人阶级中传播马克思主义学说、为工人阶级对理论采取新的态度而斗争。他写道:"我们的学说诞生在为共产主义而斗争的土地上,……作为革命的学说,它首先是当代无产阶级运动的理性意识。"

在拉布里奥拉看来,社会主义是一场综合的革命,它从批判地、辩证地理解现实开始。葛兰西非常接近这种观点。实践哲学对拉布里奥拉来说,就是历史唯物主义。他在《关于社会主义和哲学的对话》中写道:"实践哲学,这是历史唯物主义的神经。对于那些从哲学上进行研究的事物来说,它是内在的。是从生活到思想,而不是从思想到生活。真理的道路就是这样。从作为活动认识的劳动到作为抽象理论的认识,而不是相反。"拉布里奥拉进而强调指出,作为实践哲学的历史唯物主义,既结束了唯心主义也结束了庸俗唯物主义。葛兰西后来注意并发展了这一思想。葛兰西也认为实践哲学结束了一切传统哲学,在他看来,这是实践哲学的"自主性、独立性和独特性"。

在这方面葛兰西特别接近拉布里奥拉关于马克思主义的自我充足性的主张。他写道,"拉布里奥拉主张实践哲学不依赖于其他任何哲学流派、是自我充足的,因而他是唯一想科学地建立实践哲学的人。"拉布里奥拉认为实践哲学的自我充足性在于它不需要其他哲学流派的任何补充;葛兰西在另一处谈到这一点时强调说:"拉布里奥拉的下述论断与众不同:实践哲学是独立的、独特的哲学,它具有进一步发展的种种因素，这种发展把历史的说明变成一般的哲学。应当正是按这个方向去工作，发展拉布里奥拉的观点。"拉布里奥拉认为马克思主义哲学的自我充足性是它的唯物主义性质的结果。

在拉布里奥拉的著作里，实践这一概念具有两个基本特征：（1）实践——这是马克思主义理论的实质，这是它的概念的科学性的标准；（2）拉布里奥拉对实践的理解是唯物主义的。这样的实践观保证避免任何的教条主义和把马克思主义变为百科全书式的观念，向时也保证了关于社会的学说的唯物主义性质。拉布里奥拉认为，实践的内容包括在自然界的历史改造方面的科学实验和物质活动；实践——这是真理的标准，它是一定的，同时也是相当不一定的，因而能防止把我们对实际的知识变成绝对的东西。列宁在《唯物主义和经验批判主义》中写道，这一标准是如此"不确定"，不至于使人类的知识变成"绝对"，同时又是如此"确定"，从而导致同所有形形色色的唯心主义和不可知论进行无情的斗争。正是应当按这种精神来理解拉布里奥拉的"一元论趋势"和"一元论的修正"。在实践问题上拉布里奥拉同葛兰西的哲学观点在这里是一致的。

现在某些非马克思主义者研究葛兰西的著作，企图在实践问题上把他同拉布里奥拉对立起来，把葛兰西对实践的理解归结为主体和客体在"纯粹的行动中"的统一。实际上葛兰西把主体和客体的关系理解为人和自然的关系，是改造自然的历史活动、是劳动或政治实践。葛兰西写道："人的历史应被理解为像自然的历史一样……不应有人和自然之间的任何二元论：辩证法不可能同自然分割开"。因此十分明显，葛兰西在实践问题上是继承和发展了拉布里奥拉的立场。

葛兰西接受了拉布里奥拉关于马克思主义学说所有组成部分是有机统一体的思想。拉布里奥拉批判实证主义把科学同哲学对立起来，认为历史唯物主义是一种"科学的哲学",同时反对把马克思主义说成是经济、政治和哲学的简单综合,提出马克思主义是有机的整体的思想。拉布里奥拉说,政治、历史和哲学"在马克思的脑子里构成一个整体,而且在他的活动中也是一个整体。他的政治就是他的历史唯物主义的实践,他的哲学是同他对经济的批判分割不开的,而他的经济批判则是他解释历史的一个工具"。拉布里奥拉把《资本论》看作"马克思学说完整性"的典范。葛兰西和拉布里奥拉都认为马克思主义哲学不是自我封闭的体系,它是"对世界的新观念",是"贯穿着历史主义的对现实的观念"。

葛兰西不仅在对于马克思主义这一世界观的总的评价方面同拉布里奥拉的观点相近,而且在分析像基础与上层建筑的相互关系这样一些历史唯物主义的具体问题上也是如此。

我们已经在唯物史观一章里指出,拉布里奥拉强调了基础同上层建筑之间的关系的复杂性质。他指出,"经济结构不是这样的简单机体,似乎从这里直接地、自动地出现制度、规律、习俗、思想、感情和各种意识形态。从这一基础转到所有其他东西的过程是十分复杂的,有时是隐晦而曲折的,也不总是能把它解释清楚的。"拉布里奥拉在这方面尖锐地批判了"经济唯物主义"的拥护者,因为后者把基础当作一把万能钥匙。拉布里奥拉写道:"对于所有的懒散而不会思考的人来说,这自然是十分方便而安逸的事,有朝一日由于概括了某些建议就获得了全部认识,然后借助一把钥匙就能打开生活的所有奥秘!把伦理学、美学、语文学、历史批判和哲学的所有问题归结为一个唯一的问题,逃避必然使自己伤脑筋的一切东西!遵循这条道路,头脑简单的人就会把整个历史从科学降低为单纯的算数,而但丁的如此新颖独特的叙述就可能成为一部这样的《神曲》,它附有插图作为好战的佛罗伦萨商人以超高价出卖丝绒的账单。"拉布里奥拉经常强调说，马克思主义并不把历史归结为经济关系，它研究生产关系、生产力的发展，为的是从历史的所有表现中、从它的种种复杂性中理解历史，不把上层建筑归结为基础，但从基础出发来解释所有的历史现象。拉布里奥拉在批评经济唯物主义的拥护者时写道："只有对奇谈怪论的酷爱才可能有时确信：历史研究只要挑选出经济因素就够了……然后把剩下的一切当作不需要的垃圾扔掉……当作次要的东西，或者干脆当作完全微不足道的东西扔掉，或者就根本当作不存在的东西。"马克思主义者为了从历史的所有不同的形式中去认识历史过程，而转向"由于缺少其他述语而可以称之为社会心理学的种种概念和知识的综合体"。

拉布里奥拉把"社会心理学"规定为"人们在一定社会条件下的特殊意识"，他说，正是社会心理学成为基础和意识形态的中介。

拉布里奥拉反对概括地看待历史，指出忘记经济本身是人们根据他们之间的社会关系进行活动的结果这一事实是危险的。不过，经济由于人类的一定活动而形成之后，又对社会生活发生影响，也对人们的关系发生影响。

历史并不存在于人类活动之外，它"不断发展，并且只体现为一定形式的人类活动，而不论支配人类活动的是激情或理性，它是成功或失败，它是盲目地受本能所驱使还是有意识的英雄行为"。因此，历史并不是一副"骨头架子"，它是由人类活动所联系的各种现象的综合。

这种认识在葛兰西的著作中被接受并得到进一步发展。1918年1月5日《人民呼声》报根据他的倡议发表了拉布里奥拉的第二篇概论的第三节是绝非偶然的。葛兰西给它加了一个标题：《意识形态的历史形成》。他像拉布里奥拉那样论述基础和上层建筑的辩证统一，用"历史的凝结块"这个专门述语来表示。他写道："上层建筑和基础构成一个'历史的凝结块',也就是说,矛盾而多样化的上层建筑的综合体是社会生产关系的总合的反映。"葛兰西的"历史的凝结块"所包含的内容是,它的各个因素的"必然的互相促进"是一种"现实的辩证过程"。

葛兰西曾提出问题:"为什么拉布里奥拉和他提出的哲学问题影响如此微弱?"他引用了罗莎·李卜克内西对马克思《资本论》第3卷传播很窄所作的解释,作为对这一问题的回答。葛兰西写道:"在战斗的浪漫时期,在人民的风暴和冲击的时期,一切注意力都集中到直接的手段上,集中到政治策略问题上,集中到哲学领域的次要问题上了。一旦被压迫阶级获得独立而成为统治者,产生了新型的国家,就会出现具体的必要性,要求建立新的文化规范和道德规范,即新型的社会。由此也就必须制定更加广泛的概念、更加精练和坚定的意识形态工具。那时也就必然要求转向拉布里奥拉,并把他提出的哲学问题当作首要的问题。"

然而葛兰西同拉布里奥拉生活在不同的历史条件下,甚至可以说是生活在不同的历史时代,而这就决定了他们的哲学观点有所不同。这种不同首先表现为拉布里奥拉主要是理论家而葛兰西首先是政治家、从拉布里奥拉到葛兰西,首先是"从作为历史理论的历史唯物主义到作为政治研究工具的历史唯物主义"。

陶里亚蒂在意大利共产党第八次代表大会上的报告中摘引了拉布里奥拉的一封信,其中"非常仔细而慎重地谈到了在意大利争取社会主义的斗争的前景"。他写道:"我从来不幻想意大利的社会主义可能成为推翻资本主义世界的杠杆。文明世界里没有人相信这一点,其他国家的社会主义者首先不相信这一点。'我始终把意大利的社会主义理解为一种工具,它(1)将在群众中传播政治意识,(2)用阶级组织的精神教育工人;(3)用强大的人民组织去对抗被称为政党的各种集团;(4)强迫政府的代表实行有利于所有人的经济改革。在意大利,关于具体理解社会主义这个词的其他一切宣传,可能只对下一代有实践的意义。"

拉布里奥拉在第二篇概论里批判了咬文嚼字、抽象的经济主义和对待历史的自然主义态度,提出了马克思主义的态度,并指出应如何根据马克思主义"写历史"。而对葛兰西来说,"问题不在于写历史而在于创造历史"。因此,"拉布里奥拉的观念具有更多的直观性质,在他那里第一眼的东西是历史过程的客观规律性,而葛兰西则特别注意从认识这种规律性出发的有目的的人类活动"。还应当估计到,在拉布里奥拉写作《关于唯物史观的概论》的时期,意大利社会主义运动中无政府主义的影响还相当大。因此,按照陶里亚蒂的说法,拉布里奥拉在对历史过程的理解中就出现了"客观宿命论的影子"。而葛兰西则更多强调那种"将创造出新的历史的"活动。

葛兰西二十来年不得不同庸俗唯物主义的拥护者进行斗争,因为他们只知道期待社会主义的不可避免的胜利。这种单纯的期待在法西斯时期特别危险,因为它会导致在实践中采取消极态度和等待法西斯制度自动崩溃。葛兰西首先是鼓励人的意志、人的活动的作用,激发人们从理论转向实践、从思想转向活动,宣传无产阶级领导权和党在革命斗争中的作用。在这些问题上葛兰西从列宁主义那里找到了答案。

葛兰西在谈到必须继承拉布里奥拉的马克思主义哲学传统时,也指出了拉布里奥拉由于不理解帝国主义的性质而犯的错误。拉布里奥拉曾为意大利在非洲的殖民扩张进行辩护,认为它对社会主义有利,因为殖民国家的资产阶级迅速发展会导致那里的工人运动发展。葛兰西谈到这一点时写道:"至于说虚伪的历史主义、机械论,它们是相当经验主义的了,而且非常接近最庸俗的进化论……拉布里奥拉的回答所固有的思维方法……看来并不辩证和先进,而是机械的、落后的……在关于殖民问题的访问记中机械论表现得尤为突出。拉布里奥拉的历史主义非常差劲,它同下述法学家的历史主义一样,他们认为,如果这是历史主义的鞭子,鞭子就已经不是鞭子了。"

葛兰西在《狱中札记》中辩证地分析了拉布里奥拉的著作和活动,对他的理论遗产作了高度的评价,大大促使了意大利新的一代马克思主义者"回到拉布里奥拉去"。

(本文摘译自苏联"思想出版社"1980年出版的《拉布里奥拉》一书)

(杨启磷 摘译)

葛兰西之前的霸权理论：克罗齐案例[*]

〔美〕埃德蒙·E.雅格比蒂

熟悉安东尼奥·葛兰西的人会记得他在《文学与民族生活》一书中所阐述的著名的"文化"概念："但是，这样一来，'文化'何谓呢？它无疑是一种连贯的、统一的并渗透于全民族中的'人生观'、一种'大众信仰'、一种恰当成其为'文化'的哲学。也即它业已生成一种道德体系、一种生活方式、一种作为公民也作为个人所遵守的行为规范。"[①] 换言之，一种"文化"提供了这样一个参数，别样的无拘束的理论与实践领域将被限制在它的范围之内。这与维柯在其《新科学》一书中称作"共识"的概念相似："共识就是为整个阶级、整个人群、整个民族或整个人类所共有的不假思索的判断。"

对于葛兰西，也像对于维柯一样，共识和文化是民族所依赖的坚实基础。没有这些基础，理论与实践就会脱节，社会就会一盘散沙，人们的行为就会因为失范而难以预测，闻所未闻之事就会与约定俗成之行分庭抗礼。然而，对于葛兰西来说，"文化"和"共识"不单构成了对于

---

[*] 本文选自《马克思主义与现实》2005年第5期。作者是美国南伊利诺伊大学爱德华维尔分校教授。

[①] 葛兰西：《文学与民族生活》（罗马，1971），第20页。

无序状态的抗拒，也构成了被葛兰西视作统治阶级对整个社会所拥有的"霸权"的一个主要因素，一个用以保护社会免受对手批评性解析的"上层建筑"的因素。对于此一霸权，葛兰西不是嗤之以鼻，而是赞赏有加，因为霸权不仅是中产阶级的防御性武器，也可以作为榜样和模型为无产阶级所仿制，从而锻造出自己的进攻性武器。从文化霸权的观念中，葛兰西看到了道德政治氛围的巨大力量，这一氛围原本只服务于某一阶级的利益，但终于还是日益成为整个社会的共识。

剥开使工人与"历史真实"绝缘的所谓"资产阶级霸权"的真面目，在工人心目中建立起一种"实际的"政治理论，是贯穿葛兰西著作的支配性主题。对于"过时的"、"抽象的"禁律，对于自然法和其他可能掩盖现实世界力量的所谓上帝的律法敢于一笔勾销，其实是意大利生生不息的一个传统，此一传统至少可以上溯到马基雅维利，他为了向最高统治者揭示世界的真实本质，曾对基督教义的种种"抽象"置之不理。然而，直到20世纪初，葛兰西才第一次在现代意大利找到了一个范例，这个范例说明了一种"文化"如何可能为另一种文化所取代，一种"共识"如何可能被用来袭击并进而取代一个对立秩序。

在谈及克罗齐对意大利知识阶层生活的影响时，葛兰西简单回顾了这一影响的方式和实际情况。正如斯图尔特·休斯所云："歌德以后，没有哪个个人像他一样如此全面地支配欧洲一个主要国家的文化。"[①] 无论是葛兰西，还是其他任何人，都不能免于那不勒斯唯心论者的影响。此派对于意大利实证主义的批评及其拓荒性的美学著作所产生的影响，使葛兰西成为20世纪初期意大利知识界，从总体看也可以说欧洲知识界，有影响力的主要人物之一。葛兰西自述道："可以说，本世纪

---

① 休斯：《意识与社会》（纽约，1958），第201页。

的前15年，我和当时其他许多知识分子完全或部分地参加了由贝奈戴托·克罗齐在意大利发起的道德和知识的改造。"①

葛兰西曾经是但并不长期是正统的克罗齐主义者，实际上二者在社会经济立场上分属不同的阵营。② 然而，从克罗齐对意大利文化的支配中，从其被葛兰西称之为"世俗教皇"的角色中，葛兰西不仅看到了克罗齐的权威，也看到了在"单纯的经济政治前沿"之外开辟一个"文化前沿"的必要性。

此文所关注的，不是由葛兰西或由克罗齐预设的"文化"的内容，而是先由克罗齐运用后为葛兰西吸收的为在当时人们心目中建立那种文化所运用的系统方法。用某一完整观点、某一特定文化系统解读意大利知识阶级的生活，需要不辞辛劳地翻检有关学术杂志和报纸，从而实现克罗齐所乐称的"意大利文化的再生"。

这一文化再生的目的是彻底摧毁18世纪思想的残余，摧毁"共济会员的感伤"和自然法哲学，而尤在于反对继承了启蒙运动抽象思想衣钵的实证主义。与实证主义的技术文化、也与意大利社会党的实证马克思主义相对立，克罗齐寻求建立一种新的共识，一种以具体的内在的历史唯心主义为基础的文化再生。"本世纪后半叶，自然主义文化和数学文化被抬高为至高无上的文化理想。这些社会生活的新导师对文科严重

----

① 葛兰西：《狱中札记》（都灵，1950），第132页。

② 在葛兰西看来，克罗齐主义就是20世纪的黑格尔主义，在其关于克罗齐的著作中，葛兰西写道："有必要作这样的判断，克罗齐的哲学观念与最初的马克思主义理论，都是对黑格尔观念的转换。只是历史可能性带来了马克思主义的彻底复兴……对于我们意大利人而言，继承德国古典哲学就是继承克罗齐哲学，因为克罗齐哲学是德国古典哲学在当代世界发展的新阶段。" Antonio Gramsci, Il Materialismo storico e la filosofia di Benedetto Croce(Rome,1971) , pp. 236 - 237.

缺乏敏感性，他们轻视历史，犹如烂醉如泥的乡巴佬，对哲学加以冷嘲热讽。如果说他们还有一点信仰需求，也只会在共济会分会和选举委员会上稍加满足。要重新唤起哲学与文化，就不能不让自然主义者、医生、生理学家、精神病学家各就各位，就不能不彻底击碎他们的狂妄自大心理。"①

克罗齐懂得，要将对立文化"归于其位"，就有必要借助"官方文化"以外、特别是意大利的大学这样一些官方文化堡垒以外的知识群体。克罗齐于是向整个意大利、特别是那不勒斯平民身份的文人请教，这些文人通常认为，大学不论对于他们的私人教师地位，还是对于学问本身，都是威胁。克罗齐宣称："意大利文化的再生只好由外行的平民来完成，也就是说，不是由大学专家来完成，除非他们把自己当成外行的平民。"② 为了支持**文化再生**理论，克罗齐决定创办一个学术杂志，以便推出一系列指向单一的思想。

从定义上看，霸权这一概念对于"思想自由市场"上的任何观念都含有敌意。之所以如此，不仅因为克罗齐原本不是要写给市场上的人看的，而且因为克罗齐认为，即使能在市场上找到最好的思想，人们也不愿为此付出高价。事实上，克罗齐在对待思想方面，是遵守格雷沙姆定律的。他坚持认为，人类有一种从花言巧语的理论中寻求自我安慰的无法克服的嗜好，尽管这些讨好人的理论恰恰掩盖了严酷人生的真实面目。《批判》杂志的问世，正是要切开这些哗众取宠的理论，暴露出被

---

① Croce, "Il risveglio filosofico e la cultura italiana", Cutura e vita morale, pp. 22 – 28.

② Croce, "Il risveglio filosofico e la cultura italiana", Cutura e vita morale, pp. 22 – 28.

包裹着的历史真实的狼藉血肉。首期发刊词公开表达了对任何误入歧途的宽容观念的反对:"我们打算只支持某一确定的观点。其实,对于学术的健康发展而言,没有什么东西比误解的宽容情感更加危险,因为宽容的本质是冷漠和怀疑。"①

1903年创办伊始,该杂志就立即毫不留情地向自然主义者、共济会员、实证主义者和启蒙运动的"伏尔泰式的伪君子"宣战。《批判》要成为兵器而不是论坛。在给他的朋友的信中,克罗齐称该杂志对"虚假自由主义"所容留的与自由主义思想大相径庭的观点将保持派性的、敌对的态度:"我的这本小杂志将是排他的、派性的……意大利的虚假自由主义把我们害苦了……原则上我们将对合作的范围严加限制。"②

《批判》集中检讨意大利文化史,揭示其失误及其与现代文化形态之分歧,追寻诸如维柯、德·桑克提斯、斯帕文塔兄弟等唯心主义者对意大利文化形成所产生的迄今仍鲜为人知的影响。杂志的所有权归克罗齐,但是克罗齐邀请了年轻的唯心主义思想家乔瓦尼·金蒂利协助工作。该杂志的近一半内容是由乔瓦尼撰写的,可是除马克思对他有几句仅有的批评之外,迄今仍然几乎不为人知。在20世纪的头10年,他被看作——他本人似乎满足于被看作——一个受克罗齐驱使与激发才合办该杂志的微不足道的合伙人。雷纳托·塞拉,一位克罗齐的崇拜者,曾经给出版界的一个朋友写信说:"如果你要办杂志,可以从《批判》得到启发","单从一期看,可能有些枯燥和唐突,但是一年下来,其作者除了克罗齐、金蒂利,就是克罗齐、金蒂利。这就是他们的厉害之

---

① 克罗齐:《导言》,《批判》第1期第3页,1903年1月20日。

② See letter of July 24, 1902, in Raffaele Colapietra, "Lettere inedite di Benedetto Croce a Giuseppe Lombardo-Radice", Il ponte 24 (August 31, 1968): 977 - 978.

处,正是因为这样,他们为读者所熟知,进而成为读者的朋友,每过两个月,读者们就期盼着阅读他们对于学问和现实的看法。"①《批判》创刊之初,整期整期的版面全由克罗齐和金蒂利撰稿的情况是不少见的,允许其他作者撰稿只是一个渐次展开的过程,但这些作者必须保持适当的观点。此后,人们发现杂志上出现了与唯心主义思潮相联系的更加著名的作者,也出现了一些不太知名但态度严谨的作者,如斯帕文塔、德·桑克提斯和当时其他唯心主义哲学家,在20世纪的意大利比在他们生前的意大利,更加为人们所熟悉,这就宣告了克罗齐的成功;这些早期思想家并不总是以他们的本来面目,而是以克罗齐本人思想的先驱者身份,被呈现在世人面前的;他们的哲学总是按照"死东西与活东西"这一公式被分类解析的;直到现在,也即克罗齐去世四分之一世纪之后,这些对于上述哲学家正统的克罗齐式解读才受到质疑。而这恰恰进一步证明了形成于世纪之交的克罗齐霸权的强大力量。

  对于克罗齐而言,主办《批判》的努力是政治性的,是他所说的"最广义的政治"。事实正是如此,在葛兰西手里,它似乎已将政治包罗其中,逐步建立起葛兰西所崇仰的文化霸权的诸多特征,而其所用技巧就是他的老师、前辈同时也是对手的克罗齐所用的技巧。加林曾写道:"克罗齐真正的政治影响不是到他的参议院事务中去寻找,不是到中央政府或地方政府中去寻找,也不是到他对党派、组织和帮派的领导中去寻找……而是通过解读渗透在《批判》杂志中的思想去寻找,通过争取报纸的配合去寻找,或者通过受其激励的杂志去寻找……在一个文学活动蔚然成风的国度,或如通常所说,在一个人本主义思想较浓的

---

 ① Renato Serra, Epistolario di Renato Serra, ed. Luigi Ambrosini, 2d ed. (Milan, 1953), p. 310.

国度，克罗齐思想尤能引起共鸣，因而影响也就格外大些。"①

为迷途的文化确立一种坚定的品格，其实正需要这样一种策略。正如古利亚斯所云："该杂志为两人提供了传播意大利唯心主义哲学的有力武器，这一哲学将对意大利文化形成激活之势。"② 我们至今仍能从早期读者关于发现《批判》杂志的回忆中感受到一点戏剧性。马里奥·温奇圭拉曾经是克罗齐的一位热心读者，后来成为《新欧洲》的编辑，他深情地回忆道："克罗齐为我所久仰，是不需要'发现'的，但是那天我第一次发现了他主办的《批判》杂志。我在杂志前站了几分钟，一时心醉神迷，因为我终于找到了无可置疑的证据："我们青年人一直尊为导师的这位名流正在走向他事业的巅峰。"③ 克罗齐的尊崇者不只温奇圭拉一人，正如他评论一年前读到克罗齐的一部美学著作时所言，这与其说是"感觉敏锐的小男孩的一时冲动，毋宁说是我们这代大多数人的心灵向往"④。

不断的争论对于年轻人是难免的，也是重要的，于是刻薄的言论雨点般地袭向"名人"，袭向科学家，袭向大学教授，特别是那些被认为"年复一年地向我们提供毫无思想和激情的著作的教授大人"。在每期杂志的后面，他们的著作都以尖酸的措辞受到毁灭性的评论。这些评论的主旨，除把读者引向唯心主义之外，还在于从思想上摧毁年轻学生对于"官方文化"的信仰。

---

① Eugenio Garin, Intellettuali italiani del XX secolo(Rome, 1974), pp. 3 – 4.
② See Giovanni Gullace in the intruduction to G. Gentile, The Philosophy of Art, trans. Giovanni Gullace(Ithaca, N. Y., 1972), p. xii.
③ Mario Vinciguerra, Croce: Ricordi e pensieri(Naples, 1957), p. 11, p. 72.
④ Mario Vinciguerra, Croce: Ricordi e pensieri(Naples, 1957), p. 11, p. 72.

年复一年，经历了第一次世界大战，又经历了第二次世界大战，《批判》杂志还是每两月一期，准时发行，这就使她的读者坚信，尽管其他一切都已不复已往，而该杂志的坚韧和可靠却依然不可动摇。从半岛的一端到另一端，到处都有该杂志的读者。阿尔曼多·卡利尼写道："意大利已经发生了革新，标志着这场革新的决定性开端就是1903年《批判》杂志的创刊。"① 在现代的意大利杂志中，没有哪家堪与《批判》的崇高声望相比肩，也没有哪家博得过读者如此真诚的钦服。"它将成为文化史上杂志形成力与再形成力的一个范例，也许是一个绝无仅有的范例。考察1903年的研究状况和目前的研究状况，考察近40年来研究的发展，你就会知道，哲学、特别是美学、文学批评、历史和历史批评、艺术批评、语言学、法律，所有这些都感受到了那本杂志每两月一次传播的思想的影响。"②

然而，杂志，哪怕是像《批判》这样的杂志，终究不过是杂志。它的观点每两月才发表一次，就算影响很大，也只限于老读者。坚持唯心主义观点，批判对立思想，最为重要的是，证明过去的思想家——或者无论如何也得是过去思想家的"现在"部分——无一例外地指明了唯心主义必兴的趋势，单靠一本杂志是远远不够的。

乔瓦尼·拉泰尔扎于1901年底来到那不勒斯，这为克罗齐提供了一个机会，从而拓宽了他本人在意大利生活中所起的作用。年轻的拉泰尔扎刚刚在位于半岛另一边的巴里市成立了一家出版公司，在不到10

---

① Armando Carlini, "Benenetto Croce e il fascismo," Lanuova politica liberale 2 (February 1924):34.

② Attilio Momigliano, "La critica," La rassegna d'Italia 1 (February-March, 1946): 235.

年的时间里,它便成为南部最大的出版公司,成为整个意大利声望最高的出版公司之一。拉泰尔扎就出版一套研究社会与政治问题的拟命名为"现代文化小书库"的丛书征求意见。他已经就此请教过其他知识分子,他们提议丛书可包括一两本教科书,但并不赞赏将重大政治内涵确立为整个丛书的宗旨。拉泰尔扎最终在克罗齐那里找到了整个出版事业而不是某本书所需要的宏伟规划,克罗齐在拉泰尔扎那里也恰恰找到了他之所需。"贝奈戴托·克罗齐与朱塞佩·拉泰尔扎的合作……层次有别,而目标则一,并不是意大利文化需要什么,他们就被动地提供什么,而是以一个简明的准则为近50年的意大利文化指明方向。"①

他们初次会面六个月之后,克罗齐便写信给拉泰尔扎说,你应该"使自己成为一个具有特定面目的编辑,也就是说一个出版政治、历史、艺术史、哲学等书籍的编辑"②。拉泰尔扎对克罗齐则言听计从,为实现克罗齐再造意大利文化的目标,他果然做出了无价的贡献。1906年他接管了《批判》杂志的出版。

克罗齐提出,在拉泰尔扎"小书库"想法的基础上对原计划进行扩容。他本人亲自当主编,鉴于不起眼的"小书库"之名容易被人认为抱负不足,丛书书名也改为《现代文化书库》。正如所预料的《现代文化书库》出版的书目到1920年已达100个,1930年为200个,到克罗齐去世的1952年,已达500个。克罗齐本人撰写了丛书中的21本,编辑和推介的又有20本。金蒂利写了3本,推介6本,而金蒂利的追

---

① "La mostra storica della casa editrice Laterza a Milano," cultura moderna, no. 5 (December,1961), pp. 25–26.

② Tullio Gregory, "Per i sessant% anni della casa Laterza," Belfagor 17 (November 30,1962):702.

随者圭多·德·鲁杰罗也有所撰述。事实上,《现代文化书库》的一批作者与《批判》杂志以及受克罗齐影响的其他杂志的作者群具有鲜明的相似性。为《现代文化书库》丛书确立基调的,是其第一批出版物中的一种,即克罗齐的专著《黑格尔哲学中的死东西与活东西》(1907),此书为支持自己的辩证法,对黑格尔的辩证法进行了毫不客气的批判。此外还出版了附有克罗齐导读性前言的德·桑克提斯的著作,从而确立了19世纪末之前批评家和政治家的标准观点。在同一时期,金蒂利也提出了对斯帕文塔兄弟产生影响的正统观点。1907年又出版了《反思暴力》一书,索雷尔在此书中以反实证主义和反唯物主义观点对马克思提出了修正,克罗齐为此作了热情推介。还出版了附有克罗齐非难性评论的杰出马克思主义思想家安东尼奥·拉布里奥拉的著作。"这些著作曾长期引导并支配了意大利关于马克思主义的讨论。"[①]实际上,不仅马克思主义的讨论受此支配,就是马克思本人也被列入通向克罗齐思想的一长串思想家中的一员。都灵大学的诺尔贝托·博比奥写道,甚至在克罗齐成为法西斯政体内部不受欢迎的人之后,关于马克思主义的任何讨论"其意并不在于到达马克思主义,而在于更好地理解克罗齐"。[②] 今天,纵览当代研究马克思主义的杂志,克罗齐、拉布里奥拉和葛兰西的名字已相互纠结为一种神圣的不可分割的三位一体,由此或能精确评估克罗齐对马克思主义研究的影响有多么深刻。

[①] Gregory, "Biblioteca di cultura moderna," p. 127.

[②] Norberto Bobbio, "Benedetto Croce a dieci anni dalla morte," Belfagor 17 (November 30, 1962):622.

作为《现代文化书库》的主编，在影响书库读者群阅读趣味方面，克罗齐发挥了不可替代的功能。在《现代文化书库》成功的巨大鼓舞下，克罗齐转而组织其他的更大规模的书库。1905 年 1 月，起草了《现代哲学经典》丛书的出版计划。该丛书将由克罗齐和金蒂利任主编，他们的编辑合作关系持续到 1925 年，是年二人终于分道扬镳。《现代哲学经典》丛书出版计划草就之时，很难获得外国哲学家的翻译版本，正如克罗齐所云，获得像布鲁诺、维柯这样的意大利籍大师的善本著作，就事情本身而言也同样很难。《现代哲学经典》将填补这一空白，该丛书的影响也必须据此加以观照，当时许多意大利学生对外国语特别是德语知之甚少，这也是评价此丛书影响时所不应忽略的。

克罗齐写道，本丛书决不是"毫无原则和秩序的翻译作品集"，而是仍然以建立克罗齐设计的新秩序为目标。本经典书库的"设计自然按照我们的思路，其构成则按照《批判》杂志所提出的原则"。本丛书将包括 25 卷或 30 卷，以克罗齐编辑的黑格尔的《哲学全书》卷，更确切地说，《哲学全书》前有克罗齐撰写的"序言"，序言告诉读者，既然西方理性发展的混乱历程最终已经作了澄清，"此后每卷均依此体例，按其各自在思想史上的地位归类排序"。欧金尼奥·加林站在为一代意大利人讲话的立场上说，是"整个哲学史先验的建构"，"后来变成了我们的现代哲学史"。[①] 1907 年《哲学全书》与克罗齐的《黑格尔哲学中的死东西与活东西》一起发表。黑格尔的其他著作后来陆续出版，如 1913 年的《法哲学》，1925 年的《逻辑学》。

---

① As quoted by Eugenio Garin, "I classici della filosofia," Cultura moderna, no. 13 (March 1953), p. 5.

费希特（1910）、康德（《判断力批判》，1906；《实践理性批判》，1909；《纯粹理性批判》，1909—1910）、莱布尼茨（1909—1912）、谢林（1908）、叔本华（1914—1916）、斯宾诺莎（1915）的著作与黑格尔的著作一起，在真正意义上第一次摆在意大利人面前。在大不列颠经验主义学派的译著中，却没有培根（直到 1965 年）、洛克（直到 1951 年）和沙夫茨伯里（直到 1962 年）三人的著作。贝克莱的著作虽然直到 1909 年才出版，但仍被克罗齐称赞为佛罗伦萨的"魔法师般的实用主义者"。

具有自然法论和反历史主义偏见的 18 世纪的法国思想家被认为无足轻重，因而狄德罗和达朗贝尔的著作 1968 年才出版，伏尔泰的则出版于 1962 年。猛烈抨击唯心主义的左派黑格尔的著作 1960 年出版，费尔巴哈的则出版于 1965 年。这就是说，只是当他们在异地声名远播之后，才由拉泰尔扎出版，由反唯心主义倾向的杂志出版则还要更晚。

《现代哲学经典》的独特视角并没有被觉察，终于可以如饥似渴地用母语阅读从源源不断地出版的外国著作的意大利文译本，对于这个机会，就是敌视克罗齐和金蒂利的人也表现出欢迎的态度来。

《现代哲学经典》之后，出版了克罗齐本人著述的系列专集，此集前四卷阐述克罗齐的"精神哲学"概念，把它与诸如实证主义、马克思主义等主流意识形态作了区分，同时也与维柯、康德、黑格尔等人的思想作了不太严格的区分。克罗齐把自己的哲学看作个人的胜利，同时也把它看作前辈伟大思想合乎逻辑的结论，也即对西方思想的总结，这一总结既构成整个未来思想的基础，也构成对整个未来思想的限制。克罗齐的著作共由约 70 卷构成，这些篇幅将作者过去与现在的伟大思想和著述置入"精神哲学"的体系之中，将西方历史表层的变化和喧嚣整理为一个理性的连贯的有序整体，堪称"20 世纪的牛顿"。

哲学著述之外,克罗齐还有美学、批评著述,当然也有历史著述。这些"历史"著述中的微妙"政治"品质常常被忽略,这位阿哈伊亚人往往不知不觉地从历史登陆到文化,而文化话题的成形和形成又从关于时政议题的辩论中引申而来。我们只需回忆其发行于1928年的名著《意大利史》(1870—1915),就能感受到克罗齐语言的分量。此书为挫败法西斯不可战胜的神话,猛烈抨击法西斯主义,高度赞扬法西斯之前的年代。面对政治冷漠的责难,克罗齐坦率地回答说,不能仅因为他的著作没有经常直来直去地谈政治,就说明他"不问政治"。他的目标更高,因为他无意影响某一单个事件的结果,而是要影响整个语境,进而从全局上影响政治的总体走向。他说:

> 批评我的人真的认为我在写作《我的那不勒斯王国史》时不参与政治吗?如果没有对于过去与现在的政治激情,这本书根本不可能诞生。他们真的认为我混迹于政客之间或参与日常政治角逐将会更有益于社会吗?……事实上,我的书已经渗透于人们的思想和心灵之中,在处理关乎意大利人生活和南意大利状况问题的时候,我发现,它总是不断地被记起。那就是我……最有效、最持久的"政治著作"的真义所在。①

拉泰尔扎最具雄心的丛书出版计划于1909年开始起草。在阿布鲁佐山召开的一次暑期会议上,拉泰尔扎和克罗齐策划了《意大利作者》丛书,计划包括大约600卷。正如詹弗兰科·福莱纳所说,其目的在于揭示20世纪意大利唯心主义的来龙去脉,"现代意大利文化觉醒的主

---

① As quoted by Eugenio Garin, "I classici della filosofia," Cultura moderna, no. 13 (March 1953), p. 5.

线"。① 《意大利作者》丛书编纂工作的第一项就是宣布丛书的意图：
"为意大利最终确定赋予她一种语言或通过漫长世代再造和维护其种族团结和光辉文明的作者群体。"②

像《现代文化书库》一样，自远古至今的每位意大利作者都按其在意大利历史剧中的地位"各就各位"，这个历史剧被理解为至克罗齐著作问世才渐趋高潮。马基雅维利、圭恰迪尼、维柯、福斯科洛、焦贝蒂、德·桑克提斯和其他许多人的著作就这样出版了。但是没有为加尔瓦尼、贝卡里斯、沃尔特这些启蒙运动的意大利籍作者，也没有为卡洛·卡塔内奥这位所谓的意大利实证主义之父，留下一席之地。然而，卡塔内奥的著作直到1965年才由拉泰尔扎出版。

在评估克罗齐对20世纪意大利影响的分量时，我们不能忘记拉泰尔扎出版社在当时受教育的意大利人思想形成中所占的独特地位。拉泰尔扎和《批判》是真正意义上的南意大利的喉舌。因此葛兰西所说："在南方，只有一家出版社，它就是拉泰尔扎出版社，只有一家杂志，它就是《批判》，那里有学识渊博的学术文化大师群"，却没有小型或中型杂志，没有其他能够"聚集南部中产阶级知识分子"的出版人。③

在此后的数10年间，被克罗齐赋予了灵感的数以千百计的期刊从巴里涌出，走进图书馆，走进私人家庭，最后走进大学。正如加林所言，这些文本"在10年多一点的时间里，更新了每位受教育的意大利人的书架，成功地为意大利文化作了明确的定位。"它们建立的不是王

---

① Gianfranco Folena, "Scrittori d'Italia," in Catologo generale, p. 9.
② "Gli 'Scrittori d'Italia,'" Cultura moderna, no. 7 (February 1953), p. 1.
③ "La questione meridionale," Rinascita 2 (February 1945):41 (published posthumously).

国，而是精神霸权。正如葛兰西所云，这一精神霸权使克罗齐哲学成为"德国古典哲学在当代世界发展的新阶段"。① 直至今日，意大利人仍作如是观。

（付琼 编译）

---

① Antonio Gramsci, Materialismo storico e la filosofia di Benedetto Croce (Rome, 1971), pp. 236–237.

葛兰西与霸权理论[*]

〔美〕托马斯·R.贝茨

1926年11月,意大利共产党总书记安东尼奥·葛兰西被法西斯主义政府逮捕,随后被判处20年监禁。葛兰西漫长而悲惨的监禁生涯也为20世纪的马克思主义思想作出了最重要的贡献之一:霸权(hegemony)理论。不幸的是,在1935年身体垮掉之前,葛兰西无法系统地阐述霸权理论。霸权理论散见于葛兰西的整个《狱中札记》之中,有待于整理和系统化。我们在葛兰西死后建构出这个理论的合理性在于霸权概念是葛兰西《狱中札记》的统一主线,也是其全部政治经历的逻辑结论。

很少有人会不同意霸权理论的基本前提:人不仅受到权力的支配,而且受到观念的支配。葛兰西写到:"统治阶级的建立相当于世界观的创立。"[①] 马克思同样说道:"任何一个时代的统治思想始终不过是统治阶级的思想。"[②] 然而,与马克思相比,葛兰西发现这个简单的事实非

---

[*] 本文选自《马克思主义与现实》2005年第5期。

[①] Il materialismo storico e la filosofia di Benedetto Croce(Turin,1966),p.75;以下皆作 Il materialismo storico。

[②] The Communist Manifesto, iii Basic Writings on Politics and Philosophy, ed. Lewis Feuer(New York,1959),p.26.

常具有启发性。葛兰西把"维护整个社会集团的意识形态统一"这个重要的功能归功于观念。① 倒不是因为观念的力量足以消除阶级斗争,而是因为它们能够将阶级斗争缓和到使阶级社会继续运转下去。

葛兰西并不想讨论马克思的秘方——即任何一种国家都是一种专政,但是他也认识到,格言的简单性导致意大利左派在对抗法西斯主义时犯下了严重的政治错误。准确地说,它在分析上已经变得毫无用处,使人们不可能区分各种统治形式并正确说明历史时代的特征。任何一种国家可能"归根结底"都是一种专政,而且在面对任何严重的挑战——不管是来自内部还是外部——时可能都会露出狰狞的面目。但是,专政是政治统治的唯一形式,这并不正确。政治统治还有另外一种形式,即"霸权"。霸权概念事实上非常简单。它是指那种建立在被领导者同意之上的政治领导权,而统治阶级世界观的传播和流行则确保了这种同意。

对于西方的政治话语来说,"霸权"一词肯定并不陌生,而且它在传统上表示这种或那种形式的支配。然而,就葛兰西来说,"霸权"概念的谱系可以具体地追溯到俄国革命者在19世纪末和20世纪初进行争论时的政治术语。在与"经济学家"关于"自发性"问题的争论中,普列汉诺夫、阿克西尔罗德、列宁以及其他人引入了"霸权"一词。在提倡无产阶级对农民的霸权和党对无产阶级的霸权时,普列汉诺夫阵营本质上是肯定在落后的文化状况中精英领导权的必然性的。② 尽管"霸权"一词在列宁对"落后主义"(tail-endism)的频繁抨击中被向前

---

① Il materialismo storico, p. 7.

② E. H. Carr, The Bolshevik Revolution, 1917—1923, 3 vols. (Baltimore, 1969), I, pp. 29 – 31.

推进，但是它的含义仍然只是无产阶级先锋队的政治领导权。无产阶级先锋队的使命是在群众的真正利益上指导群众，并使他们摆脱改良主义的道路。更准确地说，这意味着使庞大的农民阶层忠诚于微不足道的无产阶级的革命纲领。意大利学者诺贝尔托·博比奥（Norberto Bobbio）正确地看到，在霸权概念上，葛兰西从列宁那里得到的并不像他自己声称的那么多。在博比奥看来，斯大林比列宁更加频繁地使用"霸权"一词。列宁更愿意使用"领导权"（leadership）和"管理"（management）这些词语。而且，列宁使用的"霸权"等同于"领导权"。在作为意大利共产党总书记的时候，葛兰西也在这个意义上使用"霸权"一词。直到葛兰西的狱中思考集中在历史上知识分子的地位时，他才开始看到列宁主义概念的更多可能性。

1932年5月的一封信揭示出葛兰西对霸权概念的历史含义的描述。它起源于对"正统"马克思主义或实证主义马克思主义的反叛。葛兰西说，克罗齐"清算"正统马克思主义的企图是多余的，因为正统马克思主义已经被列宁主义超越，而且列宁主义已经解决了克罗齐要解决的问题。葛兰西认识到，霸权概念是19世纪马克思主义和20世纪马克思主义之间的分水岭。这种认识基本上是正确的。因为正如葛兰西对霸权概念的发展那样，"霸权"显然不仅是葛兰西对19世纪末马克思主义危机的理论反应，而且是对下述问题的理论反应：意大利人反对实证主义所提出的那些具有深远意义的意识和社会问题。

文化领导权因素在历史上的"升级"（upgrading）要求重新评价马克思主义的"上层建筑"概念。"上层建筑"不再可能是对社会经济组织的消极反映。葛兰西对知识分子在社会中的作用的研究促使他把上层建筑分成两大"层面"："市民社会"和"政治社会"。市民社会由所有私人组织构成——学校、教会、俱乐部、杂志和政党，它们以分子的形式推动了社会和政治意识的形成。另一方面，政治社会由那些行使"直接的统治权"的公共机构组成——政府、法庭、警察和军队，从而等同于国家。统治阶级在这两个行动"层面"上行使对社会的权力，但方法不同。市民社会是观念的市场，是知识分子作为"竞争性文化"销售员而进入的地方。就知识分子把统治者的世界观扩展到被统治者身上而言，他们成功地创造出霸权，从而保证了群众对国家法律和制度的"自由"同意。就知识分子未能创造出霸权来说，统治阶级求助于惩罚那些不"同意"者的国家强制机器。

按照社会政治功能而对"知识分子"的定义暗含在这种理论之中：

> 独立的知识分子阶级并不存在，而是每一个社会集团都有自己的知识分子。无论如何，历史上进步阶级的知识分子……发挥了这样一种吸引力，以至于由于心理（自负）或社会等级本质的联系，他们最终战胜了其他社会集团的知识分子，因而创造出一种团结所有知识分子的机制。①

恰当的例子是知识分子在意大利复兴运动中的作用。当然，葛兰西阐述这个概念的基本模式也是这类例子。意大利新统治阶级的"有机知识分子"是温和派，他们对其他所有知识分子群体发挥了这种"自发的"吸引力。荒谬的是，温和派的成功也是意大利复兴运动的失败。

> 他们想去"统治"，而不是去"领导"，而且他们想让他们的"利益"而不是他们的成员去统治。也就是说，他们想让新的力量变成国家的主宰者：这种力量是皮埃蒙特和君主制。②

---

① Il Risorgimento(Turin,1966),p.71.

② Il Risorgimento(Turin,1966),p.106.

结果是一场"消极的革命",即斗争不是由阶级而是由国家来领导,这创造出一种没有霸权的专政。

根据葛兰西的理论,霸权和专政是相互依赖的现象。由于霸权的虚弱,"自由主义的意大利"的极权主义特征不亚于社会主义的俄罗斯。在这两个个例中,缺少市民社会中的"自发性"同意迫使国家求助于暴力。葛兰西把由暴力支配的社会称为"经济—法团"社会(economico-corporative society)。葛兰西所说的"经济—法团"社会是指这样的社会:在其中,关于应该如何组织社会没有普遍的一致看法,没有与经济社会现实相一致的被普遍接受的世界观。在这样的状况下,政治是经济领域专政直接和粗俗的表达。

每一次伟大社会政治变革的初始阶段都是专政时期,其长度恰恰取决于专政者能否使其经济结构变革被普遍地接受。葛兰西对此并不感到奇怪。在意大利复兴运动中,温和派领导人无法按照民族原则统一资产阶级,无法长期地使资产阶级从自己狭隘、自私的追求中摆脱出来,把对共同历史任务的清晰洞察力和对民族目的的自信感灌输到他们身上。直到社会阶级的世界观完全说服了自己,这个社会阶级才能使其他的社会阶级相信其世界观的有效性。一旦实现了这一点,社会就进入了相对平静的时期。在这一时期,霸权而不是专政成为占主导地位的统治形式。

葛兰西错误地把这种霸权时期等同于克罗齐的历史"伦理—政治"阶段。这是一个可以谅解的错误,因为克罗齐在两本历史著作——《1871—1915年意大利史》和《19世纪欧洲史》(1815—1895)——中说明了自己的"伦理—政治"概念。在这两本书中,克罗齐排除了那些革命斗争和专政时期。这些革命斗争和专政都发生在克罗齐所叙述的历史时期之前和之后。葛兰西批评了这种排除暴力斗争的做法,好像

"伦理—政治"时期是某种从天空中掉下来的"东西"。然而，克罗齐的"伦理—政治"概念并不是暂时的界定，因为它被应用到所有历史时期。在每一历史时期，克罗齐的目标都是发现普遍性的品质。在每一次斗争中，克罗齐的目标都是找到人类精神试图实现自己的自由的某种迹象。事实上，克罗齐通过研究1799年那不勒斯革命首次得出了这种历史观念。但是当看到反动警察国家的结果时，克罗齐对这次造反中的雅各宾主义和反君主专政因素的迷恋开始变成厌恶。克罗齐由于那次造反的伦理—政治因素的失败而产生的幻灭感，有助于解释他后来为什么不愿讨论流血斗争的时期和最终把法西斯主义称为"意大利历史的停顿"。因此，葛兰西的错误只不过是形式上的。他准确地认识到了克罗齐的伦理—政治概念中的偏见。在应用中，克罗齐的伦理!政治概念可以等同于霸权概念。

我们已经指出了葛兰西的理论与克罗齐的理论之间相似性的根据之一。这两个人都在反对20世纪末在意大利盛行的实证主义历史观，也都试图恢复意大利历史编纂学的全部人性意义和对复杂的戏剧性事件的评价——这些都展现在政治领域中。然而，尽管他们两人的哲学动机拥有形式的相似性，但他们的政治动机却完全对立。如果克罗齐的目标是创造出马克思主义的替代物，那么葛兰西的目标就是为意大利人提供取代克罗齐的马克思主义选择。由于在自己的理论中自称是建议者，所以葛兰西想将自己限制在同自由主义意大利的"世俗教皇"之间激烈的意识形态斗争之中。葛兰西把"世俗教皇"看作是最重要的统治阶级教育家。但是，有人怀疑葛兰西激烈批判克罗齐的潜在动机在于他自己从这位大师那里学到了很多东西。事实上，葛兰西坦白地承认了克罗齐对意大利马克思主义的"工具性价值"。

葛兰西从克罗齐那里获得的大量教益可以在后者的《政治伦理》

中找到。在《政治伦理》中，克罗齐运用马基雅维利的方法来研究政治。这种方法和马克思主义都对传统政治范畴持有深深的怀疑。葛兰西不可能对这种方法感到不快。对所有现代马基雅维利主义者来说，权力的根本范畴是暴力和共识，而且这些不是相互排斥而是相互依赖的现实。就像葛兰西一样，克罗齐相信：没有暴力，不可能有共识；没有"权威"，不可能有"自由"。

克罗齐的启发在葛兰西的市民社会和政治社会概念中十分明显。一些学者把这些概念追溯到马克思和黑格尔那里的企图只会导致混淆，因为尽管葛兰西借用了他们的语言，但没有借用他们的含义。对马克思和黑格尔来说，"市民社会"是指社会结构，更准确地说，是指马克思所说的"生产关系"。对葛兰西来说，市民社会是一个潜在历史行动的领域，但它不属于结构，而是属于社会的上层建筑。它不是商业和工业的领域，而是最广泛意义上的意识形态和"文化组织"领域。不过更确切地说，葛兰西的概念可以追溯到克罗齐的"教会"思想。在《政治伦理》中，"教会"被定义为"最广泛意义上的道德机构形式，包括宗教机构和革命教派，包括情感、习俗和关于实际倾向和满足的幻想和神话"。[①] 对克罗齐来说，就像对葛兰西来说的那样，"教会"或市民社会是知识分子行动的领域，不管知识分子是与国家合作还是反对国家。对克罗齐和葛兰西来说，无论国家拥有的"伦理"内容是什么，都可以在这个领域而在不是严格意义上的国家内部找到。

葛兰西试图运用霸权理论来解释许多令人费解的历史现象。当还是一个年轻的社会党人的时候，最困扰葛兰西的问题是正统马克思主义的机械预测与20世纪改良主义运动之间日益扩大的鸿沟。像列宁和其他

---

① Croce, Etica e Politica, p. 230.

许多左翼的社会党人一样,大众明显的"冷漠"完全压倒了葛兰西。列宁对这种困境的反应是双重的:首先,他抛弃了那种认为工人阶级会"自发地"从自己生活的物质状况中获得革命意识的观点;其次,他创立了帝国主义理论——即帝国主义是"资本主义的最高阶段"——来解释工人"贵族"的形成。工人贵族分裂了无产阶级运动,并进一步将其引上改良主义的道路。虽然葛兰西没有在任何地方批评列宁的理论,但显然他的反应被包括在霸权理论之中。葛兰西的霸权理论寻求的不是经济数据而是"文化"数据的解释。

对于葛兰西来说,群众对革命者呼吁的漠然与冷漠所表达的是服从(subordination)的事实,不仅服从国家的暴力,而且服从统治阶级的世界观。要获得革命的意识,工人首先必须摆脱统治阶级文化组织强加给他们的意识形态束缚。如何实现这一点呢?

> 批判的自我理解……脱胎于反方向的政治霸权斗争,首先是在伦理领域中,其次是在政治领域中,在对自己现实观念比较严肃的阐述中达到顶点。那种对成为明确的霸权力量组成部分的意识……是迈向越来越高级的自我意识的第一步。理论与实践最终统一于这种自我意识之中。①

霸权斗争需要知识分子的领导,因为在大众的范围内:

> 批判的自我意识在历史和政治上表示知识分子干部的诞生。大众并没有进行自我区分,也未曾"独自"变成没有自我组织的独立存在,(在广泛的意义上),而且没有知识分子、没有组织者和领导者……就没有任何组织。②

---

① Il materialismo storico, p. 11.
② Il materialismo storico, p. 12.

因此，阶级意识是意识形态斗争的产物，而意识形态斗争的领导者则是竞争性社会集团的知识"官员"。从经济决定论的观点来看，"虚假意识"现象是完全无法理解的。但是，从葛兰西的观点来看，"虚假意识"只不过是表示统治阶级知识分子在意识形态斗争中的胜利。相反，马克思认识到了"传统"知识分子进入到无产阶级阵营中这种现象，但从未停下来对其进行解释。葛兰西将其解释为无产阶级知识分子的胜利，而无产阶级知识分子的胜利则得到了下述事实的帮助：他们的阶级代表"进步的"人类发展阶段。葛兰西比马克思更重视这一过程，不过，马克思当然没有看到意识形态在20世纪的惊人力量。

葛兰西是少数试图对"代沟"或"青年激进主义"进行理论解释的现代马克思主义者之一。根据葛兰西的观点，老一辈"总是"教育年轻人。资产阶级青年加入到无产阶级阵营，这表明资产阶级未能正确教育自己的子孙，也没有为他们的接任做好准备。因此，这些青年必定向无产阶级的长者寻求指导。当资产阶级的长者看到这种发生在全国的情况时，他们就会进行政治和军事的干预来阻止这种潮流，切断自己的青年与进步力量之间的沟通线路。然而，这种努力却产生了相反的结果。葛兰西对这些"异化的"资产阶级子孙仍然持怀疑的态度。不过，这种怀疑不是纯粹的偏见，而是一种贯穿着意大利工人运动经历的历史判断。人们应该如何解释整个左翼知识分子加入到无产阶级阵营之中这种现象呢？更准确地说，人们应该如何解释社会党人进入资产阶级政府和革命工团主义者加入民族主义的、也是法西斯主义的运动这种现象呢？葛兰西把这些费解的事件看作是19世纪改良主义的大规模延续。统治阶级内部的"代沟"已经导致资产阶级青年大量流入到群众运动中，尤其是在19世纪90年代动荡的10年期间。然而，在20世纪初导致战争的意大利国家危机中，这些资产阶级浪子又开始回归宗教。

对资产阶级激进主义的这种看法表明,葛兰西在监狱中可能受到了对罗伯特·米歇尔斯(Robert Michels)的《政党论》进行重读的影响。像葛兰西一样,米歇尔斯认为,对于革命意识的发展来说,资产阶级知识分子转向无产阶级的事业是必不可少的。不过,他也高度怀疑他们的动机和可靠性,也警惕他们的"独裁"倾向。尽管米歇尔斯最终变成了法西斯主义者,但葛兰西有充分的理由相信他。

另一种在霸权理论中找到解释的历史现象是哲学成就与政治堕落之间的离奇联系。这样一种思辨思想的例子是克罗齐的历史主义。在《狱中札记》中,葛兰西的主要目标之一是创造出比得上恩格斯《反杜林论》的"反克罗齐论",并且摧毁克罗齐在意大利文化中的霸权。毕竟,克罗齐本人的历史作用本质上难道不是一种"反马克思论"吗?而且,在清算马克思主义的努力中,难道克罗齐没有把自己的某种方法整合到自己的哲学之中吗?葛兰西看到,传统文化由于背后有充满生机的年轻文化而蹒跚在历史深渊的边缘,因而可能会回转,并且想在拯救自身的努力中抓住自己的刽子手。

霸权理论对革命战略具有重要的意义。事实上,霸权理论恰恰是对经典革命战略的僵局的解答。在第二国际中,这种经典的革命战略建立在经济决定论的各种假设之上。这些宿命论的假设导致各种各样的战略错误。"经济学家们"不理解:"大量的意识形态事实如何总是落后于大量的经济现象,以及在某些时刻传统的意识形态因素如何放慢、限制乃至破坏由经济因素产生的自动运行。"[①] 资产阶级知识分子最成功的"意识形态欺骗"之一是通过议会和普选权能够实现真正的民主和社

---

① Note su Machiavelli, 37; trans. Louis Marks in the Modern Prince and Other. Writings, pp. 135 – 188.

平等，而第二国际的各种政党几乎全都沉迷于这个神话。葛兰西认为，议会和投票站仅仅是形式，其真实的内容由文化组织的有效控制、市民社会中的沟通线路决定。因而，议会游戏是一种创造大众主权幻象的极为有效的手段。

凭借自己较多的组织、信息和沟通手段，政府中的各种势力在霸权斗争中拥有很大的优势。在议会上，他们拥有更为现代的手段来利用"公共舆论"。像少数人一样，葛兰西预见了"公共舆论"的潜力：

> 公共舆论与政治霸权有着紧密的联系。它是市民社会与政治社会之间以及共识与暴力之间的连接点。当国家想发动一项缺乏广泛赞同的行动时，它预先创造出充足的公共舆论；也就是说，它组织并收集市民社会的某些因素。①

现代民族国家所造就的复杂上层建筑能够抵御最悲惨的经济危机，这在战后已经得到了证明，在1929年的金融大危机中也再次得到了证明。葛兰西把这些发达社会中的文化组织比作现代战争中的"战壕体系"：尽管受到轰炸，但它们仍然能够进行有效的抵抗。因为这个原因，葛兰西反对卢森堡的下述命题：经济危机是革命成功的必要和充足的催化剂。葛兰西把这个命题称为一种"铁的经济决定论"形式和"历史神秘主义"。他承认，这个命题在1917年俄罗斯的状况中可能有效，但那是特殊情况。由于沙皇政府缺少足以平息愤怒和饥饿的人们的那些文化堡垒，因此，即使没有准备过长期的"阵地战"或"围攻战"，闪电般的"运动战"也取得了成功。同样，在有时间建立新文化堡垒的基

---

① Passato e presente, p. 158.

础之前，温和的克伦斯基政权就垮台了。葛兰西把托洛茨基的"永久革命"论归因于俄国的这些特殊条件，并且认为这个理论不再适用于欧洲。1848年革命和1871年巴黎公社的失败已经表明"运动战"在欧洲的终结。

在阵地战的战斗中，革命派必须能够认识到社会机体的"危机"及其不同的阶段。根据葛兰西的看法，"社会机体的危机"涉及"历史集团"的总体性——社会结构以及它的上层建筑。有机体的危机表现为霸权的危机。在霸权的危机中，人们不再相信国家领导人的言词，并且抛弃传统的各个政党。这种危机中的沉积因素常常是统治阶级在某种大规模行动——例如战争——中的失败。在这种大规模行动中，统治阶级需要人民的赞同和牺牲。危机可能持续很长一段时间，因为正如葛兰西看到的那样，"没有任何社会形态愿意承认自己已经被取代了"。[①] 在同危机进行斗争的过程中，统治阶级的知识分子可能会把国家的失败归咎于反对党或少数民族，并操控那些建立在对爱国情感的非理性呼吁之上的民族主义运动。这是公民生活中非常危险的时刻，因为如果官僚们的努力失败了，而且如果进步力量没有提出自己的解决办法，那么旧的统治阶级就从"神圣的领袖"身上寻找拯救的办法。这种"恺撒"可能会消灭反对派的精英并恐吓它的大众支持者，从而给予旧制度以喘息的机会。或者，各种竞争的力量会消灭彼此，让外国的势力来掌管"墓地的和平"。

避免社会机体危机的这些隐患是革命领袖的责任。葛兰西直截了当地把"越坏就越好的"政治学批判为极不负责的政治学。这也是含蓄

---

① Passato e presente, p. 42, p. 50.

地批评意大利共产党在20世纪20年代初对待法西斯主义的态度。当时，葛兰西不幸地也持有这种态度。至少可以说，葛兰西吸取了自己的教训。然而，共产国际甚至在1934年还赞许地把希特勒在德国的胜利评论为一种"消除大众的民主幻想并把他们从社会民主主义的影响中解放出来"的手段。葛兰西也建议反对任何类型的阿迪特主义（arditism）或军事冒险主义。无产阶级不如小资产阶级那么适合军事冒险主义，而且军事冒险主义只会煽起反动派的火焰。政治必须优先于军事，因为"只有政治才创造出策略和运动的可能性"。[①] 这是要承认革命在自由民主的政权中比在极权主义的政权中更容易准备，因为后者的目标恰恰是要消除政治。在1926年被逮捕之后，葛兰西可能极好地认识到了这一点。

或许，当代左派能够从霸权理论中获得的最重要的实践原则是：单单指出旧制度的罪恶并不能消灭旧制度，而指出新制度的优点才能使新制度产生，前一点要胜过后一点。某种社会制度不论剥削性有多少，都不能被简单地理解为邪恶统治者的阴谋。那些使某个社会运转下去的领导人，那些使无数人服从并且不用鞭笞就使无数人服从的领导人，都是称职的统治者。被驯服者可能得到庇佑，但他们不会因为这个缘故而继承整个世界。如果世界上的不幸者总是在误解，那么正是因为其他人知道什么是正确的目标。抱怨老板对工人来说并不够。不仅在道德操守上，而且在技术知识上，他们都必须使自己比老板更胜一筹。

葛兰西严肃地批评了那些左翼知识分子，他们为那些常常与被压迫阶级有关的微不足道的犯罪行为和不道德行为辩护。一些决定论者根据

---

① Note su Machiavelli, p. 47, p. 64.

人是自己社会环境的产物这个理由来为这样一些行为辩护。对于他们,葛兰西回答说:"环境不会为个人的行为尤其是那些历史上最消极的个人的行为开脱,而只是'解释'它们。"① 革命者必须学会区分革命行为和单纯的犯罪行为。因为即使犯罪活动是反对现存制度的造反形式,以伦理的赞同来使之变得高尚也只会有助于强化一种低于统治阶级操守规范的操守规范,因而无法取代统治阶级的操守规范。相反,"历史是个人和群体改变每一个特定时代的存在之物的持续斗争。如果没有有效的斗争,这些个人和群体必须感觉到比现存之物优越,能够教导社会,等等。"②

温顺者、无知者、愚蠢者和邪恶者,无论他们的状况是多么地可以理解,都决不会有能力建立一种新的制度。只有那些自豪、坚定、正直的人和那些知道如何组织起一个新社会并创造出一种新文化的人,才能够建设一种新的制度。毕竟,新文化只有当取代旧文化的时候,它才能证明自己的"历史"优越性。

(本文的英文原名为"Gramsci and the Theory of Hegemony",Thomas R. Bates,原载 Journal of the History of Ideas,Vol. 36,No. 2,1975)

(吕增奎 编译)

---

① Passato e presente,p. 203.
② Passato e presente,p. 203.

葛兰西的从属和霸权理论*

〔美〕卡尔·科尔施

安东尼奥·葛兰西的霸权理论,从根本上讲就是一种贯彻于整个文化工作的权力策略。它主要关注个人和群体的从属状况。

本文的宗旨是激发读者对于那些把霸权描述为一种文化同质性和共产主义的协调策略的批评家的怀疑,以及对于那些认为葛兰西毕竟还保留着一种列宁主义的迫使人民的文化倒退到实践哲学的伟大思想中去的意愿的批评家的怀疑。为什么葛兰西追求这样一种间接的道路?为什么他不对诸如革命、政变或者选举等权力的经典方式感到满足?毕竟,在他的国家的基本传统中,这些策略一直被认为最适于克服意大利长期无力实现现代性的方案的困难,即建造意大利国家。在葛兰西的那个时代,意大利距离实现现代性的目标仍然非常遥远,意大利国家还不能与自由主义的模式相提并论。葛兰西的功绩和独特之处在于改变了政治解放的远景,并强调政治所蕴涵的传统和直接的策略,他开启了对从属和不相容的社会和文化状况的广泛探究。他从它的边缘的最下端考察现代性。

---

* 本文选自《马克思主义与现实》2005年第5期。作者 Nadia Urbinati 为哥伦比亚大学助理教授。

1. 什么是"南方问题"

南方问题的概念是连同意大利的统一一起出现的,它产生于一种对统一问题本身的局限性的认识和对已经使它成为可能的不适当的领导阶级的幻想的破灭。南方问题毫无疑问地与实现国家的政治统一的方式相关,是适度自由主义的北方的地方和中央政府对南方的"占领"。所有南方社会的、保守的、自由主义的和民主的学者都同样具有这些情绪。

然而,第一代的南方人主要是俾斯麦主义者,而且没有认识到中央集权化和贸易保护主义的政策是造成南方不幸的主要因素。只是在世纪的交替时期,一些自由主义的经济学家开始认识到关税政策是北方人以牺牲南方人利益为代价实现工业化的一个工具。从这种自由主义批评中首先得出这一民主结论的是加塔诺·萨尔维米尼(Gaetano Saivemini),他认为南方的"从属的阶级"只有和北方的工人阶级结成同盟才会赢得自己的解放。以一种新的视角来看,这不再是道德的而主要是政治的问题,萨尔维米尼把南方问题定义为国家的问题:南方需要的不仅仅是具有良好意愿的政治家和一种新政策,而是一个新的国家政治主体。南方的解放需要整个国家的民主解放。

在南方问题的解释上的争论反映了现实的意大利和欧洲大陆文化在20世纪的第一个十年间在理想主义和实证哲学之间的争论。理想主义和实证哲学来自于对生活的不同观察和政治态度。正是在这种文化氛围中,葛兰西发展了他的政治思想和他对南方问题的理解。他选择的立场是复杂的。他支持理想主义者反对实证哲学家,站在萨尔维米尼等自由主义者一边反对社会党人。他的南方观念在这个理论的框架内数年以来发生了策略的变化。就一个政治的和文化的霸权问题而言,南方问题对于他来说是一个国家的问题。这一问题的解决需要在知识分子"人民—国家'之间、在意识和存在之间建立一种新的关系。

由于意识和存在相统一的理想主义概念批评人类从属于外部的权威，而且谴责一种基于物质的强迫而不是自由的认同的社会和政治秩序，所以这一概念有着很强的解放意义。葛兰西所倡导的争取个人自治和全人类平等的道德尊严的号召就建立在这一前提之上。正如他在1917年所说："意大利人民缺少无私的团结精神、自由商讨的爱和通过由智慧和理智提供的纯粹人类方法而获得真理的愿望。"另一方面，意识和存在相统一的概念需要这样一种社会，在这个社会中为了解决强制与认同之间的冲突，需要建立一种个体的思想明显地依附于集体的思想的和谐秩序。正如葛兰西在《狱中札记》中写到的，在将来的社会里，"单一的个体是自我管理的，没有他的自我管理就会陷入到与政治社会的冲突之中"。

我认为，只要认真地对待葛兰西在南方问题上的思考，人们就会消除一些一般性的批评。实际上，那些思考似乎进一步证实了他的政治思想的多面性，扩大了他的社会批评与他的抱负之间的距离。最后，葛兰西关于南方的著作是他的霸权观念的综合的和整体特征的中和物。在本篇论文中，我希望强调的是，葛兰西详细阐述了他的霸权概念主要是由于他对南部意大利的从属状况的关心。对于他来说，就一个既在南方的各社会阶级中间同时也在南方和北方之间缺少沟通的问题而言，南方问题是一个国家问题。因此，它是一个文化的问题，它的解决将会是由南方人和北方人以同样的方式战胜个体道德的自发性，而且它还是一个政治问题，它的解决将会是社会和国家的民主变革。

2. 葛兰西的南方问题

葛兰西的南方概念是多方面的。他最初的南方观点是一种萨尔维米尼主义的自主论,这种观点是在战争之前的数年间形成的,当时葛兰西发现克罗齐的理想主义与萨尔维米尼的激进自由主义都主张反贸易保护主义政策和普遍选举权。葛兰西认为放任自由主义是反对土地主和工厂主集团的最激进的政策,是非地方主义政策的第一个真实范例。

其后南方就进入了战争时期,当时葛兰西开始注意到"组织'对于政治行动的重要性。像他的许多同时代人一样,当他在对马克思的《路易·波拿巴的雾月十八日》的内容作札记的时候,他认为战争将会产生农业经济无法带来的东西:集体主义的心理、国家的观念和阶级属性。俄国布尔什维克革命的胜利似乎进一步证实了他的分析:由于把农民变成士兵去参加战争,从而产生了一个潜在的革命阶级。按照葛兰西的看法,意大利和俄国的情况'非常相似'。但是法西斯主义势力的上升,南方天主教党团的渗透,以及在农村地区中苏维埃革命的问题,抑制了葛兰西的乐观主义。现在农村似乎成长为一个反对城市及其现代性文化和工业主义的可怕威胁,并且成了社会主义革命的真正归宿。葛兰西于1920年写道,农民感觉到"他的无力、他的孤独和他的令人绝望的状况,他变成了战斗者而不是一个革命者,他成为执政者的暗杀者,而不是一位共产主义的斗士"。党的意识形态、政治的同盟以及长达数年的战争都不足以推动农民产生一种阶级意识。

归结起来,葛兰西必须做的工作是,促进能够利用那种"危机的"形势和在社会的各种力量之中增进新的平衡的一个完全崭新的知识分子阶级的成长。那将是由许多细小"分子的"变革组成的一个长期方案,而不是突然的、大规模的变化。"知识分子群体缓慢地成长着,比其他社会群体的发展要慢得多。"

《狱中札记》中对马基雅维利与博丹(Bodin)之间的比较表达了葛兰西霸权方案的理性观点。不同于马基雅维利,博丹的目的不在于建造一个区域性的新国家,而是在现有的国家内"平衡各种冲突的社会力量"。然而马基雅维利强调的是"武力的机会",博丹则对'同意的机会"感兴趣。他们之间的不同类似于复兴运动的领袖与葛兰西自己之间的差别。

3. 自由主义的失败

葛兰西把形成意大利国家的霸权的失败理解为它的知识分子的失败,知识分子没有能够把武力的支配转变为政治和文化的认同。无论是失败者还是胜利者都已经失败了。民主主义者的失败是因为他们的激进共和主义和人道主义。像马基雅维利一样,卡洛·卡塔尼奥(Carlo Cattaneo)(复兴运动最著名的民主联邦主义者)认为,社会的统一通过动员一支国家的军队就能够简单地实现。朱塞佩·马兹尼(GiuseppeMazzini)已经认识到最大的错误是混淆了"文化的统一与政治和领土的统一",把意识形态的作用降低到只是一些'格言警句"和"空谈"。

按照葛兰西的理解,19世纪的民主党人完全误解了知识分子必须做的工作:因为他们不明白策略对于赢得群众同意的重要性,所以他们没有认识到在南方实现土地改革的必要性。另一方面,自由主义的温和主义者确实有一个自由主义的文化策略并且已经赢得了复兴运动的胜利,而他们在霸权方案中的失败是因为他们不相信群众。皮埃蒙特人对自由主义的霸权的失败负有主要的责任，因为他们已经自命为知识分子和政治家。"他们说他们的目的在于把意大利建设为一个现代国家，而他们事实上是在制造一个畸形的国家。他们的目的在于促进形成一个广泛的和强有力的统治阶级，但他们却没有成功；他们的目的还在于把人民整合进新的国家构架之内，但是他们同样没有成功。"

葛兰西在自由主义霸权停止的地方开始了他的方案：以把南方纳入民族国家为目标。然而正是因为他没有考虑到南方问题是一个地方问题，所以他的南方应该被理解为一个代表整个国家的范畴。他认为，"意大利人民没有作为具体的观念，作为有生命力的组织而存在过'，只有当它作为一个被统治者用来操纵民众的情绪以及用来为他们的压迫性政策进行辩护的语言外壳时，它才是作为一个国家而存在。像南方一样，整个意大利社会由一些巨大数量的个体组成，他们由"被从各个方面分裂了的非常不幸的无辜者"组成，"而且在他们身边几乎没有什么幸事发生，对任何理想都漠不关心，远离任何的集体活动，由于脱离了所有单位和事业而拒绝担当任何的责任"。

葛兰西把南方问题作为一个国家统一的问题来解释，这促进了马克思对犹太人问题的分析和对法国君主政治的分析两种方法的结合。事实上，与南方问题相关，意大利国家只能采用北方国家的态度，允许南方把自己与整体相隔离而且要照顾它的团体感情和利益。南方的解放只是它自己的解放，这样才是对整个意大利国家的解放。

这个目标是对葛兰西的狱中研究计划产生重大影响的理想。就如他在1927年写给他的妻姐的信中所说的，他打算通过三个论题研究"意大利公共精神的形成"：南方问题、克罗齐哲学和流行文学时尚的进化。我认为应把这三个论题理解为构成葛兰西的霸权观点的基本要素，正是这些论题使葛兰西的霸权思想成为了一个真正政治—文化的方案。实际上，它们分别与"分裂的群众"、伟大的知识分子和中产阶级知识分子相一致。这三个部分在《狱中札记》中得到了成熟的阐述，在那里，葛兰西把他的关于统治和从属的探讨转变为关于它们在民俗学、哲学和常识中的文化表达的一个批判性考察。

4. 启蒙的教化与罪行

葛兰西的南方观念的形成的复杂性与他的文化观念形成的复杂性是相似的。在他的《狱中札记》中，人们不再看到同类的"极广大的乡村"（南方）反对同类的"极广大的城市"（北方）。北方并不只是意味着现代性和都市化，它也并没有摆脱所有的乡下习气和迷信。城市并不必然地比乡村更进步，尤其是在意大利，都市化和工业化并不总是像其他地方一样。他的文化观念变得同样地复杂；它不能被简单地归结为现代性与落后状态之间的一种张力，甚至也不能归结为知识分子意识形态的一种流行文化适应物。

对于他来说，文化是始终服从于内部变革的有生命力的主体，不是被顶礼膜拜的实体或者被全部以同样的方式理解的意义的同质集合。葛兰西对大众文化和民俗学的兴趣是政治上的——既不是博学之士的纯粹的好奇心，也不是对于一种想象的被现代性围困的纯洁世界的充满乡愁的渴望。葛兰西指出启蒙运动的两个弊端——孤立和抽象——把他对南方知识分子的分析与启蒙运动的批判联系在一起。"'启蒙'错误"在于把精神同化和文化加工的相同方法归结于所有的社会阶级。这一"错误"产生于知识分子的帝国主义恶习，他们借用笛卡尔哲学的形式表达自己的观点，认为因为真理总是采取清楚的和明了的观念形式，所以知识分子必须通过在它所有的形式（公众的信念、宗教和偏见）中根除错误而促进真理的形成。但是因为理智的程序是更为复杂的，因此"'来自于同质方式的思考和行动的同质中心的有机扩散'的前提是不充分的"。在一般原则和地方性知识代表着一种相互影响的关系的情况下，文化策略可能既不是一种强迫接受的新原则（"演绎主义"），也不是对事物的消极接受（"经验主义"）。

对于在"演绎主义"和"经验主义"之间的分裂，葛兰西反对一种确立既不左也不右的政治行动的阿基米德点的实用主义，而主张在它们相互之间交互作用的过程中消除这种分裂。霸权的作用依赖于理智寻找"在明显的区别和矛盾下面的同一性并且发现在明显的同一性下面的实质的不同"的能力。这一认识论前提导致了葛兰西把高等文化与大众文化之间的关系理解为一种"认识"和"感觉"之间的关系的思想观点。

5. 普通智慧的圣人

"认识"和"感觉"的统一把我们带到了葛兰西所理解的概念，在他的青年时期已经能够找到这一思想的萌芽，他以主张'认识你自己'的苏格拉底的信徒自居。在 1916 年评论诺瓦利斯（Novalis）《碎金集》的时候，葛兰西写道，文化解放的最高任务是让个体学会把握自己——成为"自己的自己"，不是一个自私自利的存在，而是一个"超验的自我"。正如人们能够看到的，葛兰西的"知识分子和道德改革"（霸权）的概念是以主观性的前提为基础的。

"有机知识分子"能够认识和感觉，因为正如维柯所认为的，她被"想象"的"力量"驱动着。想象是戏剧性的幻想，一种能生动地表现思想和情绪的社会问题和希望的能力。因此政治不是一种简单的策略运演,或者一个抽象的设计图的落实。由于意大利的政治家和知识分子缺乏"戏剧化的幻想",他们的行为就表现为霸道和傲慢的特征。他们的工作"加重了不安",而不是调节。他们与人民的距离,他们对穷人充满恶意的蔑视,使他们成为坏政治家和坏知识分子。"他们是业余的。他们对人没有任何同情心。他们是多愁善感的雄辩家,不是有具体感觉的人。他们强迫其他人承受不必要的牺牲,与此同时他们又赞美意大利人牺牲的美德和作用。""他们无力表现别人遭受的痛苦,因而他们的痛苦是无意义的痛苦。"

葛兰西用来描述他作为一个囚犯的状况的语句同时可以用来了解他对作为一个赤贫的王国的南方的看法:"当你在斗争中没有主动性而且斗争本身最终变成一系列的失败的时候,机械的决定论变成了道德抵抗的一种巨大力量。"失败者思考的"事情"将首先会是考虑他们自己的利益。为了生存,抵抗的意志不得不被转化成一种本能的需要。但是葛兰西没有怀疑即使在如此极端的环境中"宿命论也只是在处于弱小的情况下被真实的和活跃的意志穿破的衣服而已"。他的结论听起来像一个政治的纲领:宿命论是一种"被动性的因素,愚蠢的自我满足……然而它作为一种代表知识分子的慎重思考的和系统的哲学而被接受"。知识分子必须激活人民的意志本能,帮助他们"从混乱中摆脱出来",并且成为他们自己自由解放的主体。要理解意义,要寻找力量的源泉,就不要到我们自己的外部、不要在机械的需要中去理解和寻找,而应该到我们自己之中、到精神的需要中去理解和寻找。葛兰西正是通过维柯,像早期的乔万尼·金蒂利(Giovanni Gentile)一样,阅读马克思的《关于费尔巴哈的提纲》的。

6. 感情的现象学

在1926年,葛兰西把南方定义为"严重的社会分裂",是相互之间没有联系的各个阶级之间的分裂,而且也是在由分享相同的物质利益而在精神上相互疏远的个人组成的他们自己阶级的内部的分裂。社会分裂的文化环境是在作为博学的雄辩家的知识分子与作为"穷得一无所有"的穷人之间的分裂。复兴运动的自由温和主义的失败是一种文化疏离的结果。关注文化的分离是葛兰西的一个持续的写作主题,这一主题最早开始于1926年之前而且贯穿于他的狱中书信和最后的《狱中札记》之中。

回顾葛兰西对南方精神的印象,可以看到他的霸权方案展示了它的解放意义。对于中产阶级和土地均分论者来说,农民是一个神秘的和令人恐惧的谜,一个充满着原始的激情、无知、反抗和不可预知的沸腾的大锅炉。他代表了另外一些人反对那些他们自己必须反对的东西,或者通过宗教的方式,或者通过国家压迫的方式,或者两者方式都使用。

分离使沟通变为不可能的和不受欢迎的。在南方,以及在北方和南方之间,关系以相互的无知和相互的恐惧为基础,因为双方都不能够预见到一方可能会做些什么:农民因为他们的多余"感觉",知识分子因为他们的枯燥无味的博学,以及北方人因为他们把南方的"不幸"看作是"令人费解的"。

葛兰西找到了两种方法:或者通过一种单纯的冒险行动("操纵的斗争"或武力),或者通过缓慢的和平凡的文化改造作用("立场的斗争"或同意)。正如我们所知道的,他放弃了第一个策略,根据他所说的,是因为它仅仅适用于一个二分的社会。在两方国家中,市民社会比同时代的俄国或18世纪的法国有更复杂的关系和更加多元化。对于两方的工人阶级来说，激进共和主义的时代结束了。用沃尔泽（Walzer）的术语来说，葛兰西的知识分子不从外面强迫真理。这是把复兴运动和变革、高级理论和常识结合起来的葛兰西的霸权方案的意义。

南方的斗争因此不仅仅是一种为了生存的斗争或者为了经济进步的斗争，而是把它自身从它的"巨大的"激情中解放出来的斗争。取得了这一成功还是不足以扭转"认识"和"感觉"之间的关系。作为一位为激进的撒丁报纸撰稿的年轻记者，葛兰西直接地看到了造反活动的无力，它并不能控制需要。在1910年，农民已经准备展示他们要在地方选举中获得普遍参政权的"令人吃惊的和极大的"决心。

理想主义的主观性概念是葛兰西的净化（Catharsis）理论的萌芽，是从纯粹利已主义激情的运动（经济学）到伦理理想主义的运动（政治学）的通道。政治的解放功能（政治超过经济占首要地位）在于反抗生物学意义上的需要的奴役，这在某种程度上符合亚里士多德的在家族王国（需要）和政治王国（自由）之间的二元性思想。前者会产生麻痹的激情；后者会产生聪明的意志。来自于"个人的"激情的解放，例如恐惧和憎恨，是政治行动的先决条件，并且是符合从把"敌人"看作是不可分的他者（一般敌人）的常识到把敌人看作具体的对抗者（政治敌人）的思想轨迹的。

7. 来自于落后地区的逃亡者？

葛兰西的统治和从属的现象学同迈克尔·沃尔泽（Michad Walzer）把霸权看作启蒙运动事业的一个亚种的解释是相矛盾的。沃尔泽最近认为，要成为了解如何使从属的阶级获得解放的知识分子，葛兰西必须超越落后的普通意识并学会从'普遍的"和客观的观点出发观察事物。葛兰西的知识分子"必须根本地断绝与'撒丁'的普通意识的关系,如同他已经与他出生和成长的撒丁断绝了关系一样"。事实上,作为寻求现代性、来自落后地区的"逃亡者"的葛兰西的形象,首先是在1924年由他的朋友皮埃罗·葛贝提(Piero Gobetti)提供的,他把葛兰西描绘成一个来自"乡村,为了忘记他的落后的传统,用趋向城市的现代性的孤独的和不屈不挠的努力代替撒丁时代错误留下的病态传统"的人。尽管前者是一种英雄主义的行为而后者则是该受责备的孤独形象,但是葛贝提和沃尔泽都还是抓住了一个重要的事实。

虽然描述很生动,然而把葛兰西作为地方知识的逃亡者("他对家和故乡的抛弃")的形象的这种描述是远不能令人信服的。葛兰西真的丢弃了他的文化传统了吗?在他的都灵时期前几年时间里,他常和撒丁人在一起,并且为了加深自己的母语知识而选择学习语言学。实际上,正是对家乡传统的这种爱使他远离了社会党人的圈子,在社会党人的圈子里一种对"高级理论"的过分单纯化的忠贞挑起了极度的反南方人偏见。

我们应该把葛兰西看作是马克思主义目的论的一个"受害者"吗?"他的理论越先进,他就会在实践中越远离劳动阶级。"我倾向于采取一种不同于沃尔泽的较为温和的理解,因为葛兰西从来没有彻底地解决这一问题。葛兰西的态度总是在自发性和构成主义之间寻求一种平衡。他从来没有能够解决他与那两种相反的教育方法之间的"不确定"关系:究竟是"卢梭主义者并处于自然状态,从来没有犯错误而且基本上是善良的,做他想要做的",还是"唯意志论者,并且通过引进专门人才的培养方案和权威的原则进行人为的安排和指导,从而迫使自然状态得到改变"。

葛兰西写道，每一种高等文化和每一项原则都有它自己的民俗学。因此，葛兰西没有自我矛盾，当他接受知识分子的领导角色的时候，他仍然坚持认为在他们和大众文化之间只有"量"的区别而没有"质"的区别。葛兰西的笔记对于我们可能意味着是修正当代哲学中平庸的流行趋势的一种极好方法：在一般的标准和地方意义之间、在理论和解释之间的分离意识。

（本文编译自《政治理论》第26卷第3期，1998年6月）

（李世书 编译）

卡尔·科尔施（摘译）*

〔英〕E.J. 霍布斯鲍姆

乍看起来，科尔施之所以令人感兴趣，似乎是由于他集德国学者（极右翼的耶拿大学的著名教授）、活跃政治家之图林根的部长和德国国会的议员和热情革命家于一身，从而给马克思主义带来了由这三种身份的结合所产生的相当少见的成分。然而更重要的是，他是"中欧左派"的一员，"中欧左派"是在第一次世界大战前后作为对第二国际的考茨基正统的理论抵抗运动而形成的，在十月革命以后曾在短时期内与"布尔什维主义"合流。科尔施和这一代很有才华的思想家中的大多数人一样，确信德国社会民主党用来为它的政治消极辩护的那种马克思主义实际上是十九世纪的一种实证渐进主义。左派必须从在政治上使人误入歧途的自然科学决定论转向哲学，即转向十九世纪四十年代的哲学的马克思。目标不是把马克思主义作为一种形而上学的"体系"封闭起来，而是使之开放。这就是用对现实和意识形态（包括马克思主义本身的意识形态）的经常的哲学批判来对抗实证论的死

---

* 本文选自《马列主义研究资料》1983年第4辑。作者是哲学博士、英国学术院院士、匈牙利科学院名誉院士，现任伦敦大学伯克贝克学院经济与社会史教授。——译者注

板结论。

科尔施与卢卡奇之间的一致,证明只是暂时的。因为从一开始起,科尔施似乎在一些重要方面就不同于他的同时代人。他1914年以前在伦敦不是要求革命,而是要求赋予社会主义以积极的内容,即在工团主义和费边社中所发现的那种内容。他认为,费边社社员们由于坚持对人民的社会主义教育,给社会主义加进了意志论成分,而他们关于工业控制的讨论又为社会主义提出了"积极的建设公式"。

虽然这种思路与其他反考茨基分子的思路不同,但与它们之间有共同之处。所有的左翼造反者都要求行动和计划,拒绝历史决定论,他们都否认,马克思所说的"人们只为自己提出他们能够解决的历史任务"是指这些任务能够自行解决。另一方面,科尔施与这一新左派的所谓东欧一翼不同,因为他的注意力完全集中于先进工业国家的资本主义问题。他的被重新发现,也正是由于这种情况。因为对马克思主义者在不发达国家中应该做什么的问题,要提出一点什么看法并没有多大困难。自十九世纪末以来直至今天,成问题的是马克思主义者在工业稳步发展、没有明显革命前景的国家里应该做什么。科尔施是在集中考虑这个问题,虽然遗憾的是,他并没有解决它。

科尔施正是因为采取"西方"方针,始终在理论上对布尔什维主义进行批判,这使得他即使在他加入共产党的时期也远不如罗莎·卢森堡等人那样向往俄国革命,并且使得他很快就放弃了对苏联的任何积极评价。在这一点上,他与他的朋友和崇拜者布莱希特分道扬镳,更不要说与中欧左派的其他许多人了。在他看来,列宁主义是和考茨基主义一样错误的。他曾尖锐地指出,列宁主义的一些主要概念,例如社会主义是通过知识分子进入无产阶级运动的观点,能够从考茨基那里引申出来。在哲学上,科尔施反对《唯物主义和经验批判主义》的论点是众所周知的。列宁由于专心捍卫"唯物主义"（这不是严重问题），把火力指向"唯心主义"的不真实的敌人，而放过了真实的危险，即"被自然科学曲解了的唯物主义概念"。这一向是哲学、自然科学和社会科学中的基本资产阶级思潮，是马克思主义本身庸俗化的主要模式。因此，列宁被迫回到了黑格尔以前的关于唯物主义和唯心主义对立的简单化观点，这又使得他过分简单化地看待马克思所说的"让黑格尔辩证法用脚站立起来"，使得他把理论和实践统一的概念庸俗化，最后，使得他采取一种使马克思主义不能对关于自然和社会的经验科学的进一步发展做出贡献的立场。

他认为，列宁与其说是要实践哲学，不如说是要批判他认为从党的政策的角度看来是有害的哲学倾向。但是马克思主义者能否完全从政治上有用还是有害的角度来看待哲学或任何其他思想领域呢？不能。

对列宁的批评在许多方面是恰当的，但是科尔施没有考虑到这样一些因素，这些因素使得列宁主义不仅是考茨基理论的另一种形式，而且是一种完全不同的历史现象，是不发达世界的革命理论。科尔施承认它是这样一种理论，但是他否认它"在理论上充分表达了阶级斗争现阶段的实际需要"。他被开除出德共以后，越来越把苏联同法西斯混为一谈。这种观点从历史角度看是荒唐的，只有假定布尔什维主义"远离工业无产阶级的理论的和实践的需要"，它才显得似乎可信。科尔施真是这样假定的。他看到了不发达世界的革命运动，认为它与工业国家的工业无产阶级无关。

这种立场的困难在于没有给他留下在西方进行革命的抉择。在西班牙的无政府工团主义分子失败之后，它根本没有给他留下任何具体的政治前景。有迹象表明，科尔施像其他长期失意的革命家一样，在1956年以后开始感到未来不那么漆黑一团了，但是由于他在晚年没有写下任何实质性的东西，我们不必去猜测他可能如何改变自己的观点。

这是必然的，随着失望情绪的增长，"发展"马克思主义的过程变成了批判它的过程，或者说，把马克思主义中的许多东西摈弃的过程。不管科尔施怎么否认，剩下的部分还能不能恰当地叫作马克思主义是成问题的。例如，在科尔施看来，辩证法不是可以像普通逻辑一样对待的"超级逻辑"（这一点有道理），而是这样一种方法，在革命时代，各阶级、集团和个人可借以产生出新的思想，消除现存的认识体系，并且"用更灵活的体系、或者更好是完全不用任何体系，而是用对时刻变化着的发展过程完全无限制地自由使用思想来取代它们"。科尔施还拒绝马克思关于现实世界的大部分实际原理，认为它们像格尔拉赫先生说的那样是一些"独断的主张"。这样，马克思著作的实际有用部分剩下的就不多了。剩下的只是供经验社会科学用的一种方法，这种社会科学从马克思那里得到的东西主要是拒绝把自己同自然科学等同起来，再就是组织成政党的无产阶级能够用这种方法来达到自己的目的。科尔施认为看不出马克思主义应该是无产阶级意识的形式，在将来会成为无产阶级理论的组成部分。马克思本人也被看作"只是工人阶级社会主义运动的许多先驱者、奠基者和后继者当中的一个"。

因此看来，在"反革命"时期，科尔施处于他发现马克思和恩格斯在1848年以后所处的那种同样的困境：在没有现实革命前景的情况下不可能维持"理论和实践的统一"，必然要从"实践"转到理论和经验的研究上。然而，科尔施对这种形势的适应能不能像马克思的那样可以恰当地被描述为"仍然是全面的社会革命理论"，那就很成问题了。它的实际方面归结为老生常谈和希望。它的理论方面则为大多数盎格鲁撒克逊人所谓的形而上学架起了一道通向现代科学方法的桥梁，例如他认为不能把黑格尔看作与经验研究相冲突，又例如他探究社会科学中的数学模式（他的朋友库尔特·列文在心理学中的"场论"，还有对策论等）。毫无疑问，提醒社会科学必须受到通常对真理的检验，是很宝贵的思想。

需要强调指出科尔施的政治和理论分析的这种发展，因为这是他的著作的必要背景。这不是说，他在1950年前后（这是不少按马克思传统培养起来的思想家感到极为失望的时期）表达的极端立场也是他在二十年代或三十年代所写的著作的立场。然而，这些著作也是他的发展线索上的标志，这并不减少这些著作对研究马克思和马克思主义思想发展的人们的兴趣。科尔施通晓马克思的著作，对之有批判的认识，对构成马克思及其后继者理论发展基础的历史变化有深刻马克思主义的理解，他的观点又与上一代人中流行的观点大不相同，这就使得他的论著令人耳目一新。

需要提醒用关于"异化"或"社会学"的标语口号培养起来的年轻人，马克思首先是一个经济学家，因为《政治经济学批判》是他的理论的精髓，分析的其他方面即使很深刻、很出色，终非主要的东西。这不是划时代的发现，但是在《资本论》可能被某些人看作是认识论或社会学的著作时需要说："马克思关于社会的唯物主义科学不是社会学而是经济学。"同样需要对十九世纪末德国和欧洲"接受"马克思主义的历史过程进行冷静的、令人信服的分析。科尔施表明，"修正主义"不是拒绝革命马克思主义的先前流行的理论和实践，而似乎是定形的马克思主义正统的孪生兄弟，是革命理论对非革命实际的反应。

虽然科尔施思考的方式与众不同，他本人认为极其重要的那些原理很难令人鼓舞。无疑，在二十年代把历史唯物主义应用于马克思主义本身的研究是不平常的，但是现在已不再是这种情况了。承认马克思主义"不完备"本身是不够的。科尔施的说法还是停留在老生常谈的水平上，虽然这种老生常谈能够刺激那些没有听惯它的人们。归根到底，由于科尔施未能超出这个水平，他不能对马克思主义的发展做出重大的贡献。他的著作是值得一读的，因为他既有才气又有学识。与中欧马克思主义理论家们那种司空见惯的松散文体比起来，他的文笔显得特别明快有力。他说的东西往往值得一听，虽然他的某些出色的见解，如工团主义基本上是无产阶级性质等，是在他的马克思主义时期之前发表的，与这个时期没有必然的联系。但是，不管怎么样，我们今天没有任何重大理由还必须读他的东西。

(原载 E.J. 霍布斯鲍姆著《革命者》1973 年纽约版第 153—160 页)

(马学象 译)

卡尔·科尔施的理论贡献[*]

〔南斯拉夫〕普·弗兰尼茨基

在这个力图从理论上克服社会民主党的理论和实践、并且根据这一历史实践的成果为马克思主义提出新的问题和答案的时期中,卡尔·科尔施在德国占有重要的地位。

科尔施关于工人委员会和工厂委员会的权利的著作表明,他是了解社会主义运动的真正实质和新的社会关系的性质的很少数人中的一个。由于他宣告权利是阶级的权利,并且指出在资本主义制度下自由可能达到的限度,他就彻底反对了维伯夫妇的费边主义和"大裁判官"考茨基关于不摧毁资本主义也能建立社会主义的观点。科尔施认为,他们强调工人参加组织生产的权利(这是奥地利马克思主义者所特别强调的),是一种看不到这种权利的真正界限的立场。"然而,在资本主义的阶级社会和资产阶级的国家里,所有这种参加的权利是有其不可逾越的界限的;**它们任何时候都不会发展到超出资本家阶级赢利所能容许的**

---

[*] 本文选自《马列主义研究资料》1983年第4辑。普·弗兰尼茨基是南斯拉夫的著名哲学家,《实践派》的主要代表人物之一,从1972年起任萨格勒布大学校长。本文是他的《马克思主义史》第二版中的一节(第一版由于缺乏关于科尔施的材料,这一节写得极其简略),我们根据该书德文版译出,译文略有删节,标题是译者加的。——译者注

程度。这就是说，如果工人把它们当作比取得据点来准备最后斗争更多的东西，那么这一切所谓参加的权利实际上就只是一块帷幕，用来长期掩盖资本家对'劳动共同体'的专政，一直到资本家由于客观条件本身的缘故最终不得不推开这块帷幕而公开实行自己的阶级专政的时候为止。"①

科尔施看到了这个问题的历史意义："工厂委员会不再仅仅是工会在现存的资本主义阶级社会内部、为保持'佣工'的生活状况进行斗争的'辅助机关'，而是工会在工厂中、进而在工业部门中站稳脚跟的一个'前哨'。这些工厂和部门今天还掌握在阶级敌人的手里，必须通过革命斗争从这个阶级敌人那里把它们夺过来，交给经济上和政治上有组织的无产阶级**监督**并最终进行统一的**管理**。"②

同时他强调指出，委员会制度只是被俄国的无产阶级国家宣布实行了，尽管这一原则的实行在那里还未能达到俄国《劳动法典》所要求的那种程度。由于科尔施把俄国的实践看作是实现真正的委员会制度的可敬尝试，他认为，一旦世界革命容许俄国无产阶级彻底完成已经开始的工作，这种制度就会完全彻底实现。

在其他各国，这一完全革命的运动再次被纳入了最普通的资本主义的轨道。因此，工人阶级自己应该用斗争来赢得政权，清除自己队伍中的改良主义者，意识到自己的作用以及委员会制度的意义。"在政治上被描述为'无产阶级专政'时代的过渡时期内，在**整个经济**、在所有**经济部门**和每个企业进行的长期、艰苦而顽强的斗争中，将会逐步实现建立在'工业民主'的牢固基础之上的**无产阶级劳动联合**，

---

① 科尔施：《工厂委员会的劳动法》1922年柏林版第37页。
② 科尔施：《工厂委员会的劳动法》1922年柏林版第69页。

从而也将实现使国家政权为自己服务的无产阶级的真正的委员会制度。"①

工人委员会以及作为无产阶级社会组织的新形式的整个委员会制度的问题，是那个时期的马克思主义的基本理论和实践问题之一。因此，列宁的理论概括、对俄国革命经验的分析和对苏维埃（委员会）的世界历史意义的强调，决不是偶然的。每一个马克思主义者如果在理论上足够明确和深刻地把社会主义问题不仅作为一个新阶级的政权问题、不仅作为无产阶级专政的时期、而且也作为社会关系改造的时期提出来，他就必然会得出列宁早已得出的，卢卡奇、科尔施及其他许多人一直维护的那些结论。

科尔施还在哲学领域发表了一些篇幅较小的著作，像卢卡奇一样致力于克服第二国际时期马克思主义哲学发展中的严重停滞状态。科尔施的努力自然还缺乏完整性，毋宁说只是一些推测和假设，探索应当用什么方式来对待马克思主义的整个问题，特别是它的哲学问题。科尔施在这当中并没有得出明确的答案。一方面，他清楚地看到马克思主义对资产阶级经济学、对资产阶级社会和意识形态的杰出批判观点。然而从这里产生出了关于马克思主义的目的的某些动摇。科尔施在一个地方指出，资产阶级的和半社会主义的理论家们以为马克思主义要建立新哲学以代替旧哲学，建立新的马克思主义的历史编纂学、新的关于法和国家的学说、新的社会学等等以代替旧的，他们的这些推测是完全错误的。"马克思主义的理论不要求这样做，正如它作为其理论表现的马克思主义的社会政治运动，不要求用新的'国家'和新的'国家制度'来代替到目前为止的资产阶级国家制度及其一切组成部分一样。卡尔·马克

---

① 科尔施：《工厂委员会的劳动法》1922年柏林版第104页。

思不是这样做,而是提出'**批判**'资产阶级哲学、'批判'资产阶级历史编纂学、'批判'全部资产阶级'精神科学',总之,'批判'全部资产阶级意识形态,作为目的——而且他的确从无产阶级观点出发,完全同批判'资产阶级经济学'一样对资产阶级'意识形态'进行这种批判。"①

科尔施认为马克思的唯物主义的基本的、本质的特征,是在解释人及其历史方面始终如一地和彻底地贯彻"此岸性"原则,他正是把这种"此岸性"原则看作是整个马克思主义的根本的唯物主义的特征,因为这个原则绝对排斥对历史作任何"彼岸性的"、即超人类的和超历史的解释。通过这种理解,科尔施同卢卡奇一样接触到了马克思主义哲学的本质——实践问题。

对唯物史观说来,必须有这样一种认识,即我们所参与的现实世界一切现象首先分为两大类:一方面,我们同我们周围的一切属于一个我们称作"自然界"的自然世界,这个世界是不以我们的意识、我们的愿望等等为转移的"非人的"世界。另一方面,我们是作为有思想、有愿望和有活动的人而存在于世界上的,我们实际上对这个世界发生影响,因此我们应当把它看成是我们自己的产物,同样应该把我们自己看成是它的产物,看成是这个被生产的世界的产物。"然而,这两个世界:一方面是自然世界,另一方面是历史社会实践的世界,并不是两个分割开的世界,而是同一个世界:它们的统一在于它们都寓于人们的消极的和积极的生活过程中,人们在他们的分工合作和思维中不间断地再生产和进一步发展他们的整个现实。然而,这两个被如此看待的世界的链环

---

① 科尔施:《唯物史观的立场》(1922),引自《马克思主义和哲学》文集莱比锡版第121页。

只可能在经济中，更确切说，只可能在'物质生产'中，而不可能在任何别的地方。"①

在这些问题上，尤其是在强调意识、意识形态和哲学是人类世界的本质要素方面，科尔施和卢卡奇的观点是明显接近的。因此，科尔施在他的主要著作《马克思主义和哲学》中，正是用很大篇幅来批判那些（在第二国际时期非常流行的）庸俗马克思主义观点，按照这些观点，意识形态、特别是哲学，仅仅是社会关系的反射、表象，甚至只是思想上的、无对象的思辨。

科尔施认为，不应该以形而上学和唯心主义的观点分剖主体和客体，也不应该只看重复杂历史过程的一个因素、即经济因素，因此也不应该坚持对实践的片面说明。他认为，思想、意识、意识形态等等并不是闲得无聊的个人的凭空臆想，也不仅是对一定社会状况的观念上的辩护，而是像马克思和恩格斯经常强调指出的那样，是统一的历史过程的非常现实而有力的杠杆。他试图把这种关系本身理解为不是对象和反映的关系，而是部分和整体的关系。"经济观念对于市民社会的物质生产关系的现实来说，只是表面上看来是图画和被描绘的对象的关系，而事实上是一个整体的某特定部分对这个整体的其他部分的关系。"②

虽然反映的概念对于解释一个时代的全部复杂意识是不明确的和不够的，但是科尔施的部分和整体的论点也没有使这个问题得到任何深入。尽管他正确地指出了各种意识形态形式的意义，尽管他明确地强调了革命的科学批判作为工人阶级的经济和政治斗争的组成部分所具有的作用，他还是缩小了哲学的范围和意义。

---

① 《马克思主义和哲学》文集第137页。
② 《马克思主义和哲学》文集第116页。

在（二十年代）有关卢卡奇的辩论中，科尔施也是受到攻击的主要人物之一。他支持卢卡奇，虽然他们的立场和见解在许多方面不尽相同。说科尔施抛弃了自然辩证法，说他认为马克思和恩格斯晚期的观点是对他们早期的观点的庸俗化等等，这些指责都是与科尔施真正主张和代表的东西根本不符的。

科尔施的基本意图在于，根据马克思的精神把社会运动理解为一个实在的整体，其中哲学和其他意识形态形式并不仅仅是偶然现象，而是过程本身的组成部分；就是说，他要把革命理论活动对革命实践活动的必要补充理解为只不过是革命实践活动的意义。正由于历史是人所创造的历史，所以不应该把自然历史的对象理解为预先提出的和完全独立的对象，同样，意识本身也不应该被理解为某种自为的、独立自主的整体。

科尔施看到，过去从反映论意义上对认识所作的解释，由于这些原因不可能站得住脚，他便企图以部分和整体的关系的论点来加以克服。他和卢卡奇一样正确地看到，过去把认识作为反映的种种解释（从而列宁在《唯物主义和经验批判主义》一书中所作的解释），实质上是属于马克思以前的唯物主义。然而，科尔施从正确的看法中并没有得出正确的解答。因此，科尔施后来在他的《〈马克思主义和哲学〉问题的现状》一文中，对上述批评以及列宁上述著作中的观点已被奉为经典的情况反应相当强烈。科尔施在这一时期（1930年）的观点可归结为如下的论点："然而整个'列宁主义'的理论对于国际无产阶级阶级斗争的现今发展阶段的实际需要来说，不是足够的理论上的表现，而作为这种列宁主义理论的意识形态基础的、列宁的唯物主义哲学，由于这一原因也不是符合现今发展阶段的、**无产阶级的革命的哲学的**。"①

科尔施认为,列宁在这部著作中把唯物主义和唯心主义之间的整个辩论放到了德国古典唯心主义哲学已经超越了的发展阶段上。他批评反映论是对存在和思维的关系的非辩证的理解,是把这种关系仅仅归结为抽象的认识论观点,而没有像马克思在《宣言》中所写的那样,从社会历史意识的各种形式中去探讨认识,把它视为意识形态"上层建筑",或者作为一定的阶级斗争的现实关系的一般表现。②

这个时期(列宁的《哲学笔记》刚刚发表),科尔施还没有足够地了解列宁自己对他的哲学活动初期的哲学成就所采取的批判态度。

至于谈到另一个更重要得多的问题,即整个列宁主义理论时,那么,**只有把这个理论同斯大林对列宁主义的解释等同起来,科尔施才可能是正确的**。然而,这两者有着本质上的区别,因此,科尔施的评价实际上是错误的。

科尔施有理由感到不满的情况,是不加考虑地坚持某些已由列宁本人部分地克服了的论点以及建立一种令人不能容忍的意识形态专政,企图以某种观点的名义垄断整个共产主义运动,给它的理论活动加上严格的限制。

科尔施所代表的激进左派越来越同俄国的社会主义和马克思主义的理论和实践发生冲突,因为这种社会主义和马克思主义越来越丧失列宁时代的特征——在评价各个阶段时的批判的开放性和辩证的灵活性。科尔施认为,苏维埃俄国的发展反映了西欧工人运动中不存在的特殊条

---

① 科尔施:《〈马克思主义和哲学〉问题的现状》,引自《马克思主义和哲学》文集第34页。

② 《马克思主义和哲学》文集第35—38页。

件，因此，西欧的工人运动应当尽量独立。作为德国共产党内的极左反对派的领袖，他于1926年被开除出党。

科尔施从来没有放弃关于工人委员会的基本思想；因此他在以后的分析中，特别是在柏林的讲课中（贝·布莱希特经常去听他讲课），发挥了这样一种论点，即马克思主义几乎从来就不是无产阶级的意识，至今为止的无产阶级革命理论一向是受资产阶级革命，特别是受过分强调党和国家作用的雅各宾主义的强大影响，这又是经济和政治都不发达的国家的特征。因此，科尔施把自己的注意力放在欧洲工人的各种工会运动上，认为只有从无产阶级的革命实践中才能发展出新的组织形式。

1933年以后，科尔施侨居国外，他于1938年发表了一本关于卡·马克思的书，在这本书中，越来越清楚地反映出科尔施把马克思主义看成是一种"关于社会的唯物主义科学"，由于这种科学是对社会过程的严格的经验考察，它不需要哲学的依据。"关于社会的新的革命科学的第一条根本原则，是从历史角度详细说明一切社会关系的原则。马克思是从市民社会的历史特殊性来理解这个社会的一切制度和关系的。"①

对科尔施说来，这个原则不仅对经济学和社会学研究具有理论意义，而且还是工人运动中辩护派和革命派之间展开政治争论时的极重要的理论武器。由此得出了在科尔施看来最重要的一点，即把现存资产阶级社会的一切关系看成是一个特定社会发展时期的特殊关系，便为"**科学地批判**这个特殊的社会形态以及为它的**实际变革**"提供了基础。② 在

---

① 科尔施：《卡尔·马克思》1967年法兰克福版第8页。
② 《卡尔·马克思》第32页。

这一意义上，马克思的理论就其一般的、在这里描绘的性质而言，是一种"关于资产阶级社会的新科学"。①

科尔施研究了马克思和恩格斯与他们的先驱（黑格尔、法国唯物主义者、费尔巴哈等等）的关系，论述了《政治经济学批判》的对象和方法，考察了马克思所理解的价值问题，特别是关于资产阶级社会中商品的拜物教性质的理论，以及作为社会范畴、甚至作为阶级范畴的自然界的问题，最后他得出了这样的结论："历史唯物主义就其基本倾向而言，不再是一种'哲学'的方法，而是一种经验科学的方法。"② 只有这种历史唯物主义为这个问题的真正解决创造了前提，无论是自然主义的唯物主义还是实证论，通过折衷主义的办法把自然科学的方法运用于社会科学，只是在表面上解决了这个问题。

科尔施这一研究的总结论是，马克思对社会研究的最重要贡献在于：第一，他把社会过程的一切现象都**还原为经济**；第二，他对经济也是从社会的角度来进行考察的，第三，他从历史的角度把一切社会现象确定为革命的发展，其基础是人们的物质生产力的发展和这些生产力的主观体现者即社会各阶级。"在这三项一般结论中，已经包含有像下面这两项这样无论在理论上和实践上都特别重要的部分结论：第四，对经济和政治的关系的确切确定；第五，一切所谓'精神'现象都归结为——部分是颠倒的（'意识形态的'），部分是客观上适用于一定历史时代的——各种'意识形态形式'。"③

---

① 《卡尔·马克思》第 56 页。
② 《卡尔·马克思》第 203 页。
③ 《卡尔·马克思》第 203 页。

由于科尔施认为马克思的社会观念还受到它的历史前提的强烈影响，特别是黑格尔辩证法的影响，而且由于他还经历了他的教条主义发展阶段，他不仅指望工人阶级的进一步壮大，而且指望工人运动的进一步大发展，认为这些都不是一定要无条件地在至今为止的马克思主义意义上进行的。他在苏黎世写的《关于今日马克思主义的十个论点》，特别言简意赅地表述了这些想法。

科尔施认为，今天想把整个马克思主义学说作为工人阶级社会革命的理论加以恢复，任何这样的企图都是反动的空想。他写道："虽然马克思学说基本上是含糊的，然而它有些重要方面，以其不同的职能用于不同的场合，至今还是有效的。其次，过去马克思主义工人运动实践所产生的推动力现已被纳入各国人民和各阶级的实际斗争。"① "重建革命理论和实践的第一步，在于同马克思主义对革命主动性、对理论上和实践中领导地位的垄断要求决裂。"② 在科尔施看来，应当把马克思看作是工人阶级社会主义运动的许多先驱者和奠基者之一，在他们中间同样重要的还有空想社会主义者、布朗基、蒲鲁东、巴枯宁以及后来的德国修正主义、法国社会主义以及俄国布尔什维主义。③

为了论证这一点，科尔施指出，马克思主义实际上受制于当时德国以及所有中欧和东欧国家不发达的经济和政治条件，受制于无条件地坚持资产阶级革命的政治形式以及把英国先进的经济条件作为其他国家今后发展的模式；他认为，由此产生出的结果是："第一，过分强调**国家**

---

① 科尔施：《关于今日马克思主义的十个论点》（第三点），《抉择》柏林版1965年4月号第89页。
② 科尔施：《关于今日马克思主义的十个论点》（第四点）。
③ 科尔施：《关于今日马克思主义的十个论点》（第五点）。

是社会革命的决定性工具；第二，把资本主义经济的发展与工人阶级的社会革命神秘地等同起来；第三，后来马克思革命理论的这第一种形式通过人为地嫁接上一种分两阶段的共产主义革命的理论而得到含糊不清的进一步发展；这种一方面针对布朗基、另一方面针对巴枯宁的理论，把工人阶级的真正解放从当前的运动中勾销，而把它推向不定期的未来。"①

科尔施认为这是列宁对马克思主义的布尔什维克式的进一步发展，这是马克思主义借以传布到俄国和亚洲的形式。同时，马克思主义从革命理论发展成了为一系列不同历史目标服务的意识形态。工人对他们自己生活的生产的自我决定，将不会来自对原先的垄断所有者所空出的位置的占有，而"只能来自所有今天被排除在外的所有阶级有计划地参与今天已在到处倾向于按垄断和计划方式管理的生产。"②

这些就是科尔施关于马克思主义和社会主义工人运动的理论和实践问题的最后一些根本思想。科尔施在两次大战之间的理论工作，毫无疑问属于欧洲马克思主义中最重要的成就之一。但是，在第三国际时期由于受马克思主义和社会主义发展中各种情况的影响，它未能引起比较重大的反响。对于科尔施的某些提法和观点，应当从马克思主义当时的状况来看待，斯大林主义确实使马克思主义遭受了严重的衰退，使它变成了意识形态和神秘的东西。在从历史角度进行研究的时候，一个作者的某些论点是否为我们所接受，并不具有决定意义。重要得多的是，一个思想给予理论和实践以多大的推动。而科尔施的理论视野之广阔、他的

---

① 科尔施：《关于今日马克思主义的十个论点》（第七点）。
② 科尔施：《关于今日马克思主义的十个论点》（第十点），《抉择》第90页。

思想的批判性，他同当代社会主义运动为克服生存的异化形式的所有一切努力的深刻联系，对于所有那些不认为革命理论已经完美无缺、问题只在于如何运用这一理论的人们说龙将始终是一个鼓舞。

（原载普·弗兰尼茨基：《马克思主义史》1974年法兰克福德文第1版第2卷第511—523页）

（劳徒 译）

卡尔·科尔施对马克思主义哲学的反列宁主义解释*

〔苏〕C. M. 布莱约维奇

在最近十五至二十年当中，卡尔·科尔施（1886—1961）被资产阶级和修正主义意识形态家吹捧成为马克思主义真正本质的几乎最忠实的表达者。他的著作被说成是对马克思主义思想的最符合西方世界现代形势的最正确解释。实质上，科尔施成了对马克思列宁主义的资产阶级批判中的一种新趋势的首创者，这种新趋势把着重点放在马克思的早期著作上，忽视马克思主义的后来的创造性发展，企图把马克思主义同列宁主义对立起来。

科尔施的思想演变经历了几个阶段。1912—1914 年，科尔施是英国费边社的成员，是自由资产阶级思想的信徒，1914 年在耶拿当教授；第一次世界大战期间在前线，但是不愿参加军事行动。科尔施在他活动的第一阶段与马克思主义毫不相干。

在第二阶段（1919—1925），科尔施开始在哲学方面向马克思主义发展。1919 年，他成了德国社会民主党党员，1920 年支持了德国共产党内的左翼"工人反对派"。同年加入了德国人民共产党。1923 年成为

---

* 本文选自《马列主义研究资料》1983 年第 4 辑。作者系哲学博士，在苏联科学院哲学研究所马列主义哲学史研究室工作。——译者注

图林根社会民主党政府中的司法部长。1924—1925年,他是德共理论刊物《国际》的主编,1924—1928年是州议会和德国议会的议员。他在1924年参加了莫斯科共产国际第五次代表大会,会上讨论了对列宁主义遗产的态度问题。从莫斯科回国后,他写了《列宁和共产国际。论列宁主义基础及其宣传》一文,① 企图在列宁主义拥护者的伪装下,反对列宁关于国际共产主义运动的理论。不久他解释说,他那篇关于列宁的文章不是反对列宁主义的,而只是反对人们对它进行"修正主义的、改良主义的和机会主义的歪曲",并且还担保说,在"布尔什维克化"的共产党中接受和推广列宁主义必将导致消除运动中现存的弱点。②

从1926年至1961年的阶段,是科尔施彻底脱离马克思主义、愈来愈背叛马克思主义的时期。1926年,科尔施作为左倾宗派和反苏集团的头目被开除出党。他在这一年支持了博尔迪加的无政府工团主义宗派。被开除出党以后,创办了名叫《共产主义政治》的刊物,然而这家刊物中没有任何共产主义的东西。以后几年,他在法兰克福的社会研究所工作,并在柏林讲课。在阿姆斯特丹研究所的社会主义和工人运动史文库中,奥地利马克思主义的著名理论家卡尔·格林贝格早在1923年就发表了科尔施的著作《马克思主义和哲学》,六十年代这部著作在西方曾一再重版。1933年科尔施流亡伦敦,1936年移居美国,在那里和霍克海默合作,在新奥尔良教书,直到逝世。

英国费边社的思想对科尔施的世界观的形成产生了巨大的影响。费边社的基本思想就是不摧毁资产阶级社会的基石而使其"民主制度"

---

① 刊登在《国际》1924年第10—11期上。
② 科尔施:《评约·维·斯大林的〈列宁和列宁主义〉》,载《国际》1924年第21—22期。

完善化。大家知道，修正主义祖师爷伯恩施坦也受到这种费边"社会主义"思想的影响。科尔施本人企图按无政府工团主义的精神解释这些思想，声称他在这些思想的影响下成了"民主社会主义者"。也正是由于费边社思想方式的影响，科尔施在世界观方面首先以新康德主义作为准绳。

后来科尔施转向"极左"的立场。他开始指责列宁主义和列宁主义者犯有中派和考茨基主义的毛病。在《唯物史观》(1929)中，他声称在列宁主义和"马克思主义中派"之间似乎有接近。他在批评第二国际错误的幌子下猛烈攻击列宁主义，说列宁主义"没有足够坚决地"同渐进主义策略决裂。科尔施从黑格尔的思维和存在同一的概念出发，把辩证法和唯物主义对立起来，然后又宣布把哲学和辩证法作为理论废除的论点，因为据说任何"理论"都是意识形态。他又追随曼海姆把意识形态同虚假意识完全等同起来。

本文打算对科尔施关于马克思主义哲学对象和马克思主义哲学史概念的理解做一点批判分析，因为这些概念对六十年代和七十年代的修正主义理论产生了很大的影响。

科尔施对马克思主义和哲学之间的关系的解释

科尔施在他的主要著作《马克思主义和哲学》(1923)中，片面地和根本错误地解释了马克思和恩格斯在哲学中所实现的变革。他声称，马克思主义理论，也像它所表达的社会政治方面的革命运动一样，并不争取用新的国家、哲学和一般理论的体系来代替现有的国家、哲学和一般理论。他断言："马克思和恩格斯归根结蒂想用他们的科学社会主义来克服和消灭一般哲学。"① 他把哲学的命运与国家、道德、艺术、宗教、一切形式的社会意识的命运相比，坚持认为马克思主义似乎"废除"任何国家，而与国家一起"废除"任何哲学。

科尔施离开上下文摘取了青年马克思的这样一句话："哲学不消灭无产阶级，就不能成为现实；无产阶级不把哲学变成现实，就不可能消灭自己"②，以及马克思的这句名言"批判的武器当然不能代替武器的批判"③，把它们错误地解释成为不是与过去的直观哲学决裂，而是废除一切哲学。

科尔施企图用引证马克思主义关于哲学是现实的实际运动的表现的论点来证实这个错误概念。然而他对这个论点作了完全歪曲的解释。科尔施断言，既然德国古典唯心主义哲学是资产阶级革命运动的反映，那么这个运动在1848年的终结就意味着这种哲学的终结。

科尔施关于废除哲学的论点是站不住脚的。为了进一步认清这一点，必须考察一下哲学思想发展中的继承性问题。黑格尔的唯心主义哲学和马克思的唯物主义辩证法之间的继承性问题引起了世界上许多国家的现代马克思主义史研究者的注意。一些著作家坚持认为黑格尔的思想和马克思主义思想是"脱节"的，另一些人则认为它们有继承关系。

苏联哲学史界也在讨论这个问题。一些研究者认为，马克思转到新的阶级立场——无产阶级立场上来，是因为马克思"改变了自己的哲学观点而得出了这个结论。"④ 另一些研究者则认为，马克思的哲学观点

---

① 科尔施：《马克思主义和哲学》1975年法兰克福版第66页。
② 《马克思恩格斯全集》第1卷第467页。
③ 《马克思恩格斯全集》第1卷第460页。
④ 《马克思主义辩证法史。从马克思主义产生到列宁主义阶段》1971年莫斯科版第36页。

的重大改变"不是转到无产阶级阶级立场的原因,而是其结果。"① 他们指出,提醒马克思必须向唯物主义过渡的,不是作为认识对象的现实本身,而首先是意识形态的动机——"由于从革命民主主义立场转到无产阶级阶级立场而出现的实际任务和利益。"②

看来,马克思的政治发展和哲学发展的上述两个相互联系的环节是互相制约的——向无产阶级阶级立场过渡和作为哲学认识对象的现实本身是一个统一过程的两个方面,所以不能按时间来决定谁先谁后,谁是决定条件,谁是原因,谁是结果:两个环节同时既是原因又是结果。因此,马克思主义哲学是认识世界和改造世界的统一。这里重要的是,在历史上第一次达到了唯物主义和辩证法的内部统一、理论和实践的不可分割的联系和相互作用③。

科尔施简单化地理解了马克思主义哲学的对象、哲学与其他社会意识形式——政治、经济、道德、艺术、意识形态和社会心理学——的关系,对它们不加区别。他把一切形式的意识,其中也包括哲学,解释成为歪曲反映现实的虚假的资产阶级意识。他按这种精神解释任何社会理论和任何哲学。他诡辩地利用黑格尔关于哲学是思维中所抓住的时代的说法,把黑格尔的方法与马克思的方法等同起来,得出了不正确的结论,无条件地宣布黑格尔的法哲学对资产阶级社会说来是"革命的",同时是马克思、赫斯、卢格等人思想的"源泉"。然而我们知道,马克思认为黑格尔的哲学是资产阶级社会的思想完成,决没有达到社会主义

---

① M. H. 格列茨基、H. Г. 佩迪奇:《关于马克思主义辩证法形成问题》,载《哲学科学》1979年第6期第83页。

② 《关于马克思主义辩证法形成问题》第79页。

③ 参看《十九世纪的马克思主义哲学》1979年莫斯科版第12—13页。

的水准。可见，科尔施完全没有理解马克思和黑格尔之间的真实关系问题的全部深刻性，没有能把马克思的方法和黑格尔的方法区别开来。他也没有能把马克思的异化理论同黑格尔的异化理论区别开来，实质上他把它们也等同起来了。难怪科尔施根本不能揭示马克思主义哲学的本质和它在发展中同理论来源之间的辩证继承关系。我们知道得很清楚，马克思主义哲学是哲学的全部以往发展的最高总结，同时也是对哲学的全部以往发展的深刻的质的否定。

科尔施作为哲学家的著作集中在辩证法问题上，他把辩证法同实践，同对无产阶级革命的"具体理解"直接等同起来。科尔施断言辩证法及其结构同任何理论体系在原则上不能相容。辩证法"只能具体应用于无产阶级革命的实践和那种本身是革命实践的内在和有效本质的理论中"。①

这里应当指出，科尔施在专门论述了黑格尔的辩证法并把它同马克思主义的辩证法等同起来之后，又自己违反自己的说法，否认了辩证法的系统理论性质。这一切都是打着想要在反对第二国际教条主义的坚决斗争中根据新的社会条件发展马克思主义的幌子下进行的。

科尔施是通过把马克思主义史的几个不同阶段加以严格区分和相互对立的办法对马克思主义进行批评的头几个人之一。这在后来成了修正主义书刊中普遍的做法。科尔施利用第二国际几个主要理论家对辩证法估计不足和庸俗化的情况，企图给列宁主义以打击，虽然他从策略考虑，在《马克思主义和哲学》（1923）一开头援引了列宁关于必须组织从唯物主义观点对黑格尔进行系统研究的意见。

科尔施批评考茨基不懂辩证法，但是他也指责"苏联哲学"不懂

---

① 科尔施：《唯物史观。和卡尔·考茨基的论战》1929年莱比锡版第123页。

辩证法，说"苏联哲学"认为可以把科学认识的方法同它的内容完全分割开来。

马克思主义的辩证法并不绝对孤立地、脱离具体的研究对象、脱离它们的历史发展和对某个物质实际领域的应用来考察各种不同的思维理论。马克思下面这句名言的意义就在于此："关于离开实践的思维是否现实的争论，是一个纯粹**经院哲学**的问题。"① 然而科尔施错误地解释了这个论点，并且得出了完全错误的结论，仿佛只有从唯心主义观点才能设想构造唯物主义辩证法的任何独立"体系"。

科尔施写道："决不能抽象地或根据所谓实例把无产阶级的唯物辩证法看作是一门有其特有材料的单独的'科学'。它只能具体地应用于无产阶级革命的实践中，并在理论中代表这一革命实践的内在的、有效的组成部分。"②

许多现代的辩证唯物主义"批评者"、法兰克福学派的理论家、"实践派"理论和所谓西方马克思主义的拥护者都采纳了科尔施的这个说法，指责辩证唯物主义犯有公式化、烦琐及其他因理论脱离实际而引起的弊病。这些作者反对马克思主义的认识论、科学认识的方法论和哲学及其历史的相对独立性。

在这种态度下，"历史和逻辑"、"抽象和具体"的范畴，真理和谬误的问题，活动的理论认识方面，就受唯心主义的支配，唯心主义时常把辩证法变成为独立于自然界、社会实践和社会阶级关系的实体。

根据这种对辩证法的理解，思维的辩证形式完全等同于研究对象，马克思列宁主义哲学是与这种对辩证法的理解格格不入的。科尔施及其

---

① 《马克思恩格斯全集》第3卷第3页。
② 科尔施：《唯物史观》1975年贝尔格莱德版第123页。

志同道合者思考的方式不一样。归根到底，他们的立场是崇拜生产力和技术的自然发展的理论表现，按照逻辑规律，这种立场产生出无政府个人主义和虚无主义。

科尔施在他关于马克思主义的论述中同右翼社会民主党人合流了，虽然他以前曾批评他们不懂得马克思主义学说的实质。在《卡尔·马克思》(1938)一书中，科尔施反对把马克思主义理解为无产阶级斗争的表现，开始否认它表达和发展无产阶级革命意识的职能。

卡·科尔施对马克思主义史的分期法及其反列宁主义的实质

科尔施把马克思主义的历史分为三个阶段：第一个阶段——从1844年至1848年，第二个阶段——从1848年至十九世纪末；第三个阶段从十九世纪末开始。这种分法本身虽然并不确切，然而乍看起来还不说明它在方法论上有什么大的毛病。可是科尔施的论述反映了他在方法论上的原则性错误。

科尔施使马克思主义的发展直接依赖于无产阶级运动的发展。这意味着，如果运动处于危机时期，那么理论同时也处于停滞状态，运动向前进时，理论也向前发展。他不是引证理论直接"反映"实践状况的论点来为这个与实际相悖的公式辩护。按他的意见，反映原则是资产阶级理性的幼稚的方法论观点，这种观点似乎先把思维同作为某种独立的东西的存在对立起来，然后寻找观念与在它之外的被反映对象的"顺从的"一致。科尔施在这里从理论与实践同一的原则出发来进行论证。结果，他既否定了哲学和一般理论发展中的一定继承性，又否定了它们的相对独立性。

按科尔施的观点，马克思主义作为"社会革命的理论"，在自己历史的第一时期是一个生动的整体，没有被划分为个别的科学领域：政治经济学、哲学、社会主义理论。马克思和恩格斯在这一时期是把哲学当作某种单独的现实来进行理论的加工的，他认为哲学以后应该在革命过程中通过转化为实际事业而被废除。科尔施写道："在'革命实践'的生动整体中，不仅经济、政治和意识形态会等同起来，而且历史存在和意识活动也会等同起来。"①

在第二时期，按照科尔施的公式，哲学通过转化为现实而被废除的事没有发生，由于没有社会革命，在马克思主义理论中发生了很大的变化。科尔施认为，变化在于，在这个时期，统一完整的学说的各种不同部分分道扬镳了。政治经济学、政治、意识形态开始独立存在，科学理论和社会实践分裂了。

科尔施显然没有弄懂马克思主义理论发展、结构复杂化、在不同历史时期突出它的不同方面的辩证法，没有弄懂马克思主义形成的历史过程同它以后在自己的基础上发展的阶段的质的差别。列宁在《我们的取消派》一文中指出，"在德国，在1848年以前，马克思主义哲学的形成特别突出，在1848年，马克思主义的政治思想特别突出，在五十和六十年代，马克思的经济学说特别突出。在俄国，在革命以前，特别突出的是马克思的经济学说在我国实际中的运用，在革命时期，是马克思主义的政治，在革命以后，是马克思主义的哲学"。②

列宁教导说，把注意力主要放在马克思主义的某一方面，不取决于主观愿望，而取决于某一国家的历史条件的总和、取决于工人阶级革命

---

① 科尔施：《马克思主义和哲学》第55页。
② 《列宁全集》第17卷第59页。

斗争的发展、与其他科学部门相互作用的途径，他科学地论证了关于革命理论、社会主义意识和全人类文化的继承性的原理。列宁指出，随着社会和科学认识的发展，马克思主义哲学的对象中会增加新的问题，它的范畴体系会不断深化和完善。列宁写道，在马克思主义发展的每一个时期，阶级斗争的实践都证实了马克思主义并推翻了资产阶级理论。可是科尔施却重复所谓"马克思主义危机"的陈词滥调，把马克思主义某一方面被突出的现象看成是马克思主义理论内容的衰落和解体。

按照科尔施的意见，马克思由于把重点转到生产力的研究上，在1850年以后给予了工人运动新的高涨阶段以直接的推动。这个时期几乎延续到了十九世纪的最后二十五年。但是接着在第二国际时代发生了统一的马克思主义理论的解体，马克思主义理论被肢解成为一些被人为地划分出的组成部分。

按照科尔施的看法，马克思主义的政治经济学原先是作为对资产阶级政治经济学的彻底批判设想的，这种批判应该在实际革命中找到自己同时既是理论的又是实践的终结。科尔施重复在二十年代流行的出自罗·卢森堡的这样一种看法，即在社会主义制度下将没有政治经济学。他认为，实际上，政治经济学不是被取消了，而是越来越发展成为一种抽象的、直观的、关于社会发展的客观进程的理论，而这种社会发展是由外部规律决定的。在科尔施看来，科学社会主义在这一时期的主要马克思主义理论家那里似乎分裂成了一大堆彼此没有联系的、与实践没有直接关系的部分。科尔施断言，在这个时候，马克思主义和革命阶级斗争彼此分离了。科尔施拒绝德国社会民主党的《爱尔福特纲领》（1891）中正确的马克思主义方针，完全抛弃它的一切积极内容。

他声称，在十九世纪下半叶，"马克思主义理论在理论上的完成已经与工人运动的实践没有直接联系，但是两个过程——在新的历史条件下发展上一个历史时代诞生的旧理论,和工人运动的新实践——是彼此相对独立地实现的。"①

在二十年代对科尔施的这一概念进行批评时,曾很公正地提出了一些反对意见,例如对他完全错误理解马克思主义和哲学的关系;并且还指出了,他把第二时期说成是只研究生产力,然后就是十九世纪末马克思主义衰落和解体,这种抽象和公式化的说法无论如何是不对的,因为在这个时期发生了许多极其重要的事件(其中有巴黎公社、第一国际和第二国际的活动,《资本论》、《反杜林论》等马克思主义杰出著作的出版)。

马克思主义历史上的第三个时期,按科尔施的看法,是与工人运动中复活工团主义的趋势相联系的,这对马克思主义说来似乎意味着理论上的复兴和改造。

科尔施企图破坏由列宁和马克思列宁主义者从理论上制定和论证了的马克思主义及其哲学的历史的科学分期法。科尔施对马克思主义史的歪曲描述的社会职能,可归结为企图否定马克思主义历史中的列宁主义阶段,这个阶段在帝国主义条件下开始,然后由于1917年十月社会主义革命胜利的结果转入了无产阶级革命和社会主义建设的时代。科尔施完全错误地把事情描绘成这样,仿佛马克思主义理论的发展,它的结构由于在马克思主义史的不同阶段突出它的某一方面,如哲学、政治、政治经济学,并且形成了这样一些单独的哲学学科,如方法论、逻辑学、哲学史、美学等,就意味着马克思主义的衰落和解体。自然,情况正好相反。至于第二国际某些理论家的"无所作为",他们不能解决他们当代的实际所提出的新问题,那么这不是证明马克思主义的衰落,而是证

---

① 科尔施:《马克思主义和哲学》第20页。

明这些理论家忘记了马克思主义的革命的和创造性的内容。然而马克思主义的内容，包括哲学内容，并没有丧失掉。它被列宁及其学生和继承者们保存下来了，并且进一步发展了。

科尔施在他的《反批评》中，举不出一条严肃的论据来支持他提出的马克思主义发展史分期法。他把马克思和恩格斯的学说说成是"哲学的反哲学"，在《反批评》中认为在十九世纪下半叶的马克思主义中有两种倾向：一种是实证主义的，导致臭名昭著的"科学主义"，而另一种从表面上看来是与它相对立的，实际上是对它的补充。用科尔施的话说，这第二种倾向在马克思和恩格斯 1850 年以后的著作中就已显示出来，然后由他们的优秀门徒意大利的拉布里奥拉和俄国的普列汉诺夫继续发展了。科尔施把这种倾向说成是一种回到黑格尔哲学的现象。

笼统地否定第二国际各国社会民主党活动中的任何积极内容，不仅科尔施是这样，而且二十年代的某些苏联作者的著作中也有这种情况。[①] 列宁主义被同第二国际时期马克思主义的历史成就分割开来，结果就被置于某种理论真空之中。这样，列宁主义作为马克思主义在新的历史条件下的发展的伟大理论意义就被歪曲了。

在资产阶级马克思学中，在改良主义和修正主义的书刊中，至今还是要么全面赞扬第二国际的理论遗产，要么认为它是修正主义巢穴和彻头彻尾背弃真正马克思主义而笼统地加以抹杀。科尔施就是最先对第二国际活动时期的马克思主义进行**疯狂攻击**的人们之一。

科尔施在考察第二国际理论家们的作用时，毫无具体历史的区别态度。我们知道，这些理论家对马克思主义通俗化作了不少工作，不止一次成功地反对了资产阶级意识形态家的反动哲学观点，并且力求尽可能

---

① 参看 Г.С.六德尔：《1889—1914 年第二国际史概论》1930 年列宁格勒版。

地理解他们当代的社会现实的最重要现象。科尔施把卡尔·考茨基与修正主义者爱德华·伯恩施坦之间的关系看成是一个铜板的两面。科尔施指责列宁称考茨基为叛徒，按科尔施的意见，考茨基从来就不是马克思主义者，因此他没有什么可背叛的，成不了叛徒。

科尔施提出了关于第二国际的活动是彻头彻尾机会主义的论点，同时反对了列宁关于马克思主义哲学是辩证唯物主义和历史唯物主义哲学的解释。他反对说马克思列宁主义是马克思主义哲学发展中的新的更高的阶段，是为争取社会主义和共产主义而进行斗争的理论基础和方法论基础。科尔施企图指责列宁犯有考茨基的错误。他诡辩地把考茨基在不同的时期，包括基本上站在马克思主义立场上的时候（二十世纪第一个十年中期以前）所说过的正确的和错误的观点混为一谈，又离开上下文摘取列宁的个别说法（如从他给高尔基的信中），企图证明，仿佛列宁像考茨基那样赞成哲学中的无党性！否定党性在马克思主义世界观中的作用，仿佛列宁认为哲学世界观是社会民主党人的"私人事情"。科尔施给自己提出的主要任务，是否定列宁主义的国际意义，把它的作用和影响严格限制在俄国的范围内。他断言，列宁主义不符合西欧国家无产阶级革命哲学当代的发展水平；按照科尔施的看法，列宁仿佛回到了"二元论"，回到了在德国唯心主义中已经克服了的"思维"和"存在"、"精神"和"物质"之间的矛盾，即回到了十七和十八世纪的形而上学唯物主义所特有的二元论。

这些修正主义思想，科尔施后来于1938年在一篇关于潘涅库克的反列宁著作《作为哲学家的列宁》的书评中又发展了。这些错误思想在马尔库塞的著名著作《苏联马克思主义》（1955）和法兰克福学派理论家及其追随者的其他著作中，在马蒂阿斯的著作《考茨基和考茨基主义》（1957）及其他著作中得到了进一步的发展。

在这些著作中,主要批判矛头不是针对第二国际理论家们观点上的真正局限性,而是指向辩证唯物主义和历史唯物主义,辩证唯物主义和历史唯物主义被歪曲地描写成为不懂得群众的社会创造和历史首创性意义的经济宿命论的变种。资产阶级马克思学家和修正主义者指责辩证唯物主义的哲学体系是什么与马克思思想的基本涵义相抵触的"实证主义"和"形而上学"世界观,总是企图把恩格斯的观点同按唯心主义人本主义和"批判主义"精神解释的马克思的观点对立起来,这在很大程度上要归因于科尔施的理论观点,虽然科尔施本人从未专门把恩格斯的观点同马克思的观点对立过。

当科尔施声明他是在批评机会主义的时候,实际上他是在批判整个工人运动:在克服第二国际错误的借口下,他力图破坏马克思列宁主义发展中的任何继承性,消灭以马克思列宁主义为指导方针的国际工人运动。他对十九世纪末二十世纪初的马克思主义传统所持的虚无主义和全盘批判态度,使得他对第二国际领袖们的真正错误、包括考茨基等人对马克思主义辩证法的不理解所作的批评一钱不值。科尔施歪曲地解释了马克思和恩格斯的观点,伪造了马克思主义的起源和发展史,完全否定了马克思主义理论同十九世纪下半叶工人运动的实践的联系,最后,企图推翻列宁主义的国际性质。使现代修正主义者与科尔施接近的,不仅有对马克思主义的敌对态度,而且还有他们夸夸其谈的作风。科尔施和他的修正主义追随者们把自己的观点描绘成为"唯一正确的观点","终极真理",以他们所特有的斩钉截铁方式否定所有其他的观点,污蔑它们是资产阶级意识形态,而持有这些观点的人,即他们的对手,则被他们称作无知之徒。

使现代修正主义者们同科尔施密切接近的,有许多对他们说来是共同的反马克思主义和反列宁主义的原理。在这些原理中,有对辩证唯物主义和历史唯物主义哲学的否定、对马克思主义历史的歪曲事实的分期法、对十九世纪下半叶马克思主义哲学发展史的肆无忌惮的批判态度、企图把列宁的哲学观点同考茨基的观点等同起来，等等。所有这些人的反苏主义和反共主义都用"左的"词句作掩盖，但是它的肮脏的本质是确凿无疑的。

与科尔施的观点类似的小资产阶级批判狂，在过去是青年黑格尔派，即那些曾遭到马克思和恩格斯反对的"批判的批判"所特有的。不过，青年黑格尔派的理论还是有某种完整性的。科尔施的著作的特点是疙疙瘩瘩的，既缺乏系统性，又缺乏彻底性。但是，也像"博士俱乐部"里的青年黑格尔派一样，他极其傲慢，完全不愿意理解自己的错误。这样，在《马克思主义和哲学》中，科尔施坚持要建立他的支持者们的"意识形态专政"也就不足为奇了。

这决不是偶然的。一切想把现实纳入存在和思维同一的抽象的唯心主义公式的企图都将以极端主义和叛卖而告终。这个结论在科尔施及其学说的历史命运的例子上再次得到证实。他关于存在和思维同一的学说同意识形态专政之间的联系非常明显。科尔施在二十年代所主张的，而他在现代"新马克思主义者"当中的教条主义追随者们在六十年代和七十年代所企图实现的，正是反动的意识形态专政。科尔施的理论同真正马克思主义是完全敌对的，是不能相容的。

（原载苏联《哲学科学》1981年第5期）

（莫立知 译）

科尔施的"走向马克思的道路"[*]

〔美〕保·布赖纳斯

两位开创了后来被称作西方马克思主义的人都是银行家的儿子。这是一种绝妙的巧合,但是需要对比一下,以便提醒,格奥尔格·卢卡奇和卡尔·科尔施在1920年代初对马克思理论所作的有密切联系的改造远非完全一致。《历史和阶级意识》一书作者的父亲约瑟夫·冯·卢卡奇,是匈牙利的最大银行布达佩斯信贷银行的经理,因而是中欧金融贵族中的一员。他获得了德语中的"von"("冯")这个高贵头衔,以示承认他对奥匈帝国所做的贡献。他的儿子在1919年成为共产党人时,就要抛弃他的姓名中的"冯",就要以与他的社会根源相称的庄严而大胆的气魄来创造马克思的理论。相反,科尔施的父亲出身于小农之家,沿着德国外省文职人员的阶梯悄悄地,步一步升到了图林根银行分行官员的职位。他最行时的时候,也没有多少产业。当他的儿子在1920年成为马克思主义者的时候,朴素和求实就必然成为他的理论创作的特点。

---

[*] 本文选自《马列主义研究资料》1983年第4辑。作者是美国《目的》杂志编辑,曾编辑出版卡尔·科尔施的文集《三篇关于马克思主义的论文》(1972年每月评论出版社版)。——译者注

与卢卡奇同中见异的地方下面还要涉及，但是本文有一个更明确更有限的目的，即考察卡尔·科尔施的著作在1918年以前的发展。最近的研究已开始涉及《历史和阶级意识》同《马克思主义和哲学》这两个姊妹篇的不同之处，以及它们的作者后来的生涯的不同之处。例如，已经确认，虽然卢卡奇和科尔施两人都恢复了马克思思想的黑格尔方面，并且都同意这对马克思主义的革命内容极其重要，然而只有卢卡奇看到了异化的辩证法。至于他们的政治生涯，至少有一点是完全清楚的，即卢卡奇在1920年代后期与斯大林主义作了令人奇怪的和解，而科尔施却竭力为反斯大林主义辩护，不久还把矛头对准列宁主义。

本文虽然不是要探讨这些重要的理论问题和政治问题，但是由于科尔施1918年以后的立场有一部分根源在他的活动的前期，它对说明这些立场或许有所帮助。与对"青年卢卡奇"的广泛注意相比，不消说科尔施的早期即他"走向马克思的道路"实际上是被忽略了。事实上，这不足为奇。一则因为科尔施在1920年成为马克思主义者以前的著作，无论在质量上或数量上，都根本谈不上。它只有二十多篇关于政治和文化的评论文章和在一个学院刊物上发表的他的法学博士论文。换言之，根本没有在深度和广度上能与卢卡奇早年的《灵魂和形式》或《小说理论》相比的东西，卢卡奇这些著作即使完全抛开它们在作者后来发展中的地位也极为重要。

再则因为科尔施在青年时代已是社会主义者和民主主义者，并且正如下面要表明的，他在1920年转向马克思主义和共产主义比卢卡奇的皈依更合逻辑，因而在当时以及后来都不太为人注意。其次在这方面，科尔施后来几乎没有写什么东西来重新分析他自己早期的著作。而另一方面，卢卡奇是作为"青年卢卡奇"的最积极的批评者出现的，他发表了不少旨在改正他认为是自己早期的异端邪说的著作。后来的评论家主要是根据这些线索——这并没有错,不过结果对"青年科尔施"注意得太少。对这幅画画得不全还可以举出别的一些原因,但是最好还是马上着手来填补一些空白。

学生时代：一浪漫主义反叛中的理性主义激进派

在1924年共产国际第五次世界代表大会上,科尔施、卢卡奇以及其他人由于他们的所谓极左观点和哲学上的修正主义而受到来自领导的攻击。季诺维也夫在他的指责中给他们贴上了一个蛊惑人心的"教授"标签,不过它有一部分属实：至少科尔施是耶拿大学的法学教授,这一职位他是在年前获得的,尽管经常遇到困难,但一直保留到纳粹上台前夕。① 事实上,科尔施初露头角的背景就是这个耶拿大学,他在1910年以《关于合格供状的证明：兼论法律和行为问题》的论文的最佳成绩获得该校法学博士学位。时年二十四岁。

当科尔施已成为社会主义者时,他也还不是任何党派的成员,尤其是和德国社会民主党中的青年学生部分毫无联系。但是,他来耶拿学习以前和期间（他在此之前曾在慕尼黑、柏林和日内瓦等大学研究哲学和历史）,曾活跃在自由大学生运动中,这个运动既反对民族主义的学生联谊会,也反对德国学校制度中的极权主义。例如,他努力制订为贫民免费提供法律援助的计划,设法使自由大学生运动与工人小组接触。尽管这些努力未获成功,但是它们显示了民主和平等的价值,这种价值是科尔施世界观的最初的和持久的核心。科尔施常常代表自由大学生运动

---

① 卢卡奇当时不是教授。

发表谈话,他在 1908 年一次谈话中结识了黑达·加格莉阿尔迪,他们在五年之后结婚了。黑达·科尔施 1920 年代在德国以及随后在他们移居美国期间,凭自己的资格在儿童的成长和教育方面成了一位有影响的人物。他们俩志同道合,直到卡尔·科尔施于 1961 年在马萨诸塞州的贝尔蒙特去世为止。

科尔施显然站在战前德国比较明显的青年学生运动的浪漫倾向之外。正像美国最近的某些发展那样,威廉德国的文化危机面对僵化的资产阶级文明,造成了许多把青年作为爱情、自发性、真实性和共同性的化身崇拜的活动。古斯塔夫·维内肯发起的自由学校共同体("漂泊者")的徒步旅行者以及海尔曼·黑斯的《德米安》和罗伯特·穆希尔的《青年托尔莱斯》这样的小说就是这种尝试的众所周知的表现。虽然科尔施赞同他们对现存秩序的许多批判,但是他思想上明显的新启蒙运动色彩是与新浪漫派的青年形而上学格格不入的。在他看来歌颂青年的想法是运动无力参与"超出自己狭窄圈子"的社会事务的表现。①

在这里我们已略微见到可以说是科尔施的作风的特点:他想法切实,反对空论。而且,他对青年一代的关注不是仅限于自己学生时代的一时兴趣,而是基于青年人确实比老年人少受陈规束缚这样一种认识的较为持久的关注。这当然是一种启蒙的思想,也是一种浪漫主义的观念,科尔施在其生涯中必然要多次回到那里去。他的一位亲密朋友贝尔托特·布莱希特几十年后在这方面评论说,科尔施"坚定地相信新事

---

① 见《青年运动与青年政策》,载《行动》1918 年 3 月号第 1052 页。

物。因此他热爱青年,而青年在我看来只是不成熟"①。众所周知,布莱希特在某种意义上是论不成熟性的专家。

费边社时期:积极的渐进主义与消极的马克思主义

科尔施在成为马克思主义者以前的最重要和最有趣的阶段,是他在伦敦与费边社的合作。1911年岁末,耶拿大学法律系资助他一笔津贴,去研究英国法律,并把一些著作译成德文。他在那里一直留居到第一次世界大战爆发。由于他在文化上和政治上的倾向,所以并不奇怪:科尔施一进入伦敦,马上就与费边派有了接触。因此他成了那些"在旅居英国期间吸收费边主义,然后到德国传播"的虽然人数不多,但是却很重要的德国社会主义者之一,其中最著名的是爱德华·伯恩施坦。

在这里把科尔施同伯恩施坦作一番比较是有用的。伯恩施坦是以马克思主义者和工人阶级的德国社会民主党党员的身份于1890年代初期到英国去的。起初他由于费边社的小资产阶级性质、它的空谈社会主义小集团的名声以及它的某些领导人早已臭名昭著的自我陶醉而避免与它接触。但是这种敌视态度不久就开始消融,伯恩施坦后来与费边主义的密切联合,成了他对马克思主义作实证主义和渐进主义的修正的一个极重要的组成部分。而另一方面,科尔施则是一个独立的社会主义的知识分子,而不是一个马克思主义者,他一下子就被费边社的风气所吸引。他在那里找到了他一直独自努力寻求的东西,即围绕一个教育社会和启

---

① 贝·布莱希特:《关于我的老师》,载《布莱希特文集》1967年法兰克福版第20卷第65页。

迪社会的纲领，用非教条主义的大胆实践的态度来对待社会主义的改革。

不过，在这方面主要是科尔施和伯恩施坦从费边主义移来同样的幼苗，却对它进行了不同的培养。这棵幼苗就是费边观点中的能动主义和哲学上折衷的反命定主义。在伯恩施坦手中它发展成了对马克思的危机理论和革命理论的否定和对逐步向社会主义进化的肯定。而对科尔施说来，它却成了后来复活马克思主义中的"主观因素"的开端。

关于科尔施留居英国的意义我们可以从他发表文章的那些德文刊物的不同刊名中得到启发——据我所知，那时他没有用英文发表过任何东西。他最早写的几篇文章（1911—1912）发表在一个很小的专门报道大学情况的刊物《学院评论》①上。从他到达伦敦，经过战争的几年，到1919年初（在此之前他已回到德国），科尔施写的所有文章实际上都发表在读者众多的文化和"文化政治"刊物《行动》杂志上。这里反映出来的变化——从学术生活到行动——不应从字面来理解，它是科尔施找到的前进方向的表现。

他和《行动》杂志的合作是私下里进行的。它的开始几乎纯属偶然。恰好在科尔施动身前往英国之前，他碰到了该杂志的编者和发行人尤金·狄德里奇斯，这位编者邀请科尔施为该刊撰写关于英国情况的评论，稿酬从优。而《行动》杂志与青年学生运动有密切联系，这个运动的理论家，其中如汉斯·布吕埃尔，古斯塔夫·维内肯，年轻的阿尔弗勒德·库雷拉以至瓦尔特·本杰明都给该刊撰稿。狄德里奇斯可能早已知道科尔施参与自由大学生运动的活动。另一方面，后者有些像他们

---

① 刊物的全名是《学院评论。报道大学情况和学术活动的杂志》。编者是威廉·鲍姆和弗里德里希·舒尔庆。

中的害群之马，因为《行动》杂志也是新浪漫主义文化政治的主要刊物，常常发表更不合理性的言论。但是狄德里奇斯以编者的身份使他的刊物对范围更广的言论开放，"认为自己才是新浪漫主义刊物的主要发行人，他把浪漫主义回溯到尼采和〔保罗〕·拉加尔德"①。我们马上就将看到，科尔施的文章必将与整个刊物的反科学、反理性主义、反工业的倾向南辕北辙。

另一方面，还有科尔施与《行动》杂志站在一起的潮流，那就是能动主义——这是德国哲学家泰奥多尔·莱辛1908年给这个新文化运动取的名字。② 在国外，能动主义是围绕世纪之交出现的全欧范围的思想发展，它经历了一系列其他不协调的哲学、艺术和政治的倾向，其中如表现主义、新黑格尔主义、生命哲学、主体派、列宁的先锋队唯意志主义、若尔日·索列尔的直接行动观念等。动能主义特有的一致的主题是它确认人的主观（意识、意志、想象）的创造力，反对客观物质性似乎越来越难以捉摸和了解的世界。

《行动》杂志只是整个能动主义潮流的一部分。德国在战前几年出现了大批带有类似名称的刊物，如《行动》、《反抗》、《开端》、《奋起》，这些名称与其说是直接政治的，不如说是文化的批判和反抗的表现，本身说明了反资产阶级的资产阶级知识分子新一代的出现。这些名称和主题不仅涉及行动、奋起和新开端的愿望，而且还涉及这种愿望的代言人所经历过的它的危机，——一种来源于能动主义的知识分子在社会的孤立和使他们局限于思想的行动和行动的思想这种"自由漂浮"

---

① 见哈利·罗斯：《文学和政治。1870年以来德语区政治文学杂志的历史和纲领》1963年弗赖堡版第95页。

② 见泰·莱辛：《作为行动的哲学》1914年哥廷根版第3页。

状态的危机。科尔施的费边主义以走向社会主义的愿望和他所谓的"行动精神"为中心,它与能动主义的前途和问题联系在一起。这也是卢卡奇同时在其中工作的大致框架;人们在这里看到了大约十年后一种想发展主观的和能动的马克思主义的类似企图的萌芽。

要谈科尔施同卢卡奇之间的联系,就要介绍科尔施在费边社时期的世界观的某些特点。在他对彼此有关的两个问题——文化和知识分子——的态度上,我们看到与卢卡奇同一时期工作的特有倾向迥然不同的特点。起初科尔施虽然对文化问题感兴趣,但是这些问题不是他的主要注意中心;更重要的是,整个资产阶级文化危机的观念对卢卡奇的思想说来是极其重要的,而对科尔施的思想说来则是无关的。

例如,科尔施在1913年(从英国)写文章分析了一个受欢迎的德国周刊发起的征文竞赛,即为一篇未完结的连载犯罪小说征求最佳结尾,优胜者将获得优厚奖赏。科尔施虽然认为这一比赛是社会价值和文化价值衰落的象征而不去作这个题目的文章,但是他却特别指出了这类竞赛能起的潜在积极作用,即成为促进真正科学的和社会的问题解决的手段。他特别强调它们在经济上能起帮助的作用,使以前不知名的知识分子受到社会的重视,并以让·雅克·卢梭在资产阶级社会早期较为高尚的舞台上赢得有名的竞赛的胜利作为典型的例子。科尔施得出结论说如果说这类竞赛还有一点意义的话,那就是它们能使社会认识到"自由的脑力劳动者"的价值,"而在目前情况下,他们都是赝品。为了赚钱,许多有知识的人要浪费他们的时间"。①

尽管科尔施没有对"脑力劳动者"这个当时决不仅限于他使用的词作详细的发挥,但是仍然可以用来和卢卡奇的态度作进一步的对比。

---

① 见《行动》1913年6月号第321—323页。

卢卡奇在谈知识分子问题的时候，总是把注意力集中在美学和哲学上有创造力的人身上，以及他们在后来的资产阶级社会的悲惨命运上："脑力劳动者"的范畴尽管与他早期的文化社会学不是不相容的，但并不十分突出。所以，在经常过分强调卢卡奇的杰出人物统治论的时候，可以说他对知识分子问题的态度不如科尔施民主，但是有可能比他更激进。

科尔施在他1913年写的《提高智力超群者》的文章中既批评了英国的，也批评了德国的教育制度，因为它们一直未能充实不仅能支持和提高有天赋的学生，而且能在使教育普遍民主化时这样做的计划。① 按照同样的精神，他在《考试是政治问题》一文中说，谁认为考试对真正的天才有害，谁就是忽略创造性的考试可能是保证公正地选拔天才的有意义的办法这一方面。② 换言之，科尔施首先关心的是能够用来发展民主教育制度和尽可能广泛地在社会上传播业已获得的科学和文化知识的具体实际步骤。这与卢卡奇关心的所谓艺术家和资产者在创造性的心灵中的分裂这个"托尼奥·克勒格尔问题"相距相当远。③

科尔施对脑力劳动者、教育、公众的启蒙等的关注是由他自己作为一个社会主义知识分子的历史地位决定的。而有意义的是，他是在战前的年代在费边社，而不是在德国社会民主党找到这些问题的最合适的答案的。因为这表明科尔施在成为革命的马克思主义者之前是当时官方马克思主义的批评者，而卢卡奇作为这样的批评者则是出于有关的但是完全不同的原因。他的这段历史的侧面十分清楚地表现在他在伦敦时期写

---

① 见《支持天才的问题》，载《行动》1913年2月号第61—613页。
② 见《考试是政治问题》，载《行动》1913年11月号第770—782页。
③ 见卢卡奇：《论托马斯·曼》的前言，斯坦利·米契尔的译本，1964年伦敦版第10页。

的两篇政治上极为重要的文章中。这两篇文章是《费边社》和《关于组织经济的社会主义原则》，它们都是在1912年发表的。①

科尔施反对他认为相当枯燥乏味的"德国马克思主义"，热烈赞扬"费边的作风"，完全赞同它的理想。他认为，费边社的工作已经克服了它1880年代早期的"幼稚的无政府主义"和"空洞的希望"，现在已由"科学精神"所支配。费边派不像"企图最终完成理论"的德国人那样，他们"使最严肃的理论要求与对简单和实际事物的不可遏止的追求相结合"。在科尔施看来，他们"对现实性的著名认识"，他们在各种场合指出理论的真知灼见如何适用于实际问题的能力，以及他们提出直接的实际的建议的能力是费边派一方面胜过德国社会民主党人，另一方面胜过讲坛社会主义者的根本原因。费边派从不忽视"理论思想同实际行动之间"的联系，所以他们始终能够"前进一步，更接近他们的目标……"：民主社会主义；生产和整个民主政府的社会化。

费边派观点比"德国马克思主义"观点根本优越的地方，在科尔施看来，取决于决定论和（自由）意志的问题。从他和卢卡奇的思想后来的发展来看，这种立场在这里是引人注目的。一方面，科尔施看到费边派同德国马克思主义都相信"不管我们个人对社会主义的发展赞成与否，政治和经济的社会主义……总会自行到来"。然而费边派却给这种信念"加上"一个在德国马克思主义那里找不到的重要因素："注重意志"、"行动精神"。这种看法是对科尔施的能动主义的生动扼要的总结，也是对他后来改造马克思主义的同样生动的预测，因而它还发出另一方面的，即作为露骨的康德主义的光辉。在康德主义中道德上的（或

---

① 两文分别载于《行动》1912年11月号第422—427页和《行动》1912年12月号第507—509页。

本体的)"义务"是从外面加到经验的(或现象的)"现实"上面去的,而经验的"现实"是完全脱离人的主观决定按另外方式发生的。这事先就包含了历史的主体与历史事件的分离。

在科尔施的立足点中没有一个地方能找到黑格尔(黑格尔已把历史作为主题加以理论化,卢卡奇这时——1911—1912 年——正在重新发现他)。他和当时许多德国知识分子一样认为康德才是哲学家,尽管在他早年写的文章中没有一篇鲜明地论述哲学问题——从记录看,哲学曾是他在大学里"选修的课目"。这也说明科尔施要达到《马克思主义和哲学》(1923)中的论点——即是说使(黑格尔的)哲学与马克思主义相分离无异于取消马克思主义的革命核心——还有多远的距离。因为科尔施在战前年代曾赞同过最近的费边主义历史学家 A. M. 麦克布赖厄所谓的费边社"回避哲学"的看法。① 而且科尔施也似乎完全赞同费边派关于科学就是收集事实这种实证论的概念。最后,他决不会取代他的早期思想的这一组成部分——或许对它加以修改,但是即使在 1920 年代的早期到中期他的黑格尔派马克思主义时期中,他依然是,而且以后还继续是启蒙运动的英国功利主义支派的继承人。

在科尔施看来,当时费边社的能动主义的最具体表现是它强调实证的、实际的计划以及它关于社会变化的动因的概念。他对德国马克思主义者以及整个第二国际提出的"社会主义的社会化思想"用的是"消极"和"停滞"这样的词,认为它在"积极的方面"贡献甚微。他在一段话(这段话他后来在 1918 年德国革命中作为对德国社会主义以后

---

① 见 A. M. 麦克布赖厄:《费边社会主义和英国政治,1884—1918》1962 年英国剑桥版第 147 页。

的危机作的卡珊德拉①式预言又重新提到）中说（在 1912 年）："只要实际的影响对缓和现存状况的斗争继续起作用，空洞的社会主义〔社会化〕公式是起不了破坏作用的。但是，一旦这种时候来到，即社会主义在某个地方、以某种方式**进入政府并且要完成按社会主义方式组织经济**，这种公式就会起破坏作用。如果这种时刻今天就要来到某个地方，社会主义者就会手足无措，社会主义必须承认，它还没有找到建设社会主义经济的全面计划。"

1918 年以前，科尔施并没有超出这一要求前进很远。不过，他确曾像费边派那样提及基尔特社会主义和法国工团主义潮流所提出的模式的重要意义，认为它们是对抗"国家社会主义"思想和资本主义达到的"生产假社会化"的重要力量。所以他呼吁"使观察、实验、理论研究、想象、判断大联合……把它们合并到一个与空想的主观主义迥然不同的计划中来"。科尔施援引贝阿特丽斯·韦伯的话强调说，没有"细致的、明确的纲领"，社会主义"就会丧失对青年知识分子的一切影响……后代的思想家和工人将〔认为〕社会主义在思想上破产了"。

在思想家和工人方面，科尔施指出：虽然费边社与德国社会民主党不同，不是无产阶级的组织，但是"英国的社会运动在费边社中才意识到自己"，费边社不让这个广大的运动仅仅成为"工资运动"或仅仅成为"集体主义"。实际上，他是在该社发展最快、影响英国公共生活最大的那几年中才加入其中的，尽管社员人数最多时（1913 年）也未超过 2850 人。② 科尔施认为，这不是费边主义两个本质特征的消极表现，而是它的积极表现。第一，他肯定了费边社取消政党的组织模式，认为

---

① 出自希腊神话。卡珊德拉是特洛伊公主，能预卜占凶。——译者注
② 见《费边社会主义和英国政治》第 149—150 页。

"不管政党多大，它是无法取得国家的社会主义形式的"。相反，科尔施热烈赞扬费边派认为自己是"精神中心"产生社会主义思想的中心，并沿着"政治渗透"的道路，即教育、科学研究和传播知识的道路前进。第二，关于阶级成分，他欢迎费边派的主要支持者是由"日益兴起的……新的中产阶级，即……工商业从业人员技术人员、城市和国家的雇员、大学生、新闻工作者……从事一切学术职业的人员"所构成。

这是十分露骨的费边主义，不过带有一些"科尔施的色彩"。他从1919—1920年革命酝酿时期的有利地位回顾这点时，详细地谈了他认为其中包含的激进的东西。例如，他在1919年4月指出：社会主义在革命前虽是日益增长的德国社会民主党党员奋斗的目标和许多学者研究的课题，但是事实上"它作为一种世界观、作为一种精神的和心理的需要以及作为一种心灵的革命——也就是世界革命，还只存在于范围极其狭小的受过教育的德国人中"①。换言之，正如他在一年后所说的，"已察觉〔德国社会主义〕有日趋消极被动危险的少数人大多站在实际的社会主义运动之外，他们的洞察力注定是软弱的"②。显然，科尔施想到了他自己和费边派：认为是他们，而不是德国马克思主义者坚持了积极的社会主义理想。

这种对自己过去的分析，突出了科尔施早期工作的决定性方面，即它的能动主义，但是却忽略了一些需要评论的东西。首先，我们可以称为"下面的社会主义"（即争取由生产者管理生产的斗争）同"上面的社会主义"（即社会主义的计划和制订计划的人）之间的关系从费边时

---

① 见《论社会主义教育工作的可能性》，载《行动》1920年3月号第904—905页。

② 见《关于社会化的原则》，载《行动》1920年3月号第904—905页。

期的科尔施那里只得到零星的解释。一方面，如上所述，他同情基尔特社会主义和工团主义的思想，而且同任何社会运动必须自治的思想本能地站在一起；另一方面，他对国家社会主义思想抱有敌意。他的早期思想的这些组成部分，在1919—1920年科尔施作为工人和士兵委员会运动的参加者和主要理论家出现时，得到了发挥，他最初认为工人和士兵委员会运动是费边社工业民主思想的实现。另一方面，他在费边社时期曾经谈到"社会主义进入政府并且要完成按社会主义方式组织经济"这种假想的时刻。由于置身于工人阶级运动之外（当时工人运动本身也决不是革命的），科尔施在战前年代倾向于把社会主义看作是"自上而下的"事情，即使这和他思想中的其他观点相冲突。

在这方面，费边社最近被说成是"过早的官僚集体主义者"组织，而他们认为自己是新的科学技术治国论的管理阶级的自觉先锋。① 科尔施对这种指责既不是完全有份，也不是完全无辜，这从他把由雇员、文职人员和从事理论和实际工作的人组成的"新的中产阶级"看作是社会主义建设的主要社会力量以及他总是强调知识分子作为向导的重要作用可以看出。不过，总的说来，他和费边社相比更是一个社会民主主义者，如果说他在战前的年代未能把工业无产阶级视为革命的"主体"，这不仅是他的小资产阶级背景的反映，也同样是无产阶级那时不够无产阶级这一事实的反映。换一个说法，用科尔施1920年自己的话说就是："社会主义认识的发展和行动的准备的精神基础……在于对无产阶级真实处境的认识，这正如战前无产阶级**在某种意义上说既离得很近也看得见，而对绝大多数知识分子说来则几乎不存在**，但却构成了欧美日益增

---

① 见乔治·利希特海姆：《社会主义简史》1970年纽约版第200—201页。

长的财富的隐蔽的基础。"①

如果说科尔施对费边主义包含的经营管理主义思想的缄默为他自己的想法中同时存在的民主倾向以及他在1919—1920年对无产阶级民主立场的选择部分地得到了补偿，它也应当被看作是了解他全部观点中主要含糊之处的线索以及他在1920年代中期转向列宁主义的先锋党理论的预兆。难道还需要补充说这种含糊之处几乎不是科尔施所特有的吗？那时，他就对他曾私下批评过的（我们可以这样宽宏大量地说）费边主义的其他方面也保持缄默，例如费边派流行的认为西方文明占有精神上和技术上优势的观点，根据这种观点，许多费边社成员都赞同英帝国主义和战争目的。同样，如果他对贯串费边派"科学精神"的神秘主义、自我吹嘘的倾向有保留，他就不让它们发表出来。

的确，他对费边社的"科学精神"的支持是科尔施世界观的一个更广泛的方面的一部分，这一部分而且与卢卡奇很不相同，那就是他欣赏通常所谓的英国人的求实精神或某些人士所说的工具主义。他这种看法一部分是他不满意他认为的日耳曼人抽象说理的倾向的产物，另外，也与科尔施内心向往特定现实中的求实的、实用的、接近可行的步骤有关。如果有人想要找出科尔施与卢卡奇的精神世界最有分歧的地方，那肯定就是这一点。在战前以及稍后，卢卡奇把英美的求实精神和效率（以及"科学精神"）看作是资本主义某些最具破坏性的因素的结晶。再稍微往前看，有意义的是科尔施在1920年代初期很像列宁那样把泰勒制的劳动合理化原则和工业效率原则看作是可以在社会主义制度下予以创造性地利用的所谓中性技术。而在卢卡奇看来，泰勒制则是劳动的

---

① 见《罗伯特·威尔布兰特的"社会主义"》，载《行动》1920年1月号第782—783页。

"物化"在历史上最极端的表现。①

在这方面,值得指出的是卢卡奇1906年在匈牙利与奥斯卡·雅西创立的(1900)"社会科学社"的交往,并为它的刊物《二十世纪》撰文。社会科学社具有实证主义的、技术治国论的和改良主义的世界观和纲领,显然与英国的费边派相似。例如,1904年雅西及其同事曾提出一个工人教育计划,创办一所"免费的社会科学学校";该计划的根据是:受过教育的无产阶级不仅是现代化和社会主义的先决条件,而且也是避免暴力革命的先决条件。讲授自然科学、卫生学、企业法、历史、俄国文学以及"妇女问题"等课程。但是,卢卡奇断然拒绝这一看法;他认为西方进入二十世纪的道路已是一条死路,不可能真正解决匈牙利的落后问题。他之所以为《二十世纪》撰稿,部分原因是它是唯一可以利用的发表意见的渠道,部分原因是被包围的匈牙利知识分子反对派尽管有许多基本的分歧,但仍是多少有些统一的集体。

然而,科尔施根据他们的能动主义的力量以及他们对社会主义所抱的实证的求实的态度,仍然认为费边派是当代社会主义思想家和活动家的最先进的集体。在1918年德国革命最紧张的时刻他的最早声明之一就是呼吁在德国组织费边式的"精神中心",在1919年和1920年间他甚至用"实践社会主义"一词(这是费边社早期办的一个报纸的名字)来表示他新发现的马克思主义。他在这个新时期断然与费边派的渐进主义决裂,并加入革命的阵营。不过"费边的色彩"仍然继续影响和感染着他的工作。

---

① 见卢卡奇:《历史和阶级意识》,罗德尼·利文斯顿英译本第99页及以下各页。

战争时期：失望的乐观主义者

1914年夏天科尔施从英国被召回，并被征集入伍，授以少尉军衔（他在当大学生时已完成了相当于预备军官训练的"演习"）。由于他毫不掩饰自己对迫近的战争以及1914年夏天和秋天席卷德国的民族主义狂热的浪潮不感兴趣，而被降为下士。科尔施虽然从未拿过枪，但他在西线和东线上仍然积极完成战斗任务，多次负重伤，并因英勇作战荣获多枚奖章，其中包括铁十字勋章。尽管在整个战争期间他都住在正规军的营房，而不住在军官的指挥所，在1917年仍被晋升为中尉。从一开始他就称自己是"Razi，Pazi，Internazi"，即理性主义者、和平主义者、国际主义者。

在战争期间他几乎没有时间写作；仅仅在1917年和1918年初养伤期间写了三篇短文，发表在《行动》杂志上。显然他以极大的兴趣注视着一切反战活动，尤其是齐美尔瓦尔德代表大会和昆塔尔代表大会。但是从他发表的文章来看，促使科尔施走向马克思主义的看来不是战争本身，也不是出现的反对战争的革命反对派，这和卢卡奇的情况一样。在别人看到从战争的灰烬中开始升起凤凰的地方，科尔施却主要看到灰烬，而且就在附近。他说这个时代的基本特征是"世界上苦难激剧增长的单一过程"；关于将在几代人之内结束人类苦难的"我们早先的想法"则是建筑在"对世界情况过分乐观的估计"上。他说，有人单纯认为解放的工作比我们曾经想象的更长、更难、更使幻想破灭，实际上我们许多人比这还走得更远："我们同陀思妥耶夫斯基的难以理解的主人公伊凡·卡拉玛佐夫一起经历了人们绝对难以弥补的苦难，这意味着即使能克服苦难和最终和谐，也决不能说明目前痛苦的现实是合理的、可以忍受的。"①

而且科尔施几篇战时写的文章不是首先讨论眼前的实际问题，而是讨论寻找新的道德方向。例如，他呼吁修正德国的"民族唯心主义"和义务观念，他认为这些对军国主义、帝国主义以及沙文主义的灾难性的结合起了很大作用。② 他在青年学生运动中看到了希望和可能性的曙光，他劝这些运动彻底克服它们的宗派情绪。他特别号召那些主要关心自己精神痛苦的、比较先进的"有才华的"人把自己同大多数德国青年的真正物质的和精神的痛苦联系起来。③

他在大战结束时的主要心情，在他约在1918年晚夏给他1914年在伦敦写的但四年后才发表在《行动》上的一篇文章写短序中作了概括。他写道，《现代英国文化》一文"已失去价值。变化太大，我们已知道更多；我们自己也变了。现在重要的是要了解我们为什么失败，错误在哪里……以及我们现在需要什么。"他并且指出，"回顾过去比过早地展望将来更有价值"。④ 在接着到来的岁月里，科尔施自身变化的过程以及他的"我们现在需要什么"的想法的发展过程本身就被革命的事件所改变。他投身激流之中，力图把回顾和展望融合为一种单一的行动。他在1912年模糊地预言的社会主义终将被提上历史日程的那个时

---

① 《行动》1015年2月号第974—975页。
② 见《论人性》，载《行动》1917年8月号第462号。
③ 见《青年运动与青年政策》，载《行动》1918年3月号第1054页。
④ 见《现代英国文化》，载《行动》1919年2月号第863—864页。

刻即将在1918年的岁暮到来。同时像卢卡奇一样，科尔施实际上已接近或者看来已接近革命的马克思主义。

（原载美国《目的》杂志1975—1976年冬季号）

（霍为 译）

作为现实性的马克思主义（摘译）*

〔西德〕米·布克米勒

一

卡尔·科尔施是革命马克思主义最重要的代表之一，直到不久以前，只有少数专家知道他。

在法国，梅洛-庞蒂还在五十年代初期就特别强调科尔施的观点，用这些观点来批判自己早期为斯大林政策进行辩护的立场，从而引起在哲学上重新进行关于马克思的讨论。在德意志联邦共和国，伊林·费切尔和《马克思主义研究》参加了法国的这场讨论，他们是最初在更大范围内让人注意科尔施和卢卡奇的早期著作的人。

1965年《抉择》杂志有一期专门介绍布莱希特和科尔施，并且第一次在德国发表了科尔施的后期著作。在此之前，艾里希·盖拉赫已经在德意志社会主义大学生联盟的杂志《新批判》上大略地介绍了

---

* 本文选自《马列主义研究资料》1983年第4辑。

作者是西德著名学者，西德1980年开始出版的多卷本《卡尔·科尔施全集》的主编。本文有个副标题叫《恢复卡尔·科尔施的理论和政治发展的本来面目》，原文约五万字，译文作了较大的删节。——译者注

科尔施的马克思主义,并且准备出科尔施的《马克思主义和哲学》的新版。

正如科尔施对所有一切都历史地进行考察那样,他今天也会认为他自己的著作是属于过去时代的。我们在这里不会不加批判地为科尔施辩护,而是首先要对真实的历史进行分析,以求在理论上和政治上恢复科尔施的本来面目,这是批判接受的前提。遗憾的是,就我所知,迄今为止的解释过于偏重科尔施著作的哲学内容,不可原谅地忽略了与真实历史过程的联系。由于这一原因,我试图更仔细地考察科尔施发展中最初的、迄今完全没有人探讨过的阶段。

二

1906年科尔施在慕尼黑和日内瓦开始学习法律。新的大学生活打破了科尔施起初的平静,使他从理想主义的丰富的内心生活转而积极关心外界的社会政治问题。1907年夏,科尔施前往柏林,在那里听了很多政治讲演,参加了各种讨论。科尔施可能在柏林就参加了"自由大学生"运动,因为1908年他去耶拿时,已经是负责的积极分子,参加新创办的"自由大学生"机关报《耶拿高等学校报》的工作。从1909年2月起,他负责报纸的编辑工作,并且组织报告。1912年初,科尔施参加了德国社会民主党。但是他并没有因此就放弃以前所阐述的关于组织的看法,1912年年中,他迁居英国,加入费边社,他认为这是在更高的阶段上,也就是说,在与工人阶级相联系的情况下,实现自己关于组织的看法。

科尔施参加费边社并没有使他以前的观点发生性质上的变化,只是在内容上更加扩大和深化,从而在一定意义上说,更加自觉地对待社会主义,或者用科尔施自己的说法,只是从社会主义的好友变成了民主的社会主义者罢了。科尔施十分赞成的,并不是费边社一般地代表社会主义,而是"它是一个没有无产阶级性质的社会主义联合"。他认为,"费边社不是一个政党,并且以后也不会是一个政党"。"费边社把对经济、伦理、政治等领域的社会现象进行科学研究并且广泛传播从这些科学研究工作得到的认识作为自己的主要目标"。

费边社提出的模式,并不在于完全废除私人企业,只是继续不断地扩大公有经济部分。费边主义者并不谋求官僚主义的国家社会主义,而是非常信任国家的中立作用。十一月革命之前不久,科尔施还持有费边主义者对国家的这种看法,正是这种看法后来成为他同费边社会主义概念决裂的导火线。科尔施自始至终亲身经历的第一次世界大战,并没有使他的理想主义的政治观点发生根本转变,至多是由于亲身经历过巨大的痛苦而使这些观点包含的乐观主义大为减弱罢了。

三

1918年11月德国旧秩序的土崩瓦解和工人、士兵群众积极性的高涨,也使科尔施的悲观绝望的情绪转变为一种新的、十分高昂的积极性,不过这种积极性还是保持在资产阶级改良主义政策的范围内。还在革命之后的最初几个星期,他就认为在实践上和理论上参与制订德国经济新组织的积极的建设形式是自己的义务。1919年1月4日,他作为讲坛社会主义者罗伯特·威尔布兰特的科学助手,第一次参加了煤矿社会化委员会的会议,会议是在考茨基的主持下召开的。社会化委员会要广泛收集关于工业部门的材料,以便在此基础上制订出一个经过仔细权衡的计划。

科尔施对世界大战结果的最初态度，以及他关于建立德国社会关系的基本新秩序的主张，是从他对内外政策关系的完全是幻想的理解中产生的。"正是十一月革命为新的精神进入德国政策创造了前提"，"在新的德国的对内政策中，我们必须看到新的精神来临的预兆"。因此，科尔施认为，国内最重要的任务是生产的社会化和培养为实现这一任务所需要的新人。科尔施把这看成是"实际的理想主义"的要求。

科尔施对社会化的理论基础提出的论据大致如下：

在对社会化的要求中所包含的问题，是资本主义经济制度转变为社会主义公有经济。如果说资本主义的本质在于私人占有剩余价值的权利，在于资本家统治生产的权利，那么，生产资料社会化的形式必须满足以下两点：1. 工人完全占有全部劳动成果；2. 工人对劳动过程进行自主的控制。

如果把国家化和辛迪加化看成是社会化的两种可能的主要形式，并且使它们与打算实现社会主义**公有经济**发生关系，那么，就会表明，其中的一个要求总是不能充分提出来。因为如果讨论当时生产资料社会化的特殊形式，那么它就陷入与一般性的矛盾，如果把它当作一般性来看待，那么它就陷入与特殊性的矛盾，也就是说，无论在哪种情况下，都出现特殊利益的优势，而这一点恰恰不应该是社会化的目标。

这种论断只有从生产者和消费者的矛盾出发的时候才起作用。科尔施为解决矛盾所提供的费边主义的魔力字眼是"工业自治"。这个概念把真正公有经济的观点与各阶段中的实际理想结合在一起。为了实现解放劳动这个意义上的工业自治，科尔施认为不间断地进行关于社会主义的教育工作，即启蒙过程，是最重要的手段。设想的结合所采取的政治形式是"委员会制度"。

科尔施用这一严密的理论提纲，不仅批判地分析了斯巴达克同盟的马克思主义的"灾难政治家"和多数派德国社会民主党的"空想的"、纯粹修正主义—改良主义的"现实政治家",并且考虑到德国革命的进一步发展,也批判地分析了自己以前的立场。当实行自由经济的原则和多数派德国社会民主党的政策变得日益明显的时候,科尔施责备这一政策的代表者缺少对现实关系的认识,这种缺少认识的情况是通过多数派德国社会民主党坚持把资产阶级原则作为生产推动力以及通过不惜一切代价来提高生产力的要求表现出来的,它削弱了社会化的愿望。"如果有这种愿望,那么它就必定意味着:1.通过社会化来提高生产力;2.对能够不减弱生产力而能实行社会化的一切企业实行社会化;3.贯彻实行一定的社会政治方面的最低要求,即使这样做必定会引起暂时的或者持久的生产力的削弱也在所不惜。

随着自由贸易的实行,实际上在德国实行真正社会化和建立社会主义的委员会共和国的一切可能性均化为泡影。对他说来,现在"十一月革命"不再只是一件公开的和"精神上"的事情。他认为这场"革命"不是由有觉悟的社会主义者进行的,而是由反叛的士兵进行的。科尔施既反对社会民主主义的、"没有纲领的、取得政权的当时的旧制度反对者"的政策,又反对那些认为社会主义会自行产生的马克思主义者的教条的"机械主义",他在1920年1月宣传一种"实践社会主义",即一种揉进一些马克思主义的费边主义,作为建立社会主义委员会共和国的第三条道路。实践社会主义者认识到,资本主义是没有前途的,而社会主义也不能自行到来。"今天在德国,先于一切其他义务的义务是社会化,是实现社会主义。这个义务就是博爱的义务,就是自我保存的义务。不断地要求履行这一义务,吸取一切精神力量作出果断的尝试,这是实践社会主义的历史任务护。"

但是,强行激起对自己以往的社会理想主义的憧憬,已经不再能够经受住现实的考验，这迫使他更加如饥似渴地深研马克思的原著，这些原著给他指出了通向马克思主义的道路，使他弄清楚了马克思和恩格斯的马克思主义的真正的、积极的革命内容同社会民主党和第二国际所表述的马克思主义之间的矛盾。他从自己参加马克思主义工人运动的经验中得出了这样一个结论，即工人运动还必须学习马克思理论中最重要的东西，才能为无产阶级的社会主义革命创造前提。

在一切真正社会化的希望都已消失的时候，科尔施必须在理论方面回答这样一个问题，即为什么"任何地方都找不到那种由于清楚地懂得最初采取的步骤的性质而产生的对社会主义经济制度立即可以实现的信念"，也就是说，为什么必须"从今天（指1920年2月——作者）的革命观点来解释社会主义**理论**的已经几乎无法理解的落后"。

科尔施坚持认为，首先是"不好的"理论应对遭到的失败负责，这同时又使他按照以前的做法去分析实际的工人运动所理解的马克思主义同马克思恩格斯著作中真正革命的内容之间的矛盾。两点深刻的认识摧毁了他在批判伯恩施坦这个"最认真可靠、最诚实正直、最坚定彻底的非社会主义的社会主义者"时所持的旧观点。第一点认识是：在马克思看来，"没有对**生产关系**的根本改造，就根本不可能对社会**分配关系**进行根本的改造，所以，在原则上按资本主义方式组织起来的国民经济**内**，任何认真的社会政治的改革，任何比较好的和比较公平合理的财富分配，都有画地为牢的不可逾越的界限"，也就是说，从马克思主义的观点看来，真正实现社会化思想，"不是通过才华出众的'社会技术家'的纯粹思维和意识形态上的愿望"所能做到的，而是只有通过阶级斗争才能做到。这一认识迫使对十一月"革命"作出新的解释。第二点认识是：迄今为止的马克思主义者都把唯物史观看成是对历史认识的一种特殊理论，它没有义务要见诸行动。"对马克思说来，与对自然的唯物主义认识相反，对社会发展的唯物主义的认识从一开始就不是对现有事物进行纯粹理论上的理解，而是始终在于主观的、人的——感觉的、实践——批判的、从而是'革命的'活动"。在这里，科尔施明显地是指费尔巴哈提纲，并且强调理论与实践的结合，在这种结合中，马克思"把旧的社会科学的扬弃行动的认识与旧空想主义的扬弃认识的行动意志融合成物质的认识和行动的同一"。

科尔施能够利用这一论断把他自己以前的立场理解为只是一种意识形态的，他在批判中明显地指出他自己的费边主义的思想方式。他并没有放弃自己的社会化模式本身，他所放弃的只是实现这种模式的理想主义的想法，现在，不再是在积极的思维中，而是在组织阶级斗争中，在否定现实中去实现这种模式。

四

科尔施对马克思主义的领会，从 1920 年年中起，尤其是在他加入共产国际之后，是在理解两位社会主义经典作家真正写了些什么，以及这些内容是如何关系到革命的实践这一严密的、系统的观点之下进行的。只是通过这种刻苦钻研，他才懂得了黑格尔辩证法对于无产阶级科学的革命内容的意义，这一发现促使他更广泛地去研究黑格尔哲学。

从 1920—1921 年下学期起，科尔施研究黑格尔的法哲学，1921 年冬科尔施在马克思主义关于国家和法问题的研究班上继续进行这种研究。当然，科尔施起初在大学内对马克思的研究，出于对付反动的法律系这一策略上的考虑，是在借口研究黑格尔的名义下进行的，只是从 1923 年上学期起，才举行关于《资本论》的公开演讲和专题讲座。

1923年8月23日科尔施被任命为民法、诉讼法和劳动法教授。

这种对马克思主义的掌握不是停留在只是学究似的对马克思词句本身的理解，而是清楚地联系到他自己的理论过去和无产阶级的实际任务，这些已经表现在他所写的宣传品中，也表现在他对资产阶级和想战胜马克思的人所进行的尖锐批判中。

科尔施简略地把马克思主义概括为："a. 关于共产主义的目标和关于实现这些目标的手段的学说，b. 对这些目标和手段的必要性的科学认识"。共产党人与其他马克思主义政党的区别在于，"他们实际上是最坚决地按照这一学说行动的"。科尔施认为马克思方法的鲜明的革命性表现在：马克思尖锐地批判了当时的社会民主党的唯心主义国家观，但是这种批判并不是单纯的否定，而是"积极地"指出了与拉萨尔的法和国家的意识形态相比的结果，这些结果在列宁的《国家与革命》中得到进一步的发挥，是反对直到这时（1922年）还居于统治地位的社会民主主义的观点的。他认为："一个真正的马克思主义者的实际政策无非是他的理论上的认识工作和宣传工作用另外的手段来继续，所以，归根到底，从某种意义上说来，甚至1917年的俄国无产阶级革命这一世界史上的伟大事件，也只不过是从历史和社会发展的这一唯物主义的基本原则得出的已成为**实际的现实**的结论，马克思为了贯彻自己的理论，他在自己的一切著作中，特别是在对哥达纲领的批判中进行了斗争和工作"。科尔施写的这些宣传品，实际上是为了对他自己通过实际经验、并联系到工人运动的历史实践而提出的革命理论落后于现实的问题作出系统的马克思主义回答所进行的准备工作的一部分，它们属于"包括作为整体的社会生活的一切领域的社会革命理论"。科尔施在《马克思主义和哲学》中并不是要重建马克思主义的"真正学说"，而是要通过把黑格尔和马克思引入历史考察的辩证观点运用到"上层建筑"的全部问题上，也就是说，通过对理论与实践的关系所作的原则上的马克思主义的说明，来进一步发展马克思主义。在科尔施看来，科学社会主义"按其内容说来，是**新观点**的产物，这些新观点，在一定的阶段上，由于无产阶级所处的物质状况，是必定要在无产阶级中产生的"，而科学社会主义的科学形式却是由唯心主义的哲学中得出来的。所以，马克思主义理论的最初的表现形式，尽管拒绝哲学，却是一个"被看作是生动整体的**社会发展**的逐渐用哲学思维填满的理论，更准确地说，是一个被看作和被实现为生动整体的**社会革命**的逐渐用哲学思维填满的理论"。不仅经济、政治和意识形态，而且历史形成和历史行动都结合成——用马克思的话来说——革命实践的生动统一体。在马克思那里，他的理论的各个部分后来是各不相同的，但是，它作为社会革命的理论基本上是没有变化的。

第二国际的马克思主义者把社会革命理论的这一总体分解为各个独立的、互相分离的、"科学的"组成部分，从而使理论在现实的运动之外具有独立的存在，科尔施认为这种存在既不是唯物主义的，也不是黑格尔辩证法的，而只是简单的唯心主义的形而上学。与此相适应的是他们的改良主义的实践，因为各个意识形态的组成部分就其整个实质说来不再能够在革命的总过程中起作用，只能在部分改良的努力中起作用，这种努力根本不能越出资产阶级社会及其国家的基础。对马克思主义说来，也是只有通过革命事件，理论与实践的关系才能提到日程上来，因为——科尔施这样认为——从革命实践的需要和必然性中必定会产生出理论的辩证的进一步发展，以便使得对哲学的扬弃成为可能，而这种扬弃只有作为对**资产阶级**哲学也就是说对资产阶级社会本身的扬弃才能产生。

辩证的马克思主义理论的本质在于意识与现实相符合，从意识与现实不可分的统一得出，资产阶级社会的意识形式不是单单通过思维，而是只有"同时**实际地和物质地改造**通过这些形式来理解的物质生产关系本身，才可能被消灭。"所以，阶级斗争不可能只限于经济和政治行动，还必须包括作为革命总过程必要组成部分的"精神上的行动"，科尔施把这种行动理解为革命的科学的批判和宣传鼓动工作。

科尔施对自己以前的康德立场的批判是借助马克思笔下的黑格尔进行的。他不能把自己以前的康德立场只看成是一种"错误"，那是理论上已经克服而实际上尚未克服的工人运动的一般发展的表现。

《马克思主义和哲学》中的矛盾在迄今为止的解释中是完全被人忽略的。这个矛盾在于，他把自己实践的、政治的立场（他就是从这种立场出发来写成这部高度理论化的著作的）与列宁的革命实践等同起来，但是同时又发展对列宁主义进行科学批判的理论基础，这一理论基础对他以后的反对行为说来，具有决定性的意义。1922年列宁在为新创办的理论杂志《在马克思主义旗帜下》所写的一篇纲领性的文章中，指出意识形态上的斗争的巨大意义——在根本上预先说出了科尔施的"精神上的行动"，并且为此目的，要求进行由唯物主义观点指导的对黑格尔辩证法的学习。科尔施把这一要求作为自己论文的替句，但是他却提供了与列宁文章中表现出来的对黑格尔的唯物主义的理解完全相反的论证。

《马克思主义和哲学》中的这种理论上的矛盾心理以及其中表现出来的"被迫性"，决定了他在以后的过程中同德国社会民主党和同共产国际的关系。

德国共产党及其统一战线策略的完全失败彻底摧毁了科尔施的政治"幻想"，并且几乎在全党中引起了急剧的向左转。从某种意义上说来，这种转变是他在实际政治方面的教条主义列宁主义时期的开始，并且无非是把"列宁主义"强制地变成一种工具，用来说明革命行动在政治上遭到的失败和重新规定革命的阶级斗争政策。

五

科尔施对1923年十月革命失败进行的实践和理论"清算"的结果，是按照"左派"观点重新评价社会民主派和重新认识"统一战线策略"的理论基础和历史基础。

1924年2月28日科尔施在图林根州议会上对德国社会民主党的激烈清算，部分地是根据德国共产党新领导（"中间集团"）的十分恰当的评价即法西斯主义已经战胜了十一月共和国进行的。科尔施认为"法西斯主义"是"资产阶级有意识地策划的反革命……我们用法西斯主义这个新词来指这一反革命的一切形式，而我们在最近几个月的所作所为就是扶持和……稳定这一反革命"。科尔施认为，在1918年以来法西斯主义和革命之间的这场斗争中，德国社会民主派所起的作用是"把政权交给资产阶级和交给法西斯主义"。因此，共产党的任务就是对社会民主主义的工人说，社会民主派的领导层"只不过是满嘴社会主义词句的德国法西斯主义的一部分"，正如整个国际社会民主派已经逐渐成为法西斯的变种一样。

科尔施力图用1914年以来德国社会民主党的历史和他自己在图林根政府中的亲身感受为例来证明这一论断。他的长达大约五小时的反对社会民主派的激烈发言的性质已经清楚地表明，他主要是清算他自己的观点，社会民主派也刺激他经常在辩论中谈到自己的过去。但是，因为科尔施把自己的过去理解为在真实的历史过程中反映出来的经验，所以这种"责备"未必是恰当的。"我一向认为,当一个政治家……在革命道路上前进的时候,是不应该受到指责的,我从1912年站在修正主义、伯恩施坦主义一边发展成为激进的独立的社会民主主义者,然后又成为共产党人,是不应该受到指责的。当一个人,为了投机的缘故改变自己的意见,或者突然地、非常突然地改变自己的意见,或者反复无常地改变自己的意见,那就完全是另外一回事。责备一个人向前发展,这只不过证明,人是能够发展的。"

当然,科尔施并不认为十月行动的失败只应由社会民主派负责。因为,事实上,从1918年以来,德国社会民主党所起的作用就是扶持资产阶级,这就说明为什么德国共产党和共产国际相信通过统一战线策略就能与德国社会民主党建立真正联盟。

科尔施认为,德国共产党和共产国际的主要任务(在第九次党代表大会上和共产国际第五次世界大会上),是克服已经被历史经验所驳斥的统一战线策略概念,并且重新建立列宁主义策略的辩证的整体,也就是说,为争取无产阶级专政的斗争规定一条明确的列宁主义路线。这样,他就提出了——主要是在理论上——德国共产党布尔什维克化(这在后来遭到他的尖锐批评)的根据。

1924年5月新的中央委托科尔施负责编辑德国共产党的理论杂志《国际》,同时,他又是德国共产党中央委员会委员,负责新的意识形态战线的理论教育工作。1924年6月至7月共产国际第五次世界大会(列宁逝世后举行的第一次世界大会)给自己规定的任务是,为各支部确立列宁主义宣传的统一的意识形态基础,以便用列宁的精神来推进社会革命。科尔施作为参加这次大会的代表,写了一篇纲领性的文章,在这篇文章中,他把列宁主义的观点解释为真正革命的、唯物辩证法的、真正由列宁重新确立的马克思主义的**方法**。

科尔施在这里力图把上面谈到的在《马克思主义和哲学》中包含的矛盾,明显地掩盖起来。科尔施责备右翼的塔尔海默把革命的列宁主义的真正内容归结为"纯粹的历史经验科学和实践",似乎它无非是实际上存在着的"机会主义的和改良主义的方法"的倾向的表现。科尔施责备塔尔海默,说他从列宁的理论中只是得出"反映论"。科尔施的论证的要点,是他把列宁的"精神"与唯物主义的、革命的否定原则等同起来,并且以塔尔海默为例来批判地表明,共产国际应该把什么东西溶化到一个革命的世界党中去,这个东西就是马克思列宁主义的方法;因为科尔施认为,一个马克思主义、共产主义政党的方法不是在党的实践之外或者在某种意义上超乎党的实践之上,"而是构成这一革命实践本身的一个重要的组成部分"。

科尔施在这个阶段与列宁主义完全合拍,也是从他对苏联发展抱有非常积极的态度产生的,他认为苏联是世界革命的堡垒。在他看来,从1921年以来俄国为维护和进一步发展在全国范围内已经开始的无产阶级革命而进行的列宁主义的、布尔什维主义的斗争,尽管由于世界革命的速度缓慢而产生各种各样的困难,其真正意义在于通过新经济政策成功地解决了客观的社会主义任务,在于最终找到了在共产主义社会第一阶段中无产阶级经济的形式。在第五次世界大会之后,他首先把共产国际同"苏维埃俄国这个无产阶级国家等同起来"。"苏维埃俄国所采取的一切措施和行动都是为了共产主义运动的利益,为了世界无产阶级解放的利益。在俄国,没有国家的利益与无产阶级的阶级利益之间的二重性。"

如果从科尔施后来对俄国的尖锐批评得出,他对于苏联是一个真正无产阶级国家的这种评价,只不过是一种策略上的随机应变,其目的在于避免他在德国共产党内的影响受到威胁,那么,这种对科尔施的看法显然是错误的。如果情况是那样，那就完全不能理解，为什么在他作为反对派被开除出德国共产党之后还那么顽强地坚持列宁主义。他对苏维埃国家的这种态度，是他经受了在俄国之外遭到失败的无产阶级革命之后所产生出的可以理解的结果。在列宁"天才领导下"的革命俄国是无产阶级革命在极其不利的条件下取得成功的唯一的历史例证，科尔施由此间接得出结论说，这一革命也必须内在地是帝国主义阶段的革命的一般原则即正确方法。因此，列宁主义的真理不是理论问题，而是它的实际的实现。必须把无产阶级专政和争取多数的辩证法这种马克思列宁主义的一般原则，从其在俄国的特殊应用，转而应用于十月失败后的德国。

自从德国无产阶级十月行动失败以来，各阶级之间的力量对比发生变化，协约国资本利用这个机会提出所谓的计划，逼迫德国满足它的赔偿要求。要实现这一计划，只有无论在外延和内含上加紧对德国无产阶级的剥削，也就是说，既要延长劳动时间，又要使生产合理化。科尔施可以说是从这一观点出发分析了这张意识形态的和政治的罗网。尽管八小时工作日的原则在伯尔尼劳工部长会议上在理论上被承认适用于德国，但是，实际上，根据华盛顿协定第十四条是无效的。科尔施在大量文章中和在国会（1924年7月他替补入国会）中把自己宣传鼓动的主攻方向针对德国社会民主党的叛卖政策，该党把承认八小时工作日当作无产阶级的巨大胜利而大肆颂扬，同时却在原则上接受了道威计划。

科尔施谴责那些满嘴主张共和国的社会词句、口口声声都是马克思的"社会民主主义的马克思主义者"，说他们不了解，"标榜'共和'的资产阶级派别"并非在任何情况下都必定"是无产阶级的天然盟友"。相反，唯一革命的无产阶级政党的真正任务在于从无产阶级的失败中学会懂得，"在资产阶级共和国**内部**，无产阶级状况即使最小的改善都仍然是空想，一旦空想实现，就会成为犯罪"。

科尔施在他对道威计划鉴定结果的分析中，已经批评了瓦尔加的1924年苏联经济状况的报告，瓦尔加在报告中祝贺鉴定结果被通过，因为他认为鉴定结果"'实际上'至少在'最初几年'（！）会给德国提供'巨大的利益'。"瓦尔加所说的这些"利益"（虽然还没有公开说出来）是，它们不是只限于德国，而且也可以为了苏联的利益而利用它们。因为德国如果要满足赔偿的要求，其前提是稳定的货币，这只有大量出口才能做到。由于德国存在着无比优越的剥削关系，国际资本必然要防止德国资本家在世界市场上获得较好的机会。这一矛盾部分地可以通过与苏联进行更多的贸易来解决，因为苏联非常需要大量工业品。只有当德国无产阶级不发动反对资本统治的严重的革命斗争时，俄罗斯国家的利益才能得到实现。因此，当世界革命党的领导要求德国支部在制订自己的策略时从德国存在着君主制的危险和资本主义的暂时稳定这种情况出发时，在意识形态上就表现为，这个世界党内部的一派在政治上达到了自己的目的，它不再始终把无产阶级革命**特别**作为日程上的问题，而是把俄国支部的**特别利益**解释为共产党行星系中的太阳。

科尔施的论证中所包含的对苏联现实发展的趋势以及这种趋势向共产国际蔓延所作的谨慎的批评，从一开始就没有逃过季诺维也夫—斯大林集团的注意，因此可以理解，为什么对科尔施的攻击首先不是来自德国共产党，而是来自共产国际。

在第五次世界大会对"超左派"发动总攻的情况下，季诺维也夫把科尔施说成是一个还必须学习马克思列宁主义的理论上的修正主义者，并且要求德国共产党把理论刊物《国际》掌握在"马克思主义者的手里"。半年后，共产国际执行委员会宣传鼓动部部长贝拉·库恩书面通知德国共产党中央委员会，要求加强对杂志的控制，特别是关于俄国问题:"在一切涉及俄国问题的场合,《国际》的编辑部都应该得到居于领导地位的俄国布尔什维克的合作的保证"。科尔施一再提出建议,撤销他担任的《国际》主编的职务,但遭到德国共产党中央委员会的一致拒绝。只是在1925年3月1日,他对贝拉·库恩的极其蛮横的控告进行了批判,辞去了这一职务。

在1925年9月6日于法兰克福举行的一次党代表会议上,科尔施竭力反对中央委员邓格尔的这种主张,即在苏联和共产国际的利益发生冲突时,德国共产党的革命政策必须变得缓和一些。相反,科尔施认为存在着"红色"帝国主义。

虽然科尔施试图在党报上说明自己的立场,但是把他塑造为敌人形象的做法已经无法停下来:起初,说他只受社会民主主义宣传的影响(《红旗》,1925年9月19日);三天后说他已经发动了一场反对苏联的真正的政治攻势,并且一只脚站在街垒的另一边(9月2日);再过一天,说存在着一个由科尔施直到马斯洛夫组成的"反布尔什维克集团"(9月23日);最后,这一类的漫骂层出不穷,直到1926年4月说他是共产主义的敌人,于月底把他开除出德国共产党。

科尔施把自己进行的派别斗争看成是反对真正的列宁主义"退化"的斗争。1926年4月16日他在德国共产党政治书记和编辑面前发表的讨论发言中,把斯大林在实践方面的改良主义和布哈林在理论方面的改良主义比之为第一次世界大战前马克思主义的退化,并且把新出现的"列宁主义"说成是夺取政权之后的伯恩施坦主义和考茨基主义。

只要科尔施还对真正形成无产阶级国际革命运动抱有希望,他就用列宁的言行来反对那些歪曲列宁的理论和实践的人,以便通过这种办法来促使真正的列宁主义者去反对这种"列宁主义"。只是当列宁的遗产在使俄国的季诺维也夫—托洛茨基反对派就范,接着被开除的形式下彻底完蛋，以及列宁主义转变为"列宁教派"的时候，科尔施才开始重新考虑列宁主义本身。

所以，科尔施认为他自己未来的主要任务不再是参加各种不同的左派的内部争论。"我们的任务在于把那个死去的'共产主义'，在今天的无产阶级工人运动中徘徊的、令人忧伤的、有时滑稽可笑的幽灵送回到它的尸体中去，而我们要以双倍的精力投入到今天已经以可以感觉到的新力量开始的现在的、真正的工人阶级斗争中去。这里就是罗得岛，就在这里跳吧！这就是马克思主义和列宁主义，这才是在现在既定的条件下真正的共产主义政策"。

与列宁主义的这一实际决裂，同时就是科尔施作为政治家的阶段的终结。科尔施的发展不仅是一个工人运动理论家的个人的失败，而且是迄今为止的工人运动本身的失败。

（原载《工人运动年鉴》第1卷1973年法兰克福版第15—85页）

（陈国雄 译）

哲学的实践

——布洛赫、葛兰西和卢森堡对马克思主义传统的创新[*]

〔比〕卢多·阿比希特

一、引 言

尽管保守的新闻界众口一词,断定恩斯特·布洛赫是一个十分危险的、对年轻人施加颠覆性影响的人,但是他们并没有通过毒药杯来判处恩斯特·布洛赫死刑。再说,这一点也十分棘手,即对这位 90 岁高龄的马克思主义教师使用开业禁令,尽管他们对若干他的最优秀的学生曾使用并且继续使用开业禁令。而且,这并不是第一次,可惜,这不仅仅是资本主义西方世界所特有的禁令。然而,他们通常所能做的、他们煞费苦心地从事的事情想必是希望布洛赫辩证的、表现主义的风格吓退大部分潜在的读者。

布洛赫的影响迅速上升,他被誉为一个犹太—基督教预言家,被誉为 20 世纪的雅各布·伯麦。当然,迄今他的影响还主要停留在黑格尔研讨会、进步的基督徒周末研究会、大学讨论会和国外若干无偏见的德国图书馆中。1935 年布洛赫撰写了一篇关于希特勒夺取政权前德国共

---

[*] 本文选自《马克思主义与现实》2011 年第 5 期。作者 Ludo Abicht 现执教于比利时安特卫普大学、美国加州大学伯克利分校等。

产党的文章，他在文中写道，党所做的一切都是正确的事情，它所不做的是错误的事情。高校院系和研究会致力于布洛赫哲学研究十分有益、十分重要，但是，这种研究并未发生或尚未发生在工会或工人运动之中。8月9日来自德国知识界、同事、作家、哲学家和政治家小团体的重要代表们聚集在他的墓前，缅怀他的生平事迹，这是令人高兴的好消息。布洛赫曾经是那个阶层的代表，它正是在其中发现了希望的原理的主要载体：工会、共产主义和社会主义政党的领导。

正如赫伯特·马尔库塞和新左翼理论家一样，布洛赫也发挥了这样一种作用，那就是在高扬革命意识的过程中，他起到了积极推动边缘集团（Randgruppen）的作用，但是更值得注意的是，与他的各国和欧洲的同志们不同，他从未把这些集团置于斗争的核心位置。自50年代以来，他与马克思主义工人运动的关系变得十分困难且令人失望，甚至在这之前，情况也是如此。安东尼奥·葛兰西把辩证唯物主义称作"实践的哲学"。本文题目叫《哲学的实践》：恩斯特·布洛赫与工业化世界中的具体的阶级斗争——我们喜欢借助于某种"社会主义"与某种"晚期资本主义"之分来把这种斗争加以图式化——之间的联系究竟是哪一种性质？换言之，在为人类解放而进行的斗争中，有组织的工人运动正在与布洛赫的哲学理念相结合，进言之，为什么工人运动需要这种结合？这个问题已经有了若干具体的但又是个别的现成答案：布洛赫哲学在许多南美和中美国家经常被誉为"希望神学和解放神学"，从而成为左翼反对派的一个重要工具。在东欧马克思主义无教派者运动中，布洛赫的诸范畴、同时性分析（die gleichzeitige Analysen）和要求起到越来越重要的作用。这方面，我想起了南斯拉夫的实践小组、捷克斯洛伐克的宪章、布达佩斯的阿格尼斯·赫勒圈子、东德此起彼伏的左翼反对派运动等。最后，在西德，正如年高德勋的布洛赫是我们的良师益友一样，在"德国社会主义大学生联盟"中、在院外议会反对派中，布洛赫是我们活跃的并肩作战者。对于一个德国的黑格尔主义者而言，这已是令人印象深刻的，但是，正如我们在哈加德的犹太逾越节上演唱的一样："这是不够的。"

这是不够的，因为还缺少核心部分：社会主义的、晚期社会主义的和共产主义的运动。布洛赫本人恰恰来自这些运动，而在他那里或者在他周围，我们必须以某种现实的方式为变革我们的世界做出贡献。他恰逢这样一种境况去世，即他的著作在工人运动中似乎有可能重新得到整合——或者，我们应该把这种整合称作第一次现实的整合。这种重新整合与理论和实践的成熟过程相重合，与重新发现和重新估价西方马克思主义代表人物的贡献相重合，这些代表人物有罗莎·卢森堡、安东尼奥·葛兰西、卡尔·柯尔施，有所保留地说，还包括威廉·赖希以及许多其他人。如果一个人想要在西方马克思主义中勾画一幅完整的布洛赫角色的图像，他也许就需要探讨上述所有理论家。出于实践的和意识形态的原因，我把讨论局限在葛兰西和卢森堡身上，因为他们作为著名的理论家和积极的政治家对工人运动产生了直接的影响。我不想在他们那里机械地得出一些一致的观点或不同的观点，而是较仔细地观察他们的思想和行为的若干方面，这些方面恰恰构成恩斯特·布洛赫著作的中心，而且，我将按照我的观点提出崭新的工人运动的日程表。

我建议讨论如下四个论点：

1. 从民族、国际视角看，传统的重要性。这一点不仅对于分析法西斯主义并且不妥协地与之作斗争是必不可少的，而且对于从实践上理解马克思著作中并不在场的民族主义乃至正统马克思主义中屡见不鲜的疏忽大意也是必不可少的。

2. 上层建筑批判。对于葛兰西和布洛赫来说，这是一种反对"经济主义"（Ökonomismus）、反对"马克思主义中的寒流"的斗争。在概念上，这种斗争不可与列宁及其追随者们所抵制的那种"经济主义"混为一谈。对于理解和变革全部社会而言，上层建筑批判是极其重要的。

3. 革命政党的特征和作用。在探讨前两个论点时，罗莎·卢森堡的贡献并不处于中心位置，尽管我们在她的作品中，尤其在她的监狱书信中发现，她全神贯注地探讨了文化传统。然而，布洛赫、葛兰西和罗莎·卢森堡在其批判列宁的"新型政党"模式这一点上是相通的。

4. 自由与秩序的辩证法，人道主义所归属的位置。政党问题与目的、新社会和过渡阶段是紧密联系在一起的。半截子真理就是最一本正经地以手段来反对神圣的目标。正如布洛赫对这个问题的理解一样，斯大林主义的滥用扭曲了马克思主义，或者确切地说，斯大林主义合乎逻辑地源自这种扭曲。（"在此，马克思主义是被认错还是被认清？"）究竟以什么方式把自由与秩序一并纳入这一社会主义社会的结构中呢？

这四条论点的编排还远没有被充分理解，此外，这种编排还缺少特殊的哲学向度、社会乌托邦的作用、认识论的灵感直觉作用等，但是这种编排可以唤起某种联系：从对过去（传统）的某种新的观察出发，我们到达对现存社会的某种广泛分析。这一点带给我们这样一种不同的对政党的理解：即作为变革的因素，政党实际上可以导向自由与秩序之间的矛盾不断消除的另一种社会。不论在年代学上还是在主题上，这一结果都是一种完整的模式，而这种模式不得不偏离那种列宁主义的模式，即迄今占统治地位的革命工人运动的理论与实践。但是，这种模式同样不得不偏离社会民主的、资产阶级的进步哲学和战略，因为它们都通过把工人阶级完全地或部分地加以非现实化，将经济结构和夺取政权问题搁置一旁，熟视无睹。我们不谈社会主义与改良的资本主义之间的某种"第三条道路",相反,我们致力于社会主义的内容和道路,尽管这种内容和道路不一定必然导致社会主义,但它可以使社会主义成为可能。

二、传统的意义

至少作为变革性的劳动而言,并没有任何全新的劳动。①

在生活中难免有这样的瞬间,那时一个人简直百无聊赖,长此以往,一个人倍感羞愧,于是,梦想摆脱一切,渴望成为一个血气方刚的小青年或白发苍苍的老人。无论如何,他都渴望洗心革面,重新做人。直到人们发现,英格玛·伯格曼《第七封印》中的那位服务员的确认是多么地真实:"你还在哪一方向上旋转,你在你的后面拥有……你的A。"这是令人不快的,但重归于平静。这种心境迫使一个人重新审查自己的过去。

在社会生活和政治生活中,我们也会发现类似的瞬间或时期,那时人们如此彻底地识破全部现存的社会,以至于他们只有在全部卑鄙龌龊的总体崩溃中,亦即在某种庄严的、纯洁的烈火中才能看到某种解决办法,因为只有从这种腐朽透顶的社会的灰烬和废墟中,才能耸立起一个崭新的、公正的世界。从这种愿望和白日梦中,得以造成了宗教和超自然的幻影,得以造成了我们对急躁的革命和运动的末世论期待。从抽象的理论意义上,特别是在否定的情绪意义上,这可能是极具吸引力的、令人满意的计划。例如,一部电影剧本,它有许多版本并且有不同的导

---

① Ernst Bloch, Erbschaft dieser Zeit, Suhrkamp Verlag, 1973, S. 146, S. 164, S. 240–241.

演为我们拍摄：犹太预言家的神圣的愤怒，基督教的东方奥秘，我们社会主义祖先的"夜未央"（GrandSoir），甚至"震动"我们不同祖先的这个"腐烂骨头"，在佛兰德地区基于民族解放斗争这一"愤怒激情"而一再重复的某一"美好的晴朗日子"的图像等等。

不仅如此，我们有充分理由怀疑政治家和教育者，因为这些人在1968年走来走去，瞎扯一气："这一切并非如此简单，政治是可能的艺术，我们必须耐心而谨慎地理解所有问题的巨大情结。"

因为他们所从事的一切只不过是正在发生的事情，以便维持现状（Statusquo），甚至不惜做出一系列暂时的再三斟酌的妥协让步。这一过程的清醒结果证实了这种自发的怀疑，而且，我们之中的大多数人都犯了莫大的、令人痛心的错误：因为对于运动中的大多数人而言，梦寐以求的革命不仅体现了不可实现的结果，也体现了个人的尝试，并且他们都避开了自身的过去。因为我们原则上渴望没有回顾的变化，因为我们毕竟不是某个"新"左翼的旗手？我们一再重复我们的革命祖先的每一个个别的历史错误。因为在黑与白之间，我们借助于崇高的公理思考、行动，并且我们着陆在规范化的生存这一可怕的平日惯例之中。马克思并非第一个揭露资本主义体系的根本不公正和非人性的人。在他之前，法国社会主义者已简明扼要、令人信服地揭示了这一点。一方面马克思恩格斯认为乌托邦的社会主义模式并不充分，另一方面他们自身对1848年革命的潜能抱有过高评价，这使得他们在余生从事一种修道士的工作，即撰写暂时登峰造极的《大纲》和未完成的《资本论》；为了有助于变革社会，哲学必须首先做到这一点：即不仅尽可能地解释世界，而且正确地、完备地解释世界。

我们必须将罗莎·卢森堡、葛兰西、布洛赫以及其他人的著作纳入能动的和科学的传统之中：为什么人的史前史的解放这个容易理解的问题变得如此困难重重？伯恩施坦的选举乐观主义和后期社会民主改良主义究竟有什么错？反动透顶的、理论上可驳倒的、反人道主义的法西斯主义如何能够成为一种声势浩大的群众运动？在1850年之后的复辟时期以及镇压巴黎公社之后，资产阶级击退了萌发状态的工人运动，但是，1919年反革命和法西斯主义却借助于数百万成员粉碎了组织有素的无产阶级运动，尽管这次运动波澜壮阔，充满青春魅力，还受到十月革命的鼓舞。这是十分严酷的现实，它促使被拘禁的安东尼奥·葛兰西和被流放的布洛赫深化了马克思主义对过去（Vergangenheit）的分析。

在他们看来，法西斯主义五花八门，变化多端，远远超过金融资本集团所表现出来的那种形态。不仅如此，法西斯主义根本不是通过社会民主工会和政党来策划"社会法西斯主义背叛"的直接结果。1936年葛兰西就写道："但是，在现在的社会经济关系下，法西斯主义运动与早期适度的、保守的自由主义运动（一个世纪以前的。——引者注）并不十分相称。"① 为了探究这一点，葛兰西便使用那种鞭辟入里的调查研究方法，着手阐明自19世纪为解放和统一意大利的"复兴运动"以来意大利资产阶级的政治作用和社会作用，同时阐发了"消极革命"② 的概念。在消极革命中，革命要求通过清晰的、合法的和受到控制的改革来得到满足，在这方面，资产阶级的政治地位和经济地位本质上未受触动地保留下来。自1815年以来，"消极革命"与"积极革命"

---

① Antonio Gramsci, *Philosophie der Praxis*. Fischer Verlag, 1967, S. 255, S. 255, S. 352.

② Antonio Gramsci, *Philosophie der Praxis*. Fischer Verlag, 1967, S. 255, S. 255, S. 352.

相平行,所谓"积极革命"始于1789年至1870年,1917—1921年革命时期之后,以资产阶级所逼迫、所操纵的"阵地战"的某种胜利而告终。这场战争并不是工人阶级一败涂地的战争,它迫使工人阶级拟定新的阶级分析方法和战略决策。

  因此,按照葛兰西的观点,只要正确的国际运动视点把自身特有的、原始的境况作为出发点,那么这种视点只会是适当的、有效的。这里正是从马克思主义角度解释民族同一性以及民族主义的出发点,然而,在马克思的工作中,我们只能附带地找到诸如此类的东西。葛兰西的分析触及了托洛茨基和斯大林关于"一国建设社会主义"的讨论,但是,他高瞻远瞩,深刻得多。这是马克思主义理论与实践中的一大空隙,而法西斯分子和保守党人则为其宣传处处都决定性地把这个空隙搁置一旁。然而,第二次世界大战后,在意大利(以及在其他欧洲国家的最近时期)这一空隙终于为左翼所认识。1924年布洛赫写了一篇关于被挫败的政变者阿道夫·希特勒的文章,其论断充满挑衅性:"德国法西斯主义的一部分仿佛是片面的革命总督,无论如何,它都是把社会局面加以静态化的一种表现。但是,真正的人民讲坛缺少或者本身证明了巴别尔明智的话:陈词滥调就是反革命。"① 据信,在随后的10年间,他在一系列关于法西斯主义的分析性文章中,进一步发展了这些思想,1935年这些文章以《这个时代的遗产》为题汇集出版,1962年出版第2版。就像葛兰西一样,布洛赫也试图解释法西斯运动,因为在他看来,共产国际的公开路线、社会民主党或资产阶级政治学家的解释并不令人满意。关于法西斯主义特征的讨论以及终极的、灾难深重的有组织

---

① Ernst Bloch, *Erbschaft dieser Zeit*, Suhrkamp Verlag, 1973, S. 146, S. 164, S. 240 – 241.

的工人运动战略的评价并不属于我们的主题范围。

我们感兴趣的是这样一种可能性，那就是第二次世界大战后，特别是自1973—1974年危机开始以来，如何将布洛赫的挑战性精神应用于左翼和民主力量以制止那种操纵中立化甚至进步方向的新的权力发展。在布洛赫的分析中，我们可以发现"非同时性"（Ungleichzeitig）① 这一核心概念。无论是在社会经济方面还是在政治和意识形态方面，同一国家的人们、属于同一人种的人群或属于同一阶级的人们有可能生活在不同的历史发展阶段。这个事实通常未能受到正统的马克思主义社会发展学说的重视，而法西斯主义者则很自然地利用这一点，他们借此煽动封建的、小农和民族主义的情绪，从而达到了让那些农民、下层中产阶层和青年中的大部分无条件地支持其"人民革命"的目的。在西欧和北美，这种"非同时性"以不同形式仍旧存在，而且它由于交往手段和影响手段确实没有减弱。因此，对社会结构和精神结构的某种更细微的、精密的接近就越来越必不可少了。工人运动和左翼知识分子无法承受第二次悲剧性错误。这一点使得布洛赫的重新估价和进一步发展变得十分重要，因为如果一个人不能认识、把握革命潜势乃至保守的、公开反革命的运动，他就注定做这种蠢事：陷入无所作为的听天由命中，陷入悲惨的自发主义中，或者干脆陷入流行的、过时的、实用的机会主义中。为了与布莱希特交谈，寻找这三种态度的"姓名、容貌和地址"并非一件太难的事情。此外，如果陈词滥调是真正的反革命，那么在保守的、右翼指向的圈子中探求潜在的革命情绪和期待就远远不够了。于是，这一点变得很重要，那就是在本真的、左翼指向的理论和实践中消

---

① Ernst Bloch, *Erbschaft dieser Zeit*, Suhrkamp Verlag, 1973, S. 146, S. 164, S. 240 – 241.

除各种陈腐不堪的、亦即反动的要素。由于这个原因,布洛赫的"非同时性"概念通常不只是遭遇到学术界的异议。

三、上层建筑批判

乌托邦的意识想要极目远眺,但是最终仅仅在于渗透刚刚经历过的瞬间这一逼近的黑暗。①

布洛赫总是按照最困难的方式领会"当下"(Gegenwart),因为领会当下要比领会过去或构筑现实的、具体的乌托邦的未来模式棘手得多。根据人的概念,即使是令人印象深刻的、百科全书式的知识也不足以保证某种更美好的未来。因此,布洛赫哲学的核心是行将来临的当下。在既定情况下,布洛赫在欧洲和美国垄断资本主义体制下度过了他的大部分生涯。不仅如此,在东德的 12 年也无真正的例外,正因如此,没有任何一个人能够比他更深刻地感受到并更精辟地分析这个新生的、后资本主义国家的"非同时性"。无论如何,他的主要著作《希望的原理》是他身处资本主义社会的情况下撰写的,具体地说就是资本主义的最新阶段,或者按照有些人的观点,乃是资本主义的最后阶段。

在马克思的足迹中——同时在马克思 1857—1858 年起草的大纲的有限草案下——大多数理论家都从事社会经济基础的批判。因此,1923 年之后,欧洲革命实践的缺乏导致某种研究方向的改变,这并不使任何人感到奇怪,对此,我们还可从法兰克福社会研究所研究方向的某种变更中重新发现其他蛛丝马迹。我们知道,马克思主义理论与革命实践的

---

① Ernst Bloch, *Das Prinzip Hoffnung*, Suhrkamp Verlag, 1967, S. 11, S. 620.

分离最终导致否定作为历史主体的工人阶级,而且,对于后期法兰克福学派的怀疑主义和悲观主义而言,还导致这方面找不到任何确实可信的替代品。但是,对于布洛赫来说,事情显得是另一种样子:尤其是在《希望的原理》(撰写于法西斯主义凯旋的同一个时期)中,他继续致力于我们在《乌托邦的精神》和其他著作中业已发现的那条路线。第一,在此并没有30年代工人运动荒凉凋零的任何直接的反映痕迹,尽管这一现实连同布洛赫作为流亡者的个人经验确实起到了某种作用。第二,布洛赫从未与有组织的工人运动,特别是与政党发生过任何联系,尽管友谊并不总是建立在双方的联系之上的。换言之,与新马克思主义者的政治发展不同,布洛赫经常有意识地作为马克思主义者和共产主义者——这两种名称并不总是一致——写作和行动。

因此,他总是认为,他的文化意识形态上层建筑的批判当然适应了马克思主义的广泛的传统分析。所以,在东德和正统马克思主义中,布洛赫著作不能发挥其有益的作用是一个悲剧性的理论贫困化,而且这也是在西方共产主义圈子和左翼社会主义圈子中不了解甚至低估这一著作的原因所在。因为在任何时候,只要我们想要在最重要的方面达到对现存社会的某种功能性的辩证唯物主义的批判,布洛赫现象学的分析就是对马克思主义分析的一个必不可少的补充。在东方,只要布洛赫的著作还受到官方的无视,在西方,只要布洛赫的著作还停留在神学家、文艺批评家的猎区里,停留在学术界的沙龙团体中,我们就没有取得任何重大的进步。我想把布洛赫理论的内容纳入工会、左翼政党、学习和行动小组的学习计划中,因为在人类解放斗争的实践中,一旦丧失乌托邦的因素,亦即丧失具体的乌托邦的因素,就势必经常堕落于实用主义、改良主义和图式主义之中。幸运的是,布洛赫的意识形态批判、他对现实的设想极其错综复杂,是不能以某种决定论加以还原的。而且,根据界定,他的批判不是完美无缺的,即"尚未"充分发展,这也是西方马克思主义创造性、原创性发展的一种保证。

就像在马克思和葛兰西那里一样,在布洛赫那里,我们与其发现一劳永逸的理论,不如发现一种方法、一种思维方向。工会干部同样生活在这样一个价值多元化的世界里,在此,一切可能的、真正的和虚假的文化价值都作为已有的、公认的东西被提供出来,进言之,不能简单地用冷酷的政治经济学的方法或借助于锐利的解剖刀把这些价值揭露为"直接的资本主义利益的表达方式",因此,人们得以重新从事决定性的事情,致力于社会经济的斗争。这不应是任何漫画式的态度。布洛赫错综复杂的方法除了要求高水平的智力支出,还要求情感的、充满想象力的、艺术启发力的投入,在争取"工人阶级霸权"的斗争中,这一方法可能是一个最重要的工具,按照葛兰西的观点,对于现实地抉择的社会主义社会而言,这是唯一适当的气氛。当然,这一点远远不够,即通过党的决定把"无产阶级专政"概念转换成"工人阶级的霸权"并强调对这一概念做出进一步的表述,事实上,不是列宁、斯大林而是马克思、恩格斯怀有这种意向。这也许是纯粹注释性的、犹太法典式的争论,这样做,实际上错过了现存问题辩论的本质。

在"霸权"(Hegenmonie)概念之下,葛兰西了解到什么?这一概念代表某种思维方式和生活方式占主导地位的一种社会秩序和文化秩序。在一切公共机构和私人机构中,这一现实的设想都占有统治地位,从而影响风俗习惯、鉴赏倾向、道德、宗教和政治生活,并且在很大程度上决定某一现存社会阶段中的社会关系。只要这种霸权为另一个同样广泛的现实设想所攻击,就发生一场无休止的斗争,这种斗争远在革命性变化之前就已经开始,而且远在事后,即在取得政权之后继续进行下去。的确,这种争取霸权的斗争必然与某种不断增强的、具体的反对派运动联系在一起，然而，这种斗争决不允许完全隶属于旨在夺取政权的政治斗争和文化斗争，或者与这种斗争视为等同。

很清楚，为什么今天这一概念对于所有那些人如此极端重要，这些人自觉地为社会变革而工作，并且愿意对这种变革负责。不仅如此，这些人不想在所谓欧洲城市游击战这一毫无结果的行动主义那里归于毁灭，更不想在所谓新哲学这一同样毫无结果的新保守主义态度那里归于毁灭。这意味着除了呈现为阶级斗争的社会斗争之外，还有诸多种类繁多的任务等待我们去承担和完成。在集体运动之内，主体性和想象力这一任务很久以来就丧失了自身应有的地位。这也意味着在1968年风暴的期望与传统工人运动的冷静的、现实的期望之间做出某种黑格尔式的艰难扬弃。在文化层面上，这意味着，继续开展并进一步发展托洛茨基与宣传鼓动机关（Agitprop）和无产阶级文化协会（Proletkult）的反对旧风俗习惯者之间的著名讨论。在某种社会主义标签下，无产阶级文化运动的先驱起而反抗，反对接受古典市民文化是对的：新的内容要求探求新的表达形式。但是，托洛茨基同样说得对：在过渡时期，用某种详尽拟定的"无产阶级文化"代替资产阶级文化是不可能的，但是，在语言的最广泛意义上，建设社会主义文化，亦即建设人的文化，是必不可少的。这是一个十分艰巨的辩证过程，这一过程一再处于危险之中，在这样那样的方向上经历蜕变。究其原因，部分是因为布洛赫、葛兰西乃至大多数马克思主义理论家都是地道的"传统知识分子"，部分是因为工人阶级尚未成功地创造出组成新的社会主义霸权之必要载体的那种可比较的"有机知识分子"集团。这一确定把我们引向关于历史变革主体的讨论，引向关于革命政党的作用和特征的讨论。

四、作为过程和动态概念的党

党是真正的马克思主义的故乡。①

1969年大学生风潮达到顶点,布洛赫在图宾根大学生争取民主社会组织的一次集会上,向我们劈头提出了一个引人注目的问题:"一个文盲能够成为马克思主义者吗?"这也许是跟侧耳细听的读者开玩笑,这意思是说,相反的观点经常是对的,答非所问:历史上的复杂的哲学、社会学理论与辩证唯物主义之间的相互关系是什么?按照列宁的观点,如果撇开黑格尔就无法把握这种关系。此外,应该如何理解印度或拉丁美洲最贫困农民的解放斗争?如果不谈论利润率的下降趋势,那么明晰的或模糊的剥削意识与剩余价值理论之间的中介是什么?

理论上,人是统一的,克服人的现实鸿沟乃是党的组织的任务。自20世纪初以来,特别是自十月革命以来,似乎政党的特征和作用问题得到了一劳永逸的解决:党是"新型的党",即马克思—列宁主义的、有纪律的、统一的先锋党,在俄国,这种新型的政党被证明是富有功效的。1921年,俄国无政府主义者遭到野蛮的清除,西欧起义遭到失败,自那以后,人们再没有讨论关于政党的不同观点,更没有再讨论诸如托洛茨基这种无教派者,或者诸如本雅明、卢卡奇、布莱希特和布洛赫一样的批判知识分子。布洛赫从来都不是适当的思想家或政治战略家。1953年事件之后,过了一段很长时间他才开始对此表示怀疑。也许,由于他在政治上的孤立,最初在莱比锡,而后在图宾根,他都从未基于

---

① Ernst Bloch, *Über Karl Marx*, Suhrkamp Verlag, 1968, S. 164, S. 121 – 144, S. 124, S. 126, S. 135.

自身的独特经历详尽研究这个问题。他认为，党是真正的马克思主义的故乡，或至少在这个世界上，是最伟大的、决定性的自由运动。

1949年，在莱比锡大学就职演讲《大学、马克思主义、哲学》①中，他已经警告可能的偏离和蜕变。现摘引几句："亲爱的同志们，我们自身在我们之中是统一的，我们不再是任意的、盲目的。"② "马克思主义恰恰强调研究的现实自由：如果一种研究真的不可限定，那么这种研究就是毫无顾忌的。"③ "不是因为某物是有用的它才是真实的，而是始终因为且只有某物是真实的它才是有用的。"④

这样那样的说明首先针对哲学专业和大学，但是大学最终直接隶属于党的控制之下。任何唯一的定理都不是纯粹学术的，或者政治上是脱离价值的，这是为实际情况所清楚地证明的。尽管对苏联和东德的官僚机构深感失望，尽管有着自身独特的辛酸经历，布洛赫还是希望党重新发挥其应有的作用，成为自由研究和民主讨论的教育者和守护者。在他那里，总有一个愿望萦绕于怀，这就是罗莎·卢森堡的遗产。

我们知道，1903年卢森堡在《回忆无产阶级的政党》一文以及随后的文章中就已经对列宁的政党模式的普遍性表示了怀疑。她特别担心一种极端膨胀的中央集中制会限制劳动者的参与精神和自发性，最终会

---

① Ernst Bloch, *Über Karl Marx*, Suhrkamp Verlag, 1968, S. 164, S. 121 – 144, S. 124, S. 126, S. 135.

② Ernst Bloch, *Über Karl Marx*, Suhrkamp Verlag, 1968, S. 164, S. 121 – 144, S. 124, S. 126, S. 135.

③ Ernst Bloch, *Über Karl Marx*, Suhrkamp Verlag, 1968, S. 164, S. 121 – 144, S. 124, S. 126, S. 135.

④ Ernst Bloch, *Über Karl Marx*, Suhrkamp Verlag, 1968, S. 164, S. 121 – 144, S. 124, S. 126, S. 135.

成为非民主的东西。关于《俄国社会民主党的组织问题》的论文以这样一种论战性的句子结束:"实际上,一场革命工人运动难免犯错误,但是历史上,这种错误比最好的'中央委员会'的无差错更有益、更有价值。"① 尽管在某些方面,罗莎·卢森堡与布洛赫有所不同,但是,同样的担心是十分明确的,她对领袖政党的整体结构产生严重怀疑。布洛赫把自由的研究和民主的决定过程视为政党原则的无条件的因素,而卢森堡则进一步认识到日常斗争和社会斗争是能够保证这一崇高要求的必不可少的结构。今天,在布洛赫就职演讲发表29年之后,在罗莎·卢森堡首次表达批评观点75年之后,一个创新的工人运动重新把这个问题列入日程是不可避免的,而这方面可以利用75年以来的经验教训。这将是一次根本的、开放的讨论,依据葛兰西的政党理论,这一讨论可以起到承前启后、富于启发性的作用。

同样,如果没有一个有组织的党,葛兰西也无法想象某种解放性的社会变革。不过,与卢森堡不同,在此意义上,他更接近布洛赫的观点:他不是直接地与列宁论战,而是强调其两面的本质方面:对于他来说,党是工人运动的"回忆"(Gedächtnis),而这种回忆是为争取阶级解放的长期的斗争传统所保存、说明和发展的。在党的范围之内,应当使"有机知识分子"受到教育,也许这种知识分子使得向一个社会主义社会的过渡成为可能。在朴素的成员与集中起来的、集体的领袖之间,他给干部分派了作为永久教育者的广阔空间,在基层群众与领袖之间,这些干部可以保证经常的、有组织的交互联系。葛兰西拒绝接受经济决定论,持经济决定论的人总是从这种不切实际的信念出发,即经济

---

① Rosa Luxemburg, *Politische Schriften* Ⅲ, Europäische Verlagsanstalt, 1968, S. 23 – 82, S. 134, S. 135.

危机的深化势必造成某种革命状况,他赋予干部的上述意义正是从这种拒绝中得出的结论。当然,某种危机可以产生一种唤起特定思维方式的气氛。因此,就像社会力量和政治力量一样,革命思维和行动同样是一个教育问题。此外,教育、解放永远都不可能是强迫的对象。

葛兰西、卢森堡和布洛赫(他们不是独一无二的代表)的这些观点并不给我们提供任何具体的解决办法,也不给革命政党提出任何详尽的实践模式。然而,他们提出了值得思索的问题,近年来这些问题在广阔的领域里得到了讨论,而且指向实践问题:究竟在多大程度上革命目标通过手段来塑造,在启发性和灵活性方面,一个政党作为工具如何达到为其所刻画的那个具体目标?与此同时,政党如何保持一种有效的、战斗的力量,并且日益成为一个真正的理论与实践的家乡,即民主的马克思主义?显然,与布洛赫思想的密切接触将有助于澄清正在发生的变革过程。

五、新社会的面貌

但是,具体的秩序与具体的自由并不是对立的。①

在《关于正在燃烧的房屋的佛陀譬喻》② 中,布莱希特想要形象地解释,即使一个人不具有关于新境况的清晰图像,也能够摆脱多年的、糟糕的境况。这种说法只是部分地正确。特别是,在这个世界上,在这个漫长的社会形态交替中,社会体制和政治体制用作模型,但是,在这方面,独特的资本主义与这种功能是不能相比的。的确,没有哪一个清醒的马克思主义理论家想要描绘未来社会主义社会的一幅艳丽的图像。

---

① Ernst Bloch, *Das Prinzip Hoffnung*, Suhrkamp Verlag, 1967, S. 11, S. 620.

② Bertolt Brecht, *Gesammelte Werke* 9, Suhrkamp Verlag, 1967, S. 664-665.

对这幅图像做出不断的变更并着手调整,这是一个过程。这也仅仅是半截子真理。在对当今社会的基本分析(这种分析既涉及经济基础又涉及上层建筑)中,在改变传统思维方式中,在把党调整为变革社会的因素中,我们看见了第一个潜在的、新社会的决定性轮廓。在十月革命获胜的第一个月里,罗莎·卢森堡对列宁和托洛茨基的一系列观点提出了尖锐的、值得注意的、预言式的批评,这些批评为勾勒新社会的轮廓提供了最好的出发点。我记起她致列宁和托洛茨基《公开信》中的若干主要论点:

1. 虚假的资产阶级民主与事实上的无产阶级专政之间进行二者择一,实际上掩盖了不是废除民主而是扩大民主这样一个实质问题。

2. 新的社会主义社会未必无条件地以资产阶级民主为榜样。但是,一个社会主义革命的领导不能把二者即社会主义民主与资产阶级民主混为一谈:要么遵循传统民主的形式规则;要么到处寻找某个其他的形式。但是,在与广大居民的不断的交互联系中得以发现后者。没有社会生活和政治生活的创新,社会主义民主是不可能的。

3. 将人民包括进这一创新过程之中,这对于自由地、无限制地通达信息论坛和讨论讲坛是必不可少的。具体地说,就是维护新闻自由和结社自由。"只给政府的拥护者以自由,只给一个党的党员(哪怕党员的数目很多)以自由,这不是自由。自由始终是持不同思想者的自由。这不是由于对'正义'的狂热,而是因为政治自由的一切教育的、有益的、净化的作用都同这一本质相联系,如果'自由'成了特权,它就不起作用了。"①

---

① Rosa Luxemburg,*Politische Schriften* Ⅲ,Europäsche Verlagsanstalt,1968,S. 23 – 82,S. 134,S. 135.

4. 社会主义体制是历史的产物,因此,组织上必须不断地发展,惟其如此,社会主义才永不会强行实施。根据资本主义阶级结构,社会主义体制必须采取一系列措施,以便为社会主义道路腾出时间,例如,违背当下占有者的意愿,废除生产资料方面的特权。"我们可以通过颁布法律的形式加以拆除,但是无法通过它进行建设。"① 谁总是想要用强制手段达到社会主义社会,谁就必定无条件地遭到挫败。

5. 这一点把我们带回到关于革命政党特征的讨论中:在极端集中的、有纪律的领袖体制中,很容易发展出某种虚假不实的意识,进言之,在这种意识中,由于必不可免的过渡措施,某一限制转变成永久的、肯定的价值,由此,领导与居民之间的鸿沟加大了。

葛兰西"国家和资产阶级社会"概念与争取"工人阶级霸权的斗争"紧密联系在一起,在这一斗争中,党作为有机知识分子的教育者起着最重要的作用。正是在争取"工人阶级霸权的斗争"中,葛兰西进一步阐发了"民主集中制"(demokratischen Zentralismus)概念。列宁主要谈到功能性的政党结构,而葛兰西则把这一概念扩大到国家之内决策过程的某种动力学上。1932年,他在其笔记中写道:"组织性仅仅标明民主集中制,所谓'民主集中制'处在运动之中,是对现实运动的一种持续不断的适应,是从下而至的冲动与从上而至的命令的一种协调……因为民主集中制考虑运动,在这种考虑中,历史现实合乎规律地被揭露出来,因为它不在官僚制度中机械地凝固起来,但

---

① Rosa Luxemburg, *Politische Schriften* Ⅲ, Europäsche Verlagsanstalt, 1968, S. 23 – 82, S. 134, S. 135.

是，与此同时，考虑到相对持久的、永久的东西。"① 与此相反，官僚机构的集中制只会引起领导集团的某种心满意足，即通过压制每一个反对派来固守特权，因此，民主集中制是借以保证动态霸权这一进步因素的唯一体制。

占领资产阶级的国家机器——罗莎·卢森堡称其为旧机器的"毁灭"——实现社会主义社会的第一步，但本身还不包含能够和一定建立社会主义社会这样一种保证，因为不是通过强制，而是仅仅通过说服来达到霸权，这正是霸权的本质。卢森堡的立场表达了一个时期里对俄国革命经验的直接反应，在这个时期，在德国或欧洲曾经依然存在过社会主义变革的机会。葛兰西根据自身的研究创造性地发展了自己的一系列理论，这些研究涉及19世纪初以来的意大利历史，1919—1920年占领工厂的实践，随后法西斯主义在西方的胜利以及苏联斯大林主义的退化。

作为文化历史学家和哲学家，布洛赫把东方与西方的现实境况一并纳入自身的研究之中，但是，他潜心研究公元前7世纪左右犹太预言家、佛陀等先知，在希腊人那里，他不仅专心致志于棘手的经济事实和政治事实，也专心致志于没有或完全充分意识到的精神现象。布洛赫从历史唯物主义语境出发，讨论了托马斯·莫尔的乌托邦模式与汤玛索·康帕内拉的乌托邦模式的对立，并从这种对立中发展了"自由与秩序"的辩证法。针对托马斯·莫尔《乌托邦》的宽宏大量的、等级自由的自由与汤玛索·康帕内拉《太阳城》的严酷的、有纪律的福利国家，布洛赫持一种中立态度。在托马斯·莫尔的《乌托邦》与罗伯特·欧

---

① Antonio Gramsci, *Philosophie der Praxis*'s. Fischer Verlag, 1967, S. 255, S. 255, S. 352.

文的《新和谐》之间，在汤玛索·康帕内拉的《太阳城》与圣西门的有组织的乌托邦之间，他发现了相互联系，而且在马克思主义中发现了消除这些对立的可能性：新的社会主义既是摆脱了雇佣制和利润体制的旧的结构的社会，又是解放了一个现实的、可实现的、具体的乌托邦的社会。在现实中，自由意味着至高无上者的权利，而自由同样意味着至高无上者强加于人，因此，只有在与具体的秩序的辩证统一中，新的具体的自由才是可能的。"正如具体的秩序乃是社会本身的造型一样，具体的自由乃是共同地彰显的意志和社会成功的意志……这种联系并不是诸如康德的伦理学一类的静止的同一性……然而，这种联系是辩证的。"秩序的实际内容就是自由，赋予这种自由以实际内容的就是秩序。因此，在研究社会乌托邦中，布洛赫获得了与卢森堡和葛兰西的政治观点十分接近的一个政治观点。这是一个有牢固基础的政治观点，它在工人政党和工会及其周围赢得了广泛的影响，尽管我们知道，罗马、巴黎、整个华盛顿或伦敦都不会在一日之内改变对布洛赫的看法。但是，在近年的讨论和活动中——我也像布洛赫一样，愿意将1968年标明为"尽管如此"（trotzdem）——这个抽象的、时常令人产生神秘感情的语句赢得了一种十分精确的、具体的意义。而且，也许无人感到惊讶，在各种矛盾的境地中，布洛赫的影响被视为颠覆性的、爆炸性的，因为布洛赫正是这样一个人。

六、从实践的哲学到哲学的实践

借助于运用"实践的哲学"术语，葛兰西为"马克思主义"一词赋予了新的向度，从语义学上看，这个向度正是"辩证唯物主义和历史唯物主义"的流行界定所缺乏的东西。在本文中，我们关系到理论与其实践的关系问题:不是关系到布洛赫的思想是否或多大程度上建立在物质现实的基础之上,而是关系到布洛赫和其他人的著作在解放斗争的发展中能够起到什么作用。也许,可以提出下列论点:

1. 例如,就东方和西方的马克思主义者而言,葛兰西、卢森堡和布洛赫著作的创新性旨趣是十分重要的,在恪守体制的社会民主改良主义一方与恪守斯大林主义的官僚主义一方之间,这种旨趣将突破错误的二分法,从而指向一条新的"第三条道路"。但是,在两条道路兜圈子的地方,人们根本无法认真谈论这"第三条道路"。在此,现存的道路是旨在消除现行体制而不复归于某种前资本主义的境况的一条崭新道路。最终,在那些工业发达的国家中,这条道路开始自身的新资本主义世界,因此这条道路并不会使任何马克思主义者感到惊异。

2. 这种创造性的理论阐发要比"追本溯源",纯化经典作家的理念,例如列宁的《国家与革命》、马克思的《大纲》——或者更确切地说是《巴黎手稿》——等深刻得多。在《克欧纳先生的故事》中,布莱希特描写了克欧纳先生与久未谋面的人的相遇,他这样寒暄道:"您一点也没有变!"克欧纳先生说了一声"哦"就去世了。① 葛兰西的监狱作品和布洛赫的《希望的原理》恰恰建立在经典作家最初的理论基础之上,但是他们添加了新的向度,而这种向度含蓄地包含在马克思、恩格斯、列宁或托洛茨基的著作中,或者只是没有得到充分的刻画而已。工人运动及其同盟者必须把下述领域具体地列入自身的教育纲领中,例如,自发地发生的东西以及许多由于偶然事件而发生的东西。没有这种相互作用,这个世代的理论认识将会长期掩埋在大学图书馆的书橱里。

---

① Bertolt Brecht, *Gesammelte Werke* 12, S. 383.

3. 借助于我们标明为"新左翼"的那种无拘无束的反抗，布洛赫哲学可以为传统的社会主义者、共产主义者与基督教民主工人运动创造必要的相遇条件。60年代，新左翼犯过很快疏远工人阶级的错误，如今当五月风暴沉寂之后，古典马克思主义的许多信徒也重蹈覆辙，开始放弃或咒骂有组织的工人阶级。这是对那一年瘫痪的、假革命的自发主义的可理解的反应，但是，同时也是一个危险的错误。

在抽象的新左翼与经济主义这一"老左翼"中的主要流派之间存在着布洛赫的具体的马克思主义的乌托邦这一连接领域。

4. 在比利时一直缺乏传统的社会主义运动，自社会主义运动出现以来，比利时的社会主义运动就与基督教工人群众结合在一起，特别是与佛兰德民族解放运动结合在一起。在这两种情况下，往往导致一种软弱无力的战略和理论，马克思主义意识形态的未充分发展对此负有部分责任。葛兰西对民族问题的理论贡献以及布洛赫对宗教现象的创新性分析构成社会主义运动的第一个必不可少的出发点，由此出发，社会主义运动必将克服这个毫无结果的、客观上反动的分离现象。

七、结　语

从布洛赫关于德国共产党对法西斯主义态度的著名解释中，我们可以换个方式说：作为寒流（Kältstrom），传统马克思主义对经济体制和政治体制所进行的无情分析以及由此得出的阶级斗争的结论是完全正确的，传统马克思主义仅仅错在没有或很少做过其他方面的分析。这正是热流（Wärmestrom），就像社会经济基础对社会进程发生具体的影响一样，关于文化的、民族的、宗教力量的知识和内容同样对社会进程发生具体的影响。如果没有热流，马克思主义作为人类解放运动就不能创造作为社会主义社会的条件和形式的那个新的霸权。显而易见，这一点将不会自行出现。然而，另一个因素，即在革命急躁中时常丧失掉的某种东西却不是显而易见的，那就是在歌德的《浮士德》中梅菲斯特的话："亲爱的朋友，理论是灰色的，金色的生活之树长青"，作为临时结论，我们可以用下述一段话来加以对照：大部分左翼指向的理论都拥有闪闪发亮的、鲜艳夺目的色彩，然而日常的、必不可少的、解放的实践大都是没有装饰的灰色。此已证明清楚。

(梦海 译)

恩斯特·布洛赫和生命哲学[*]

〔联邦德国〕R. 施泰格瓦尔德

恩斯特·布洛赫（1885—1977）和他的朋友卢卡奇·捷尔吉一样，是一位非常重要而又充满矛盾、具有强烈悲剧色彩的人物，而且在很大程度上这两位人物的悲剧具有同样的性质：他们努力成为马克思主义者、工人运动的参加者，并且作为大知识分子竭力用他们超群的思想才能为工人阶级服务；在与危及一切的法西斯威胁的斗争中，用争取建立广泛反法西斯民主联盟的精神武器武装这个阶级。可是他们的努力却遭到了失败，尽管在失败中他们也取得了重要的、有持久意义的成就。此外，这两人的共同点可以追溯到他们的思想来源，他们都曾在很大程度上带有生命哲学色彩的新康德主义学派的影响。

要理解恩斯特·布洛赫，首先要把他放在生命哲学的"潮流"中去看。也许这样说是正确的，即布洛赫的独特修正主义的根就是那些他最坚决地试图运用而且无疑被他看作是他对马克思主义最宝贵贡献的东西。毋庸置疑，布洛赫竭力使他的工作为反法西斯斗争的事业服务，力图从思想上和政治上去削弱法西斯敌人的阵营，为此他这样对工人阶级提出了思想遗产问题，以致这个问题的提法本身就使工人阶级的最凶恶

---

* 本文选自《马列主义研究资料》1987 年第 1 辑。

的敌人失去了重要的思想基地。写于1935年的《我们时代的遗产》，应该说是为执行共际第七次世界代表大会的决议而写的一部著作。布洛赫也和卢卡奇一样，想帮助工人运动建立起一种真正广泛的反法西斯民主阵线。如果说他没有在他设想的限度内做到这一点，那么照我的看法，原因就在于他在哲学中归根到底还不是一位马克思主义者。实际上，尤尔根·哈贝马斯把布洛赫称之为"马克思主义的谢林"，① 汉斯·海因茨·霍尔茨指出他日益接近于泛神论的自然观，② 也许说的都是这个意思。然而任何一种不是彻底辩证唯物主义的立场，都会导致同革命的工人运动脱离，从而不能正确地理解工人阶级在反法西斯斗争中能够作为思想文化遗产使用的东西、工人阶级在为建立广泛的反帝民主同盟而奋斗时可以作为手段采用的东西，以及这些东西的标准可能是什么。如果没有实现向工人阶级立场的彻底转变，那么在这个最终只能有两种基本立场——工人阶级立场和资产阶级立场——的社会中，有利于工人阶级的党性就必然为有利于资产阶级的党性所损害。这里无须讨论布洛赫在主观上是否愿意如此。我可以肯定他是不愿意的。但是在阶级斗争中，问题并不在于一个人愿意与否！

布洛赫写了许多著作，他的影响恐怕只有卢卡奇可以相比。我们在这里只想谈谈他的著作的基本特征。目前对布洛赫著作的最好的批判分析是由曼弗勒德·布尔写的③，本文也利用了这一材料。布洛赫最重要的著作有：《乌托邦的精神》（1918—1923），《革命的神学家托马斯·

---

① 尤·哈贝马斯：《理论与实践》1963年新维德—柏林（西）版第159、296页。

② 汉·海·霍尔茨：《历史转折时代中的哲学》，载《德意志人民报》1977年8月25日。

③ 见《德国哲学杂志》1960年4月号第374页以下。

闵采尔》（1921），《痕迹》（1930），《我们时代的遗产》（1935），《主体—客体》（1951），《希望原则》（1954—1959），《图宾根哲学导论》（1963，1964），《基督教中的无神论》（1969）。

这许多著作的主调，是企图使希望成为哲学的对象。布洛赫本人曾说，这是体现在他的创作中的一贯内容。

但是，无论过去和现在，希望进入哲学（更多地是诗）的中心都不是偶然的，而是在社会发生深刻危机的时候，因而像苦闷和恐惧这种主题总是成为它的补充。

在本世纪，有多得惊人的哲学家和诗人去探讨恐惧与希望的问题。如果认真地考察一下这些作者，就会看出，他们全都属于资产阶级文化的范围：在社会经济基础陷入危机的时候，恐惧和希望就成了资产阶级的中心问题。这就意味着，布洛赫的希望哲学，远不是什么纯粹个人的和独此一家的成果，它的产生是和资产阶级的脉搏联系在一起的。

这也表现在布洛赫把希望原则同精神文化遗产原则联系在一起上。布洛赫为他的希望哲学汲取养料的精神来源，是德国浪漫主义和神秘主义，旧约全书和犹太教义。曼·布尔早就提醒人们注意，如果从布洛赫的著作中删去黑格尔、莱布尼茨和亚里士多德，也就是伟大的辩证法家的成分，他的著作不会遭到实质性的损害，而如果去掉弗兰茨·巴德尔、诺瓦利斯和各种神秘主义者及古犹太的先知，那么就会把他的著作一笔勾销。

布洛赫是怎样把他所谓的希望同遗产问题联系在一起的呢？他知道，资本主义正在走向灭亡，将被工人阶级摧毁，而革命工人运动的活动是由马克思主义指导的。要想从这种立场出发搞修正主义，就必须进行一些思考。布洛赫是怎样对待希望问题的呢？他认为（这里的错误不在于某些偶然的提法，而在于布洛赫的概括过程），不仅在无产阶级的思想中，而且在小资产阶级和大资产阶级的思想中，都存在着反对资本主义的倾向。他认为，这种倾向在于非理性主义起作用，因此决不能把非理性主义看作只是反动的，它还包含有某些工人运动应该继承的东西。

正如我们看到的，布洛赫在这里采取了一种不同于卢卡奇的立场。卢卡奇过分夸大了从非理性主义到法西斯主义的必然发展路线，布洛赫则对非理性主义进行了区分，并从非理性主义的思潮中找出了某些工人运动也可以继承的东西。这是怎样一回事呢？为了说明这种所谓的遗产，布洛赫提到像"灵魂"、"生命"、"无意识"、"整体性"、"诸如此类的反机械论概念"这样的范畴。他指责马克思主义，说它没有看到这全部遗产，因此也就需要补充。他认为，马克思主义中特别不够的正是他的希望、他的目的概念。马克思主义的概念似乎只归结为经济方面，没有把全部人的内容包括进去。他认为，为了克服这种缺陷，需要一个马克思主义和宗教的联盟！

这在内容上意味着什么呢？资产阶级的、甚至是反动的内容，被解释成"遗产"，纳入他的"希望"原则，作为对马克思主义的补充。这是一种地地道道的修正主义立场。

同时，布洛赫实质上是将希望与宗教等同起来，并把宗教看作最终决定历史的原则。一个神学家是可以这样做的，但如果把这种思想描绘成马克思主义，则必须坚决加以反对。

不仅布洛赫哲学的世界观基础是神学的，而且他对辩证法也进行了神学的修正。他让这种辩证法作为旨在追求所希望的自由的原则而起作用，取消了作为活动原则的辩证法。这样，辩证法就不仅像在新黑格尔主义那里一样受到历史的限制，而且还要服从于神学。这也是布洛赫特有的宗教人本学思维的很典型的表现。

曼·布尔指出，这种思维性质也给布洛赫的哲学表述风格打上了烙印。他完全放弃明确表述论点和可以确切定义的概念，借助更适合于艺术而不是哲学的形象、比方和隐喻来阐述他的思想。这使得他要表述的内容难于被把握，使得他易于用思维的或真或假的"朦胧"来玩把戏。在这种"朦胧"中，不仅有修正主义，而且还有公开的资产阶级的反马克思主义。有些势力同情布洛赫，正是因为他的著作可以看作是非马克思主义的著作，也可以看作是反马克思主义的著作。

布洛赫的悲剧是同党性标准问题联系在一起的。正好在文化遗产的问题上，这种标准起着重要的作用。我们在建立党性标准一时应该以什么为依据呢？马克思列宁主义是无产阶级的理论，这个阶级由历史进程本身决定应充当资本主义的掘墓人和新的社会主义社会秩序的建立者。这种理论给我们提供了理解历史的钥匙。只要我们是生活在阶级社会中，阶级斗争就是历史的动力。这种阶级斗争在经济、政治和意识形态领域中进行。在对意识形态现象作出判断时，我们在任何时候都必须分析它们的社会基础：具体地说是哪一种意识形态。是资产阶级的，还是无产阶级的？如果所说的某个意识形态家是资产阶级的（自觉或不自觉的）代言人，那么资产阶级或资产阶级的某一部分在这一意识形态中起了怎样的作用？我们对处在资产阶级革命发展时期的资产阶级思想家的态度，完全不同于对帝国主义时期资产阶级意识形态家的态度。例如，孟德斯鸠在十八世纪提出了社会的地理环境决定社会发展的论点。这个论点是错误的，但是同时是从对历史的神学解释向自然科学解释的转变，是一个革命性的进步。当拉特泽尔在上世纪后期，在马克思和恩格斯已经发现了社会发展的基本规律之后提出类似的论点时，他的攻击对象就不再是神学，而是马克思主义了。马克思主义以前的社会主义的乌托邦，那个时候小资产阶级社会主义对资本主义的批判，还是一种进步思想，因为当时还没有科学社会主义存在。而这种空想社会主义以诸如弗洛伊德或马尔库塞的"伦理社会主义"形式的复活，则显而易见是反动的。

因此，马克思列宁主义判断历史现象的党性标准，带有历史社会的性质，是以尽可能确切研究各种具体历史过程如何进行、各种阶级势力在其中起何种作用，以按党的立场支持推动历史前进的势力，反对反动势力为前提的。这是唯一符合历史的、因而也是客观的行动方式。

到此为止，对布洛赫似乎还没有太大的意见分歧。当人们把这种一般的，简直是"一贯正确"的立场同在阶级斗争中使这种立场具体化的东西联系起来，即同工人阶级的马克思列宁主义政党的战略和策略问题联系起来的时候，问题才尖锐起来。这个问题在共产国际第七次世界代表大会上讨论过，而且正是从反法西斯斗争的角度。在这次代表大会上没有简单地把法西斯主义归结为资本主义，但是把它定义为金融资本最反动的和沙文主义势力的一种公开的、野蛮的和残暴的专制。这意味着，反法西斯主义的斗争不能简单地在阶级中立的民主斗争的意义上展开，而是要对准像金融资本这样的现代资本主义的心脏和核心部位。共产国际第七次代表大会的方针，不是要简单地转向和返回到资产阶级民主，而是要争取一种新的民主，这种民主后来随着推翻法西斯政权而发展成为人民民主和反法西斯民主，在更进一步的意义上，也就是今天各发达资本主义国家中作为共产主义运动和工人运动的目标的反垄断资本主义的民主。因此，斗争的口号并不简单地是："这边是民主，那边是法西斯！"而是："这边是反法西斯的民主（其中包含对法西斯主义的分析），那边是法西斯主义。"

如果从这个角度来谈我们在上面讨论过的卢卡奇的立场，那就很容易看出这样一个错误，即他在自己的民主要求中把特殊的反法西斯因素归结为一般民主的因素，实质上忘记了反垄断资本主义的斗争方向。至于布洛赫，则情况要复杂一些，因为在他那里根本谈不上民主斗争。然而，他所采取的价值体系不反对垄断资本，以至于垄断资本的代言人也能加以利用，这一点正好说明布洛赫的立场缺乏阶级确定性。而这种缺乏确定性归根到底是由于这种立场的生命哲学根源，由于他没有彻底完成向无产阶级立场的转变。在我看来，这是上面所概述的布洛赫的哲学和政治观点的主要缺点的根源。我们着重指出这一点；并不意味着要抹杀布洛赫与卢卡奇的不同及其晚年在联邦德国为反帝民主斗争所做的工作。我们这里指的是他在反对非常法、反对美国侵略越南、反对禁止就业以及联邦德国其他一些反民主措施的斗争中所做的重要贡献。

(原载《帝国主义德国的资产阶级哲学和修正主义》，
1980年柏林版第131—136页)

(陈晓希 译 莫立知 校)

恩斯特·布洛赫——乌托邦和希望的思想家[*]

〔南〕戈·施科里奇

1985年要纪念二十世纪两位最重要的马克思主义思想家恩斯特·布洛赫和卢卡奇·捷尔吉诞辰一百周年,应该借这个机会谈谈这两位思想家的重要意义,因为他们的生平经历都在某种意义上分享了本世纪马克思主义的命运。以布洛赫和卢卡奇的思想为主题的国际会议(巴黎、杜布罗夫尼克、海德堡)已举行了好几次。对布洛赫的纪念,在保存着他的文稿资料的两个城市中安排得特别隆重:在路德维希港,借这个机会把"恩斯特·布洛赫奖"第一次授予了道尔夫·斯塔伦贝尔格教授;

---

[*] 本文选自《马列主义研究资料》1987年第1辑。编者题注:恩斯特·布洛赫(1885—1977)是德国马克思主义哲学家,以提出"希望哲学"著称于世。他战后在民主德国莱比锡大学任教,1955年获民主德国国家奖。1956—1957年,他的著作在民主德国受到批判,他主编的杂志被查封,本人被宣布为修正主义者。1961年他移居联邦德国,在蒂宾根大学任客座教授。1985年纪念布洛赫诞辰一百周年时,民主德国《魏玛评论》4月号刊载了为布洛赫恢复名誉的文章,作者是莱比锡大学哲学教授京特·K.勒曼,他在文章中说布洛赫的著作是德国的"思想遗产",是"历史乐观主义的文献资料宝库"和"具有创造力的德国语言文化的一种见证"。不过他至今在马克思主义思想界还是引起争议最多的人物之一。我们在这里刊出南斯拉夫作者最近为纪念他而写的一篇文章和联邦德国著名马克思主义理论家不久前对他的著作的批判分析,供研究者参考。——编者注

在蒂宾根大学中重新设立了客座教授,因为布洛赫晚年曾在那个大学担任这个职务。

恩斯特·布洛赫1885年生于路德维希港一个同化了的犹太职员家庭。1905年在故乡的中学毕业。还在上中学时就与恩斯特·乌赫、泰奥多尔·里普斯通信,后在慕尼黑跟随里普斯学哲学,去维尔茨堡继续学哲学,在那里读了六个学期以后,作为奥斯瓦尔德·屈耳佩的学生毕业(1908)。毕业论文的题目是:《关于李凯尔特和现代认识论问题的批判性讨论》。在毕业后的几十年中过着自由撰稿人的生活。他按照西美尔的建议在布达佩斯会见了卢卡奇。和卢卡奇的亲密交往和友谊在柏林西美尔的圈子中继续到1914年,在海德堡麦克斯·韦伯的圈子中继续到1914年,韦伯的圈子中还包括有卡尔·雅斯贝尔斯与亨利和托马斯·曼兄弟。在慕尼黑附近的格律恩瓦尔德(1914—1917),布洛赫写了他的第一部重要著作《乌托邦的精神》,他在这部著作中继毕业论文之后详细阐发了自己的主要思想,这对他后来的全部创作活动具有决定性的影响。那个时期布洛赫热衷于表现主义(实际上,上述著作可以被认为是表现主义的最重要哲学),而这对他的理论工作、而且不仅是艺术方面的研究产生了长远的影响,因为这一兴趣使他与青年时代的挚友卢卡奇分手了。然而这一分手并不是纯粹私人性质的(在1938年关于表现主义的著名讨论中达到顶峰)。他在马克思主义思想中产生了深远的影响(关于现实、辩证法,然后是关于艺术的概念)。1917年布洛赫去瑞士,按照海德堡《社会科学文库》的要求研究各种政治纲领和乌托邦。他是个笃信的和平主义者,在伯尔尼时还给《自由报》撰稿。在那里遇见瓦尔特·本亚明,成了终生的朋友。这一友谊在两位理论家对马克思主义历史观和艺术观某些问题的态度上留下了明显的痕迹,他们的立场极为接近。

布洛赫受到十月革命的鼓舞，为德国革命的失败感到懊丧，他在1919年回到柏林，除有几次短暂离开外，在那里一直待到1933年，并且与特奥多尔·阿多尔诺、贝尔托尔特·布莱希特、西格弗里德·克拉考尔保持经常接触。

1921年，布洛赫发表了他的著作《革命的神学家托马斯·闵采尔》，书中捍卫和论证了人抵御剥削他的暴虐势力的权力。1923年，布洛赫编辑出版了他的《乌托邦的精神》的第二版，在那里甚至更加明显地把马克思解释成为一位具有划时代意义的思想家，这使得布洛赫与当时流行的第二国际框框内的各种解释区分开来。从马克思主义历史的角度看，这甚至意味着，布洛赫（在马克思的某些著作，特别是他的早期著作和《德意志意识形态》，还未为人所知的时候）通过他独特的思想方式，比许多（晚很久的）在形式上更多地利用了经典马克思主义词汇的解释更接近马克思本人。1930年，布洛赫发表了《痕迹》，这是他的从文学观点看来最好的一部著作。

布洛赫是一位反法西斯主义者，在纳粹主义突袭的威胁下，于1933年流亡到苏黎世，然后去维也纳（1934）、巴黎（1935），在巴黎参加了以"捍卫文化"为题的世界大会。同一年他发表了《我们时代的遗产》这部著作（它甚至在今天还有现实意义），提出了这样一个论点：共产主义运动的确把它的卓越遗产——想象领域对运动产生效果的重要性——抛给了右派，而右派则知道怎样利用它。1936—1938年期间，布洛赫侨居布拉格，除了别的一些东西以外，努力写作他的一本论述唯物主义问题的书（1972年才发表）。1938年，布洛赫离开欧洲大陆去美国，在那里潜心写作，但是他撰写的书《美好生活的梦想》、《希望原则》、《天赋人权和人的尊严》、《主体—客体》、《基督教中的无神论》在很久以后才完成和发表。他同贝·布莱希特和亨利·曼一起创办了反法西斯的出版社"曙光"并给《自由德国》杂志撰稿。

1949年,布洛赫虽然曾接到西德的邀请,但是他接受了东德的邀请(在某种意义上,向布洛赫发出这一邀请是由于卢卡奇的促使)。他去莱比锡,接受了在大学当哲学教授和在当地哲学研究所任所长的职务。他编辑出版了自己的许多著作,并为《意义和形式》和《德国哲学杂志》等刊物撰稿。1955年,他被授予国家奖并成为柏林科学院的院士;同年为庆贺他的七十岁生日出版了一个纪念文集。在艰难动荡的1956年,突然发生了变化:他的哲学遭到攻击,特别是在他那本论黑格尔的书(《主体—客体》)发表以后,他本人被指责为修正主义者。这种攻击的基本论点之一,是说他对马克思主义和唯心主义之间的区别强调得不够。在一次专门组织的会议上,布洛赫被指控为神秘主义者、唯心主义者,说他过于夸张地把人置于研究的中心,总之,他被指控为反马克思主义者。1957年他被迫退休。那时他的主要著作《幸福生活的梦想》问世,同时他开始作为客座教授在西德讲课。不久,他就在那里永远定居下来。

在他一生的最后一个时期,也就是在他最后一次流亡中,布洛赫多次获奖,并发表了下列著作:《蒂宾根哲学导论》、《"还不存在"的本体论》、《基督教中的无神论》、《世界的实验》,以及他的十六卷本《全集》,其中最后一卷是在1977年出的《哲学史中的交叉世界》。布洛赫在生前还为《全集》编了一册"补卷":《倾向—潜在—乌托邦》在1978年出版。

在纪念布洛赫诞辰一百周年之际,出版了他的四卷《莱比锡讲演录》(其中四分之三的内容是第一次发表),还出版了他的很有意义的书信集,其中主要部分是他和卢卡奇关系最亲密的时候写给卢卡奇的信。(这些信早些时候曾由布达佩斯的卢卡奇档案馆少量出版过,有一些信同时被译成了塞尔维亚文或克罗地亚文和意大利文。）这一《书信选集》中还包括有布洛赫与恩斯特·马赫、麦克斯·舍勒尔、特奥多尔·阿多尔诺、麦克斯·豪克海默、赫伯特·马尔库塞、瓦尔特·本亚明、亨利和托马斯·曼、赫尔曼·布罗赫等人的通信。

    *   *   *

  布洛赫是一个十分独立的思想家，他的最独创之处也是他的最深刻之处。他首先在二十世纪的哲学中恢复了乌托邦这个名词的尊严，指出了马克思思想的人道主义核心。他的"开放体系"不承认各种哲学学科的严格区分，这个体系的许多论点为思想开拓了新的境界，但是它们也受到了严厉的批判。所以，可以说布洛赫是马克思主义中最富挑衅性的思想家之一，他提问题的方式使任何人都很难无动于衷，不管他是马克思主义者还是神学家，是实证主义者还是存在主义者，等等。

  布洛赫不是在新康德主义，而是在生命哲学以及尼采的明显影响下（布洛赫对尼采的态度还没有得到足够的研究，虽然这看来是一个很重要的领域），还在他的毕业论文中就已提出需要一种不同的哲学（"新形而上学"），它将在过程中理解存在，并且将解开把历史命运与乌托邦纠缠在一起的奥秘。

  在《乌托邦的精神》中，布洛赫已经阐述了他的这样一个基本论点：世界是被异化了的，就是说，它不是真实的，它缺少一种说明实践的原则性的乌托邦概念。乌托邦哲学的基本原则和使世界革命化的条件是自我省悟，而这首先是对关于自身和关于主体间性的问题的理解。关于自身的问题，在我们的空想中，在我们的充满惊奇的愿望中，在本质上由作为时态的未来所带来的还未意识的认识中都可以遇到。正是比喻和隐喻帮助世界本身表达意义。所以，在布洛赫看来，对存在的理解在创造性的劳动中最容易达到，主要是由于这个原因，在他的哲学中正是艺术现象占有特殊的地位。正是由于这个缘故，他一生对任何教条主义的或庸俗唯物主义的艺术观一贯采取明确批判的态度。

为了能够表达世界和生活的真理，自我省悟的内在方式也要求有外在方式。布洛赫很早就得出了这样一个独特的论点：主观因素中还没有意识到的东西相当于客观因素中还没有被创造的东西，这个论点趋向于马克思关于无阶级社会中的"自由王国"、"人的自然化，自然的人化"的思想。所以，过程的起源本身不是在开头，而是在末了。相反，末世学方面对布洛赫说来（也像对马克思说来一样）是被世俗化了的。马克思主义中的终极性问题（指对尚未客体化的无阶级社会的预期），事实上是带有实际目的的假设的"形而上学"（布洛赫就是因此清楚地把实践理解为理论实践关系的），在那里，片断表现为形式的原则。按布洛赫的看法，历史的目的不是被预先决定的，而是通过实践、通过意志的力量和革命的理论实践的中介不断被重新创造出来的。像革命的实践一样，人道主义的实践若是没有近期的目标和遥远的目标之间的经常矛盾——也是不可能的。所以，布洛赫要求仔细考察前景，并不是要给马克思主义加进神秘的和唯心主义的成分，而是要提出带直接性的问题。

"乌托邦意识要求看得更远得多，但毕竟只是为了看清目前生存时刻的十分贴近的黑暗，在这一生存时刻中所有存在的一切都是生活在一种对自身隐藏着的形式中。换句话说，需要一种最强大的望远镜，也就是精致的乌托邦意识的望远镜，来把这些靠得很近的地方看清楚。因为这些最贴近的地方仍然包含着存在和此在的核心，也掩盖着世界的全部纠缠不清的秘密。"①

---

① 《希望原则》（《美好生活的梦想》）英文版第11页。

因此，期望无阶级社会的前景本身就表明自由的最具体内容是一种可能的未来，就成为对教条马克思主义内的每一种范式进行批判的工具，还能够成为对群众进行启蒙的动员力量。这一理论信条也能说明布洛赫在他整个一生中和各次流亡中始终不渝地坚持左派立场的意义，因为马克思主义哲学对布洛赫说来是"未来的哲学，因而也是过去的未来的哲学。由于具有这种面向未来的意识，马克思主义哲学就成为一种生动活泼的，接近事态发展而又能容纳新生事物的理论实践。永远最重要的是：它是一座灯塔，在它的光辉中反映出作为过程存在的、没有终极的总体，**按辩证唯物主义构想的希望**，这一总体和希望在它的光辉照耀下向前迈进。哲学的基本命题，这一因为诞生了就坚持存在的命题，依然在新和旧之间的辩证唯物主义斗争中形成和成长。"①

布洛赫的哲学的另一个大主题是对希望概念的研究。这个概念是众所周知的——尤其是在基督教中，而不是在马克思的著作中特别阐述的。然而，"无阶级社会"和"自由王国"这些概念按内容具有正在到来的东西的未来的性质，虽然它们不是从抽象末世说的角度，也不是从"未来的经济小饭馆"的角度，而是作为人的真正历史的开端提出的。许多解释已经指出马克思思想的这一方面以及一种新的主客体关系的问题。这一概念由布洛赫进行了最精心的探讨。与其他一些马克思主义理论家不同，希望对布洛赫说来已经成为一个本体论的概念，一种新的哲学原则。它不仅是在我们的愿望、社会乌托邦、神话宗教内容的形象中出现的期望感情（即使是这样，也是最富有人性的行动），而且还是一种一思想。希望不仅适用于乌托邦原则的概念（若没有它，世界上就没有任何实际的革命）；它不仅是一般的人类特性，而且是现实本身的特征。

---

① 《希望原则》（《美好生活的梦想》）英文版第8页。

生长希望的土壤是不满足,当希望活跃时,它是最富有人性的,因为扩大自己的欲望能照见新的内容,短暂的闪光能显示可能的现实。世界过程是在希望中发展的,而希望在客观上是建立在对一种像乌托邦那样的存在、即还没有的存在的追求之上的,这一点既适用于自然界,也适用于历史。

但是,考虑前景必然包括考虑世界过程中的障碍(特别是阶级社会的障碍)。布洛赫把期望的意识推广到辩证法中。例如,人被确定不仅是精神的存在物,而且是受生活的物质基础制约的存在物。这种制约不是一种封闭的规定性,而是包含有乌托邦的出路。布洛赫遵循亚里士多德关于物质是可能性的定义,在对存在下定义时对认为存在是完全的、受回忆幻影控制的整个哲学传统进行了批判。布洛赫由于按照他一贯的人道主义马克思主义解释乌托邦意象,曾在一段时期内对神学的个别流派比对马克思主义者产生了更大的影响,马克思主义者那时实际上几乎不承认他。发生这种情况的原因,有时在于他思维方式的某些问题,但是往往是由于人们对布洛赫的理论遗产的重要性认识得不够(它无论如何在马克思主义中占有重要的地位)。决不可能把大量唤起整个文化中的希望内容与布洛赫思想的核心分割开来。但是这样注重:描述未来(这在布洛赫看来是为无阶级社会的新文化作准备)是布洛赫的理论同豪克海默和阿多尔诺的社会批判理论之间的主要差别。

布洛赫认为为哲学恢复名誉和在马克思主义中进行更严谨理论思维特别重要(在这一点上,他在早期阶段就不同于当时的各种流派)。布洛赫认为,马克思主义理论的问题与我们生活所在的时代有联系,但是在他看来决定性的问题是以何种方式属于这个时代(也就是说,是热衷于暂时的因素、即将灭亡中的事物,还是倾心于将要来临的事物)。所以,在布洛赫看来,根本不可能谈论与乌托邦分手,因为那会意味着与马克思主义、与任何社会运动分手。按照布洛赫的一个特别重要的原理，幻想是振奋精神、为被宣布的未来目标激起意志和热忱的东西。他认为，在1918年以来的，全部马克思主义讨论中，没有给予幻想以足够显著的地位，并且轻率地把它抛弃给了敌人。布洛赫认为，如果不切实拥有遥远的目标，那么在近期也不可能发生任何事情，更不可能发生有任何现时代意义的事情。所以，在主观因素本身中是否有任何扩展到幻想、领域的东西，对马克思主义说来具有决定性的重要意义。掩盖目标总是带有意识形态性质，并且引起各种各样的虚无主义，对于进行政治斗争或任何其他斗争都毫无好处。按照布洛赫的看法，这既适用于从实用主义角度出发只管近期目标的社会民主党，也适用于教条主义的马克思主义（它再也不能提供任何能激起主观因素的幻想的东西了）。同时，布洛赫正是按照这种理论框架在马克思主义中区分冷热两种倾向：一方面是细密周详的分析，它正确地促成各种清醒的认识，使任何种类的幻想都无容身之地，而另一方面又有热的倾向，若是没有它，物质化的工作就会令人生厌。虽然没有冷的、周密考察的倾向会使革命成为不可能（甚至必定失败），然而这种倾向没有任何自己的节律或温度，能够变成为不必要的、无意义的阶段重复。而热的倾向并不含有非理性的意思，能够达到革命的基础本身，能够达到最具体的东西。

所以，民主德国在五十年代就对布洛赫发起尖锐攻击（格罗普，布尔），想要败坏他的声誉，宣布他为非理性的思想家和马克思主义前进路上的障碍，是没有任何理由的。联邦德国在八十年代，发出的严厉批评声（谢尔斯基、约纳斯等人）也同样毫无理由，这只是表明批评者并不理解布洛赫哲学的革命本质而已。

布洛赫早在二十年代就已指出，如果由于缺乏对目标的创造，设定而从乌托邦向科学做出过大的跨越，就有可能发生马克思主义的危机。

他像罗莎·卢森堡那样,断言形势提供了两种可供选择的可能性:社会主义或野蛮状态(很自然地提出了社会主义和民主之间有本质联系的要求),并且很早就意识到了希特勒所酿成的危险,在他的著作《我们时代的遗产》中从政治上和理论上进行了阐述。按照布洛赫的看法,共产主义运动中发生危机总是在思维错误的时候(或根本不进行思维的时候),这也就是说在不管意图是否很好而行动非常糟糕的时候。布洛赫在他的许多文章和讲话中把二十年代的形势与七十年代的形势加以比较,就是说,他想要强调,一个运动如果根本不做某些事情,就可能犯多大错误。布格赫也认为,没有任何杰出的理论家,而运动中的活动家的语言已变得不可理解了。但是他并不认为求助于一种新的革命主体就可以解决问题。他认为唯一可能的解决办法是回到革命的马克思主义上来。布洛赫发现,与二十年代不同,在当前的世界上战线很不明确(很难识别谁是敌人,谁不是敌人),而事态本身要求不能对他们采取任何模棱两可的立场(布洛赫强调,自产生斯大林主义以来,再没有任何事情是单价的了)。在他的哲学的范围内这并不意味着有革命理论的危机(许多人认为这种危机是有意抛弃马克思主义的结果)。布洛赫认为,马克思的理论没有过时,不需要任何修正。

然而,布洛赫认为,在马克思主义本身中有某些成分没有得到足够的研究。首先是无产阶级专政的思想,然后是资产阶级革命可能留给社会主义社会的遗产,还有就是对今日世界矛盾的进一步研究,这种矛盾不仅仅是沿着资本—劳动这一条线的剥削,而且还有对世界上受侮辱受损害者的压迫,这种情况需要马克思主义特别加以探讨。布洛赫在他的理论遗产中说,马克思主义一向比马克思年代久远,因为一向有受屈辱和受压迫的人,他们的差别从历史的角度看在于**如何**受屈辱和受压迫,而不在于**在何处**和**为什么**受屈辱和受压迫,以及受了**什么**屈辱和压迫。

布洛赫在主观上把危机概念定义为不满，在客观上则是真正的矛盾，但是正像在客观因素中有裂缝一样，也可以期望在主观因素中有裂缝，这就要加快历史的进程（虽然伟大的时刻并不常常和伟大的世代同时到来，因为通常缺少一种因素）。然而，真理的标准不能在被异化的世界的事实中找到，而只能在对可能存在另一个不同世界的研究中找到。理论的缺陷会导致像无政府主义那样的对现状的不适当反叛。然而，小集团的存在是一种不满的表现，但是按布洛赫的看法，这不是一种合理的不满。除非在理论上得到进一步的发展，不然不满就显得空虚和任性，也就是不成熟。相反，如果理论不能向人们说明什么东西使他们的不满成为合法，它就不能成为激励人的并且有真正影响的思想。

布洛赫的影响已在世界上变得很明显，尤其是由于他的著作《革命的神学家托马斯·闵采尔》和《基督教中的无神论》得到翻译，以及他积极参加马克思主义者和神学家之间的讨论（布洛赫的影响今天在拉丁美洲以及波兰可以更强烈地感觉到，波兰直到不久以前还没有提到过布洛赫的活动）。他的影响在西班牙、意大利和法国就是这样传播开的。1975年，法国（巴黎）授予他荣誉博士学位，但是很难说他的名字当时在马克思主义理论中已很显赫。在意大利，他的存在七十年代初才开始被感觉到——当时关于非正统马克思主义的讨论变得越来越热烈，他是关于欧洲共产主义的讨论中的"对话者"之一。对布洛赫的这种兴趣近来在意大利似乎已经减弱。在布洛赫曾长期居留过的美国，他对理论思想的影响却微乎其微。

然而在南斯拉夫，布洛赫的影响自从五十年代后期以来一直很大，因为南斯拉夫思想界探索沿非正统和反教条方向发展的新道路，而布洛赫的哲学无论按研究方法和课题说来都与南斯拉夫思想界遇到的问题极为接近。布洛赫的著作几乎已全部在南斯拉夫出版,他本人除了曾是南斯拉夫《实践》杂志的编委之外,正是在南斯拉夫第一次被授予了荣誉博士学位(与他青年时代的朋友卢卡奇·捷尔吉一起),这是萨格勒布大学在1969年授予他的。

(原载南斯拉夫《社会主义在世界上》杂志1985年第51期)

(莫立知 译)

阿尔都塞的认识论[*]

〔英〕阿·卡林尼柯斯

各种实践的本体

论阿尔都塞的认识论内部有一个深刻的矛盾。这就是一方面断言理论实践的自主性包含这样一种"基本实质",以致没有关于理论实践的科学性的一般标准,而是每一种正当构成的科学都有它自己特殊的科学正确性的标准,而另一方面又把马克思主义哲学规定为理论实践的理论,它的特殊作用正好在于通过它对认识——效果的分析运用这样一种一般的标准。这个矛盾本身是阿尔都塞的体系中所固有的一个更一般的问题的一部分。因为,如果说阿尔都塞很有效地证明了各种科学的相对自主性,那么他完全未能表明这种自主性的相对性质寓于何处。一方面,理论实践被同上层建筑的那些熟悉的组成部分——政治和意识形态——

---

[*] 本文选自《马列主义研究资料》1983年第6辑。

原题注:阿列克斯·卡林尼柯斯于1950年生于津巴布韦。曾在英国牛津巴里奥学院研读哲学、政治学和经济学,写了论马克思《资本论》的博士论文,现在是牛津圣彼得学院研究当代社会思想的副研究员。曾担任《国际社会主义》和《社会主义评论》的编辑,经常给这两家刊物以及《社会主义工人》、《新政治家》撰稿。本文是他的《阿尔都塞的马克思主义》一书第三章的摘译。——译者注等同起来,被看作是同经济一起并且在经济的归根到底的决定作用之下构成社会总体的各种实践中的一种。另一方面,关于各种科学是上层建筑的一部分的任何暗示又都被坚决拒绝。

虽然阿尔都塞为我们接受各种科学不是上层建筑一部分的看法提出很好的理由,但是无论根据他的社会总体的概念还是根据他关于实践的一般定义,都无法把理论实践的立场同对上层建筑任何其他成分的立场区分开来。为了证明他的观点,阿尔都塞理应分析理论实践同社会形态其余部分之间的差别关系。这不仅包括对经济和上层建筑的关系,而且包括它对阶级斗争本身的关系。他对理论与实践统一问题的"解答"是幼稚可笑的。他完全未能面对这一问题,反映出他更不能解决各种科学对社会总体其余部分的关系问题。

这种未能至少部分地反映出他的体系本身的逻辑,把科学和上层建筑统统归在拥有共同结构和在整体中的同样一般地位(尽管人们被告知的情况完全相反)的各种实践的总标题下,给阿尔都塞留下了很少回旋的余地。这应该促使我们去考虑对实践的定义在阿尔都塞的体系中所起的一般作用。我们将发现,尽管表面上看起来它的作用基本上是说明马克思主义辩证法的性质,实际上它必须起的最重要的作用是**认识论方面的作用**。

阿尔都塞哲学的核心中存在着一种循环,这种循环存在的条件正好是关于实践的概念。阿尔都塞明确地承认了这一点。他说:"对《资本论》的阅读,只有作为对我们所研究的对象即马克思主义哲学的运用,才有可能进行。这种循环之所以在认识论上可能,只是因为在马克思主义著作中存在着马克思主义哲学。因此,这是按生产这个词的确切意义说的生产的问题,生产这个词虽然表面上意味着使隐而不见的东西变得显而易见,但是实际上是意味着把在某种意义上**已经存在的**东西加以改造。这种生产，在给生产作用以必要的循环形式的双重意义上，是**一种认识的生产**。因此，按马克思主义哲学的特性来设想这种哲学，就是设想这种哲学的认识被生产出来的那种运动的本质，或者说把认识设想为生产。"① 关于生产，即把原料改造为成品的工作的概念，是阿尔都塞关于实践的定义的核心概念。阿尔都塞在这里运用生产的概念来保证他自己的工作在认识论上的正确性。

  这个问题是由阿尔都塞对他的工作任务的规定所创造出来的问题，他对自己的工作任务的规定是：通过把马克思主义哲学本身运用于马克思的著作，把马克思主义哲学的原则从马克思的著作中抽出来。这一过程之所以成为可能，是由于马克思主义哲学本身的地位。马克思主义哲学是理论实践的理论；它的对象是知识的生产。作为这样一种理论，它的出现是包括在关于社会形态的科学在1845年出现之中的，这种关于社会形态的科学的对象是"社会—效果"的生产。因此，阿尔都塞写道："这一过程的循环如同任何循环一样，无非是辩证的循环，即从一个理论框架出发向一个客体提出关于其本质的问题，而理论框架在考验其客体的同时，自己也受其客体的考验。马克思主义应该成为，而且也能够成为认识论问题的对象，而这个认识论问题能否被提出，又完全以马克思主义的理论框架为转移。对于一门既作为历史科学（历史唯物主义），同时又作为哲学（能够认识理论形态的本质及其历史，因而在把自己当作客体的情况下也能认识自己）的辩证理论，这是必然的事情。马克思主义是在理论上大胆面向这个考验的唯一科学。"②

---

  ① 阿尔都塞和巴里巴尔：《读〈资本论〉》1970年伦敦版第34页。
  ② 阿尔都塞：《保卫马克思》1969年伦敦版第39—39页。

因此，所谈论的是理论实践的理论方面的理论生产劳动，即通过阅读这种理论从中产生出的著作，也就是专门为了开创一门新科学（历史唯物主义）的著作来解释它自己的生产的劳动。至少所谈论的这个过程的结构看来是清楚的。然而还是有许多问题不清楚。如果说认识论上的断裂的机制显得很神秘，那么这个断裂中如何悄悄地产生出一个独特的理论，马克思主义哲学，理论实践的理论，就还要更加神秘。如果说马克思主义科学的理论框架需要一种依据症候的阅读才能从马克思的著作中抽出来，那么其理论原理以某种奇怪的（"辩证的"）方式存在于这同样的著作中的马克思主义哲学，要把它的理论框架抽出来，就更多得多地需要这种依据症候的阅读了。然而，既然依据症候的阅读和理论框架这两个概念是马克思主义哲学的范畴，而为了进行阿尔都塞的著作所描写的循环运动，一开始就必须要有这些尽管是暂时的马克思主义哲学的原则，那我们怎么能够得到它们呢？

阿尔都塞在一个地方给了我们一个回答："（对《资本论》的）这种批判的阅读好像构成一个循环，因为我们好像是在期望从马克思主义哲学本身的运用中得到马克思主义哲学。因此我们应该说明白：我们是期望从马克思明确给我们的或者能从他的断裂期著作和过渡期著作①分离出来的哲学原理所进行的理论加工中，而且我们也能够期望从这些运用于《资本论》的原理所进行的理论加工中，得到它们的发展和丰富以及进一步的严密。这个表面上的循环不应该使我们吃惊：所有对认识的'生产'都在其过程中包含有这种循环。"②

---

① 分别为1845年的著作（《关于费尔巴哈的提纲》和《德意志意识形态》）和1845—1858年的著作。

② 《读〈资本论〉》第74页。

然而，这个答案只是改变了问题：对断裂期和过渡期著作的正确阅读应该根据的原则是什么呢？或者说，我们在这里看到的是否是一种无辜的阅读呢？如果是如此，那么阿尔都塞不仅是在破坏他自己的原则，而且还在要一种他曾斥之为单纯回避的花招。他给对马克思哲学著作的独创读法加上足以掩盖他在自己的体系内部不能解决的一切问题的不言自明的话，是求助于"追根溯源"这个熟悉的哲学概念，正如他在上述那段话前面不远的地方说的那样，这个概念的职能"是用一个词把为了能够思考我们要思考的东西而不必被我们思考的东西概括起来"。①

然而，说阿尔都塞不能够在他的体系内部解决这些问题，并不是严格准确的。因为我们已经在他每次都重复的对循环的解释中看到了对怀疑者的最后慰藉：一切认识都采取生产的形式。阿尔都塞力图通过求助于"生产"这个有魔力的字眼，来防止他的体系崩溃。这点之所以可能，是因为用对实践的一般定义对理论实践和社会形态的其他层次作相同的描述。马克思主义哲学被严格地定义为理论实践的理论。它对任何其他实践没有关系。因此它能够完全独立地工作，不依赖理论之外的任何东西。而它对理论和在理论中的作用的认识论上的正确性是由这样一个事实保证的，即它也是一种理论，它也生产认识，它也具有在结构上与理论实践本身的生产形式相同的生产形式。哲学，即辩证唯物主义，被等同于科学。然而这是一种特殊的科学，它享有一种特殊的地位，这种地位使它一旦由一种不可理解的诞生自发地产生出来之后，能够说明它自己的神秘的起源。

这种特殊地位归根到底是从理论实践的理论在阿尔都塞的体系内部所起的更一般的认识论的作用中产生出来的。这就是阿尔都塞关于辩证

---

① 《读〈资本论〉》第63页。

唯物主义说的话:"一种'理论'对其实践的**关系**……也同那种一般理论(辩证法)有关,在这种一般理论中从理论上表达了一般理论实践的本质,通过它表达了一般实践的本质,通过它又表达了一般事物的各种转变、'发展'的本质。"① 这样通过哲学不仅表达了理论实践与其他社会实践之间、即历史唯物主义与其实在客体、各种社会形态之间的认识关系,而且**表达了思维与现实本身之间**由这些实践作中介的关系。这是怎么可能的呢?"通过各种转变的本质"——也就是说,**通过一切实践的共同结构**。

因此,首先,完全没有理由认为,社会实践的结构对于自然界的结构除了它能被人类劳动改造这一点以外,还应该告诉我们一些别的东西。的确,这个要求似乎还违背阿尔都塞关于各种科学自主的论点:似乎像物理学这样的各种科学不是通过它们自己特殊的和自主的实践生产出关于自然界的正确知识,而是从劳动和反映在社会实践结构中的自然界之间的关系中得出它们的正确性。但是更严重的是,理论实践的理论在阿尔都塞体系中所起的作用,意味着重新陷入他那么坚决批判过的资产阶级经验主义认识论。因为阿尔都塞现在能够解决科学性的问题:理论实践尽管完全是在思维中进行的,却能够在认识上占有它的实在客体,因为思维和现实是相应的——**它们拥有同一的结构,即实践的结构**。这种答案是从给予哲学的地位中得出的。令人啼笑皆非的是,阿尔都塞过去批评科莱蒂,恰好也就是说采取了把思维的结构与现实的结构视为等同的手法。他批评得完全正确:因为声称思维与现实之间存在着相同关系并利用它作为认识论立场的基础,就是陷于经验主义的理论框架。阿尔都塞保证科学借助思维和现实之间存在的预先存在的关系,即

---

① 《保卫马克思》第169页。

拥有同一结构的关系,能够占有现实。这个答案与恩格斯在他的《自然辩证法》中的答案并不是离得很远。

这种立场的结果是很清楚的。首先,不可能避免唯心主义。声称理论实践自主而不确定它对社会整体的关系的特殊性质,就是把科学变成一种凌驾于社会过程之上并且与社会过程截然分开的东西。这毫无疑问是这样一种认识论的结果,根据这种认识论,理论对其他社会实践的关系纯粹立足于它们的共同结构,完整保持这种关系是一种在自身之外只同科学发生关系的哲学的特权。从马克思主义的观点看,这是必须加以拒绝的立场。不然,马克思主义会成为一种除理论家的书房之外没有任何实际性、同无产阶级的生活和斗争没有任何关系的理论。

哲学和阶级斗争

那么,我们似乎必须把阿尔都塞的立场当作唯心主义的和不一贯的而加以拒绝。但是,第二个限定词"不一贯的"提醒我们,对阿尔都塞立场的最好批判,或者至少这些批判的某些方面,有许多是来自他自己的著作。阿尔都塞对经验主义认识论的批判是强有力的和有说服力的,我正是从这种批判的立场出发,对他通过一般实践的定义把思维和现实等同起来展开我自己的批判的。现在,这种对认识论的批判,自然也包括他自己的批判在内,可能作为一种彻底新的哲学立场的核心。的确存在着这样一种立场,阿尔都塞本人在最近一些著作,最著名的也许是《列宁和哲学》和《答约翰·列维》中所阐明的,就是这样一种立场。

因为阿尔都塞对他的立场中的矛盾已充分了解,不能不试图加以解决。在1967年写的、发表在《保卫马克思》英译本中的《致我的英语读者》中，他在两点上批评了自己。第一，他"没有探讨在**政治实践**内部理论和实践统一的问题"；从而产生了他的文章中的他所谓的"理论主义的"读法。第二，他"没有说清楚把哲学同科学区别开来的不同点"；从而产生了他的文章中的实证主义的读法（实证主义在这里可解释成为是把哲学同科学等同起来）。在1968年出版的《读〈资本论〉》意大利文版的前言中，他把这些错误产生的原因说成是他对哲学所下的定义："把哲学定义为**理论实践的理论**……是片面的，因此是不确切的……以片面的方式把哲学定义为理论实践的理论（结果是关于各种实践之间的差别的理论），是一种不得不引起或者是'思辨的'或者是'实证主义的'理论结果和回声的提法。"① 这种定义的片面性在于它未能表达哲学对阶级斗争的关系。

在《列宁和哲学》中，阿尔都塞批判了他已认识到是他以前错误的根源的哲学定义。他是在阅读列宁的《唯物主义和经验批判主义》的基础上进行这种批判的。他的出发点是拒绝任何把哲学和科学等同起来的做法："哲学不是科学。哲学不同于科学。哲学范畴不同于科学概念。"② 这包括否定按照旧定义而得出的哲学和科学具有本质上完全相同的结构和职能的看法。这不是说，哲学和科学之间没有任何关系。相反："如果说哲学不同于科学，那么在哲学与科学之间有一种特殊的联系。这个联系由唯物主义的客观性命题所体现。"③

事实上，唯物主义的客观性命题包括两个命题：第一，存在对思维而言占首位。第二，各种知识的客观性。这可以概括为这样一个主张，

---

① 《读〈资本论〉》第8页。
② 阿尔都塞：《列宁和哲学论文集》1971年伦敦版第50页。
③ 《列宁和哲学论文集》第53页。

即各种科学包含着现实在思维中的客观反映。科学和哲学之间的联系在于，哲学著述是由我所提出的这两个唯物主义命题构成的——哲学必须根据由不同的哲学倾向对这两个命题采取的立场来看待。哲学家必须按照他们是拒绝还是接受这两个命题以及他们如何安排这两个命题的顺序来分类（例如，讨论第二个命题，即科学客观性的命题，如果不是在存在对思维而言占首位的命题的基础上，就会陷入不可知论，这是一种唯心主义形式）。按照这种分类法，哲学倾向的数目归结为两个：唯物主义和唯心主义。两个命题都不接受，将会陷入某种唯心主义。

列宁在《唯物主义和经验批判主义》中的哲学实践被作为例子。列宁批驳像埃恩斯特·马赫那样的哲学家，他们利用在上世纪末本世纪初物理学陷入了危机、出现了像相对论和量子力学这样的新的物质结构理论的情况，宣称：因为一种特殊的物质结构理论（古典物理学）瓦解了，所以唯物主义也瓦解了，不再可能坚持唯物主义所说的思维和现实的分离了。列宁在批驳这些哲学家时，通过保卫唯物主义的客观性命题捍卫了科学，主张本质上与这些命题有关的哲学范畴不同于科学概念，科学概念是为了生产知识而构造的，因此各种科学不断发展的过程中可以用别的概念来代替。因此，"像马赫主义者那样把关于物质的某种构造的理论和认识论的范畴混淆起来，把关于物质的新类型（例如电子）的新特性问题和认识论的老问题，即关于我们知识的泉源和客观真理的存在等等问题混淆起来，这是完全不能容许的……物质是标志客观实在的哲学范畴，这种客观实在是人通过感觉感知的，它不依赖于我们的感觉而存在，为我们的感觉所复写、摄影、反映。"① 而且，"从现代唯物主义即马克思主义的观点来看，我们的知识向客观的、绝对的真理

---

① 《列宁选集》人民出版社版第2卷第128页。

接近的**界限**是受历史条件制约的，但是这个真理的存在是**无条件的**，我们向它的接近也是无条件的。"①

然而，阿尔都塞并不仅仅限于给哲学与科学之间的关系重新下定义。他还证明，哲学在理论中的作用是一种很特殊的作用。它不是在于由哲学对某种理论对象、即某种"概念 I"的加工而生产出的知识，因为哲学没有对象，而是在于某些实际的效果：就唯物主义来说，这种效果就是划分科学的和非科学的之间的界限。"列宁……给哲学实践的最后本质下的定义是一种对理论领域的干预。这种干预采取双重的形式：在它对一定范畴的提法上是理论的，而在这些范畴的功能上则是实践的。这种功能就是在理论领域内部在被宣布为正确的思想和被宣布为错误的思想之间、在科学的东西和意识形态的东西之间'划分界限'。这条分界线的效果有两种：积极的效果在于它有助于一定的实践——科学的实践，而消极的效果在于它保卫这种实践，防止某些意识形态概念的危险：这里是指唯心主义和教条主义的危险。"② 这样，哲学就远不是为科学提供其正确性保证的东西，而变成了一种实践，顶多能够有助于用已经建立起来的科学自己内部的正确性标准来保卫这些科学不受意识形态的侵犯。

但是哲学是以谁的名义对理论领域进行干预的呢？阿尔都塞关于哲学的新定义的急进主义正是在这一点上表现出来："哲学归根到底是理论中的阶级斗争。"③ 在哲学中采取的唯物主义和唯心主义立场归根到底反映哲学家所代表的阶级立场，如果庸俗唯物主义反映革命资产阶级

---

① 《列宁选集》人民出版社版第2卷第135页。
② 《列宁和哲学论文集》第61页。
③ 阿尔都塞：《答约翰·列维》1973年巴黎版第11页。

的阶级立场，那么辩证唯物主义则反映革命无产阶级的立场。

这个命题决不应该被看作是把哲学粗暴地归结为政治。相反，这是这样一种主张，即对唯物主义命题、以及对某些理论的科学性或非科学性所采取的立场，归根到底是由不同阶级的利益决定的，并且最后反映这些利益："哲学是政治在一定领域内，面对着一定现实的一定继续。哲学在理论领域中代表政治，或者更确切地说：同科学一起——而且反过来也一样，哲学代表政治中的科学性，同从事阶级斗争的各阶级一起。"① 这样，我们可以说，卡尔·波普尔企图把科学与伪科学区分开，并且把历史唯物主义和心理分析划入后一个范畴，归根到底是由资产阶级对否定这些科学的任何客观正确性的政治需要决定的，因为这些科学是对资产阶级意识形态的巨大威胁。马克思主义哲学比以往一切哲学新颖的地方在于，以往一切哲学在保持其意识形态作用时，否定其现实性，否认哲学与政治有任何联系，同时却在其理论干预中继续实践着政治，而马克思主义哲学则公开承认其政治性质，就像列宁的哲学党性概念所说的那样。

也许探讨这个哲学新定义的最好办法，是看看它的含义。阿尔都塞说这些含义有两层：

"1.不可能把哲学归结为科学，把马克思的哲学革命归结为'认识论上的断裂'。

2.马克思的哲学革命需要'认识论上的断裂'作为它的可能实现的条件之一。"②

我们已经遇到过第一点，它表现为拒绝任何把哲学同科学等同起来

---

① 《列宁和哲学论文集》第64—65页。
② 《答约翰·列维》第56页。

的做法。我们已经看到它的重要性，即它能防止使哲学成为保证科学在认识论上的正确性的科学的科学。另一方面，这不应该被看作是把哲学归结为废话（或者像在休谟、遗憾地还有恩格斯那里那样，归结为纯粹思维的规律）的实证主义。哲学对科学有一个可以起的作用，然而是一个极为有限的作用。阿尔都塞提出一个一般的命题，即每一个大的认识论上的断裂都包含着一次哲学革命，它通过明确表达它的理论框架把理论同先前存在的意识形态划分开来。按照他的看法，已经有过三次这样的断裂，每一次都为科学开辟了一个新的"大陆"。首先是希腊人在古代对数学的发展。这使得产生了第一部真正哲学的论著——柏拉图的哲学论著，—某些在数学中出现的问题（如无理数的发现）在其中得到了解决。第二个大的认识论上的断裂是伽利略的著作开创了科学的物理学，这当中既包括为了思考同亚里士多德的物理学决裂而求助于柏拉图的哲学，又包括那些对明确表达新的理论框架所必需的范畴在笛卡儿哲学著作中的发展。

最后，当然是马克思对历史科学的开创。这又一次引起了哲学革命。这里必须强调指出，这次哲学革命不能够归结为认识论上的断裂。阿尔都塞在他的早期著作中把这两者等同起来，结果是认识论上的断裂被认为自发地——而且是神秘地——产生出了哲学革命。这使得不能充分考虑在马克思1845年以后的著作中存在有一些概念和术语是他的意识形态过去的**残余物**——如"异化"这个名词经常在《大纲》中，偶尔在《资本论》中被使用。按照阿尔都塞的意见，这些残存物反映出，认识论上的断裂在哲学上的明确表达落后于那个断裂，因此，在这种明确表达之前，发现马克思后来的著作中存在有科学以前的概念，就同科勒说的伽利略发现的惯性规律必须等到笛卡儿的哲学著作出来之后才能有正确的提法一样，没有什么可以令人吃惊的。

然而，毫无疑问，更重要的命题是第二个，即马克思的哲学革命是他的认识论上的断裂的前提条件之一。它使得重新考虑科学和社会形态其他成分之间的关系。它在阿尔都塞对认识论上的断裂的性质的重新评价中，首先是在《马克思的科学发现的条件》一文中，变得很明显。在这篇文章一开头关于意识形态的讨论中就出现了转变，对阿尔都塞说来，意识形态的重要特点已经与其说是它的认识论性质（即它的神秘化作用），还不如说是它在阶级斗争中的**社会**作用："各种意识形态不是完完全全的幻觉（错误），而是存在于制度和实践中的各种表象：它们在上层建筑中起作用，并且是以阶级斗争为基础的。如果马克思所创立的科学使得那些被铭刻在它自己前史中的理论概念表现为意识形态的话，那么这不是为了把它作为虚假的加以谴责，而是为了说，它们的表现是真的，过去是、现在仍然是被作为真的看待的——而且是为了给这种必然性提供理由……如果这是如此，那么在马克思主义科学和它的意识形态前史之间的'断裂'就使我们看到某种与关于科学和意识形态之间的差别的理论完全不同的东西，某种与认识论完全不同的东西。它让我们一方面看到一种有国家和意识形态在其中起作用的上层建筑理论，另一方面又让我们看到关于知识生产过程的物质条件（生产）、社会条件（分工、阶级斗争）、意识形态条件和哲学条件的理论。这两种理论归根到底是从历史唯物主义中产生出来的。"①

在这里可以看到阿尔都塞对认识论的批判的最后一着，对一切认识论的拒绝——就是说，对能解决科学理论正确性的任何哲学理论的拒绝。作为代替的，一方面是辩证唯物主义，即革命无产阶级在理论中的阶级斗争；另一方面是历史唯物主义，即历史的科学。正如我们已经看

---

① 阿尔都塞：《马克思的科学发现的条件》，载《理论实践》1973年1月号。

到的，前者的功能不是认识，而后者的功能仅限于对各种科学在它们自己的自主性方面以及在它们对理论实践的社会条件的关系方面的发展，进行历史的分析。这推翻了我们先前在阿尔都塞的著作中所遇到的各种实践的本体论。与经济和上层建筑远非同样性质的社会形态成分的科学，变成了与上层建筑密切联系的自主的实践。在论《意识形态和意识形态国家机器》的论文中就进行了这种理论上的改造：上层建筑的作用被用它对社会形态再生产的贡献来下定义。很清楚，理论实践不能与这样分析的意识形态和国家等同起来。它的特性一方面能够用各种科学执行职能的方式、它们的"基本实质"来规定，另一方面能够用唯物主义客观性命题所证实的它们的客观内容来规定。然而，理论实践与上层建筑有密切关系，并且它是在意识形态国家机器（例如大学）中实现的。这种对上层建筑的关系反映在科学中存在着理论意识形态，即那种取决于特殊阶级利益而不是认识本身的利益的理论。这清楚地表明需要一种关于阶级斗争和理论之间的关系的理论。

这里我们自然又回到哲学的新定义上来，因为根据这个新定义，哲学是阶级斗争本身在理论中的反映。当然，这样一种理论将是一种更广泛的关于科学实践的条件的理论的一部分，正如阿尔都塞说的，这种更广泛的理论将包括一种关于认识过程的条件，不仅哲学的条件，而且物质条件、社会条件和意识形态条件的理论。我们在阿尔都塞关于马克思的科学发现的讨论中遇到了关于这样一种理论的暗示。

出发点是历史唯物主义，它的特性以及这对它的产生和被接受的条件所具有的含义："这种科学不能是像任何其他科学一样的科学，不能是为'每个人'的科学。正是因为它揭示经济中、政治中和意识形态中的阶级剥削、压迫和统治的机制，它不能被每个人所承认。这种科学使社会各阶级面对它们的真理，对资产阶级及其同盟者说来是不能忍受的，资产阶级及其同盟者拒绝这种科学并求助于他们的所谓'社会科学'：它只是对它所'代表'（马克思语）的无产阶级是可以接受的。正因为如此，无产阶级已承认它为自己的财富并在自己的实践中使用它：在工人运动手中，马克思主义科学已成为革命的武器。"① 或者像他在另一处说的那样："为了理解《资本论》……必须采取'无产阶级的阶级立场'，也就是采取那种唯一**能够看到**构成资本主义全部内容的雇佣劳动力被剥削情况的观点。"②

但是，同掩饰阶级斗争现实的意识形态理论决裂的前提条件，不仅仅是政治立场的问题。这种政治立场必须反映到理论中："正是由于马克思转移到绝对没有先例的无产阶级的理论的阶级立场上来，他才有效地实现了理论会合，从中产生出了历史的科学。"③ 这种情况可以在马克思思想的发展中看到。青年马克思的著作记录了在哲学中向无产阶级共产主义前进的情况。出发点是表现在马克思四十年代早期在《莱茵报》上发表的著作中的激进民主主义政治立场。1843年，马克思以公认的共产主义唯物主义的名义接受了革命无产阶级的事业；这种政治上的转变表现在《〈黑格尔法哲学批判〉导言》中。但是它带来了一种理论危机，即马克思的新的政治立场与他仍然保持的小资产阶级人道主义的理论立场之间的矛盾。1844年《手稿》是企图解决这个矛盾的一个尝试，但是这个尝试从一开始就注定失败了，因为一方面在《手稿》中存在着力求为无产阶级的当前状况和能结束这种状况的革命确定物质条件的倾向，另一方面又存在着在这部著作中起作用的辩证法的目的论

---

① 《列宁和哲学论文集》第7—8页。
② 《列宁和哲学论文集》第96页。
③ 《马克思的科学发现的条件》，载《理论实践》1973年1月号第8—9页。

结构。这个危机的解决需要先在哲学上拒绝人道主义的理论框架,并代之以那种把历史性质看作无主体过程的概念。这种情况是在 1845 年来到的。

"我们可以说,在这个由**对象**在前台出现的过程中(指马克思思想发展的过程—引者),政治立场(阶级立场)占着决定的地位,但哲学立场占着中心地位,因为正是哲学立场确保着政治立场与思考对象之间的理论关系。这在青年马克思的历史中可以得到经验的验证。的确是政治使他从一个对象转到另一个对象(大体上说,从新闻法转到国家,再转到政治经济学),但转移的实现每一次都以新的哲学立场的形式表现出来。从一方面看,哲学立场似乎是阶级的政治立场(和意识形态立场)的理论表现。从另一方面看,政治立场的理论表现(以哲学立场为形式)似乎又是政治立场同思考对象保持理论联系的条件。

既然如此,既然哲学确是政治的理论代表,我们就可以说,青年马克思的哲学立场的各次变化在理论上体现着他进行思考的阶级条件。既然如此,为新科学的建立奠定基础的 1845 年决裂首先表现为一次哲学的决裂、表现为对以往哲学信仰的一次'清算',和对一种前所未有的哲学立场即将诞生的宣告,这也就没有什么大惊小怪的了。"[1]

因此,马克思的哲学革命远远不是由认识论上的断裂产生出来的,它是认识论上的断裂的前提条件:"采取无产阶级的政治立场是不够的。为了使那种从无产阶级立场可以看到的东西在其原因和机制上得到思考,这种政治立场必须改造成为理论的(哲学的)立场。没有这种**替换**,历史科学是不可能想象的和不可能的。"[2]

---

[1] 《马克思的科学发现的条件》,载《理论实践》1973 年 1 月号第 9—10 页。
[2] 《马克思的科学发现的条件》,载《理论实践》1973 年 1 月号第 10 页。

哲学的作用就是无产阶级阶级立场的理论思考作用。这个定义使得我们既能够思考理论实践的自主性，又能够思考它对阶级斗争的关系。为了使历史唯物主义的理论框架能够出现，它的创始者们必须采取无产阶级的阶级立场。然而，历史唯物主义不是由采取这种立场所自动产生出来的（例如，可参看马克思关于李嘉图左派的讨论，李嘉图左派采取了无产阶级的政治立场，然而在理论上继续受资产阶级政治经济学的理论框架的束缚）。为了使产生历史唯物主义的前提条件能够实现，需要这个政治立场在理论上，就是说，在哲学上的思考。

因此重要的是不要忽略科学以及认识论上的断裂的特性，以免我们犯与阿尔都塞早期著作的错误相反的错误，把认识论上的断裂**误认为**哲学革命。这将是重新陷入历史主义。历史唯物主义的发展是一种自主的理论发展，只是这种发展需要在理论内部和外部存在某些条件，需要采取立场，即在理论中采取无产阶级的政治立场。这种条件的必要性不是在历史唯物主义建立之后即行消失的。相反："这种认识论上的断裂不是一种瞬息即逝的事件……而是一种持续的事件，在其间可以看到复杂的改组。"①

这种发展和改组的过程，同科学对上层建筑的联系结合起来，带有使意识形态或是直接地或是借助哲学复活起来的经常危险。因此就需要有那种能保护科学不受意识形态侵犯的哲学，即列宁所从事的那种哲学："有科学的历史，哲学战线的各种路线是根据科学形势的变化（即根据各种科学及其问题的状况）和根据这些变化所造成的哲学机器的状况而被替换的。表明科学和意识形态的名词必须经过再三的**重新**

---

① 《列宁和哲学论文集》第43页。

考虑。"①

在结束时,我想我们能够看到,阿尔都塞由于抛弃整个认识论的概念,已经能够使他的体系摆脱内部批评。在这过程中,他制定了关于科学和阶级斗争之间关系的理论的一些成分,这种理论既确认理论实践的自主,又肯定在某一特定科学能建立之前必须在理论中建立某些阶级条件。他这样做时所借助的哲学理论,不是科学的科学,而是那种斡旋于科学与政治之间,建立这些条件的因素。这样,他也为我们提供了关于历史唯物主义如何产生的过程的更清楚得多的概念。最后,这个理论要求科学史有这样一个纲要,它能够说明各种科学内部的发展既是自主的实践,又是与上层建筑密切相连的因素,因此它们的实现需要某些物质的、社会的和意识形态的条件。

这里是阿尔都塞的著作最强的地方。从在《保卫马克思》和《读〈资本论〉》中唯心主义地对待科学发展到我在这里所讨论的立场,连同多元决定和形势的概念,是阿尔都塞对马克思主义理论的最重要的贡献。

(庚生 译)

---

① 《列宁和哲学论文集》第62页。

阿尔都塞的体系（摘译）*

〔英〕阿·卡林尼柯斯

阅读法和理论框架

促使对马克思主义哲学的兴趣重新恢复的主要刺激之一，是发现和发表了以前人们不知道的马克思两部主要理论著作。第一部叫作《1844年经济学哲学手稿》，在1931年第一次问世。另一部著作，《政治经济学批判大纲》，在1939—1940年第一次发表。这两部著作，特别是《手稿》，已被黑格尔派马克思主义者宣布为是对他们那种唯物主义辩证法的证明。《手稿》对卢卡奇产生了巨大的影响，他曾企图改造在《历史和阶级意识》中所采取的整个哲学立场，把它建立在人和自然在劳动过程中的相互作用的基础之上。有人证明，马克思后来的政治和经济分析的基础是在《手稿》的本体论中奠定的，把人看作是自我创造的存在物的思想是从人的劳动和它改造的自然界之间的辩证法中产生出来的。

---

* 本文选自《马列主义研究资料》1983年第5辑。

阿列克斯·卡林尼柯斯是英国左派学者，现为社会主义工人党的中央委员，主要著作有《阿尔都塞的马克思主义》（1976）和《马克思主义有前途吗?》（1982）。他的《阿尔都塞的马克思主义》一书，是在介绍阿尔都塞思想方面一本很有影响的著作，本文是该书第二章的摘译。

我们看到，在这里起作用的，是那种对几乎所有马克思主义哲学立场都共同的理论框架：企图给历史唯物主义的起源一个在它本身之外的哲学基础，不管是在自然界的辩证法中，还是在主体和客体的辩证法中（劳动和自然界之间的辩证法是主客体辩证法的一种特殊情况）。

阿尔都塞的著作是从批判这种对马克思主义的人道主义解释开始的。他证明，这种解释是建立在一种经验主义认识论的基础之上的。这种认识论认为文章的意义直接可以理解，即只需阅读就可以理解。例如，既然"异化"这个词在《手稿》中和在《资本论》中都出现，那就是说，这个词所指的概念在两部著作中是一样的。按照阿尔都塞的看法，这不仅仅是黑格尔派马克思主义者方面缺乏学术严谨性。这也是至少从伽利略以来的资产阶级哲学的认识理论的一种特征，它包含有一定的**阅读理论**。根据这种认识论，实在的东西直接存在于我们可以观察到的现象中。为了掌握实在的东西，只需要一种有适当见闻的目光，这种目光能把本质与其现象区分开来。为这种能力作保证的，是主体和客体之间存在的基本串通关系——认识客体（对象）的结构使主体的目光有可能透过偶然的东西达到实在的东西。

与这种认识理论相对立，阿尔都塞提出了一种拒绝主体和客体之间存在任何这种串通关系的立场。他论证说，在实在客体（即理论所要解释的现实）同思维客体（即构成科学的理论体系）之间存在着完全的分离。与其说在实在客体和思维客体之间存在着任何直接的关系，不如说理论的发展是严格地在思维客体的平面上进行的。思维客体对阿尔都塞说来，是一门科学的概念要在那上面进行工作的东西，与这门科学应该提供其认识的东西即实在客体相对立。阿尔都塞想把现实和我们认识现实的过程截然区分开来。可以说，思维客体是这后一过程的前提条件。它就是这门科学为了提供关于实在的东西的更严密的认识而准备改变的**先前存在的**概念和理论。对阿尔都塞说来，科学中要紧的东西，是构成一门科学的概念如何为了发展这门科学而被展开来。他强调科学是一种经受不断变化的历史实践。与此相反，对经验主义说来，科学认识是在任何科学家进行工作之前就存在的思维和现实之间预定的和谐的结果。按照阿尔都塞的科学模式，科学同实在的东西的关系是通过科学自己的发展而获得和加深的。

从这种立场中产生出了新的阅读理论。这种新理论涉及的，不是读者和文章之间的直接关系，而是支配着阅读的理论原则和文章中所包含的理论之间的辩证法。因此，不可能有任何"无辜的阅读"，就是说，没有一种阅读不包含着（至少是含蓄地）一种决定阅读性质的理论。阿尔都塞明确地承认：对马克思著作进行马克思主义的阅读，"必须先具备起码的关于各种理论形态的性质及其历史的暂时性的马克思主义理论概念"。就是说，"必须先具备一种关于认识论历史的理论，而这一种理论就是马克思主义哲学；这一过程是个不可缺少的循环，把马克思主义理论运用于马克思本人似乎是认识马克思的绝对前提条件，同时甚至是建立和发展马克思主义哲学的前提条件。"① 按照他的看法，马克思主义哲学为了要存在，必须已经存在！这种主张是否合乎逻辑，是值得怀疑的。

"关于各种理论形态的性质及其历史的暂时性的马克思主义理论概念"中最重要的，是**理论框架**的概念。这个概念是从伟大的科学哲学家加斯东·巴歇拉那里借用来的。按照阿尔都塞的阅读理论，要理解一篇著作，必须先认出在这篇著作中起作用的理论。他认为一种理论的特殊性不在于这种理论所包含的任何具体原理，或这种理论的作者的意图，

---

① 阿尔都塞：《保卫马克思》1969年伦敦版第38页。

而是在于这种理论的结构,即这一理论所应该解决的问题是如何提出的。就是说,一种理论的特殊性就在于它的理论框架——"**由该理论的各个论题组成的一个客观的内在联系体系,也就是决定该理论对问题作何答复的问题体系**"。①

在阿尔都塞手中,理论框架的概念成了这样一种基本结构的概念,它使得能够以某种形式提出某些问题,同时排除另一些问题提出的可能性。一个理论的理论框架是客观的:它不能归结为这个理论的作者的信念;它可以借助**依据症候的阅读**推断出来。之所以要依据症候,是因为一个理论的理论框架是复杂的和矛盾的,包含着不同方面之间的位置错乱。这些矛盾以这个理论的各矛盾方面相互关联的方式所决定的空白、失误、沉默、缺乏等方式,作为复杂结构的症状在文章的表面反映出来。依据症候的阅读"把它所阅读的原文中的未泄漏的事件泄漏出来,同时把它与作为第一处原文的必然缺乏而存在着的另一处**不同的原文**联系起来"。② 只有从文章的这种必然复杂性出发的依据症候的阅读,才能把文章的空白中所提出的问题读出来。

这一切是很含糊的。也许这种方法的起源能多少说明这个问题。阿尔都塞的依据症候的阅读理论受到弗洛伊德的严重影响。弗洛伊德在梦境和日常生活的谈论的错误、疏忽和荒唐事中,看出无意识的复杂的和隐藏的结构的症状。

阿尔都塞的阅读理论的第一个结果,表现在《保卫马克思》中。在那里,阿尔都塞证明,在1844年《手稿》和马克思后来的著作之间存在着一个彻底的断裂。这个断裂代表着理论框架的改变,因为理论框

---

① 阿尔都塞:《保卫马克思》1969年伦敦版第67页脚注。
② 阿尔都塞:《保卫马克思》1969年伦敦版第28页。

架系统地决定一个理论能够处理的问题范围，所以这种改变是一种彻底的改变。此外，阿尔都塞认为发生在1845年、体现在《关于费尔巴哈的提纲》和《德意志意识形态》中的这个断裂，不仅仅是理论框架的改变：它是科学和在它之前的意识形态之间的认识论上的断裂。就是说，马克思拒绝了使他局限于形而上学反映而不是进行科学分析的《手稿》的人本学理论框架。他达到这点的办法，用关于费尔巴哈提纲的第六条的话说，是把在他的早期著作中曾是历史主体的人的本质归结为"社会关系的总和"，然后继续去构造说明这些社会关系的本质的概念。这些概念是历史唯物主义的基本概念，首先是生产关系和生产力的概念，它们构成马友思的经济学说，它们之间的矛盾是推动历史过程前进的动力。

阿尔都塞在这里说的科学和理论意识形态之间的差别，是在它们的理论框架的性质方面。在意识形态中问题被提出的方式，使得理论的继续深入和发展不可能发生，只是使意识形态局限于证实自己的先决条件，这些先决条件归根结蒂不是属于理论本身，而是属于理论之外的社会现实的。科学的理论框架则是这样的，它使得科学有可能在不断的内部变化过程中发展，深化科学所产生的认识，这种内部变化有时包括像爱因斯坦所开始的理论物理学中的革命那样的、对理论框架的彻底改造。意识形态是一个封闭体系，而科学基本上是可以从内部发生变化的。

多元决定

阿尔都塞关于辩证法的讨论，是从严厉批评关于马克思实现了对黑格尔辩证法的颠倒的比喻说法开始的。他认为，说辩证法在被应用于完全不同的对象时结构能保持不变，将意味着辩证法与其对象之间的分离，这种分离是同黑格尔关于辩证方法与其对象统一的主张难以相容的。改变辩证法的对象，将是改变辩证法的性质。那么，什么是黑格尔辩证法和从改造它的结构中产生出的马克思主义辩证法的共同点呢？阿尔都塞的回答是，它们的基本历史概念是共同的，即都把历史看作是由内在矛盾推动的过程。所以，这两种辩证法之间的差别的出发点，是它们拥有的不同矛盾观念。

按照阿尔都塞的看法，在黑格尔辩证法中，矛盾是**单纯的**。就是说，总体的一切部分都反映基本矛盾。黑格尔的总体是**表现的**总体，即总体直接存在于它的每一个部分中，并且可以从它的每一个部分中推断出来。整体的每个部分无非是整体的本质的表现。例如，在黑格尔的《历史哲学》中，每个时代的各种成分合在一起成为一个总体，这个总体"在一个**唯一的内在原理中反映出来**，这个内在原理，是这一切具体决定因素的**真理**"。这些成分的独特性被归结为**世界精神**自我发展中的一个环节。历史是向一个预定终点，即"绝对"上升为自我意识运动的过程。

对马克思说来，历史不是精神本质的表现，而是这样一个过程，它的发展是构成它的不同层次的关系的结果；因为，只是在整体各部分不可还原的差异的基础上，才能建立决定关系、因果关系，而不是听从"绝对"的暗示。"我们在现实中永远遇不到单纯的简单性……而只是遇到复杂的、有结构的存在和过程的'具体'"。① 整体的复杂性，取决于它除了经济本身以外，还包括有许多不同的、但是相互有关联的层次——政治的、意识形态的和理论的层次，其中没有一项是可以还原为

---

① 阿尔都塞：《保卫马克思》1969年伦敦版第197页。

经济的。

在这一点上,阿尔都塞受到了一些人(如加罗蒂)的批评,说他把马克思主义变成了一种多因素理论,这种批评是无的放矢的。复杂的社会总体拥有一个结构——**有主导的结构**。经济因素内部的社会生产关系和生产力之间的矛盾决定社会总体的性质,因为它决定其他因素中哪一个应该是主导因素:例如在封建制度下,政治因素是主导因素,虽然经济是归根到底起决定作用的。换句话说,经济的决定作用正是在于把主导因素的作用分派给某一特殊因素。阿尔都塞说:"说一个矛盾支配其他矛盾,这意味着该矛盾所处的复杂整体是个有结构的统一体,而在这种结构中,各矛盾间存在着明显的主从关系……一个矛盾支配其他矛盾,这不是一个无足轻重的简单事实,而是一个关系到复杂整体**本质**的事实。所以,复杂整体本质上包含着一个矛盾支配其他矛盾,支配地位从属于复杂整体的结构。因此,断言统一体没有和不可能有独特的和普遍的简单本质的统一体,并不是为了迎合'多元论'而牺牲统一体;这是说的另一回事,这是断言,马克思讲的统一性是**复杂整体的统一性**,复杂整体的组织方式和构成方式恰恰就在于它是一个统一体。这是断言,**复杂整体具有一种有主导的结构的统一体**。"[①]

从社会总体的复杂的统一性中可以得出各个层次的独特性,它们在由经济决定的全面的有主导结构内部的互不相同和相对自主。它们不是本质上无关连的因素的集合体。它们拥有一定的秩序,按照经济的决定组织成为一定的等级,经济把主导因素的作用指派给一个特殊的因素,并给其他的因素分派它们独特的作用。然而,它们享有一定的自主,这是它们作为整体的因素的存在所采取的形式。这表现为不同因素的发展

---

① 阿尔都塞:《保卫马克思》1969年伦敦版第201—202页。

不能被视为是所有因素在统一时间内以共同形式进行的同质发展的一部分。"这些不同层次中的每一个都没有同样类型的历史存在。相反,我们必须分派给每个层次以**特殊的时间**,这个时间是相对自主的……这些特殊的层次中的每一个都有自己特殊的发展规律……这一点并不使它们统统成为**独立**于整体的领域:它们的相对自主和独立是建立在对整体而言的一定类型的**依赖**之上的。"①

阿尔都塞所说的复杂统一体的性质现在变得很清楚了。在这个统一体中,上层建筑、政治和意识形态被看作是由整体的特殊的、不同的层次所构成,这些层次彼此有关联,与经济有关联,但是由经济按照主导和从属的特殊关系来加以安排。可见,它们远非经济的副现象,它们与经济的统一是必要的,它们即使从属于经济,同时也是经济的**存在条件**。

从构成社会总体的一切矛盾层次必然统一和每一个层次拥有自主性可以得出结论,总体的统一是各种复杂层次在相对说来不平衡的发展阶段上的统一。这里的总体性概念与黑格尔的总体性概念是完全不同的,与像布哈林的《历史唯物主义》这样的机械马克思主义著作中所包含的总体性概念更是完全不同,在后者中,整体只是特殊事件之间个别因果关系的总合。一切形式的还原论,不管是还原到整体的精神本质还是还原到经济,都被把整体看作是各种必然有关联但有相对自主性的层次的复杂统一体的概念所排除了。这种概念不会陷入多因素论,因为整体的必然的统一性是由经济决定的有主导的结构造成的。

按照阿尔都塞的看法,马克思主义的辩证法可以被看作是既主张世界的物质性、构成世界的诸实体的特殊性,同时,就社会形态而言,又

---

① 阿尔都塞和巴里巴尔:《读〈资本论〉》1970年伦敦版第99—100页。

主张它们在有主导的结构所有的必然的从属和支配关系中的统一性。整体的统一性并不抹杀构成整体的各种规定性的差异；相反，这种差异是任何并非精神的自我关系的统一性的前提条件。阿尔都塞用**多元决定**的概念来概括马克思主义辩证法的性质。它表示，社会总体是一个复杂的有结构的统一体；它的复杂性在于，它是有不同发展方式的各种相对自主的不同层次的统一体；它的结构在于，它的统一是由各种层次通过经济归根到底的决定作用所拥有的等级产生出来的。各种不同矛盾在有主导的结构中相互关联的方式决定着过程将要发展的具体方向，在这种意义上，这个辩证法是决定论的辩证法。同时，整体的统一不是一种由类似成分组成的统一，它是由基本上**不平衡**的层次构成的统一。这种不平衡性不是整体的偶然性特点；它反映不同层次的相对自主和他们据以发展的不同**时间尺度**。

　　阿尔都塞利用"形势"这个概念来表达各种必然不平衡的层次在一定时刻的这种必然的共存——形势是一个社会形态在时间的任何一个点上显示给分析的独特的复杂的统一体。对形势的分析对阿尔都塞说来是马克思主义政治的基础，因为革命的可能性取决于由构成社会形态的不平衡关系所造成的特殊条件。阿尔都塞举了1917年的列宁著作为例，这些著作表明，正是俄国发展的不平衡性——很先进的重工业同面临着现代帝国主义战争需要的半封建君主制和农业体系相结合——使得俄国有可能在西方之前发生社会主义革命。

　　阿尔都塞企图在《读〈资本论〉》中把他的被公认为困难的辩证法概念说清楚，而引入了**结构因果性**的概念。因为《保卫马克思》中对多元决定的说明给我们留下了一个问题，即"借助什么概念，或借助一套什么概念，可以思考一个结构的有效性对这个结构的各种成分、这些成分之间的结构关系以及这些关系的一切效果的决定作用"，"可以思考从属结构的决定作用"。① 由于《资本论》包含有拜物教理论，这个问题对它说来是一个特别尖锐的问题。资本主义生产方式像马克思在《资本论》和《剩余价值理论》中分析的那样，是这样一种性质的结构，它在表现自己的同时又把自己掩盖起来。对阿尔都塞说来，问题就是要建立一种这样的因果性概念，它能够表达在一种是"隐藏的秘密"的结构和它的足以在表现它时掩盖它的效果之间的关系。他的答案是把有主导的结构对构成社会总体的矛盾的因果性设想为一种在这些矛盾的相互关系之外就不存在的因果性。整体的因果性在于存在于它的作用之间的关系。阿尔都塞攻击现象和本质之间的经典差别，在那里，现象是能够与现实分离开的、从现实上剥去的一层主观的幻想面纱。相反，正像我们在马克思对拜物教的处理中所看到的一样，资本主义生产关系所采取的现象构成它的必要的存在方式。但是更重要的是，对阿尔都塞说来，本质和现象的差异是同经验主义的阅读理论联系在一起的，按照这种理论，本质直接存在于现象之中。因为，如果现象是主观的幻想，那么精明的一瞥就能够穿透它们，抓住隐藏着的本质。思维理解现实的能力，变得取决于现实的结构，现实分散为本质和现象的方式。

拒绝把现象当作幻想面纱看待的另一面，是放弃把本质看作是只在现象的表面下潜行、等待着我们探索的目光的立即可以理解的实体。这种本质概念既是阿尔都塞所称的线状因果观的基础，又是他所称的表现因果观的基础。所谓线状因果观是指把因果关系看作是一种把所观察的事件连接起来的模型的经典的经验主义观点，而所谓表现因果观是指在整体的每一个部分中都可看出整体的意义的唯心主义观点。与这两种因果观相反，本质是一种分散在其要素中的结构，一种"不是存在于其效

---

① 阿尔都塞和巴里巴尔：《读〈资本论〉》1970年伦敦版第186页。

果之外的任何东西"的原因，它只有通过建立表现其要素之间的关系的科学概念才能被领会。这种理论并不像它看起来那么吓人。它已经包含在多元决定的概念中。我们应该记得，多元决定是认为一个结构的复杂性、它的各种要素的相互区别和相互依存关系表现在，经济把结构内部的主导作用移置给某一个层次，根据这个有主导的结构来组织其他的层次。很清楚，由于有这些移置，支配每个要素的因果性不能归之于任何个别原因，而要归之于归根到底由经济决定的整体的结构。阿尔都塞竭力要我们接受的，是从把原因看作一种事物、一种实体、一种明显可以单独认明的实存的东西，变到把它看作一种关系，从可以立即或者最终被指出、被掌握的东西变到把它看作由整体的结构对其各要素所进行的移置。结构是什么的问题是非常明确的：它是多元决定和归根到底的决定作用的机制。阿尔都塞在这里给他已经阐述的辩证法概念一个认识论方面的补充说明，阐明了他对经验论的批判和多元决定论之间的关系。无论是他自己的多元决定论，还是马克思的拜物教理论，都使阿尔都塞得出结论，现象不是什么不必要的东西，不是仅仅主观的幻想，而是现实采取的必要形式。他现在已把这点颠倒过来，证明现实不是躺在现象下面的什么东西，而是这些现象的有结构的关系。

在表面上，这似乎是一种将整体归结为其部分总和的原子论。然而实际上不是如此，因为在因果关系上和认识论上都是优先考虑有结构的整体。阿尔都塞所要攻击的，是那种把整体看作存在于其部分中然而又能够与其部分分离开的经验主义。在他看来，整体和部分是不能分离开的，整体存在于其效果的关系中。这样，经济之所以归根到底起作用，不是因为别的层次是它的副现象，而是因为它决定哪个层次是主导的，它的作用只有根据构成整体结构的各种关系，只有通过整体各要素相互关联的方式，才能被领会。

因此，结构因果性在某种意义上概括了阿尔都塞的辩证法理论和他的阅读理论。它们都把中心作用分派给意识形态，分派给独特作用在于使社会形态的活动神秘化的结构，分派给能够解释清楚社会整体的复杂情况的历史唯物主义科学。

理论的自主性

在《保卫马克思》和《读〈资本论〉》中所阐述的阿尔都塞的体系，包括一种关于各种实践的理论。一个社会形态包含许多不同的实践，它们联合成一个复杂的整体。虽然这些实践是不同的，它们可以用一个一般定义统率起来，即它们是"任何通过一定的人类劳动，使用一定的'生产'资料，把一定的原料**加工为**一定的产品的过程"。① 在构成社会总体的这"大量"实践中，除了生产本身以外，我们只听说过三种：政治实践、意识形态实践和理论实践。值得注意的是，政治实践只是在谈到意识形态时被论及。这里先来看看在《保卫马克思》和《读〈资本论〉》中包含的关于科学的理论。

对阿尔都塞说来，正像对许多当代的科学哲学家说来一样，科学的重要性与其说是在于所达到的具体结果，不如说是达到这种结果的**途径**。科学性不是来源于像牛顿运动规律那样的原理，而是来源于拉卡托斯称作**启发性**的东西，使得它们的发现成为可能的理论结构。我们可以把这点叫作**科学性问题**。科学性的问题对阿尔都塞说来不是一个抽象的问题：它与**马克思主义的科学性**有关系。这里提出了一个马克思主义所特有的问题：**理论和实践统一的问题**。虽然这首先是个政治问题，但也

---

① 阿尔都塞：《保卫马克思》1969年伦敦版第166页。

是一个理论问题,已证明对马克思主义哲学具有头等重要的意义。历史科学和工人阶级的斗争之间的关系是什么?马克思主义和无产阶级在革命斗争中的统一是怎么样达到和维持的?这两个问题,即科学性的问题和理论与实践统一的问题,曾引起卢卡奇、葛兰西和科尔施的极大注意。但是,他们的主张由于他们把这两个问题合而为一而受到了损害。这两个问题也存在于阿尔都塞的著作中。

阿尔都塞的答案的性质在他的全部著作中都没有变化。他的立场的基本落脚点一直是**理论是自主的**这一命题。理论实践是一种不同的和自主的实践,它不能归结为社会形态的其他层次。不然的话,就要把科学看作是意识形态,看作是反映并且从属于特殊。阶级的地位和利益的理论。这条路就是卢卡奇和葛兰西所走过的。结果是使得不可能建立科学的客观性。

如果我们主张科学和构成科学前史的理论意识形态(它们两者构成阿尔都塞所说的理论实践)是(相对)自主的,那么对现实的客观认识得以生产出来的过程就完全是**在思维中**发生的。我们已经在阿尔都塞把科学的实在客体和思维客体加以区分的形式中看到这个论点。不过,阿尔都塞强调,他不是要把纯思维和世界对立起来:"'思维'绝不是与物质世界对立的本质,绝不是'纯粹,先验主体或'绝对意识'的机能……'思维'是一个建立在与自然界保持一定关系的一定历史社会的现实世界上、并与之联系在一起的特殊的现实体系。"①

对阿尔都塞说来,把认识描述成为一种实践,意味着不止是确认认识具有物质的和社会的性质;它还包含着对认识如何按照《保卫马克思》中关于实践的一般定义生产出来的特殊分析。在阿尔都塞那里,理

---

① 阿尔都塞和巴里巴尔:《读〈资本论〉》1970年伦敦版第42页。

解理论实践的过程包括区分在过程中起作用的三类概念,即概念Ⅰ、概念Ⅱ和概念Ⅲ(用GI、GII、GIII代表)。GI是起点,理论实践的原料,就是说,是过程着手加工改造的那些科学的或意识形态的概念(重复说一句,不是世上的事物)。GII是这样一组概念,它们的多少矛盾的统一通过限定有关科学的问题必然被提出的领域,即该科学的理论框架,构成该科学的"理论"。GIII是"思维具体",是由GII对GI进行加工、由该科学的理论框架所限定的概念对构成该科学发展中这一阶段的前史的以前存在的各种理论进行加工而生产出的知识。

阿尔都塞认为,只有接受下述两个论点,才能达到对理论实践的正确理解。第一,在GI和GIII之间,即在过程的原料和最终产品之间决没有本质的同一,但是总是有真正的转变。认识过程并不包括使总是暗含的东西变明确,即**"绝对"内部**的一连串阶段,而是生产出新的知识,有时是革命地推翻理论框架。当一门科学借助认识论上的断裂脱离开它的意识形态前史而产生出来时,或者当一门科学的理论框架被改变时(像开普勒改变天文学的理论框架那样),我们就能看到后一种情况的例子。第二,GI借以成为GIII,"抽象"借以成为"具体"的工作,只包括理论实践的过程,就是说,它发生在"思维内部"。这包括不仅同把科学归结为上层建筑的历史主义观点决裂,而且同一切形式的经验主义决裂。

对阿尔都塞说来,立即产生了一个问题。他既拒绝了那种对资产阶级哲学最具特征意义的认识论,又拒绝了那种与马克思主义传统中最丰富最复杂的部分有联系的认识论。那么,一个理论的科学性应该怎样确立呢?阿尔都塞排除了那种企图在理论之外为该理论的科学性找到**保证**的答案,因为它们把认识看作是在实在客体和思维客体之间的直接关系,使认识依赖于主体和客体之间的串通。阿尔都塞断言,这种寻求保证的做法是所有资产阶级哲学所特有的：甚至像休谟那样的怀疑论者都用主体和客体之间的关系来给认识下定义，虽然他们断言这种关系是不能达到的。马克思主义哲学也同样如此，例如，恩格斯企图通过把辩证法建立在某些支配整个现实、也支配作为现实反映的思维的一般规律上，来保证辩证法的正确性。阿尔都塞认为，任何这种做法都必须被拒绝，因为它是意识形态的。它不是承认一个理论的科学性质在于它能够被发展，而是竭力要把这种科学性质建立在这一理论与其实在客体之间预先决定了的关系上。意识形态通过主体和客体之间预先确立的和谐，总是包含有一种保证。

阿尔都塞说："**理论实践**是……它本身的标准，它本身包含着用以**确认**其产品质量的明确议定书，即理论实践产品的科学性的标准。这正好是在科学的现实实践中所发生的事情：一旦科学被真正建立和发展起来，它们就不需要外部实践的检验来宣布它们生产出的知识是'真的'，即是**知识**。至少对最发展的科学说来和在这些科学充分掌握了的知识领域中，它们自己提供知识正确性的标准——这个标准与有关的科学实践进行的严格形式完全重合。"① 这段话极其重要，不仅因为它是阿尔都塞说的关于理论自主性的最彻底的声明，而且还因为它包含着对科学性问题的解答。这个解答就是——没有任何解答。**没有关于科学性的任何一般标准**。理论实践的"基本实质"排除了这种一般标准的可能性，因为这种标准将不是具体科学本身的产物，而是在它们之外的实践的产物。

阿尔都塞认为，马克思主义哲学应该成为理论实践的理论。关于理论和实践统一的问题，在《保卫马克思》和《读〈资本论〉》中都没有

---

① 阿尔都塞和巴里巴尔：《读〈资本论〉》1970年伦敦版第59页。

明确提到。阿尔都塞说，他的实践理论，以及他把理论描述为理论**实践**，把这个问题取消了。在理论实践本身的内部，在 GII 对 GI 进行加工、把它改造成 GIII 的**过程**中存在着理论和实践的统一。既然理论本身是实践，理论和实践统一的整个问题就是一个假问题。关于这种理论，阿尔都塞的学生列·德布雷曾这样说："理论从其严密性中获得有效性，而它的严密性之所以成为有效的，是因为它把'现实中的发展，与'思维中的发展'分开，把'社会的作用'与'认识的作用'分开。换句话说，为了成为好的理论家，我们所要做的一切，就是成为懒蛋。"①这个评价有助于说明阿尔都塞体系的性质。

现象的客观性

马克思的拜物教理论把资本主义生产方式的异化现象不是看作纯粹的幻想或欺骗，而是看作它为了执行职能而采取的必要形式。拜物教理论是我们归功于马克思的意识形态理论的核心。它可以概括为黑格尔的一句话——**"现象的客观性"**。阿尔都塞在他关于马克思理论发展的说明中赋予意识形态概念以重要的哲学意义。他的著作的重要主题之一，是强调意识形态在社会形态中所起的客观作用。阿尔都塞说："意识形态是具有独特逻辑和独特结构的表象（形象、神话、观念或概念）体系，它在特定的社会中历史地存在，并作为历史而起作用"；"意识形态所反映的不是人类同自己生存条件的关系，而是他们体验这种关系的**方式**。在意识形态中，真实关系不可避免地被包括到想象关系中，这种关系更多地表现为一种**意志**（保守的、顺从的、改良的或革命的），甚

---

① 德布雷：《狱中著作》1973 年伦敦版第 187 页。

至一种希望或一种留恋，而不是对现实的描绘"①。这些事实上是在《保卫马克思》和《读〈资本论〉》中关于意识形态的分析的本质。意识形态是人们体验他们对世界的关系的神秘化形式。阿尔都塞认为，甚至在共产主义社会中，意识形态也有可起的作用，因为甚至在共产主义制度下也必须使人们适应于充分完成社会对他们提出的要求。不同的地方大概是，共产主义制度下的要求将是非剥削社会的要求，而不是像以前那样是阶级社会的要求。

除了意识形态的封闭本性之外，阿尔都塞没有告诉我们意识形态令人困惑的性质在哪里。他也没有说明意识形态是通过什么机制强加在群众头上的。我们的确得知了有两类意识形态——理论的意识形态和实践的意识形态。后者直接处于人们日常的实践中，前者是理论实践过程的一部分。关于科学和意识形态之间的区别，我们只得知，"作为表象体系的意识形态之所以不同于科学，就是因为在意识形态中，实践的——社会的功能要比理论的功能更加重要"。关于科学通过认识论上的断裂从意识形态产生出来的机制，我们没有被告知任何事情。这里有一个较大的困难要考虑：我们不能求助于 GI、GII 和 GIII 的作用，因为把意识形态的 GI 变成为科学的 GIII，包含有 GII 中的科学理论框架的工作，而马克思的认识论上的断裂正是采取改变理论框架，而不是生产知识的形式。生产知识的任务必须等到新的理论框架对古典政治经济学加工、产生出《资本论》以后，那么新的、科学的理论框架是怎么产生出来的呢？

阿尔都塞的较近的著作《意识形态和意识形态国家机器》，既发展了又补充了在《保卫马克思》中所提出的论点。他在一开头就批评了基础和上层建筑对立的说法具有纯粹比喻的和描述的性质，是关于意识

---

① 阿尔都塞：《保卫马克思》1969 年伦敦版第 231、433—234 页。

形态和国家的作用的正统观点的标准特征。他主张，只有把上层建筑的作用置于保证生产方式的再生产上，我们才能达到科学的上层建筑理论。他提出了两个关于意识形态的论点。一个是"意识形态代表个人对他们的真实存在条件的想象的关系"；另一个是"意识形态有物质存在"。意识形态的物质性，首先体现在具体的社会实践中，其次则是阿尔都塞所谓的意识形态国家机器的产物。阿尔都塞像葛兰西一样，主张把统治阶级的政治权力看作不仅仅是他们对国家镇压性机器、军队、警察等的垄断，而且是他们对社会的意识形态领导权，这种领导权体现在他们的意识形态浸透了各种与其说属于严格意义上的国家、不如说属于资产阶级所谓的公民私人活动。阿尔都塞因此区分两类国家机器：镇压性国家机器和意识形态国家机器。后者的例子是教堂、学校、工会、政党。

无主体的过程

阿尔都塞在最近几部著作中展开了对主体范畴的批判，以便表达在关于马克思主义立足于历史是**无主体过程**的概念这一论点上他的立场的本质、以及马克思主义辩证法和黑格尔辩证法之间存在的关系。他说："为了成为辩证唯物主义的哲学，马克思主义必须同作为起源、本质和原因的'主体'的唯心主义范畴决裂，这种主体在其**内部**对外部'客体'的一切规定性负责，被称作这个外部客体的内部'主体'。"①

阿尔都塞是在讨论马克思对黑格尔的关系时引入这个概念的。他认为，黑格尔哲学的积极方面是"那种把历史看作**辩证的形式生产过程**的

---

① 阿尔都塞：《答约翰·列维》1973 年巴黎版第 94 页。

理论"、"关于历史是辩证过程的概念",但是黑格尔辩证法的结构中所包含的、"直接表现在他的**否定之否定**的范畴中的**目的论**概念"对这种积极方面有"直接的损害"。①阿尔都塞说:"一旦人们准备考虑一下黑格尔的整个目的论都包含在我刚才说到的用语中、异化的范畴中、或者构成辩证法范畴的关键结构的东西(否定之否定)中,一旦人们同意(如果那是可能的话)**撇开**这些用语中代表目的论的东西,那么就将剩下这样一个公式:**历史是一个无主体的过程**。我想我能够证实:当然必定是从黑格尔的目的论那里挣脱出来的这个无主体过程的范畴,无疑是把马克思和黑格尔联系起来的理论债务。"②

一旦摆脱了那抹杀社会总体各种层次的特殊性,使之成为简单整体的精神性的否定之否定的目的论,无主体过程的概念、历史由其内部矛盾的特殊结构推动的概念,就能成为唯物主义辩证法的基础。马克思创新的地方就在这里。因为甚至黑格尔的辩证法也有主体,虽然是"一个非常奇怪的主体……在作为观念构成它的自我异化过程中,这个主体就是**过程**的**目的论**本身,就是观念"。③绝对观念从来不体现在任何实体中,它是只存在于它的自我实现过程中,只存在于**辩证法本身中**的东西。辩证法的顶点在于承认现实是过程的主体,即绝对观念对现实的创造。但是"绝对"的存在不在于任何可证明的个性;它在于过程的结构本身,其起点和终点相同的一连串圆圈——思维和存在在"绝对"

---

① 阿尔都塞:《马克思对黑格尔的关系》,载《政治与历史》1972年伦敦版第181页。

② 阿尔都塞:《马克思对黑格尔的关系》,载《政治与历史》1972年伦敦版第182—183页。

③ 阿尔都塞:《马克思对黑格尔的关系》,载《政治与历史》1972年伦敦版第183页。

中的同一。黑格尔就是这样为马克思搭起了舞台。为发展一种将使历史向科学认识开放的辩证法所需要的一切，是改变这个辩证法的结构，取消它的特殊主体、过程的自我反映，办法是消除其职能是在过程中实现那个主体的范畴、即否定之否定。这不是在1844年《手稿》中发生的事情：在那里马克思只是把绝对观念的思辨概念从它作为历史主体的位置上搬开，而代之以人的本质的概念。历史仍然有一个主体：因此在《手稿》中有目的论的辩证法结构，即按照历史内在的预先决定的必然性，在资本主义制度下人发生异化，在共产主义制度下与自己协调一致。当马克思在1845年开始发展像生产力和生产关系这类能够把历史理解为无主体过程的概念时，就开始了决定性的转折。

无主体过程的概念包含什么意义呢？首先，它意味着，历史是按照构成它的矛盾在任何一个时候采取的具体的多元决定的情况发展的。关于历史是按照内在必然性朝预定目标发展的一切思想都必须被拒绝。历史是一个其终点并没有在其起点中固定了的过程，虽然它的各种矛盾的具体的多元决定的关系会使它的发展偏到一个具体的方向。第二，它意味着拒绝关于一般人的本性的任何概念，至少是拒绝任何声称能在历史科学中起解释作用的这种概念，这是阿尔都塞的著名的"理论反人道主义"的主旨：否认人的本质是历史的主体，否认人的本质按照预先注定的异化和协调的情节决定历史的方向。

最后，它意味着，个人在历史上作为个人所起的作用是过程的体现者的作用，而不是过程的主体的作用。阿尔都塞援引《资本论》的不同段落来证明，个人按照由再生产社会形态的机制指派给他们的位置充当资本家、工人等的角色，必须被看作是这种生产方式的当事人。有人把这看作是否认政治组织或政治活动在实现无产阶级革命中的作用，或者是把赤裸裸的无权的个人同全能的历史过程相提并论，这是不对的。相反，这是认为没有像真正的个人这样的事情，而是每一种生产方式都按照它的特殊性质生产出它自己的个性方式。当然，特殊的个性方式借以形成和维持的过程，与生产方式在一个特殊的社会形态中成为统治的生产方式并被再生产的过程是同一个过程，并且是个人作为一定社会形态的支撑者（阿尔都塞的说法）参加的过程。在形成生产方式的当事人的过程中，意识形态起着极其重要的作用："每一个人，即社会的个人，除非采取**主体的形式**，不能成为实践的当事人。'主体形式'事实上是每一个个人、每一个社会实践当事人的历史存在所采取的形式；因为生产和再生产关系必然包括列宁称作'〔法律〕意识形态社会关系'的东西，作为各部分组合在一起的因素，而这种关系为了执行职能，给每一个个人当事人加上**主体**的形式。"① 因此，关于历史是无主体的概念和意识形态的理论在这样一种思想中找到了它们的联系，即意识形态是培养人们去参加一个他们不是创造者的过程的途径，意识形态执行这个职能的办法是给予他们一种关于历史是**为**他们创造的幻想。

用"无主体的过程"这句话概括的辩证法概念，给我们的教训是什么呢？主要的是**阶级斗争**的思想。历史不是印在人的本性中的某种计划的实现。它是不同的和对立的阶级之间的斗争的结果。这些斗争是在历史上决定的，受到历史制约的，但是斗争的结果是未定的。没有像考茨基说的那种决定哪个阶级必胜的自然必然性。推翻资本主义和建设共产主义将是无产阶级自己的事情，如果无产阶级不能赢得阶级斗争，那么战利品就将归最野蛮的资本所有。阿尔都塞的主要成就是产生出这样一种辩证法，根据它，历史既是决定的，但又不是预先决定的。如果我

---

① 阿尔都塞：《答约翰·列维》1973年巴黎版第93页。

们考虑到，这是马克思主义哲学家们从考茨基和普列汉诺夫这些宣扬自然必然性的高僧们在1914年背弃国际工人运动以来一直摸索的东西，那么这就决不是小的成果。

（木智 译）

阿尔都塞和结构主义马克思主义的兴起[*]

〔美〕亚瑟·希尔施

一、引 言

路易·阿尔都塞于1918年生于阿尔吉利亚。他在1948年三十岁时获哲学博士学位,开始在高等师范学院任教,并参加法共。他的主要著作(《保卫马克思》和《读〈资本论〉》)在1960年代中期问世,是以结构主义对人道主义进行批判的一部分。阿尔都塞把他的结构主义马克思主义说成是科学的或理论的反人道主义。像列维-斯特劳斯和福柯一样,阿尔都塞想要同他所谓的主观主义的"人"的哲学的形而上学设想作斗争,他的著作在当时引起了广泛的注意。

1968年5月中断了结构主义与人道主义的争论。结构主义者大部分在五月事件期间保持沉默,很少给罢工者以公开支持。事实上,列维-斯特劳斯悲观地把五月事件看作是结构主义的丧钟和存在主义马

---

[*] 本文选自《马列主义研究资料》1983年第5辑。亚瑟·希尔施在美国波士顿大学历史系工作。本文是他的《法国新左派思想史,从萨特到高兹》一书的第七章。作者就阿尔都塞其人及其思想的发展阐述了自己的看法,现译出供参考。——译者注

克思主义的胜利:"在法国,你知道,结构主义不再时兴了。自1968年五月事件以来,一切客观性都被否定了。青年的地位相当于萨特的地位。"

然而,五月运动的政治失败为它的许多活动分子带来了不同的启示。在他们的头脑中,五月事件表明,工业社会中的确可能存在革命形势。五月造反不成的原因在于缺乏组织。因此需要一个革命政党来提供这种组织。甚至像安德烈·高兹这样的新左派也声称,"比任何时候都更清楚,需要一个新的先锋党"。新左派发现,他们需要一个他们自己的结构来与资产阶级社会的结构作斗争。而为了更有效地同资产阶级社会的结构作斗争,他们还需要理解这些结构。因此,许多五月事件的活动分子现在转到结构主义者方面来取得这种理解。而结构主义者们现在则声称,这是他们一向的目标。福柯是这样说的:"大学生们在设法做的……和我本人在设法完成的……基本上是一码事……而我在设法做的,是弄懂那些在我们不知情的情况下决定我们最熟悉的行为的固有的系统。我在设法发现它们的起源,表明它们的形成,它们加在我们身上的限制;因此,我在设法使自己与它们保持一段距离,并且表明人们怎么能够逃避。"

在罗然·加罗第于1970年被开除出党以后①,阿尔都塞无可争辩地成了主要的党员知识分子。作为最著名的结构主义马克思主义者,他的理论特别引人注意,因为他把马克思主义对社会变革的关心同结构主义的分析结合在一起。这样,不到1968年,阿尔都塞的思想政治影响就已达到极广泛的规模。

---

① 法共在1968年五月事件中的立场和苏联入侵捷克斯洛伐克,使加罗第非常失望。他对法共和苏联政策的严厉批评成了他被开除出党的根据。

从 1960 年代后期到 1970 年代中期，我们看到阿尔都塞的结构主义马克思主义的明显的复兴。这里我们将首先回顾一下他的理论框架的起源，然后考察阿尔都塞如何大刀阔斧地革新传统马克思主义，最后评价一下他的工作的影响。

二、阿尔都塞的理论框架

阿尔都塞的终生目的是保存他所认为的马克思主义的革命完整性，阻止马克思主义受必然使它偏离革命目标的资产阶级意识形态的"污染"，从改良主义和修正主义这一对祸害下面拯救马克思主义。阿尔都塞相信，这种对马克思主义的污染是在共产主义运动内部作为对赫鲁晓夫 1956 年反斯大林的过分反应而产生出来的："对斯大林错误的批评采用了这样的措辞，结果在各国共产党内部必然地造成了我们必须称作资产阶级的意识形态和哲学论题的泛滥。"① 阿尔都塞在这里指的，是 1956 年以后在共产党知识分子当中出现的一种以马克思早期著作、特别是《1844 年手稿》为依据的马克思主义人道主义思潮。阿尔都塞谴责这种人道主义为资产阶级意识形态，因为它强调所有人的共同利益，足以模糊马克思主义关于阶级和阶级斗争的基本概念。

可是，由于某种政治原因，这种马克思主义人道主义思潮在 1956 年以后得到了广泛的传播。一方面是苏联领导人宣称苏联已经消灭阶级。'在这一基础上他们宣布无产阶级专政不再是必要的，并且代之以"全民国家"。

---

① 阿尔都塞：《答约翰·列维》；转引自英共机关刊物《今日马克思主义》1972 年 12 月号第 348 页。

另一方面是法共领导人力图通过架设通向法国社会其他集团的桥梁来打破他们的政治孤立。马克思主义人道主义能够执行打开与人道主义自由派、社会党人、特别是天主教徒对话的政治职能。罗然·加罗第是当时党的主要哲学家（中央委员和政治局委员），他发展了马克思主义的人道主义思潮。他不仅促使这些集团把马克思主义人道主义看成是一种严肃的思想的和伦理的努力，而且还使得人道主义论题在党的知识分子中成为合法的东西。事实上，到1960年代初，把加罗第的人道主义马克思主义和萨特的存在主义马克思主义分开的鸿沟已经消失。

促使阿尔都塞的理论框架形成的最后一个政治现象，自然是当时正在发展中的中苏争论。中国领导人以不安和敌视的情绪看待赫鲁晓夫谴责斯大林和随后放弃"无产阶级专政"概念的做法。他们把这种事态发展看作是产生了现代修正主义。对毛泽东及其追随者说来，无产阶级专政的概念是共产主义的本质。放弃它，就是放弃革命马列主义意识形态的灵魂。在毛派看来，"全民国家"概念是公开承认资产阶级意识形态的优势，最终将导致全面复辟资本主义。阿尔都塞从未公开与毛派站在一起，但是从他的著作中多次提到毛泽东的论述可以看出，他私下里是接受和赞赏他们的分析的。因此，他提出了坚持对马克思主义的严格正统解释、反对哲学中的修正主义的任务。正统要求谴责和根除人道主义及其他一切资产阶级、修正主义倾向：经验主义、唯意志论和历史主义。他把这当成他终生的工作，并且自豪地宣布："我是反对资产阶级意识形态威胁的正统捍卫者。"①

如果说阿尔都塞可以被看成是教条主义者的话，他很难被看成是庸俗马克思主义者，这就是阿尔都塞引起轰动的原因。因为他能够把最先

---

① 《答约翰·列维》，第312页。

进的思潮（结构主义、弗洛伊德主义、语言学、系统论）同关于西方哲学的百科全书式的知识（斯宾诺莎、康德、黑格尔、尼采、胡塞尔和海德格尔都在他的分析中出现）融为一体，来捍卫他对马克思主义的解释。虽然这解释是正统的，但大概不是老一套。因为阿尔都塞发明了一系列概念和新词汇，来表达他对经典著作的极为复杂的"依据征候的阅读"。总之，他在思想方面创造了一部按其规模和意图说来无与伦比的旷世佳作。

三、理论反人道主义

阿尔都塞对马克思主义人道主义的批判，以他所说的马克思著作中的"认识论上的断裂"为转移。这是从哲学家加斯东·巴歇拉①那里借用来的一个概念，据说这种断裂或决裂是在从科学以前的思想到科学领域的"飞跃"中发生的。它包括同以前的思维模式完全决裂并创造一个完全崭新的理论框架。阿尔都塞认为这种断裂发生在1845年的马克思著作中，那时马克思放弃了黑格尔的唯心主义，并且开始建立历史唯物主义的科学。阿尔都塞证明，在，《关于费尔巴哈的提纲》和《德意志意识形态》（1845）中，马克思"清算"了哲学；然后把一生都用来发展马克思主义科学，集中精力来批判政治经济学，这就是《资本论》的主题。换句话说，阿尔都塞声称，在1845年以前，马克思本人不是马克思主义者，所以他在那个时候以前的著作也不是马克思主义的，特别是，阿尔都塞声称，极其重要的《1844年手稿》不是真正马克思主

---

① 阿尔都塞在1940年代后期在高等师范学院做过巴歇拉的学生。

义的（即"科学的"）著作！① 更正确地说，马克思仍在黑格尔的影响下。像异化、否定之否定和人道主义主题这种概念真的只是马克思青年时代哲学唯心主义的残余。只是当马克思在成熟时期发展像生产方式、生产力、生产关系、基础和上层建筑这种概念时，他才表达马克思主义的唯物主义科学。因此，萨特和提出对马克思的人道主义解释的其他人（勒菲弗尔、加罗第）不仅是错误的，"他们是对认识的障碍。他们不是推进认识，而是**拉着它后退**。"②

荒谬的是，萨特由于主张马克思的异化理论事实上是马克思主义理论，竟成了对认识的"障碍"。阿尔都塞说，萨特掉进了"经验主义"的陷阱中。阿尔都塞把经验主义看作资产阶级的意识形态；因为这种认识理论假定"实在"可以通过观察为我们所直接把握，而实际上我们所观察的东西是受我们关于实在的性质的设想所制约的。③ 对马克思的人道主义读法是经验主义的，因为它包含着这样一种潜在的认识概念，即按界面价值来看待马克思关于异化的讨论。在阿尔都塞看来，这正是一种马克思在设法摆脱的黑格尔"残余"。没有对著作的"无辜的"读法这种东西，因为阅读者总是带有一种潜在的认识概念。④

只有对马克思的"依据征候的"阅读有科学的认识概念，能够揭示著作的真正客观意义。为了达到这种读解，阿尔都塞采取结构语言学的"监读人"技术来"重读"本文，通过发现马克思在他的科学的历

---

① 参看收在《保卫马克思》中的论文：《论青年马克思》和《卡尔·马克思的〈1844年手稿〉》。

② 《答约翰·列维》，第343页。阿尔都塞的批评者认为这种指责中包含着斯大林主义。

③ 参看阿尔都塞：《读〈资本论〉》1970年伦敦版第34—40页。

④ 参看阿尔都塞：《读〈资本论〉》1970年伦敦版第34页。

史发现中无意识采取的新理论框架来"读解"它的真正含义。"马克思生活所在的时代没有为他提供,而他一生也未能获得用以思考他所产生出的东西的适当概念:结构对其因素的有效性的概念。"①(换句话说,阿尔都塞的结构主义!)

为这种阅读补充两个前提条件是必要的。一个是弗洛伊德的无意识概念(由雅克·拉康解释的),用以理解马克思的个性如何影响他的理论框架的隐秘的、无意识的结构的发展(即"青年"马克思,"成熟"马克思)。另一个是列维-斯特劳斯的结构主义概念,作为分析马克思发现的各种结构(例如,生产方式、上层建筑)的框架。

只有当我们有了充分的准备,理解了《资本论》、弗洛伊德(按拉康的方式)、列维-斯特劳斯和阿尔都塞,我们才能重读《1844年手稿》而不致陷入经验主义的陷阱!

唯意志论和历史主义是对马克思的人道主义阅读的另两种意识形态"错误"。唯意志论是设想人类主体用有意的行动创造他们生活所在的社会世界。作为结构主义者,阿尔都塞宣称,社会结构没有创造它的主体。更正确地说,这是一种没有主体的客观过程的系统。人只是社会结构的承担者,不是自由的人。

历史主义是唯意志论的必然结论。② 它主张,历史是由追求实现自己计划的个人(作为主体)的有意识行动构成的。③ 相反,阿尔都塞证明,"人"没有历史,因为没有像"人"(即历史主体)这种东西。只

---

① 《读〈资本论〉》第29页。
② 参看《读〈资本论〉》第119—144页。
③ 这正好是萨特在《辩证理性批判》中对辩证法的性质的看法。无怪乎萨特被结构主义者指责既有唯意志论又有历史主义的毛病。

有阶级有历史,它们在一个独特的生产方式中发展和发生冲突。因此,有封建制度的历史,有资本主义制度的历史,但是没有人的主体的历史。阿尔都塞得出结构主义的决定论结论,即"人并不创造自己的历史",尽管马克思本人写过(在1845年以后,在《雾月十八日》中),人们创造自己的历史,但只是在以前条件的基础上这样做。

阿尔都塞以结构主义对传统马克思主义进行革新,虽然很复杂很晦涩,然而从中可以看出一种几乎变得面目全非的黑格尔本质论的始终如一的模型。就是说,马克思著作中那些与传统正统观点一致的部分被认为是马克思主义的本质因素,而那些不符合这种观点的部分则被认为是非本质的。它们被认为是马克思(作为资产阶级社会之一员)力图使自己摆脱的资产阶级意识形态的一部分。作为这种因素,它们就不属于马克思的引人注目的科学"发现",而是那种因为有这种发现而变得过时了的科学以前的世界的炼金术和燃素。

问题的关键是马克思主义的认识概念及其与科学的关系。阿尔都塞一再说,理解马克思的科学发现的新颖之处的前提条件,是马克思主义的认识理论。这种认识理论是什么呢?这是建立在这样一种现实观的基础之上的认识理论,这种现实观把结构看成是主要的认识客体,而主体则被认为并不存在。换句话说,阿尔都塞假定,马克思主义的认识理论必然建立在关于现实性质的结构主义概念上。这是阿尔都塞的科学主义的来源。由于把认识局限于非常狭隘的、只建立在自然科学之上的实证主义科学概念,他预先就排除了认识作为以自我为根据的主体的人的任何可能性。

这里令人哭笑不得的是,阿尔都塞的整座大厦都是以自我为根据的,而且阿尔都塞自己承认这一点!"要阅读马克思的著作,必须先具备关于各种理论形态的不同本质及其历史的马克思主义理论,也就是说，必须先具备一种关于认识论历史的理论，而这种理论就是马克思主义哲学；这一过程本身是个不可缺少的循环，把马克思主义理论运用于马克思本人似乎是认识马克思的绝对前提条件，同时甚至是建立和发展马克思主义哲学的前提条件，这是多么清楚。"① 对所有的人可能不那么"清楚"的，是这里说的"不可缺少的循环"。因为阿尔都塞说的是，理解马克思的前提条件是理解马克思主义理论。我们已经知道他所说的马克思主义理论是什么意思：即他自己的结构主义解释。这个"不可缺少的循环"揭示出他关于马克思主义是科学的立场中所固有的循环性。了解马克思主义是科学的途径，就是对马克思主义进行"科学的阅读"。这种科学的阅读来自何处？当然是来自阿尔都塞！这样，我们就看到了，阿尔都塞的"理论反人道主义"虽然是为了反驳人是以自我为根据的存在物这一论点的，然而本身就是以自我为根据的！

四、阿尔都塞和法共

阿尔都塞对马克思主义人道主义的大举反攻，尽管力量很弱，但是对法国知识界却有相当大的影响。结构主义对人道主义的挑战是在多条战线上发起的：人类学（列维－斯特劳斯）、符号学（巴尔特）、科学史（福柯）、心理分析（拉康）。在这种背景上，阿尔都塞的结构主义马克思主义对左派知识分子产生了强大的吸引力。因为他既是高等师范学院的著名哲学教授，又是法共党龄很长的党员，党开始享受阿尔都塞的声望所反射的荣誉，在思想界获得新的地位。它的理论刊物《思想》

---

① 《保卫马克思》第38页。关于这一点，参看阿·卡林尼柯斯：《阿尔都塞的马克思主义》1976年伦敦版第34页（本辑第185—186页）。

和《新评论》发行量日益增加，更加受到思想界的重视。

然而阿尔都塞与党的关系充满着冲突。正像我们已经看到的，他的"理论反人道主义"事实上是与罗然·加罗第在他的《从诅咒到对话》（1965）和《二十世纪的马克思主义》（1966）中所表述的占统治地位的党的立场唱对台戏。加罗第在这两部著作中拒绝了斯大林主义的教条主义，对存在主义持赞许的观点，还强调指出共产党人和天主教徒的人道主义目标有共同之处。争论变得如此激烈，以致法共中央专门召开了一次会议，严厉地斥责了阿尔都塞的偏离，迫使他作了自我批评，而加罗第的人道主义则得到了确认。

冲突的关键问题之一，是科学和意识形态之间的关系。阿尔都塞的观点是，科学是真实的不变规律的领域，这些规律不取决于经验事实的检验。数学是他的马克思主义科学的模特儿："世界上没有一个数学家认为自己的理论在应用之前先要经过事实的检验。数学定理的真理性完全是由数学实践的内部标准提供的。我们认为这适用于一切科学。"[①]另一方面，意识形态则是这样一种思想体系，它依赖于对社会世界的事实的经验分析。

传统的共产党理论对科学和意识形态不作这样的区分。无产阶级科学之所以是真理，就是因为它扎根于无产阶级意识形态。它的真理能够被经验的社会实践所检验。事实上，共产党领导的合法性就是建立在对马克思列宁主义革命"科学"更好的认识和实践的基础之上的。阿尔都塞的观点被共产党看作是一种严重的政治挑战。党的总书记瓦尔德克·罗歇发表了一部著作公开抨击阿尔都塞的理论。"阿尔都塞同志解释说，一个理论要成为科学的，必须受到像数学演算中所用的那种纯粹

---

① 《读〈资本论〉》第75页。

内部标准的检验，以致要超出一切意识形态。按照这种观点，似乎马克思主义理论必须由那些受过很好的抽象推理训练的、但与社会实践没有任何实际联系的哲学专家来制订和发展。"①

阿尔都塞的科学观除了僭取党的领导的作用以外，还浸透了知识分子高人一等的优越感。关于这一点，加罗第下面这句话说得最清楚，他说，在阿尔都塞看来，"意识形态对摆弄群众很有用，但是理论应该为哲学治国论者所保留"。②

阿尔都塞为了避免破裂，小心地接受了批评，企图通过发挥他关于不同实践领域相对自主的论据来保存自己的自主。他声称，理论实践不同于和独立于政治实践。相反，政治实践——党的领导人特别拉长的领域——在政治方面不受理论实践的批评。他现在声称，哲学是"理论实践的理论"。③

然而，党的领导并不接受这种含糊其辞的说法，只有当阿尔都塞承认陷入了"理论主义偏向"、未能讨论"理论和实践的统一"时，他们才满意。④ 在党内斗争的背景上，法共领导完全有理由感到受到阿尔都塞的理论旅行的威胁。因为他的学生在六十年代中期攻击党的领导是机会主义者和修正主义者，企图接管党的大学生组织"法国共产主义大学生联盟"（UEC）。阿尔都塞从未公开批评法共的政治路线，但是正像上面提到的那样，从他著作中的许多引证可以看出，他是同情毛派的理

---

① 瓦尔德克·罗歇：《马克思主义和未来的道路》1966年巴黎版第20页。
② 罗然·加罗第：《今天能成为共产主义者吗?》1968年巴黎版第271页。
③ 参看《论唯物主义辩证法》中的讨论，《保卫马克思》第164—174页。
④ 参看《论唯物主义辩证法》中的讨论，《保卫马克思》第14—15页。

论的。① 他的追随者是公开的亲华派，威胁要按照中苏争论的意识形态路线分裂党。因此，阿尔都塞的理论的政治含义是某种能够发展为对党的领导人的可怕挑战的东西。阿尔都塞的自我批评和他的六百多名追随者在1966年秋被开除出党，结束了法共当时的危机。那些被开除的人组成了一个毛派的小集团，② 决心对那个他们的导师仍是其最著名的马克思主义哲学家的党的理论缺点进行谴责。值得注意的是，阿尔都塞对这整个事情保持了谨慎的沉默。有趣的是，阿尔都塞对马克思进行"依据候的阅读"的目的之一，就是暴露本文中的"沉默"。就是说，说明没有被说出的东西的意义。如果我们把这种办法用于阿尔都塞自己的著作，那么我们就需要说明他在阿尔都塞分子被开除出法共的问题上保持沉默、在苏联1968年8月入侵捷克斯洛伐克的问题上保持沉默、在加罗第由于"过分激烈"批评这次入侵而被开除出法共的问题上保持沉默是什么意思。

显然，开除出党的威胁和戴上叛徒帽子的前景，对他说来是对保持自己思想一致性的太大的代价。党对党员、特别是对知识分子党员的心理上的控制，是难以理解的。无疑是由于害怕这种前景，他没有敢去扮演党的"路德"的角色，而是扮演了党的"伽利略"的角色。③

从1960年代末到1970年代中期，阿尔都塞似乎为了提高他的长期战略影响而执行一种战术退却政策。（这可能是他保持沉默的另一个原因）。在某种意义上，这种政策似乎得到了报偿。因为在加罗第1970年

---

① 例如，参看《论唯物主义辩证法》中他关于毛泽东《矛盾论》的分析，《保卫马克思》第161—217页。

② 共产主义青年同盟（马克思列宁主义）。

③ 马丁·路德因为批评教会领导、要求恢复纯真的基督教原则，而被革出教门；伽利略则由于避免宗教裁判所的酷刑而放弃了他关于地球围绕太阳转的主张。

与党破裂以后，他无可争辩地扮演了主要党员知识分子的角色。他在1960年代末写的论列宁的文章（顺便提一句，与中国文化革命同时）包含着更简单明白得多的、政治上"正确"的信息。哲学不再被看作是"理论实践的理论"。相反，它是"革命的武器"，"理论领域中的阶级斗争"。它的职能是"在正确思想和错误思想之间……在人民（无产阶级及其同盟者）和人民的敌人之间划清界限"。[①] 如果这种提法带有斯大林主义的味道，那么它们对阿尔都塞说来有两种重要职能。其一，它们不带任何理论装饰，是一目了然的正统理论，这样就能为他赢得法共领导的赞同；其二，它们是左派理论，与毛派的哲学群众路线很难区分开来。因此，这些文章是政治上的正统与哲学上的激进主义的精巧的结合。这也有助于说明，在1970年代初阿尔都塞怎么能够同时赢得法共领导和持不同政见的共产党人小集团的赞同。

五、阿尔都塞的斯大林主义

正像我们已经看到的，阿尔都塞关于他的理论框架的自我描述，将他既置于斯大林主义经济主义的粗疏理论之外，又置于马克思主义人道主义的反斯大林主义的改良主义之外。然而，即使他的确对斯大林主义提过一些批评意见，他一生的主要工作还是攻击人道主义。1975年《世界报》引用了他这样一段话："要是没有二十大和赫鲁晓夫批评斯大林以及后来的自由化，我永远也不会写任何东西……因此，我的靶子是很清楚的，就是这些人道主义的胡言乱语，这些关于自由、劳动或异

---

① 《列宁和哲学论文集》1971年伦敦版第21页（见本刊本辑第167页）。

化的苍白论述,它们是上述一切在法国党员知识分子当中产生的结果。"①

不过,他也的确抨击过斯大林主义,尽管只是偶尔地和肤浅地。事实上,他在他的《自我批评论文集》(1974)中正确地指出了,在1965年他就"已经"提出斯大林问题②,在1972年他曾不惜"冒个人风险"建议展开关于"斯大林主义偏向"的讨论。③然而,他在这里并没有真正展开对斯大林主义的分析。他只是指出,赫鲁晓夫的批评在谴责"个人崇拜"和在斯大林统治下"破坏法制"方面是非马克思主义的。在阿尔都塞看来,像个人和法制这种概念是赫鲁晓夫和苏联领导培育的资产阶级意识形态的一部分。"如果你把共产党人知识分子正式地置于一种资产阶级意识形态的路线上,来'批评'一种曾使他们(及其他人)深受其害的政权,那么,如果这些共产党人知识分子直接走到资产阶级哲学的道路上去,你就不应该感到惊讶。"④ 这里所指的"资产阶级哲学"是人道主义,阿尔都塞很巧妙地把对斯大林主义的批判转回到对人道主义的批判上来!他声称斯大林主义的原因找得不对,可是他不是去分析这种原因,又谴责起结果来。然而这一次,他的确提到(只是提到而并没有实际去做)对斯大林主义的马克思主义分析所必须包括的内容:对苏联上层建筑、特别是国家和党的分析,以及对基础建筑,"即

---

① 转引自美国《激进哲学》1975年冬季号第12页。

② 阿尔都塞:《自我批评论文集》1976年伦敦版第36页。他指的是《保卫马克思》。

③ 阿尔都塞:《自我批评论文集》1976年伦敦版第89页。他指的是《答约翰·列维》。

④ 《答约翰·列维》第348—349页。

苏联的生产关系、阶级关系和阶级斗争"的分析。① 从阅读阿尔都塞的著作可以看出，他并不认为反对斯大林主义像反对人道主义那样重要，因为他没有作出这样的分析。

对斯大林主义的这种"温和"态度，不仅可以从他不愿对斯大林主义进行彻底批判上看出来，而且还可以从阿尔都塞著作中间或提到斯大林本人时的欣赏口气看出来。他在1978年以前没有提到斯大林在大清洗、戏剧性的审判、极度官僚主义化、滥用权力等当中的作用。这些只是经验事实，阿尔都塞关心的是理论。斯大林可能犯有"偏向"的毛病，但是他仍然对马克思主义作出了贡献。阿尔都塞在《矛盾和多元决定》一文中告诉我们，斯大林的《列宁主义问题》是一部"在许多方面都很出色的"著作。② 在另一篇文章中他告诉我们，斯大林拒绝黑格尔的"否定之否定"是"真正具有理论智慧的证据"。③ 阿尔都塞似乎能够欣赏斯大林的理论"光辉"，然而不能对为什么斯大林主义完全败坏了马克思主义的一切平等和解放理想作出分析。

因此不足为奇，许多批评家把阿尔都塞本人看成是斯大林主义者或新斯大林主义者。例如，阿列克斯·卡林尼柯斯在他的《阿尔都塞的马克思主义》中提到他的"私下的斯大林主义"；④ 而阿尔温·古尔德纳认为他"为斯大林主义提供了在理论上躲避风暴的地窖"。⑤ E. P. 汤普森在一篇严厉的论战文章中，把阿尔都塞主义看作是"一般警察行动在

---

① 《答约翰·列维》第349页。
② 《保卫马克思》第97页脚注。
③ 《保卫马克思》第200页脚注。
④ 阿·卡林尼柯斯：《阿尔都塞的马克思主义》第102页。
⑤ 阿·古尔德纳：《路易·阿尔都塞，〈自我批评论文集〉》，《理论和社会》1977年第4期第450页。

意识形态中的表现形式,是企图在理论水平上修复斯大林主义"。①

那么阿尔都塞思想是不是新斯大林主义呢?大体上是的。然而有一个领域,阿尔都塞与斯大林主义坚决决裂了:这就是经济决定论的领域(也就是阿尔都塞所说的"经济主义")。斯大林主义的辩证唯物主义声称,经济基础直接和完全决定社会的上层建筑,包括其政治制度和意识形态。阿尔都塞拒绝这种简单的决定论,而主张政治和意识形态有相对自主性。他声称,马克思的生产方式概念包括三个清楚表现出来的结构或层次(经济、政治和意识形态),这三个结构内在地密切地结合在一起;构成生产方式的母体。虽然经济结构总是"归根到底起决定作用的",然而这三个结构中的任何一个都可能是某一具体生产方式中的"主导结构"。这个意思就是,经济、政治或意识形态可能是某一特定社会形态中的主导结构,但是**经济结构将决定这三个结构中的哪一个成为主导结构**。例如,在封建制度下,经济结构决定了**政治**结构成为主导结构。②

这一点也很清楚:他的严格的分析推进了马克思主义在法国的复兴。通过表明最新颖的思潮(结构主义、语言学、系统论、弗洛伊德)能够与传统马克思主义相结合,他促进了(也许是无意地)一种更灵活的新马克思主义的发展,随着独立的欧洲共产主义的兴起,这种新马克思主义得到广泛的传播。

到1960年代末,他开始重新考察意大利马克思主义者安东尼奥·

---

① E. P. 汤普森:《理论的贫困及其他论文》1978年伦敦版第323页。汤普森还说:"如果我以为马克思思想是逻辑终点,那么我就永远不能成为马克思主义者。"(第381页)

② 参看《读〈资本论〉》第216—218页。

407

葛兰西的著作。尽管葛兰西的著作通篇是人道主义和历史主义的主题，阿尔都塞在他关于意识形态、领导权和国家的分析中找到许多可以赞赏的东西。① 阿尔都塞在他的《意识形态和意识形态国家机器》一文中指出，"葛兰西是唯一的一个在我走的这条路上走过一段距离的人"。② 这样一来他是不是就放弃了结构主义呢？

到1970年代末，结构主义的见识已经被合并到一个更广阔的框架里。阿尔都塞及其他结构主义者（例如，普兰查斯、福柯）这时否定他们实际上是结构主义者。他们声称，他们只是要揭露人道主义的先验的混淆和缺乏概念的严密性。这个任务既已完成，他们准备批评结构主义，超越它而进入"后结构主义"的时代。

欧洲共产主义在1970年代的出现有助于对结构主义的克服。因为欧洲共产主义在左派可能取得选举胜利的背景下提出了政治理论和战略的新问题。

（龙溪 译）

---

① 参看《自我批评论文集》和《列宁和哲学论文集》第12页。
② 《列宁和哲学论文集》第142页脚注。

阿尔都塞和沙夫在人道主义问题上的对立[*]

〔苏〕瓦·瓦·凯舍拉瓦

在巴黎和华沙，几乎是同时（1965年）出版了两本书。路·阿尔都塞把他的著作称为《保卫马克思》，而亚·沙夫则把他的著作称为《马克思主义和人类个体》。这两部著作都讨论了马克思主义和人道主义的相互关系。当时法国马克思主义者对阿尔都塞的著作所作的批判以及当时波兰哲学家对沙夫的书所作的批判，使我们可以看出他们所提出的观念的消极方面。

阿尔都塞给马克思主义下的定义是"理论反人道主义"。他企图用这种离奇的评价强调指出他不同意另一些人的观点，这些人借口把马克思主义"温和化"和"人化"而力图勾销其科学的性质。的确，过分迷恋于人本学的问题，用它来掩盖其他一切问题并使其他一切问题都从属于这一问题，这会造成滑向抽象的人道主义观点的现实危险。阿尔都塞直接碰到了这种威胁以后，就起来保卫马克思主义的严格科学的性

---

[*] 本文选自《马列主义研究资料》1984年第1辑。作者是苏联哲学博士、教授、格鲁吉亚科学院哲学室主任。本文译自他的《真假人道主义》（1973年莫斯科版）第一章第二节，文中标题是编者加的，原标题为《再论科学主义和反科学主义》。——译者注

质。但是在论战过程中,他陷入另一种极端:他在否定人本学的夸大做法时走得太远了,以致牺牲了人道主义。

他作为出发点的基本理论命题以科学和意识形态不可克服的对立为前提。他认为,科学是对世界的启发性关系,是对世界的本质的认识,而在意识形态中,阐述的职能从属于社会实践的职能,因此,意识形态的现象、映象、理想的意义决不是认识论的内容,而是由社会作用制约的。阿尔都塞抛弃了作为理论的人道主义,认为人道主义作为意识形态才是必要的。他认为,像"社会主义的人道主义"这种概念是不正确的,因为这种概念似乎是由于非批判地混淆了两类范畴——科学的范畴和意识形态的范畴——而产生的。既然"社会主义"作为由于对现实过程进行客观分析而产生并反映了一定规律性的概念是科学的,那么他认为,"人道主义"这个概念只不过是一种标志,一种特殊的象征。阿尔都塞对这种差别作了如下的说明:"我们说人道主义这个概念是个意识形态的概念(因而不是科学的概念),这是为了肯定,一方面它确指一系列存在着的现实,另一方面它又不同于科学的概念,因而不提供认识这些现实的手段。"①

В.Ж.凯勒和 М.Я.科瓦尔宗指出:"在资产阶级的书刊中,有一种看法流传很广,就是认为意识形态是一种从阶级的立场出发作了歪曲的(变了形的)、具有'神秘化力量'的、错误的意识,是某种片面的、偏颇的、主观的、同科学相对立的、与科学不相容的东西。'为了科学'就要抛弃意识形态,提出把科学从意识形态的影响下解放出来的要求。"②

---

① 阿尔都塞:《保卫马克思》1965 年巴黎版第 229 页。
② В.Ж.凯勒和 М.Я.科瓦尔宗:《历史唯物主义》1969 年莫斯科版第 285 页。

阿尔都塞好像也没有摆脱这种看法。至少，他执拗地企图割断科学和意识形态之间的联系，坚决地拒绝承认可能存在科学的意识形态，这种态度恰好默认了这种前提。

按照阿尔都塞的看法，意识形态的基础是人对世界的深刻的无意识的关系。意识形态主要是由表象以及部分地由构成自发形成的结构的那些概念组成的，它取得了统治人的权力。意识形态表现的不是人们对他们自己的生存条件的认识，它反映的不是问题，而是个人怎样体验现有的条件，是个人对某些问题的主观知觉。

由于把整个意识形态看作是错误的意识，阿尔都塞就不得不把马克思主义划到意识形态的范围之外。结果，他从否定传统人道主义的方法论基础，即否定旧的哲学人本学及其基本范畴开始，得出了否定马克思主义是人道主义理论，是现代的人道主义理论的结论。除了怀疑由于唯心主义和反历史性而在理论方面站不住脚的旧的人道主义以外，他还怀疑得到科学的人道主义理论或者说作为科学理论的人道主义的根本可能性。

把马克思主义定义为"理论反人道主义"或者"哲学反人道主义"，这并不妨碍阿尔都塞承认以马克思主义为思想旗帜的社会政治实践具有深刻的人道主义含义。他说马克思的学说是为把劳动人民从经济的、政治的、社会的、民族的压迫下解放出来的事业服务的，这是指理论的实际应用。同时，这里不仅涉及人道主义的职能和从理论中得出来的实践政治的结果，而且也涉及理论本身。

阿尔都塞力图强调指出，马克思主义的社会主义的基本原理是对历史现实的严格科学的概括，决不像马克思以前那样是从"人的本质"的观念的、超历史的模式中推引出来的。但是，在这里，他却提出什么在青年马克思和晚期马克思之间存在着认识论的断裂。阿尔都塞说，右派指责马克思归根到底为了政治经济学而牺牲了哲学,宁愿要科学而不要伦理学,宁愿要历史而不要人。是要《资本论》还是要《1844年经济学哲学手稿》?由你选择吧!而他回答说:毫无疑问,要《资本论》。

但是,这种二者择一的抉择是合理的吗?当然,如果要在哲学人本学和历史唯物主义之间进行选择,那么马克思主义者会不加考虑地宁愿要历史唯物主义。但是,这种反题的含义是什么呢?难道在青年马克思的著作和成熟时期的著作之间建筑一道"万里长城",是正确的吗?任何不想看到马克思思想发展中具有某种继承性和统一性并且过分简单化地设想出这种断裂的人,不会做得太过分而走向另一个极端?确切地阐明这些问题,不仅使我们可以确定人本学在青年马克思观点中的比重,而且(这一点更加重要得多)使我们可以对关于人本学和历史唯物主义之间二者择一的问题作出否定的回答,并且证明,在成熟的马克思的观点中也有人、人的本质的概念和其他范畴的地位。

阿尔都塞把马克思的创作分成两个(在思想上彼此独立的)时期:第一个时期,持续到1844年为止,他称之为意识形态时期;第二个时期,在1844年以后,他称之为科学时期。他认为,向第二个时期的过渡是以对人的哲学进行无情的批判为标志的,人的哲学作为旧的哲学废物被毫不怜惜地抛弃了。

在《德意志意识形态》中,马克思和恩格斯已经清算了哲学人本学。阿尔都塞说,如果说,在此以前"人的本质"这个概念对马克思来说是论证一般历史理论的手段,而另一方面又是个人政治实践的格言,那么在1845年以后情况就发生了急剧的变化—发生了彻底的断裂,这种断裂在三个相互联系的方面得到了发展,这就是:一、论证了唯物主义历史观;二、批判了哲学人道主义的主张;三、规定了人道主义是意识形态。

结果，马克思为了科学的历史观而付出的代价就是人道主义的哲学。按照阿尔都塞的看法，马克思抛弃了作为理论原则的人这个概念以及与这个概念密切相联系的一套前提体系。因此，马克思主义不可能是人道主义，因为人道主义是以人的本质作为出发点的，它把人的本质看作是衡量具体社会形式的完善程度和"正确"程度的绝对尺度。马克思主义不是以作为空想的基础的普遍的人的本质为前提，而是研究了"现实的个人"。

在马克思主义和旧的抽象的人道主义之间存在着断裂，这是无可争辩的。马克思在制定新的社会历史观念的同时，也就对抽象的思辨的人的哲学的那一套概念和观念的体系，首先是对关于似乎存在永恒不变的人的本质的这整个前提作了彻底的批判。阿尔都塞在评价这一变革的理论结果时写道："就理论的严格意义而言，我们能够而且必须公开说到**马克思的理论反人道主义**，并在这种理论反人道主义中看到（积极地）认识人类世界及其实际变革的绝对前提（消极的）。必须把人的哲学（理论）神话打得粉碎；在此绝对条件下，才能对人类世界有所认识。"但是，由此得出了这样的结论："援引马克思的话来复辟理论人本学或理论人道主义，任何这种企图在理论上始终是徒劳的。"①

阿尔都塞在这里指的本来是抽象人道主义和唯心主义人本学的观点以及它们想用"一般人"这个超历史的范畴来阐明历史的主张。的确，马克思和恩格斯证明了那种从"人的本质"的概念推引出历史发展形式的丰富性的企图是站不住脚的。他们认为，不是具体地研究在历史上彼此更替的等级和阶级的范围内发展起来的个人的生活条件，而把问题

---

① O.凯仓：《人道主义和这一概念在理论上的非单义性造成的困难》，见《哲学问题》杂志1970年第5期第115页。

设想成这样，似乎"在这些个人中有类或人在发展，或者是这些个人发展了人"，"可以把各种等级和阶级理解为一个普遍概念的一些类别，理解为类的一些亚种，理解为人的一些发展阶段"①，这种哲学观点是"某种奚落历史科学的东西"。

《德意志意识形态》的两位作者指出了这种幻想是从哪里来的，它起作用的机制是怎么样的。他们指出，以前的哲学家"在已经不再屈从于分工的个人身上"看见了他们称之为"人"的那种理想，他们把整个发展过程看作是被描绘成"历史的动力"的"人"的发展过程。在此以后，马克思和恩格斯又强调指出："实际上这是因为，他们总是用后来阶段的普通人来代替过去阶段的人并赋予过去的个人以后来的意识。"②

阿尔都塞也批驳了对历史的这种唯心主义的、本末倒置的描绘，并用科学的理解反对这种描绘。遗憾的是，他把如下一种关于历史的观念作为这种科学的理解的典范，在这种观念中人的因素最坚决地当作似乎同社会发展的客观规律性不能相容的东西被取消了，因为人的因素不从属于必然性，使必然性感到愤怒，从而使必然性变得令人可疑。阿尔都塞认为，科学的（唯物主义的）历史观是从马克思彻底摆脱了关于人的"幻想的"概念并着手对生产关系和社会结构进行具体研究的时候开始的。同思辨哲学和抽象人道主义关于永恒的人的本性是历史发展的源泉和动力的论点相反，他宣布承认能够创造未来的历史主体是毫无意义的论点。历史取决于社会关系（首先是生产关系）体系的自动的变化。虽然人们是这种关系和结构的承担者，但是他们不再被认为是历史

---

① 《马克思恩格斯全集》第 3 卷第 85 页。
② 《马克思恩格斯全集》第 3 卷第 77 页。

的主体。因此，结果就是"人是环境的产物"，"改变了的人是另一种环境的产物"。对于人的能动性只字不提。但是，按照马克思的观点，"环境正是由人来改变的"，人并不简单地是这种或那种生产关系的消极的承担者，而是这些生产关系的创造者。恩格斯在《路德维希·费尔巴哈和德国古典哲学的终结》一书中写道："……在社会历史领域内进行活动的，全是具有意识的、经过思虑或凭激情行动的、追求某种目的的人；任何事情的发生都不是没有自觉的意图，没有预期的目的的。"①而在《神圣家族》这一著作中提出的原理是："'历史'并不是把人当作达到**自己**目的的工具来利用的某种特殊的人格。历史**不过是**追求着自己目的的人的活动而已。"②

把这两个原理加以对比，说明马克思和恩格斯在哲学上所完成的、在他们的成熟著作中得到最充分表现的革命变革无论怎么重要，如果把它看作是对在此以前作为执著的探索、批判等等的对象的一切东西的否定，那是荒谬的。这个变革有一个酝酿、成熟的过程。当然，思想上的进化进行得非常急速，时间十分短促。但是，这种进化同继承性一样，可以说是发生在《神圣家族》和《关于费尔巴哈的提纲》、《1844年经济学哲学手稿》和《德意志意识形态》或《资本论》之间。

在这方面，对马克思的著作正文的对比分析提供了丰富的材料，借助这些材料可以确定从一个阶段向另一个阶段发展、归根到底构成马克思主义理论的核心的那些贯串始终的思想。毫无疑问，对抽象的人的理想的批判是跟新的唯物主义的历史理论自我确立的过程同时发生的。这种批判并没有改变。当马克思或恩格斯后来回顾早期著作的时候，他们

---

① 《马克思恩格斯选集》第4卷第243页。
② 《马克思恩格斯全集》第2卷第118—119页。

可以骄傲地指出，他们用不着为早期著作感到羞愧。

阿尔都塞及其一些拥护者把马克思晚期著作中任何提及"人的本质"、"人的本性"等概念的地方，一律看作是"不科学的"过去的旧病复发，看作是特殊的哲学人本学术语的残余。他们认为自己的义务就是要把似乎沾污马克思主义理论的这些概念从马克思主义理论中清除掉。但是，对这种"清除"无论如何是不能同意的。

是的，马克思和恩格斯抛弃了思辨哲学对历史的考察方法，这种方法从抽象的人出发，认为具体的个人或者等级和阶级是抽象的人发展的阶段。但是，他们并没有抛弃"人的本质"、"人的本性"等概念，而是给这些概念注入了不同的含义，完全按新的方法确定了这些概念的内容，并且按根本不同的方法利用这些概念阐明历史的现实。只要指出马克思《关于费尔巴哈的提纲》第六条就够了。要知道，这一条并没有说人的本质这个概念是荒谬的，而是说费尔巴哈对人的本质作了不正确的理解。为了反对费尔巴哈的自然主义观点，马克思断定："人的本质并不是单个人所固有的抽象物。在其现实性上，它是一切社会关系的总和"①。

马克思主义以前的唯物主义认为，人是环境和教育的产物。把上述定义同马克思主义以前的唯物主义的立场加以对比，就能看到马克思走得多么远了。这种区别更清楚地表现在《德意志意识形态》的下面一段话中："每个个人和每一代当作现成的东西承受下来的生产力、资金和社会交往形式的总和，是哲学家们想象为'实体'和'人的本质'的东西的现实基础……"② 换句话说，人不简单地是客观发生的发展过

---

① 《马克思恩格斯选集》第1卷第18页。
② 《马克思恩格斯选集》第1卷第43页。

程的消极结果。人是社会存在物，既然如此就是能动的存在物。因此，在人身上有两种基因合而为一，用黑格尔的语言来说，这两种基因同时既是实体又是主体。

阿尔都塞把人从马克思主义理论中取消掉，剥夺了人作为历史主体的作用，宣称自由是一种幻想，从而就把历史唯物主义变成关于生产关系的科学，似乎生产关系的发展规律的确定不变的性质不需要人的首创精神，能够脱离个人的活动，甚至违反个人的活动自然而然地实现。

结果，历史具有宿命论的死气沉沉的色彩，而取消了作为创造者的人的马克思主义确实变成了"理论反人道主义"。应该指出，阿尔都塞正在阐发（或者曾经阐发）的观点的理论立场有其原型。可以很容易把它同"经济主义"、伯恩施坦主义、考茨基主义加以对比。

毫无疑问，在它们之间也存在着差别，但是它们毋宁说都反映了这些观念各自在当时所受到的外部思想影响的特点。例如，阿尔都塞的观点打上了企图把研究的客体归结为无人称的结构的现代结构主义的烙印。但是它们之间仍然有相似的地方。考茨基及其拥护者也主张马克思主义具有严格的科学性，维护这样一种论点，认为"科学高于伦理学，科学的结果作为必然性本身是很少合乎伦理的，或者说完全不合乎伦理的"，[①] 他们把这种必然性当作偶像，因此对历史上的主体因素的意义估计不足。

"理论反人道主义"这个观念会造成同样的结果。实际上，如果认为人只不过是无人称的结构的产物，他无非是生产关系的承担者，那么历史就失去其主体。但是事实上，不仅历史变革，从一种形态向另一种形态的革命过渡，而且社会作为活生生的社会机体要发挥其职能，都是

---

① 《伦理学和唯物主义历史观》1960年社会政治丛书版第135页。

同历史主体的活动不可分割地联系在一起的。

阿尔都塞和沙夫的立场乍看起来有很大的分歧。如果说阿尔都塞作为科学主义的拥护者力图无论如何要摧毁人道主义——人的哲学——这个"堡垒",那么沙夫则相反,他热烈拥护哲学人本学,这种哲学人本学发展成为对马克思主义作人类中心说的解释。同时,其中一个人认为,"人的本性"、"类本质"、"异化"等概念玷污了马克思主义,而返回到这些概念,利用哲学人本学的"不科学的"概念,只能成为理论上的混乱现象的根源,而另一个人对此则持相反的看法。

沙夫认为,马克思关于共产主义的学说以及他的为个性的全面发展创造理想条件的纲领是对历史采取特殊的人本学立场的结果。他还同样地准备用人本学的需要来解释马克思的经济学论著。最后,他声称,从哲学人本学向社会学的过渡是似乎为了扩大并进一步论证哲学人本学理论而迈出的一步。一句话,马克思主义的所有组成部分和整个马克思主义都被说成是马克思的人本主义思考、他的关于人的本性和人的本性的解放途径的思考的产物。在这里,政治经济学和社会学的范畴实际上都被包括在哲学人本学之中了。

因此,毫不奇怪,在沙夫心目中,马克思的早期著作,首先是《1844年经济学哲学手稿》,是理解他的全部晚期著作的钥匙。

但是,马克思的早期著作,其中包括《1844年经济学哲学手稿》的内容无论如何是放不进人本学的概念体系中去的。那时马克思已经超过了费尔巴哈,并且在理解人的社会历史本质方面大大地前进了。不能忘记,马克思作为思想家按其思维的风格和结构来说始终更接近于黑格尔。即使在他激烈批判黑格尔的唯心主义的场合,他对作为辩证法家的黑格尔的尊敬并没有减弱,1844年手稿证实了这一点。

按照沙夫的观点，只是由于马克思遗稿的发表，才把一度被丧失了的人的问题还给了马克思主义哲学，使得对人本学的兴趣活跃起来，同时也恢复了马克思主义的人道主义声誉。沙夫写道，在青年马克思的以前不为人知的著作以及他的《1857—1859年经济学手稿》出版以前，人们对马克思的创作理解得过于片面，是从狭隘的科学主义的观点去理解。对马克思及其思想演变的知识的"缺陷"反映在对马克思主义及其结构的理解上。按照以前形成的传统，人们只把马克思看作是经济学家、社会学家、政治家。在卡·考茨基、罗·卢森堡、列宁的心目中，马克思都是这样的人。只是在早期著作发表以后，似乎才终于揭示出马克思思想的隐秘的源泉，即人道主义，人的哲学。结果，"除了为传统所接受的经济学家马克思、政治学家马克思、社会学家马克思的形象以外……人道主义者马克思……关于人类个体的问题的研究者和争取人类个体的幸福的战士的形象越来越得到承认。"[①]

用沙夫的话来说，他所阐述的观点既不会损害他认为是人本学的理论基础的唯物主义，也不会损害马克思主义的科学性（他写道，阐发人的哲学可以不必拒绝准确的哲学思维的大前提）和革命性。同时，他还认为可以在人类中心说的基础上发展彻底的人道主义。而这一点本身如果不使唯物主义变得令人怀疑，也已经缩小了唯物主义的范围。

虽然沙夫好像无意中提到了恩格斯对马克思主义哲学的对象所下的定义，但是这种捎带提出的反驳比长篇的议论更雄辩地说明了作者的立场。他认为，现在苏格拉底的格言"认识你自己吧"，比认为自己的任

---

① 《马克思主义和人类个体》1965年维也纳—法兰克福—苏黎世版第8页。

务就是"研究和表述现实发展的普遍规律"的哲学,更具有现代性①。

他引用现代的特点来论证他对恩格斯的攻击。在他看来,苏格拉底的问题成了旧的生活方式正在崩溃而新的社会关系正在形成的过渡的历史时期的哲学的中心。正是在这种转折时期,"如何保持自己的尊严"的问题无休止地困扰着个人。对于返回到青年马克思那里去的现象,沙夫也用两个时代的共同性来解释,他认为,由于这种共同性形成了共同的心理状态,这种状态是在精神上很接近的哲学探索的培养。欧洲在十九世纪中叶经历危机的情况向我们说明,为什么有哲学素养的青年会迷恋人道主义的问题。路·费尔巴哈、莫·赫斯、布·鲍威尔、麦·雄蒂纳等人,这就是马克思进行交往并形成其兴趣范围的环境。他同其他人一道寻找对如何变成了自己所创造的物的世界的奴隶的人获得解放、能否取得无愧于人的本性的条件等问题的答案。

根据沙夫的观点,求助于青年马克思的原因正是在于,统治世界的权力从人手中溜走、人不知道如何才能使自己不致成为技术的哥列姆②的这种二十世纪所特有的状况,在他那里已经被详细地加以研究,并且被中肯地称为异化。沙夫写道:"异化现象在社会上自古以来就有,也许它是人的全部社会生活所固有的,但是它从来不具有像今天这样尖锐而普遍的形式。而且它还是各种各样的:经济异化、政治异化、社会异化和意识形态的异化。"③

---

① 《马克思主义和人类个体》1965年维也纳—法兰克福—苏黎世版第14页。

② 哥列姆——据犹太传说,他是一个用粘土塑造出来的人,供役使做各种粗重杂活;阿尔宁在自己的幻想小说《埃及的伊萨伯拉》中第一次把哥列姆这个人物引进文坛。——译者注

③ 《马克思主义和人类个体》第20—21页。

被作为社会中人的历史存在的极其重要的具有冲突性的问题来认识的异化，似乎在马克思的全部创作中占居中心地位。沙夫说，这就是说，具有最广泛意义的经济学问题的人本学当时摆在马克思面前。虽然对政治经济学的研究花费了马克思相当多的时间，但是对他说来，这种研究并不是目的本身。"马克思过去是，后来仍然是这样的哲学家和社会学家，对他说来，关于人的问题是中心问题。在这种背景下才能理解他在政治经济学领域所作的努力"。①

到现在为止，通常都认为，当唯物主义历史观的一般形式彻底形成以后，马克思就集中力量研究一整套广泛的经济学问题，以便弄清楚具体的经济结构——资产阶级社会发挥其职能和发展的规律。这使他能够通过分析一个社会经济形态去检验一般的历史观，这个历史观在证明了自己的有效性以后就从假设变成了科学。按照沙夫的看法，马克思集中力量制定经济学说，是因为个人是他感兴趣的中心。但是，立即就要提出一个问题，为什么当时费尔巴哈、赫斯、布·鲍威尔，青年黑格尔派中的任何其他人，以个人作为信条的人，谁都没有转而研究政治经济学呢？

沙夫在捍卫马克思主义学说的人道主义时，把它同哲学人本学不可分割地联系在一起。沙夫认为，既然我们是马克思主义人道主义的拥护者，我们就必须接受对马克思的人本学解释。阿尔都塞也持同样的看法。他们之间的区别在于，一个人同意这一步骤，而另一个人则谴责这一步骤。这种情况带来的结果是，阿尔都塞把马克思主义分为两个时期，说在马克思的创作中有认识论的断裂。而沙夫则相反，证

---

① 《马克思主义和人类个体》第38页。

明马克思的思想是统一的,他得出结论说:"可以而且必须根据马克思在青年时期自觉地提出来的他的哲学人本学的前提和原理来解释成熟的马克思的思维。"① 这样,在沙夫看来,马克思观点的演变是以记录了马克思的每一个重大科学发现和创造性成功的人本主义思想的胜利为标志的。②

沙夫力图根据青年马克思著作的精神来阅读晚期著作。但是,也有另一种研究方法:按马克思在科学方面成熟的著作去读他的遗稿。这种方法有助于我们弄清楚,究竟什么东西的确保持有效,作为有机的部分加入了已经形成的理论。

主张从起源进行推演的拥护者夸大了理论的研究方法所包含的现代化的危险性。当然,从已经形成的角度去观察新的观点体系的形成过程,使研究者面临着为了迎合关于这一理论的公认的和已经深入人心的观念而把复杂的形成过程简单化的危险,面临着重视这一过程中能证实这一理论的因素而低估由于各种原因后来没有得到发展、仍然处于被提出来的问题的广阔范围外的那些因素的危险。

---

① 《马克思主义和人类个体》第40页。
② 沙夫在《马克思主义和人类个体》一书的一个注释中,对于我在《关于两个马克思的神话》这一著作中捍卫了马克思思想的完整性这一观念,给予了肯定的评价,同时他认为对哲学人本学估计不足是错误的,似乎这样一来就把哲学人本学交给资产阶级意识形态去独占了。我想指出,我所理解的马克思主义史的统一性和完整性是指导致唯物主义历史观的发现的那些基本观点的发展。相反的立场则犯了反历史主义的错误:因为这种解释的拥护者把哲学人本学看作是整个马克思主义的全部内容,无意中否定了马克思观点的发展。此外,由于坚决主张马克思思想的这种人本主义化的统一性,他们事实上支持了关于"两个马克思"的神话:即科学主义的马克思和人本学的马克思,秘密的马克思和公开的马克思。

但是，大家知道，"人体解剖是猿体解剖的钥匙"（马克思语）。而现代化的危险并不像从起源出发的方法的拥护者所想描绘的那样可怕。而且，他们也应该遵循关于成熟理论的一定观念，这些观念决定着对经验材料的挑选，决定着对符合被他们接受的模式的思想的选择，等等。可见，他们使用的是同样的理论方法，只是这法没有被意识到而已。

从对马克思主义的人本学解释这个例子，可以看出上述看法是正确的。当然，不能根据成熟时期的精神去解释早期。但是，这种现代化比从错误的立场出发而产生的歪曲，危险性要小些。

前面我们已经看到，如果说阿尔都塞把马克思主义称为"理论反人道主义"，并认为马克思主义的真正的科学价值正在于此，那么沙夫则认为马克思主义是彻底的人道主义，并且认为这正是马克思主义的无可争辩的优点。这里显然存在分歧。但是，必须说，这两种观点中每一种内在地都是矛盾的，自身包含着自己的否定。例如，为"纯粹的"科学性而斗争和对马克思主义的科学主义的解释得出了相反的结果，使马克思主义变成了宿命论、崇拜自发性和历史必然性的意识形态。因此，不能同意沙夫的不同意见，他证明，马克思主义的决定论决不把历史必然性看作是从外部强加于人的力量，而是相反，把历史必然性看作仅仅由于人的作用而存在的东西。他仍然不是始终都能够把决定论的思想和能动性的原理有机地结合起来。由于没有把社会和个人的相互联系的问题彻底搞清楚，这种二重性仍然没有得到克服。

无论如何可以有把握地说，沙夫对这个问题的解决方法本身带有新弗洛伊德主义者埃·弗罗姆对马克思主义所作的那种解释的不可磨灭的痕迹。而且沙夫在谈到他写这本书的计划如何产生和最终形成，怀着谢意提到对埃·弗罗姆的访问和同他的长时间的谈话时承认:"今无我已经很难说,下面叙述的思想中哪些是原来来源于弗罗姆的,哪些是交换意见的结果,而哪些是只能由我一个人负责的。"但是,他指出,"毫无疑问,这一观念的基本思想属于弗罗姆教授",用他的话来说,在"对马克思主义的新的理解"方面,他有许多东西应该归功于弗罗姆。①

(陈宜 译)

---

① 《马克思主义和人类个体》第334页。

从阿尔都塞的视角反思马克思的价值形式分析*

〔希〕约翰·米利奥斯

通行的马克思主义传统,将马克思的价值理论描述成古典劳动价值理论,尤其是大卫·李嘉图的劳动价值理论的继续和完善。其前提为:马克思对劳动价值理论所作的最重要的贡献,在于通过介绍劳动力的概念和阐明劳动力与劳动之间的差别来分析劳动阶级如何被资本剥削(即剩余劳动的占有)。

在这一传统的语境下,价值被定义为商品中所包含的(社会必要)劳动量,剩余价值被定义为劳动者在获得与其劳动力价值相当的工资后被剥削阶级所占有的劳动量。但是,也存在另外一种马克思主义传统,这种传统将价值和剩余价值理解为历史上的特定社会关系,即作为经济关系、剥削以及建立在商品生产(即资本主义)基础之上的社会劳动产品所采用的特殊形式。另外一种马克思主义的传统强调马克思关于价值形式和货币的分析,尤其是《资本论》第一卷第一篇中的分析,而所有研究马克思价值理论的"古典"方法都将其忽视了。

暂且不论阿尔都塞及其合作者没有集中关注马克思的价值形式分析,他们也提出了作为一种社会关系的价值概念。毋庸置疑,他们认为

---

* 本文选自《马克思主义与现实》2010 年第 5 期。

马克思的价值理论与古典价值理论乃至所有后来的——包括当代的——价值理论形成了截然不同的对比,甚至构成了一场激烈的理论对峙。

本文中我想阐明的论点是:阿尔都塞的理论介入(第一部分详细阐明)与马克思的价值形式分析方法(第二部分)可以和谐相融,这种融合有助于理解马克思政治经济学批判的原则(第四部分),同时也能够阐明马克思的自我矛盾性(第三部分)及其给马克思主义的经济理论带来的后果。在第四部分中,我也将重点关注阿尔都塞自身分析中的矛盾所在。本文第五部分为结论。

一、阿尔都塞的遗产:资本作为"对象、理论及方法"的转换

阿尔都塞及其合作者于 1965 年出版了重要著作——《读〈资本论〉》。该书的意义显而易见,《资本论》为马克思的政治经济学批判奠定了基础,马克思的政治经济学批判的概念体系能够阐释资本主义社会与经济的因果关系结构。该书尝试对《资本论》原文进行一种集体性重新解读,这种尝试在 20 世纪 60 年代引发的矛盾冲突具体表现为一场运动,继而掀起了 20 世纪 70 年代的一场关于价值理论的争论并持续至今。

在《读〈资本论〉》的开篇部分,阿尔都塞以反问的方式阐明了他的主要论点:"《资本论》是否是古典政治经济学的简单的继续和完成,而马克思则继承了它的对象和概念?《资本论》同古典经济学的区别是否仅仅表现在方法,即从黑格尔那里借用的辩证法上,而没有表现在它的对象上?或者完全相反,《资本论》在其对象、理论和方法上构成了

认识论的根本变革？"①

通行的马克思主义传统认为，马克思的价值理论是"劳动消耗"及"劳动包含"的古典价值理论（李嘉图主义）的继续、"修正"或辩证"发展"，鉴于这一事实，此问题对于马克思主义理论自身的地位极为重要。我们应当记住两个历史上最杰出的马克思主义理论家和政治领袖——列宁与葛兰西，他们明确指出了这种存在于李嘉图的价值理论和马克思的价值理论之间所谓的理论上的"连续性"。列宁指出："亚当·斯密和大卫·李嘉图为劳动价值理论奠定了基础。马克思延续了他们的工作。他严格论证并发展了这一理论。"② 葛兰西写道："我越来越确信实践哲学（马克思主义）等于黑格尔加上大卫·李嘉图……李嘉图是黑格尔与罗伯斯庇尔的结合。"③

应当重提这样一点：从将价值当作生产一件商品并将其带入市场所需的"劳动消耗量"的古典（李嘉图主义）价值定义可以推断：商品 A 相对于商品 B 的交换价值产生于每件商品中所包含的劳动的相对数量。

正如李嘉图所提出的那样：商品的价值，或者说它所要交换的任何其他商品的数量，依赖于生产它所必需的劳动的相对数量。在阿尔都塞的理论体系中，他首次阐述了马克思的理论与古典政治经济学之间存在着的根本性的断裂，在此共识基础之上有必要注意以下几点：（1）阿尔都塞的分析证实了马克思主义著作的独创性，指出不能将马克思主义

---

① ［法］阿尔都塞等：《读〈资本论〉》，中央编译出版社 2001 年版第 4 页。

② V. I. Lenin, Three Sources and Three Component Parts of Marxism, 1913, www.marxists.org.

③ L. Althusser, Für Marx und Freud, In Ideologie und ideologische Staatsapparate, Hamburg and West Berlin, 1977, pp. 89 – 107.

纳入其他任何一种哲学传统之内，从而强调了三大原则：第一，理论上的反人道主义（反对任何形式的本质主义）；第二，反历史主义（把作为过程的历史与作为理论概念化的历史区分开来）；第三，马克思著作中存在着矛盾，尤其强调马克思1845年之后的"认识论断裂"。(2) 阿尔都塞的分析介绍了社会矛盾的辩证唯物主义概念和其他来源于"历史哲学"的认知图式之间的区别，后者包括马克思对黑格尔著作的某些阐释。(3) 该分析为一种社会总体性的创新概念进行了辩护，该概念将政治力量和意识形态关系结合起来作为资本主义生产方式的决定性的结构因素。该分析通过多元决定的核心概念致力于提出非形而上学及非目的论的决定论的问题。(4) 对历史社会形式或因素与在相互贯穿的社会实践中得以显现的条件与同时代的作为社会总体结构的生产方式的再生产的条件进行区分。(5) 坚持优先分析阶级斗争和生产关系，而不是生产力，从而不仅与古典政治经济学的"和谐"方法相断裂，而且与将"生产力的发展"视为历史的真正推动力的机械的马克思主义相断裂。(6) 该分析认为意识形态表现形式不是虚假的或神秘化了的意识形式而是一种社会错误认识的社会必要形式，这种形式在实践中得以再现。

在此论断的基础之上，阿尔都塞总结道："马克思的政治经济学批判是彻底的：它不仅对政治经济学的对象提出问题，而且对政治经济学本身提出问题，作为自己的批判对象……不管政治经济学宣称自己如何，在马克思看来，它没有任何存在的权利。"①

阿尔都塞以宣称马克思与古典政治经济学相断裂的直接方式及其分析的基本要素，提出了一种关于价值和剩余价值概念的完全不同的理

---

① 〔法〕阿尔都塞等：《读〈资本论〉》，第182页。

解：不是数量而是关系，不是"劳动包含量"的减少而是阶级剥削的特定历史形式。正如罗伯茨正确指出的那样："关系起支配作用；数字只不过是计量这些关系中的可见要素。"①

这里值得一提的是，剥削被认为是"扣除"一部分由工人生产的并包含在商品中的价值之后给非劳动阶级（资本家和地主）所带来的益处，作为劳动消耗量的古典价值概念因此与剥削概念并不是不能相互调和的。在这一点上，亚当·斯密指出："土地一成为私有财产，地主就要求分享劳动者能够在土地上饲养或收获的几乎所有的东西。地租使他从受雇于土地的劳动生产中进行了第一次的扣除……而利润则对受雇于土地的劳动生产进行了第二次的扣除。"②

当阿尔都塞强调马克思与古典政治经济学的断裂之时，他就抛开了将"劳动消耗量"（剩余劳动即是从这一数量中的扣除）当作价值的观点。他进一步指出，一切以"主—客辩证法"为基础的关于价值理论的阅读都是对哲学人道主义的回归，以"人的劳动"所创造的客观世界对人类的假想征服的观念替代马克思主义的阶级斗争、资本主义剥削及资本主义生产方式的概念。

但这一将价值视为社会关系的阿尔都塞的研究方法却引发了价值量的问题。价值如何在数量上进行计算？换言之，价值和价格之间有什么关系？阿尔都塞在《读〈资本论〉》中对这个问题所持的态度是模棱两可的。这一点我们可以从其原文中得出推断。为了明确我们的观点，有

---

① B. Roberts, The Visible and the Measurable: Althusser and the Marxian Theory of Value, Callari and Ruccio, 1996, pp. 193 – 211.

② A. Smith, An Inquiry in to the Nature and Causes of the Wealth of Nations, 2 vols. Indianapolis: Liberty Classics, 1981.

必要探讨马克思将价值视为社会关系的价值概念,这一点可以从他在《资本论》第一卷第一篇中的价值形式分析中得到印证。

二、马克思的货币价值理论与资本

如同在其他文章中所论述的那样,马克思的价值理论并没有对古典政治经济学的价值理论进行"修正"或"纠正",而是提出了一个新的理论命题,介绍了一种新的理论分析对象。马克思的价值概念与李嘉图"劳动消耗"的价值概念并不一致:马克思的价值概念是劳动过程的特定的资本主义特征与相应的劳动产品表现形式的复杂结合,通过这种方式使得资本主义关系的阐释成为可能。价值成为资本主义关系的一种表现。资本主义生产方式成为了马克思分析的主要理论对象。

为了便于论证,马克思构建了一种新的理论话语体系和新的理论范式。他指出劳动产品成为价值是因为它们是在资本主义关系的框架之内被生产出来的。他又进一步指出价值有必要以货币的形式体现出来,货币因而是资本(和价值)的最完美体现。

作为"资本产物",实用物品(使用价值)成为了价值的载体。它们成为商品、"财产",以实物形式存在,并且其价值通过物物交换的方式得以实现。换句话说,它们具有商品的特性,在市场上以特定的(货币)价格售出。从1857—1858年的《政治经济学批判大纲》到1867年的《资本论》,马克思坚持认为价值是资本主义生产方式的关系的特有表现形式。价值表现出了一件商品和其他所有商品之间的交换关系,表达了资本主义生产方式(为交换而生产及为利润而生产)中劳动过程的特定的资本主义同质化的影响,在抽象的劳动概念中得到概述。

抽象劳动决定价值，但抽象劳动并不是可以用秒表来计算的一种实证性量值。它是一种在交换过程中（并不只是在理论家的头脑中产生）形成（即以实物的形态存在）的抽象性。马克思指出："社会劳动时间以潜在的状态存在于这些商品之中，所以说只有通过商品交换的途径才能体现出来……因而普遍的社会劳动不是一个现成的先决条件，而是一个逐步显现的结果。"[1]

马克思通过分析商品流通开始展开他的价值理论（和资本主义生产方式的理论），他提出了"简单价值形式"的公式，将货币解释为价值的表现形式。从表面上来看，一定数量的某种商品交换为另外（不同）数量的另一种商品（x 量商品 A = y 量商品 B）。古典经济学家将这种交换视为实物交易，他们甚至相信所有的市场交易都可以简化为如此简单的实物交易行为（货币为这种行为提供了便利，因为货币的媒介作用，省却了对彼此需求一致性的要求）。

马克思指出，在这个公式中，我们所拥有的两件商品并不是在交换之前就具有相等价值（"相等价值"意味着可以按照为了生产这些商品而进行的"劳动消耗"的数量来独立地计量价值）。我们拥有的一件商品（公式左边的商品，即相对价值形式），可以用另外一种不同的使用价值的单位来对其进行计量（即处于等价物位置的商品可以作为以相对形式出现的商品的价值尺度）。第二种"商品"（处于等价物位置的商品 B）不是普通的商品（交换价值及使用价值单位），它仅仅为第一种商品担当了"价值尺度"与"货币"的角色。

相对价值（A）完全以等价物（B）的单位数量表现出来，后者

---

[1] K. Marx, A Contribution to the Critique of Political Economy, London: Lawrence, 1981, p.45.

（B）因为在现实世界中不存在从而其价值无法表现出来。马克思指出："但是一当上衣这种商品在价值表现中取得等价物的地位，它的价值量就不是作为价值量来表现了。

在价值等式中，上衣的价值量不如说只是当作某物的一定的量。"①

换言之，我们可以从简单价值形式得知，x 个单位的商品 A 的交换价值是 y 个单位的等价物商品 B，或者说一个单位的商品 A 的交换价值可以用 y/x 个单位的商品 B 来表现。马克思提出的"简单价值形式"仅用等价物 B 的单位来计量商品 A 的交换价值。马克思从简单价值形式的分析中不难导出货币形式。他用两个间接的理性公式来达到这样一个目的，即用总和的或扩大的价值形式及一般的价值形式来表现价值。在这个演算序列（一般价值形式）中有一个而且仅有一个等价物可以用来表现所有商品的价值。因此这些商品总是处在相对价值形式的位置。只有一件"物品"最终构成了价值的一般等价形式。货币的第一个特征是其成为一般等价物的"属性"。因此，商品的一般可交换性关系仅用一种间接媒介即货币便可表现出来——换言之，货币在交换过程中起到一般等价物的作用，所有商品（被放置在相对位置）的价值都可通过货币表现出来。马克思的分析并没有采用实物交换模式（即物物交换模式），因为它强调交换有必要以货币为媒介。货币被视作资本主义经济关系中一个内在的、必不可少的要素。马克思认为，商品并没有因此而采取了直接的相互交换形式，它们被社会所认可的交换形式是一种媒介物的形式。

在马克思的理论体系中，不可能存在任何其他的价值尺度（或表现形式）。"市场经济"（资本主义的）的本质特征并不是简单的商品交换

---

① 《马克思恩格斯全集》第 2 版第 23 卷第 70 页。

(如同主流学说所宣称的那样），而是货币与货币流通。马克思认为，劳动的社会属性表现为商品以货币的形式存在。马克思从以下几个方面定义了"作为一种社会关系的商品"：（1）资本主义的消耗（抽象）劳动，使个体转化成了社会劳动；（2）商品的一般可交换性；（3）货币作为一般等价物。马克思认为货币不但扮演了"手段"或者"尺度"的角色，甚至货币以"自身为目的"（储存，支付手段，世界货币）。此处我们暂且提出一个关于资本的简单定义，暂且提出一个（暂时的、不成熟的）资本概念：货币的职能是以自身为目的。

为了能够发挥以自身为目的的职能，货币在流通领域中必须按照"M—C—M"的公式运转。但是，由于货币的同质性，如果货币不发生量变即货币增值，那么这个公式将毫无意义。在流通过程中必须"创造"剩余货币，这样上述公式将变为"M—CM′"，其中的 M′代表 M + △M。但是，货币只有占据生产领域并纳入"M—C—M′"的流通过程中，货币才能发挥"以自身为目的"的职能，即货币发挥实现资本关系的（货币）资本职能。货币进行流通或货币纳入"M—C—M′"的流通过程的首要前提是在生产领域中对劳动力进行剥削。因而马克思认为货币的流通导致了资本。在马克思主义关于资本主义生产方式的理论中，价值和货币的概念都离不开资本的概念，它们包含了资本的概念且被资本的概念所包含。马克思的理论既是一种货币价值理论，同时又是一种货币资本理论。作为资本的货币流通将生产过程和流通过程结合起来，商品生产构成了社会资本总循环的一个阶段或一个环节（整个价格稳定过程的一个决定性环节）：M—C（= Mp + Lp）[→P→C′]—M′，这里 M 代表货币，C 代表商品的投入，即生产资料（Mp）+ 劳动力（Lp），C′代表生产过程（P）中的商品产出，这些最终形成了"更多的货币"（M′）。马克思认为："因此，价值成了处于过程中的价值，成了处于过程中的货币，从而也就成了资本。它离开流通，又进入流通，在流通中保存自己，扩大自己，扩大以后又从流通中返回来，并且不断重新开始同样的循环。"①

资本主义剥削不应被理解为从工人的劳动成果中进行简单的"减少"或"扣除"，而应当被视作一种社会关系，这种社会关系有必要以社会资本流通及剩余价值生产的形式表现出来，而剩余价值的生产以赚取（更多）货币的形式表现出来。"价值计量"的问题只有在价值的表现形式即货币形式的层面上才能得以说明。

三、马克思理论上的矛盾性

马克思的货币价值理论表明不能将价值和价格放置在同一个分析层面上。货币是价值（也是资本的）必要表现形式，从这种意义上来说，价格构成了商品价值的唯一表现形式。价值与生产价格（即价格为整个资本主义经济确保了一般平均利润率）的区别不是一个数量的问题，这种区别包含了这样一个假设：后者只是通过"在资本家之间重新分配价值的数量"从前者中产生。这种区别是两个不相称的因而不具有可比性的"实体"间的区别，然而这两个实体被因果决定关系（价值）与它们的表现形式（价格）之间的概念关系结合在一起。

正如加内特似乎所确信的那样，既然价值与剩余价值不是本质而是通过其表现形式（"价格与利润"）被表达和"计量"出来的历史上的特定社会关系，那么这种关于作为因果决定关系的价值与作为表现形式的价格之间关系的研究方法，既不是"古典的"也不是"本质主义—

---

① 《马克思恩格斯全集》第2版第23卷第177页。

人本主义"的。如同罗伯茨所正确主张的那样,这种方法研究的是"通过关系表现出来的因果关系"。然而,在《资本论》第三卷的某些观点中(尤其当涉及"价值转化为生产价格"时),马克思抛开了自己的理论推断(价值与价格间的不可比性),在价值和生产价格之间进行数量上的比较。他试图通过数学计算将前者"转换"为后者,以这种方式悄然回归到了古典的观点,根据这种观点,价值与价格在数量上等同因而在数量上也是可以进行比较的。马克思认同这样一个总问题,即:两种个别资本如果使用同一数量活劳动但不同数量不变资本,将会产生相等的价值、(按照一般利润率来计算)不等的(生产)价格。马克思因而声称,为了证明价值理论就必须要证明一点,即在经济的总体水平上,价值的总额与商品价格的总额相等,同时剩余价值的总额应当与利润总额相等("二重不变定理")。将价值转换为价格就是为了证明这一点。

换言之,马克思现在采用了一种双重的计量体系:(1)价值计量单位(例如劳动时间),这种价值计量单位可以与(2)价格(美元或其他任何货币)计量单位相互比较。换句话说,马克思很像古典政治经济学所主张的那样,认为价格可以不依赖于其形式,也就是不依赖于货币(并且与货币相剥离)而得到计量。得出来的结论就是:"抽象社会劳动"如同货币一样属于一个可以通过经验得到测量的客观世界。

由此在马克思著作中出现了另外一种理论话语,即坚持遵循古典政治经济学的传统。但是在这两套话语中存在一种概念上的分歧,使得二者之间无法相容。但是,只有少数马克思主义者愿意承认马克思成熟经济著作中可能存在着这样一些矛盾。而且第二种话语,即马克思的《资本论》中的古典式话语,招致了非马克思主义者的强烈批判,他们声称马克思并没有为"价值转换问题"找到一个正确的解决方案,因此从总体上来讲他的价值分析是错误的、多余的。

在《用商品生产商品》一书中,皮埃罗·斯拉法提出了一个不参照任何价值来计算生产价格的模式。按照这一被称作新李嘉图主义的模式,伊恩·斯蒂德曼和其他一些学者阐明了这样一个观点:马克思的价值理论对于资本主义经济的分析是多余的。事实上,斯蒂德曼宣称,马克思的价值理论"在设计一个方案来为资本主义社会提供一种唯物主义的解释方面是一个主要束缚"①。从提出劳动价值理论是多余的这一观点出发,斯蒂德曼进一步阐明了剩余分析法,按照这一方法,后来从中产生生产价格的基本体系建立在把物质剩余提升为决定性因素的物质条件之上。无论马克思主义理论的反对者分属哪一个经济学派,这些观点都为他们提供了反对马克思价值学说所需的论据。这些反对者认为,马克思的价值学说在理论上是矛盾的、多余的。

但是这种方法只是集中探讨了马克思著作中的李嘉图主义成分,忽视了马克思分析中的创新核心,即他的货币价值理论与资本。新李嘉图主义的理论如同新古典理论那样同属前货币研究方法的范畴。它将物质数量(使用价值)之间的平衡系统作为出发点,仅在随后引入了"价格"概念。众多决心反驳新李嘉图主义对马克思价值理论的批判的马克思主义经济学家陷入了斯拉法的数学技术主义,按照"转换系数"将价值转换为生产价格以寻求解决方案,为新李嘉图主义的生产体系提供一种不同的"价格形式化"等等。通过同意采用这些术语来论争,马克思主义经济学家暗中将马克思主义价值理论与货币理论从他们的总问题中抹去了。

---

① Steedman, Marx after Sraffa, London: New Left Books and Verso, 1977, p. 207.

许多针对"转换问题"的研究方法早在20世纪80年代初就已经提出来了,这些方法抛开了新李嘉图主义的数学形式化及数学形式化的形成基础——物质数量平衡。尽管这些研究方法之间存在分歧,它们都以这样或那样的方式强调:马克思关于社会资本循环的分析不是用物质数量而是用货币形式(M—C—M′)来表达的。但是,这些研究方法都认为有必要将货币单位在数量上转换为抽象劳动单位。也就是说,他们假设存在着一种相关性,以"货币价值"或"劳动时间的货币表现"的形式呈现出来,这种相关性表明"他们认为价值与生产价格具有双重计量标准——时间与货币单位"。价值与价格再次被当作是可以相互比较的单位,价值可以在数学意义上转换为价格。劳动价值的总量通过"货币价值"作为可被经验证实的数量而出现。

与所有这些分析相比较而言,我前面主张的观点包括这样一个观点:从价值到生产价格的转换是概念上的,而不是数量上的。价值显示了什么是价格,而没有确定价格的精确程度。"这样的"价值不能用数量来计量,同样在孤立的情况下也无法确定任何价值的程度。价值通过其表现形式(价格)被表达出来。价值的表现以货币为媒介。

以上观点的意义在于,认为马克思的价值理论多余的论点是错误的。马克思的理论是唯一一个为"什么是价格?"这一问题提供答案的理论(因而形成了唯一的货币价值理论)。价值与剩余价值是从理论上理解什么是(生产)价格的先决条件。

如果说有什么东西是多余的话,那就是价值与生产价格(或者抽象劳动与货币)的概念性等式。但是当马克思将"价值转换问题"设置在生产价格中时,马克思本人又再次认为价值与生产价格具有可比性。就像迈克尔·亨里希所说的那样:"新李嘉图主义的价值理论批判的真正贡献在于,它揭示了前货币价值理论对于确定非货币生产成本而言是多余的。"①

四、阿尔都塞的认识论前提与马克思的价值理论

当阿尔都塞断言马克思的政治经济学批判质疑了政治经济学的存在理由以及政治经济学建立的原则基础时,这似乎与上述关于马克思的货币价值理论与资本的论述刚好相符。这一点可以从阿尔都塞分析的某些段落里得到印证,阿尔都塞指出价值本身是"不可计量的"、"没有数量上的规定",这一观点驳斥了所有把价值看作"劳动包含"的(李嘉图学派的)价值学说。阿尔都塞这样写道:"马克思明确认为是他的发现以及他的全部经济分析的基础的那些概念,例如价值和剩余价值的概念,显然就是受到现代经济学家激烈批判的概念……这些概念在实质上却是非经济的、哲学的和形而上学的概念……这些概念是表现非经济现实的'无针对性的'概念,因为这些概念是不可计量的,没有数量的规定……经济学家所指责的马克思理论上的缺陷和弱点恰恰是马克思的力量所在。同时,也正是这一点构成了马克思同他的批评者以及某些最亲近的拥护者的根本区别。"②

罗伯茨也提出了同样的观点,他着重强调了阿尔都塞关于"结构……决不存在于它的作用之外"的观点。这是一种研究因果关系的非本质主义的方法,蒙塔格在讨论斯宾诺莎的物质概念(上帝)时提到过这一点:"物质离开属性就不能存在,在属性中物质才能得以表现并

---

① M. Heinrich, Die Wissenschaftvom Wert. Münster: Westf? lisches Dampf boot, 1999, p. 280.

② 〔法〕阿尔都塞等:《读〈资本论〉》,第86—87页。

且因此不会被说成是先于自己的表现而存在,恰恰相反,物质只有通过这样才开始存在。"① 这种哲学方法与马克思的价值形式分析直接相关。马克思认为:在价值关系以及内在于价值关系的价值表现形式中,被分离的一般物(即价值)并不构成特殊物即客观真实物(即交换价值)的性质。相反,客观真实物是被分离的一般物的一种简单表现形式或特殊实现形式……只有客观真实物是被分离的一般物的有效表现形式。当罗伯茨总结说"价值不是与其形式相分离、先于或独立于它的形式之外而被确定"之时,他似乎对这种关联有了一种非常正确的理解。罗伯茨将这一结论与阿尔都塞的分析结合起来这样写道:"价值与剩余价值由关系组成,阿尔都塞在谈到价值理论时说:"剩余价值……不是一件物品,而是一个关系的概念,一个看得见的存在物的概念,而且这个存在物只能用它的'效用来计量'。"②

阿尔都塞尽管质疑政治经济学的哲学的、认识论的预设,更不用说质疑政治经济学没有能力辨认出隐藏在经济范畴背后的阶级关系,但他却没有系统地对价值概念本身(比如劳动消耗)提出质疑。他提出马克思与李嘉图的断裂主要是基于这样一个事实:后者无法解释决定劳动力商品化的阶级关系。阿尔都塞也越来越开始怀疑价值形式的总问题,猜测马克思曾用最简单的概念寻找黑格尔式的出发点,这种出发点甚至能够使他得出了类似于人类学意义上的误解(作为人的物化的拜物主义)。因此阿尔都塞采取了一个黑格尔哲学的强烈批判者的立场,反复

---

① W. Montag, Spinoza: Politics in a world with outtr anscendence, Rethinking Marxism, 1989, p. 94.

② B. Roberts, The Visible and the Measurable: Althusser and the Marxian Theory of value, Callari and Ruccio, 1996, p. 201.

强调这与马克思的哲学命题无关。阿尔都塞似乎相信,一种关于意识形态、关于意识形态阶级斗争和意识形态机器的理论——换言之,一种与他自己当时详细阐述的理论类似的理论——与作为在经济结构水平上"自然产生"的错误认知形式的拜物主义理论是不相一致的。所有这些都证明马克思没有完全抛开前面的意识形态的(资产阶级人本主义的)总问题。但是,阿尔都塞的反黑格尔主义给人深刻印象的一个方面是:大部分当代马克思主义学者和阿尔都塞一样坚持有必要在马克思的价值概念与通行的政治经济学的价值概念之间划分界限,这些当代马克思主义学者属于所谓的"黑格尔主义的马克思主义"。他们大多数从黑格尔的哲学总问题出发倡导各种价值形式假说。

  这一明显的悖论也许可以用这样一种简单的想法得到解决:正如存在着许多马克思主义理论学说一样,也存在着"许多黑格尔哲学"。阿尔都塞的"反黑格尔主义"是,也应当被认为是阿尔都塞对一种特殊的理论关联的反思,他对其表示异议。有人把马克思主义归为黑格尔哲学的一种历史变体,阿尔都塞被迫对此作出回应。这种划分方式在战后法国的哲学界相当流行,法国哲学家一般认为,黑格尔的《精神现象学》是一种"历史哲学",黑格尔的《逻辑学》表现出一种发展更为复杂的语义学工具的努力,前者比后者的意义更为重大。沃尔夫在讨论阿尔都塞对待黑格尔的态度时,在这一点上做出了最为中肯的评价:"提出的任何以及所有解释都是以特殊的社会和自然条件为背景,对特定理论关联的介入。"①

  阿尔都塞关于价值形式问题的慎重同时也清楚地表明了他有忽视

---

① R. Wolff, Althusser and Hegel: Making Marxist Explanations Antiessentialist and Dialectical, Callari and Ruccio, 1996, p. 159.

"成熟时期的"马克思原著中的矛盾特征的倾向。这与阿尔都塞提出的"症候阅读法"不无关联,他认为这种阅读方法有潜力从马克思理论中提取出一个相对统一的理论内核。

我在前面章节中已经指出,这个理论"内核"本身是矛盾的。因此,为了说明和进一步发展马克思的理论,症候阅读法也应当被用于阅读成熟时期的马克思的原著(首先,这样能够区分成熟时期马克思的原著中所包含的两种不同的理论话语,然后再对这两种话语采取相应的立场)。

我们能够探究并解释阿尔都塞著作中在价值理论问题上论述的矛盾之处,但这并不意味着有必要否定阿尔都塞的研究方法对阅读马克思著作的相关性。尽管我们强调阿尔都塞对《资本论》第一卷第一篇的解读存在缺陷,特别是对价值形式的解读存在缺陷,我们仍然对阿尔都塞阅读取向的关键特征保持坚定的信念:这些关键特征有:阿尔都塞对阶级力量采取的一贯的关系研究方法,对哲学人道主义、本质主义、历史主义及经济主义的批判,特别是他关于马克思与古典政治经济学相断裂的观点。

五、结　论

我们考察了路易·阿尔都塞在马克思的政治经济学批判所引入的这种科学话语体系全然推翻了古典(与当代)政治经济学的一切前提与理论大厦。这一断言为马克思主义学者及其他学者探求理解马克思的货币价值理论提供了一个重要的认识论出发点。

马克思的货币价值理论是对李嘉图价值理论(价值被认为"劳动消耗")的一个根本性批判(事实上与其形成一种断裂)。马克思对货币价值理论的详细阐述与马克思的价值形式分析平行展开,首先是在

《资本论》第一卷第一篇中进行论述。马克思指出，劳动产品成为价值是因为劳动产品是在资本主义的关系框架内被生产出来的。马克思同时指明，价值必然以货币的形式表现自身，所以"货币是价值与资本的最完美的表现形式"。或者稍稍换一种方式说，货币是资本主义关系的物质体现。

剩余价值是剩余劳动分配的特定的资本主义方式的产物。更确切地说，剩余价值是一种历史上的特定社会剥削关系的概念，它以利润表现自身（而不是以纳贡或封建社会的强制劳动等形式表现出来）。另外，剩余价值还能被其表现形式即货币单位（以经验为根据）来计量。马克思的政治经济学批判并非只是宣称剥削的存在（剩余劳动的占有）。它还阐明了资本主义的剥削为什么表现为这些特定的形式，还进一步揭示了消除历史形式的必要性，正是通过这些历史形式资本主义统治才得以实现。但是阿尔都塞对马克思的价值形式分析并不印象深刻，他将马克思的价值形式分析视作是黑格尔主义对马克思的影响。因此，他没有完全理解价值形式分析对李嘉图主义的价值"劳动消耗观"的重要批判意义。他也没有识别出《资本论》及其他成熟时期的马克思的经济著作中存在的理论模糊性及死结。

尽管存在这些理论上的矛盾性，以阿尔都塞的思路为出发点阅读马克思的著作仍然是一种具有极高价值的尝试。这一思路指明了研究马克思主义的一个关键之处，那就是马克思主义理论家有必要找出马克思的总问题，然后运用总问题去进一步完善马克思的分析来应对占统治地位的资产阶级意识形态。

（金瑶梅 译）

请你重读阿尔都塞[*]

〔法〕 雅克·比岱

《生产关系的再生产》一书终于和读者见面了。阿尔都塞曾从这部书稿中抽出著名的《意识形态和意识形态国家机器》一文,发表在1971年的《思想》杂志上。

在这部著作中,阿尔都塞条分缕析地阐述了他的唯物史观,阐述了资本主义社会再生产的各种条件,以及为了终止那种再生产而进行的革命斗争。把关于意识形态及其"机器"的那些命题置于这一方案的整体和作者的政治思想背景之中,我们才能看出它们的目的以及它们的前提。

这部作品似乎属于另一个时代。在某种程度上,它确实见证了从那以后就不再可能有的一些观点。然而,事隔25年之后,它依然保持着独特的理论激发力。它还使我们面对一个在当前比在任何时候都不可能觉得过时的问题:即在一个声称以自由和平等为理想的社会,一部分人对另一部分人的统治是通过什么样的条件而不停地重新进行着自我再生产的?

---

[*] 本文选自《国外理论动态》2013年第6期。

原题注:本文译自雅克·比岱为阿尔都塞的遗稿《论再生产》(*Sur la reproduction*, Presses Universitaires de France, 1995) 初版所作的 "序言"。

这部书稿首先是一份战斗性的教学文本，它也是了解阿尔都塞思想最理想的入门书。同时它还一步步地向我们展示了阿尔都塞独创的概念的制造过程。因此，它要求一种多层次的阅读：既把它作为包含着一个时代之见证的政治文本来阅读，又把它作为以阿尔都塞式的范畴所展开的对资本主义的分析来阅读，还需把它作为关于"意识形态国家机器"和意识形态的"召唤"功能的（新）理论来阅读。

一、政治文本，理论文本

这个文本充斥着1968年五月运动的气息，那是大学生的五月，也是工人的五月，是法国历史上规模最大的罢工罢课运动的五月。共产主义记忆就这样被似乎提到议事日程上的激进变革的前景唤醒了。阿尔都塞充满激情地度过了那段日子，并把它们铭刻在了社会主义革命的漫长岁月中。当时，他心中想到的是"一个工人运动的阶级斗争在全球各个角落兴起的世纪"（是那些"成千上万的无名工人战士"等等）。在无可怀疑的未来，"我们将进入到一个社会主义在整个大地上取得胜利的世纪……革命已然提上议事日程。100年之后，甚至或许50年之后，世界的面貌将为之一变：革命将在全球占上风"。阿尔都塞想到了"无数正在或将要投入"到这场政治斗争中去的"青年战士"，他以间接的方式对他们说话。

那些只了解阿尔都塞哲学著作的读者，肯定会感到大吃一惊。在资本主义制度下进行政治的和工会的斗争的构想，"无产阶级及其盟友"夺取政权的模式，无产阶级专政的模式，这一切最主要的参照是列宁主义，"莫里斯·多列士（Maurice Thorez）的列宁主义"。这一点可以从他所沿用的布尔什维克的革命词汇和第三国际的词汇看出来："通过工会组织起来的""群众""必须"在"无产阶级先锋队的党"的"领导下去争取真正的革命目标"。阿尔都塞明确地将自己定位在被他指认为是"马克思主义经典作家"的谱系中。"在这里,我们将小心翼翼地踏进一个领域,事实上,在我们之前,马克思、列宁、斯大林和毛泽东早就进入这个领域了,只是他们没有以理论的形式将在他们的经验和做法中所隐含的决定性进步系统化。为什么呢?因为这些经验和做法首先还停留在政治实践的领域","斯大林忽视了这些问题"。这简直令人无法相信。斯大林的名字在后来发表在《思想》杂志上的那篇文章中消失了。无论如何,这种在截然不同的地点和截然不同的时刻对列宁主义的想象性重复,包含着某种超现实主义的东西。特别是在那个时刻,阿尔都塞所依靠的党显然提出了截然不同的战略,这个战略的思想基础是:通过对重要生产资料的公有化这一渐进、合法的过程而走向社会主义。

然而,这种宣示忠诚或显示忠贞的做法以及不现实的态度所带来的政治夸张和某种程度上的狂热,并不能阻挡这部著作的前进步伐,也不该妨碍我们注意到这部著作包含着一项具有重大意义的理论研究。这不是说在关于历史的这种独特观念以及他为了理解资本主义的社会结构和存在而提出的概念体系之间不存在密切的关系,而是说尽管他的参照所依据的是"马克思列宁主义哲学"、"我们的哲学",我们还是很快就会明白,就算这里涉及马克思列宁主义,阿尔都塞的思想也丝毫不属于一般意义上的正统的"马克思列宁主义"。而在今天,它值得我们将其作为激发知识的独立策源地去重新思考。

每当阿尔都塞着重指出传统理论的单纯"描述性的"特征时,理论干预的意义就向我们显示出来。那些理论涉及的主题有:基础/上层建筑的,生产力与生产关系的适应性,马克思主义的国家"理论",法权"理论",意识形态"理论"。对于所有这些主题,即对于全部马克思主义学说，他提出要以"纯粹的理论"去超越那种"描述性"的形式，那种在本质上"不稳定的"形式。在谦虚的外表下（它将仅仅提供一些关于"有限的几点"的"更新颖的细节"），归根结底，它是要在还仅仅是一种描述的地方发展出一套名副其实的理论。

二、对意识形态国家机器理论的重读

本书第一章引入了阿尔都塞的一个论点，即哲学在形式上以社会冲突和科学工作为前提，哲学史是许多形势所构成的序列，当"政治经济事件和决定性的科学事件"相遇时，新东西就在那些形势中出现了。阿尔都塞将马克思的贡献定位为"科学的"贡献：发现了"历史大陆"，形成了一套能为各门社会科学奠定坚实基础的理论。

接下来的各章——即使在一方面是对一些"经典论点"的回顾——（仍然）为我们提供了一些表达清晰的重要范畴，在对历史唯物主义所进行的阿尔都塞式的解释中，这些范畴占据着支配地位。任何"社会形态"都产生于某种"占统治地位的生产方式"。在生产关系与生产力之间的关系（它构成了基础）中，正是生产关系发挥着决定性的作用（阿尔都塞在附录中进一步发挥了这个观点）。而在这个模型的整体中，是基础而不是上层建筑（"法、国家、意识形态"）"归根结底起决定作用"。

这部书稿的独特贡献当然是从第五章到第十二章对"意识形态国家机器"和"意识形态"的详细论述。

这部著作的出版，将给我们一个重新阅读它们、从而也许是重新思考它们的机会。事实上，把《思想》杂志上发表的那篇《意识形态和意识形态国家机器》中所选的片段重新纳入到这个论述的整体中去，就会看到，在阿尔都塞关于意识形态（及其机器）的论点与他对现代历史进程所持的观念之间存在着密切的联系。事情本身非常顺理成章。关于结构的再生产理论必然是关于结构改变的理论：其目的是揭露不变的条件——最后终结那种不变性的变化也在这种不变的条件中产生。阿尔都塞关于过程中的变化（比如社会主义过渡过程中的变化）的思想，影响了他关于资本主义再产生的条件的观念，影响了关于结构的不变性的思想。归根结底，它只不过是一种理论，但它有两个入口：再生产和革命。在这里，正是这种眼光带来了那些新颖的东西。

在我看来，我们应当明白，这个理论配置的核心是法权问题（这是第五章和第十一章的主题），还有在社会主义革命进程中（与商品关系的消亡相应的）法权可能消亡的问题。我想指出，阿尔都塞所提出的这些问题在今天丝毫没有丧失其现实性，并且还没有人能在他提出问题的那种水平上给出直接的答案。

三、法及其被宣告的消亡

关于法的思想虽然先于关于国家的思想被介绍，却以把国家当作统治阶级的统治工具的国家理论为基础。阿尔都塞反复指出，国家机器很难"被各阶级间的斗争所渗透"，它是彻头彻尾的统治机器。资本主义和它之前的各种生产方式一样：这里的权力也由统治阶级来行使。诚然，被统治阶级的斗争会对社会产生影响，但只有统治阶级才行使"权力"。事实上，权力应被理解为是统治阶级相对于被统治阶级的力量的"剩余"，不久之后，阿尔都塞就是这么说的："阶级统治被认可是在国家中并通过国家而实现的，因为只有统治阶级的力量才能进入那里并在那里得到承认，不仅如此，统治阶级的力量还是国家唯一的'发动机'，是在国家中唯一能被转化成权力、权利、法律和准则的能量。"法远没有给统治带来矛盾，因此它本身只不过是统治的一个阶段。这就是那个极端的论点：暴力通过国家这架机器转变成权力，于是产生了法。这个论点支配着意识形态机器的难题性（problématique）。

第五章即"法"那一章（在《意识形态和意识形态国家机器》一文中，这一章的内容完全没有被采用）明确给出了两种陈述。第一种是经典的陈述，但阿尔都塞使它显得异常明晰。这种陈述认为，法的内容（它是缺席的）是生产关系。法虽然只有以阶级关系为根据才存在，但却只考虑个人。所以，生产关系不是法律关系，它不是由"所有制"的形式来定义的。而革命也不是改变法律关系，不是生产资料私人所有制向集体所有制的过渡。它存在于自由结合在一起的人们对生产资料实际上的共同"占有"中。但这使得阿尔都塞提出了一种更成问题的陈述，根据这种陈述，上述那种革命作为一个单一的过程，同时意味着法权的消亡和商品类型的交换的消亡。"法权的消亡只能意味着商品类型的交换的消亡，作为商品的财产的交换的消亡（……），意味着非商品的交换代替商品的交换。"

在这一点上，阿尔都塞以其全部的一致性自觉地接受并表达了共产党的理论传统，这种传统也先后是第二国际和第三国际的传统。当然，他拒绝那种认为在市场秩序中可以通过制订计划而找到替代办法的想法。相反，他力图详细说明第三种方案，它的力量来自外部，特别以"群众干预"的形式出现，对于它来说，制订计划只不过是"辅助手段"。他把"苏维埃政权加电气化"解释成"政治干预加生产力的计划性"。在我看来，他似乎没有想到，计划好的市场由于为从中央开始的特殊占有行为大开了方便之门，就不能化约为"生产力"的规定性（即工具合理性的规定性），相反，它正如商业的秩序一样，在自身中形成了某种"生产关系"即潜在的阶级关系的结构。

在法权问题与市场问题之间的关系上,我们发现了马克思的某些暧昧之处。阿尔都塞写道(这段话虽然确实存在,但却被删掉了,因而更加证明了其决心的犹豫不定):我们无法谈论社会主义法权,因为"继续存在的法权……仍然是资产阶级法权,因为只有作为商品的即资产阶级的法权,它才是法权。社会主义生产方式将废除一切法权。马克思曾……充分意识到这一点"。在这里,阿尔都塞似乎甚至超越了马克思,实际上,他从法权是对阶级关系的利用的角度,将其阐述为是纯粹的统治条件。同样,资产阶级民主在他看来也只不过是"议会民主机器形式下的资产阶级专政",所以"就本质而言,阶级斗争还是在资产阶级民主的合法形式之外展开"。

四、意识形态国家机器与国家机器

这部著作的一个核心论点是,不能满足于关于基础和上层建筑的那种隐喻的论述方法,因为这个隐喻会误导人。之所以这么说,是因为这个隐喻暗示着经济基础决定其余的一切,而在阿尔都塞看来,归根到底是社会生产关系标示着生产方式的特征,而生产关系的再生产是通过镇压性国家机器和意识形态国家机器共同来保障的。

关于意识形态国家机器的这个论点的有力之处,首先在于它源于对社会的这样一种解释:即社会中渗透着、充斥着阶级关系,社会服从于阶级权力。而阶级权力的行使是通过各种机构得以实现的,不仅仅是通过国家机构(它们属于私人相会的公共领域,与私人领域相对),还同样通过私人机构,比如教会、党派、工会、家庭、私人学校和各种文化团体等等。1970年的那篇文章贡献很大,它非常出色地(同时也是瞬息即逝地）意识到了如下事实：即社会的众多机构只是阶级统治关系的接受方。

我们知道，在这方面阿尔都塞的灵感部分来自葛兰西，后者用"市民社会"（它与"政治社会"相对，也就是说，与严格意义上的国家机关相对）这个名词来指那些（私人的和公共的）机构的整体，领导阶级的"领导权"（该阶级的意识形态的优势地位）就是通过那些机构得以实现的。但是葛兰西给意识形态这个概念赋予了世界观、知识、文化和伦理上的宽泛意义，他认为市民社会也是正在上升的阶级即无产阶级展开进步斗争的阵地，因此革命过程本身就类似于对领导权的夺取。这样看来，阿尔都塞倒转了上述理解，他把所有的机构阐释为国家机器的组成部分，而资产阶级正是通过国家机器来保障自己的统治的。

他显然并没有忽视伴随着资产阶级权利和资产阶级民主而来的解放的可能性：在讨论法的那章的开头提到康德和黑格尔就是证明。他也没有忽视社会主义运动对整个社会的民主政治的作用（众所周知，他邀请人们在机构的阵地上进行政治斗争）。但是，他以某种方式悬置了这一思考。在一种阵发性的紧张状态中，他力图指出如下事实（事实上，只有当人们极端地思考时它才能被揭示出来）：公共机构是"阶级斗争"（通过它，一个阶级强迫另一个阶级承认自己）的机关，它们保障着统治的再生产。在这里，他与霍布斯走得非常近，只有一点不同（但确实是重大的不同），那就是对霍布斯来说，国家实现了社会的有效和解，终结了暴力，从而终结了每一个人对每一个人的战争；而对阿尔都塞来说，国家恰恰保障着社会暴力的运行，从而保障着一个阶级对另一个阶级的战争。

这场一个阶级征服另一个阶级的战争是通过利用商品关系和"认可"那些关系的法而进行的。然而，正如阿尔都塞在《关于意识形态国家机器的说明》一文（这篇文章在本书的最后）中所强调的那样，这个论点不是功能主义的。因为那些机器只不过是阶级斗争的工具；因此，阶级斗争优先于占统治地位的意识形态，优先于那些机器。诚然，"国家政治归根到底由阶级斗争中统治阶级的利益决定"，但"阶级斗争永远不会停息"。阶级斗争无法被控制在再生产着统治的机器当中，因为它比那些机器更有力。

除此之外，阿尔都塞还补充说，法的条款是，只有在最后关头才依靠镇压，而在一般的规则中，规范是内在化的：它以道德意识形态的形式，作为一种召唤我们的（内在的）声音而出现。确切地说，是作为一种把我们当作主体来召唤的声音而出现。

五、质询"召唤"

通过要求我们重新思考把意识形态与上层建筑的其他组成部分并列在一起进行讨论的经典方式，通过把意识形态当作国家的意识形态从而把它置于国家结构当中，阿尔都塞意味深长地颠覆了马克思主义的传统的难题性。他的分析带来的巨大好处在于，它赋予意识形态一种唯物主义的现实主义的身份，一种社会本体论的身份，同时这种分析还把意识形态假定为一种"召唤"，每个人都通过这种"召唤"而被召唤，并被构成社会主体。以下就是他的两个论点：（1）意识形态并不"具有一种想象的、观念的或精神的存在，而是具有一种物质的存在"，因为"一种意识形态总是存在于一种机器当中"，而意识形态国家机器就是意识形态"实现"的场所；（2）"所有意识形态的功能（这种功能定义了意识形态本身）就在于把具体的个人'构成'为主体。"

这里我想说（对此更详尽的论述，可参阅我的另一些著作），虽然阿尔都塞称之为重大的概念重组，但我认为这是根本性的理论贡献。同时，这种贡献正好在于这两个论点之间的紧密关系。

大家应该不会反对我对阿尔都塞的话语加以延伸，再一次把它本身颠倒过来，并指出他的话语把我们带向了别处，而不是带向它召唤我们要去的地方。

因为，不是"内心的声音"、意识的声音而是一种公共的声音在召唤我们。它宣布我是自由的主体。这种话语就是现代宪法的话语，宪法的开篇必然是这样的：宣布人的各种权利，假定每个人都是"自由—平等的"，宣布主权者是主体，主体是主权者，宣布我们自己服从作为主权者的自己。这种话语的召唤者的具体存在，不能根据使它得以历史性地出现的事件来测度，既不能根据它的记录形式也不能根据它所在的场所来测度。从社会存在的意义上说，它的本体论身份由它所支配的制度形式、由与它融为一体的实践、还以同样的理由由构成现代性的阶级斗争来规定。而对阶级斗争来说，被宣布了的自由—平等构成了基本的参照。对这一召唤的参照，事实上在每一刻都唤起阶级斗争。因为那种召唤作为必须如实兑现的承诺，明确地呼唤着阶级斗争。

在阿尔都塞看来，意识形态和召唤都是"永恒的"，也就是说，它构成了人性，然而它是根据主体性的构成形式的历史多样性，通过多样性的历史形式去构成的。因此，必须去理解所有"现代的"召唤方式。

作为人的召唤，它只不过是人的宣言，仅仅是一种承诺，每一个人给每一个人的承诺，即每一个人只要承认自己是公民，他就成为公民。这是一条公约，仅仅是一条公约。

对国家持契约论观点的理论家们通常都没有注意到，这条公约并没有被遵守。但马克思对这种破产给出了辩证的阐述：自由—平等的契约关系"转变为自己的对立物"，因为当通过市场形式来实现自身时，它就承认了统治着它的东西，特别是通过生产资料所有权，承认了对那些生产资料不充分或只有自己的劳动力的人进行支配的权利。对自由人（在市场上自由地表现自己的自由）的召唤，变成了（从来都是）一个圈套，变成了命令，它强制人们去遵守商业秩序，遵守确定这种秩序的法律形式，遵守为商业秩序辩护的表述，并适应那些表述所召唤的实践。

尽管如此，自由—平等的承诺还在，把被统治者作为自由人、作为"自由—平等"公约参与者的"召唤"还在。但服从市场的自然的、因而也是合法的秩序的命令却同时断言，商业秩序的自由也就是公民的自由本身。矛盾的是，这也就意味着，公民们共同自由地安排社会秩序，因而也就是被共同邀请（通过这种相互的、然而作为召唤来说又是"单向的"呼唤而被邀请）去自由地依照他们对自由的想象来建立世界。那些试图冒这种险的人，特别是从1917年开始，遇到了另一种局限：即对自由的公开允诺一旦不再通过商品社会的契约性和合理性形式来兑现，就转向另一种极端形式，首先以终于被找到的普遍意志的形式出现。但普遍意志的形式，就其是被统治和被计划的理性这种社会合理性来说，也很有可能会随着束缚所带来的其他后果而发生变化。

因此，在现代时期，"阶级"关系（阿尔都塞曾有力地证明，阶级关系归根结底构成了法的对象，虽然法并没有谈到它）最重要的形式只有从这种召唤出发才能被理解。人的召唤因此只是公约，在使自身得以兑现的各种制度形式中，它具有一种与阶级关系的社会本体论相似的社会本体论身份，但在阶级关系中，它"转变为自己的对立物"。

一个奇怪的矛盾是：今天我们如果不从自由与平等的召唤出发，就不知道如何去谈论剥削和大众的苦难，谈论对边缘地区的奴役和对人民的灭绝行为。可以合理地指出，马克思在《资本论》中正好就是这样做的。在《资本论》中,马克思——不是出于教学的目的,而是为了与对现代世界的"思考"的要求相一致——从商业伊甸园的状况谈起。在商业伊甸园里,每个人都承认对方是自由—平等的。

但是,这意味着人们不再服从现有的秩序。因此,这个表面的"矛盾"也是这样一种矛盾,即解放的前景——自由—平等的承诺变成现实的前景——通过这种矛盾而依然是开放的、无限敞开的。

(吴子枫 译)

黑格尔主义和马克思：对科莱蒂的批判[*]

〔美〕安·史密斯

在《社会主义从空想到科学的发展》一书的序言中，恩格斯写道："我们德国社会主义者却以我们不仅继承了圣西门、傅立叶和欧文，而且继承了康德、费希特和黑格尔而感到骄傲"。[①] 马克思的研究者们已普遍认为，在德国古典哲学家中间，黑格尔对马克思主义理论的形成起了最重要的作用。卢西奥·科莱蒂的《马克思主义和黑格尔》对这一观点进行了激烈的抨击。[②] 在科莱蒂看来，黑格尔主义在一些最基本的观点上与马克思是对立的。他认为，马克思的真正哲学前辈不是黑格尔，而是康德，黑格尔毒害了那些马克思的追随者。尽管这个论点还要求对马克思主义的历史根源进行大量的重新思考，但科莱蒂对这个问题

---

[*] 本文选自《马列主义研究资料》1987年第3辑。
[①] 《马克思恩格斯选集》第3卷第378页。
[②] 该书是在1979年伦敦出版的，以下凡引该书，只注明页码。——译者注

的阐释已产生广泛影响。① 本文打算考察一下科莱蒂对马克思和黑格尔之间关系的认识是否成立。本文的第一部分将陈述科莱蒂的观点，第二部分将对他的观点进行分析批判。本文将要表明，虽然科莱蒂的观点给人一种颇有见地的印象，但他严重地歪曲了黑格尔体系的基本特征以及马克思理论逻辑结构的基本特征。一旦消除了这些歪曲，我们就可以清楚地看到科莱蒂过分低估了黑格尔对于马克思理论的重要性。当然，这并不是说马克思和黑格尔的观点是相同的。本文最后将扼要地阐明马克思和黑格尔的不同观点。

一、科莱蒂论黑格尔、康德及马克思的追随者

科莱蒂认为，黑格尔的思想恢复了康德以前的形而上学，恢复了作为基督教一神论原则的形而上学。这种形而上学的核心包含了两个紧密相关的命题：一是使思想优先于物质，二是消灭个别有限实体的独立存在。科莱蒂常常把黑格尔消灭物质和消灭有限看作一个问题。但这两个命题是根本不同的。我们可以单独承认其中一个，即在哲学上维护唯心主义思想但又坚持有限物体的独立存在。为此，本文将依次讨论这两个命题，以表明科莱蒂对黑格尔的解释以及他对黑格尔的"形而上学"和马克思的观点所作的比较。

---

① 英国尤其如此。例如，著名的《新左派评论》编辑佩·安德森说"卢·科莱蒂曾谈到西方哲学中有两个主要传统，一个源于斯宾诺莎和黑格尔，一个来自休谟和康德。对马克思主义这样把科学看作真正认识的唯一形式的理论，无疑要使休谟—康德传统高于斯宾诺莎—黑格尔传统。这一评论的正确性是肯定的"（《英国马克思主义概要》1980年伦敦版第6页）。安德森所引这段话见《新左派评论》第86期上的"一次政治和哲学的谈话"。

(一) 科莱蒂断言黑格尔消灭了物质

黑格尔区分了两种过程。首先是"现实的过程"或"自然的过程",其次是"逻辑的过程"或"逻辑—演绎的过程"。在前一过程中,经验世界是居先的,有限条件被置于思想之上。在后一过程中,科莱蒂写道,"思想(通过辩证方法)**消灭了**它所依赖的有限条件或现实前提……并把它所依赖的经验存在变成它的产物或者结果……在'遵从自然'的发展过程中,观念是第二位的,现实是第一位的。在逻辑过程中,正好相反,观念是第一位的,现实是第二位的;即是说,现实是由观念所演绎和派生的"(第115—116页)。科莱蒂宣称,这两种过程的区分本身不能抓住黑格尔哲学的特征,因为"在其他任何伟大的思想"中都能找到这种区分(第116页)。黑格尔的独特之处只是完全没有达到这种过程之间的平衡。后一过程吞噬了前一过程。在黑格尔看来,现实过程的独立实在是一种虚幻,只是居先、独立和自我生存的逻辑过程的表现,"黑格尔的解决办法是把'遵从自然'的发展过程贬低为表面的过程,把'遵从观念'的发展过程抬高为真实的过程。换言之,现实或'遵从自然'的过程被归结为逻辑过程和'遵从观念'过程的'现象'或表现"(第116页)。因为这一步骤,物质世界的独立性不复存在,"'真实的'不是那些外在于思想的东西,而是那些为思想所渗透的东西,即那些不再作为事物而只是'逻辑对象'或思想要素的东西。正是在这种从'外部'向'内部'的过渡中,物质被否定和消灭了"(第16页)。"由于断言物质的'本质'只是在思想中,事实上就排除了外在和先于观念的物质的任何实在性"(第17页)。

科莱蒂认为,这些都与马克思的唯物主义形成鲜明对比。马克思也区分了自然过程和构造理论的逻辑过程。但是，马克思拒绝黑格尔对客体和物质的唯心主义抛弃。马克思提出，这两种过程维持在物质因素不能归结为思想的平衡中。"如同每个伟大的思想家，马克思承认逻辑演绎过程有不可替代的作用……但与黑格尔相反，马克思坚持现实过程与逻辑过程的并列关系。抽象上升到具体只是思想把握现实的方式，而不可混同于现实本身的产生方式"（第121页）。

（二）科莱蒂断言黑格尔消灭了有限

按照科莱蒂的解释，黑格尔的理智指的是认识有限个别事物的能力。理智的认识活动运用了同一律和非矛盾律，每一有限物由此区别于别的有限物而维持自己的独特性。科莱蒂认为，黑格尔哲学内核所包含的观点被误解了。他由黑格尔的格言"有限没有真正的存在"而得出结论，对于黑格尔来说"有限是注定要消失的，是转瞬即逝和没有价值的……如果哲学原则坚持有限是非存在而唯有无限是存在，哲学在一种情况下坚持它的认识活动的逻辑一贯性：消灭有限而使无限存在，从而消灭世界并用'真正的'现实来取代这个世界"（第8页）。肯定这一点就要摈弃理智及其非矛盾律。"在溶解事物和整个有限世界的过程中，'理智'的规定，换言之所有以非矛盾律为基础的那些命题和陈述都被消灭了，而只要思想将自身与经验现象的存在连接起来并受其限制，思想就还是受束缚的"（第69页）。一旦证实有限"受制"于它的内在本质和它背后的本质，有限就不复存在。① 只有本质和"无限"是真正的

---

① "离开或否认有限的行动，被黑格尔说成是有限为了超越自身而达到其本质的客观运动"。（第15页）

存在。

这里并不是说个别有限物就没有一种无论什么样的本体论地位。有限物的地位就是作为内在本质的显现（Schein）。"为了清楚地认识无限，就必须摧毁有限和消灭物质世界。事实上，无限不能与另一种限制它的现实共处。而另一方面，一旦有限被勾销，投向来世的无限（来世使无限成为'空洞的观念'和非实际的存在）也就不存在，它就离开来世而走向此时此地，即成为人类，穿上尘世的服装"。① 这段话表明，在科莱蒂看来，黑格尔体系不过是传统犹太基督教形而上学的变种，②斯宾诺莎早先消灭了有限实体独立性的变种。③

科莱蒂认为，所有这些都与马克思的观点形成鲜明对比。在黑格尔那里，观念和普遍站在有限个体之上，以至后者最终失去了独立的本体论地位。但马克思的普遍没有本体论的实体性，只是有限个体作为主体而存在。马克思认为，把物化的普遍存在置于有限个体之上的任何企图，不过是个体的异化和把真实主体（个体）归结为虚幻主体（普遍）的宾词④。"对于马克思来说，形而上学事实上是普遍的王国和逻辑的总体，这个逻辑总体把自身设定为自我存在和把自身变为主体，（因为

---

① 科莱蒂把它描述为"同异互变"的过程。有限似乎与无限不同，但在"同义反复"的实情中，有限是无限以及无限的化身。

② 科莱蒂认为，黑格尔那里"世界被否定是让位给上帝的内在化，有限一旦'观念化'，基督教的逻各斯就能使自己实体化，无限就能由来世回到此岸"。（第80页）

③ 科莱蒂用了整章篇幅（第二章）论述斯宾诺莎哲学和黑格尔哲学的同一性。

④ 马克思指出，黑格尔那里"经验事实在其经验存在中具有不同于自身的众义。因此就没有找到理论的起点，而被当作神秘的事件"。（引自科莱蒂《马克思主义和黑格尔》第20页）

它必须是自我存在的）还随心所欲地使自身与特殊等同混淆起来，使后者（现实的实际主体）成为自身的宾词或显象"（第198页）。由此，马克思力图使政治经济学与黑格尔的形而上学对立起来，恢复同一律和非矛盾律，因为这一原则乃是所有经验科学的基础。恢复这一原则，正好是通过克服黑格尔体系得以建立的普遍物化（消灭有限）来实现的。① 当然，科莱蒂不否认黑格尔对马克思思想发展所作出的一些重要贡献。毕竟是黑格尔首先认识到劳动在人类历史中的核心地位。② 但科莱蒂认为，在认识论和本体论问题上，马克思的真正前辈不是黑格尔，而是康德。因为我们可以看到，康德明确断言存在不是一种宾词，现实不能被归结为逻辑的范畴，它是比思想"更重要的东西"。

③由此看来，"马克思主义"的思想史就是不断地与马克思自己的思想相脱离。因为按照科莱蒂的说法，马克思主义哲学的两个主要分支——正统辩证唯物主义源于（恩格斯和列宁）和西方马克思主义（包括青年卢卡奇和法兰克福学派成员等思想家）——都要回到被马克思本人明确拒绝的黑格尔思想。正统马克思主义的辩证唯物主义遵从黑格尔对非矛盾律的摈弃，从而用黑格尔思辨的自然哲学取代了马克思的经验科学倾向。在这一过程中，辩证唯物主义将真实冲突和逻辑对立等同起

---

① "打破神秘的内核和'颠倒'辩证法一只是在于恢复同一律和非矛盾律，同样也是恢复唯物主义观点。"（第48页）

② "黑格尔首先深刻认识到，人的自我对象化的发展以及这一改造人自身的过程，本质上是由劳动所完成的。"（第122页）

③ "从康德那里……马克思明显地得到——不管他是否认识到这一点，无论这一连接过程如何——现实存在的原理还是优于概念所能包含的东西。"（第222页）

来，丢掉了使存在区别于思维的"更重要的东西"①。西方马克思主义在拒绝任何物质辩证法理论之时，也犯了同样的错误。它奉行黑格尔的辩证法，系统地批判了经验科学使用的同一律和非矛盾律，然后把这一批判和批判资本主义混同起来。②科莱蒂写道："如果这一分析是正确的，那么'辩证唯物主义'和'西方马克思主义之间的差别就会显露新的含义，它与其说是唯物主义模式的马克思主义和作为'实践哲学'的马克思主义之间的差别，还不如说是同一个黑格尔传统的两个对立的和掺杂了大量异物的分支之间的差别"（第194—195页）。他得出结论说，如果马克思主义克服了对黑格尔的迷恋，回到了马克思本人的唯物主义，回到了康德思想中已有的唯物主义，它就能够成为一种正确的哲学观点。

二、黑格尔和马克思的黑格尔主义

在这一部分我将评价科莱蒂对黑格尔以及黑格尔与马克思之间关系的解释。如果科莱蒂像我将要指出的那样完全错了，那么他对康德、正统马克思主义和西方马克思主义的解释就要重新考虑。但本文不打算涉及这些内容。上面，科莱蒂对黑格尔的批判是分为两部分介绍的，以下对这一批判的分析也按此进行。

---

① "要坚持唯物主义，'辩证唯物主义'正需要这一'更重要的东西'，但它接受了黑格尔的'物质辩证法'，断言一切事物既存在又不存在，而没有认识到'物质辩证法'的根本就是否定或'毁灭'这一'更重要的东西'。"（第103页）

② "霍克梅默和阿多尔诺表明了这一片面性。与马尔库塞一道，他们把对知识和科学的浪漫主义批判作为对资本主义的社会历史批判，这是最明显的混淆错误。"（第175页）

(一) 黑格尔哲学中的唯物主义因素

结束语中将表明正确比较黑格尔的"唯心主义"和马克思的"唯物主义"的根由所在。但是,我不认为科莱蒂的对比是正确的。在这两位思想家将自然过程(经验过程)与思想过程(逻辑演绎过程)结合起来的方式中,科莱蒂找到了这种对比。让我们逐步地考察黑格尔和马克思方法论中所阐明的思想过程诸阶段以及思想过程与现实过程之间的诸环节。① 由此就可以来检验一下科莱蒂的解释。

1. 出发点 在马克思的方法论思想中,构造理论的出发点是现实的过程,经验给予的"现实和具体"。② 但正因为是直接经验到的东西,就还不能够超过对这些经验的"混然的整体观"。因此需要进一步使经验理论化。在黑格尔看来,"哲学是在思想中所把握的它那个时代。幻想哲学能够超越它的现实世界,如同幻想个人能够越过他自己的年龄一样荒唐"。③ 这也表明了黑格尔的观点:理论出发点是一定历史时期的直接经验。而且,这种直接经验也是"混然的",用黑格尔的话讲是尚未"认识的"。所以,思想也是由初始经验演进而来的。

---

① 近来的一些研究对黑格尔和马克思的哲学体系进行了系统的比较。其中有 H. G. 巴克豪斯《关于价值形式的辩证法》,载 A. 施密特编《马克思主义认识论文集》,(1969 年法兰克福版),H. J. 克拉尔《关于〈资本论〉和黑格尔本质逻辑的关系》载《黑格尔哲学的现实性和影响》(1970 年法兰克福版)。还有两本值得特别注意的著作:R. 罗斯多尔斯基用马克思主义观点所写的《马克思〈资本论〉的创作》(1977 年伦敦版)极为有用,K. 哈特曼的《马克思的理论》(1970 年柏林版)是至今写出的最详尽的用黑格尔观点对马克思理论的分析。

② 参看《马克思恩格斯选集》第 2 卷第 102—104 页。

③ 黑格尔:《法哲学》1953 年牛津版第 1 页。

2. 分析—回溯阶段 我们称之为实证主义科学的那种理论化模型完全依赖最初的经验现象，然后提出各种概念去认识这些现象。就其绝大部分而言，这些概念被任意确定来满足理论概括的许多不同层次。至少，马克思以前的政治经济学概念是如此。马克思方法的第二个步骤就是使用概念来分析尚未认识的经验，但这种概念的使用不是任意的，而是具有一种理论体系的目的。这目的体现在最终得到的最简单和最抽象的概念中（如《资本论》里的"商品"、"使用价值"和"交换价值"等）。马克思说过，从"一个混沌的关于整体的表象"出发，"经过更切近的规定之后，我就会在分析中达到越来越简单的概念；从表象中的具体达到越来越稀薄的抽象，直到我达到一些最简单的规定"。①

黑格尔也借助实证主义科学的经验概念去进一步认识尚未弄清的事实。黑格尔方法论中的经验主义因素常被人们忽视，但它清楚地表明在这段话中："特殊的认识是必需的，这种特殊性必须由它自身来认识。我们必须认识物理世界及人类社会的经验性质……离开以自身为基础的科学的努力，哲学就不可能比古人更进一步"。② 黑格尔也认为，这种

---

① 《马克思恩格斯选集》第 2 卷第 103 页。

② 黑格尔：《哲学史讲演录》1955 年伦敦版第 3 卷第 175—176 页。还可以看看黑格尔《逻辑学》（哲学百科全书的第一部分）中的论述，"哲学是以经验为出发点的，所谓经验是指直接的意识和抽象推理的意识而言。……经验科学也给思维一种激励………——这种激励使思维〔即哲学〕得以从抽象的普遍性与仅仅是可能的满足里超脱出来，进而依靠自身去发展……思维对经验科学的内容及其所提供的诸规定加以吸取……哲学发展应归功于经验"……这些被吸收进哲学中的科学内容，由于已经过思维的加工，从而取消其顽固的直接性，同时也就是思维基于自身的一种发展。由此可见……哲学的发展实归功于经验科学"。（参看《小逻辑》1980 年中文版第 52—54 页）

经验概念的使用有其理论体系的目的，即达到思想最简单和最抽象的规定（《逻辑学》中的"存在"，《法哲学》中的"财产"等）。①

3. 综合—前溯阶段 马克思还谈到，"直到我达到一些最简单的规定，于是行程又得从那里回过头来，直到我最后又回到（具体），但此时的（具体）已不是一个混沌的关于整体的表象，而是一个具有许多规定和关系的丰富的总体了。"② 从到最复杂的具体规定，这个过程包含了范畴体系的重建。这些范畴是分析一回溯阶段所使用和补充的。在理论体系的方法中，思想最终抓住了初始经验具体的实质内容。"具体之所以具体，因为它是许多规定的综合，因而是多样性的统一。因此它在思维中表现为综合的过程，表现为结果，而不是表现为起点，虽然它是现实中的起点，因而也是直观和表象的起点。在第一条道路上，完整的表象蒸发为抽象的规定；在第二条道路上，抽象的规定在思维行程中导致具体的再现"。③ 这也是黑格尔体系的结构。同样，从简单和抽象达到复杂和具体的范畴的线性进程构成了他的体系（下面我还要谈及这一结构）。

我们对思想过程诸阶段的论述到此结束。下面就来考察思想过程和现实过程之间的诸环节。

4. 思想过程的独立性 这一问题紧接上面的问题。黑格尔对思想过程独立性的强调显而易见，这里不必详述。黑格尔认为，范畴体系演进遵循不同于直接经验中事件秩序的内在逻辑的秩序，"我们获得的是

---

① 黑格尔：《科学必须由什么创始?》，见《逻辑学》1966年纽约版第79页以后。
② 《马克思恩格斯选集》第2卷第103页。
③ 《马克思恩格斯选集》第2卷第103页。

系统的思想和系统的经验存在方式。我要强调的是，经验存在方式中呈现的时间秩序不同于逻辑秩序。所以，我们不能说财产先于家庭存在，尽管这样，我们仍要首先认识财产"。①

马克思是否也承认思想过程的独立性，尚有许多争议。确实，马克思的《资本论》对实际历史过程的认识（英国的资本原始积累，阶级斗争史和技术史的相互交织）超过黑格尔许多。黑格尔的历史认识大多游离于他的范畴体系规定。使这些说法成立的许多材料并不在他的著作原文里，而是在别人对其讲演所作笔记之中，这些笔记附加在他的著作"附录"上。与黑格尔相比较，马克思在《资本论》中使用的是一种"结构—发生"的方法，这一方法使思想逻辑过程的系统认识与历史的认识密不可分。② 马克思仍然强调思想过程不只是现实发展过程的回声，"把经济范畴按它们在历史上起决定作用的先后次序来安排是不行的，错误的"。③ 例如，《资本论》一开始呈现的模式没有表述工业资本主义前的简单商品生产诸阶段，④ 似乎历史上就不曾有过这些阶段。《资本论》一开始呈现的模式，乃是对资本主义生产方式所有最简单要素进行抽象而得到的思想产物。通过使理论体系前溯到更具体和更复杂的内容，马克思重建了这一生产方式的内在逻辑。这一体系原则遵循它自身从"价值"、"货币"、"资本的生产"、"资本的流通"到"资本的分配"的内在连续性，从而表明从抽象简单规定到复杂具体的范畴过程中的最重要阶段。这一原则显然不同于一个历史阶段代替另一个历史阶

---

① 黑格尔《法哲学》1953年牛津版第23页。
② 见金德里希·泽列尼：《马克思的科学逻辑和〈资本论〉》1962年法兰克福版。
③ 《马克思恩格斯选集》第2卷第110页。
④ E.曼德尔：《马克思主义的经济理论》1971年纽约版。

段的那种原则。所以，就思想过程独立于历史过程而言，马克思和黑格尔的看法差不多。

5. 黑格尔论现实过程的自律　黑格尔对思想过程独立性的认可是否使他消灭了现实的物质过程呢？没有，黑格尔的观点同马克思一样不否定现实的物质过程，如我们看到马克思也承认思想过程的独立性而没有否定现实的物质过程。

在断言黑格尔最终否定了现实过程的自律这个问题上，科莱蒂简单重复马克思的说法："黑格尔陷入幻觉，把实在理解为自我综合、自我深化和自我运动的思维的结果，其实，从抽象上升到具体的方法，只是思维用来掌握具体并把它当做一个精神上的具体再现出来的方式。但决不是具体本身的产生过程。"① 但科莱蒂和马克思都错了。下面将阐述黑格尔关于现实物质过程对思想过程具有独立性的一些思想。

（1）正如我们在讨论分析—回溯阶段时看到的，思想过程不是来自虚空。它依赖于物质过程，其范畴体系仅是对源于经验材料的原初范畴的重建。黑格尔似乎预见到马克思要批判他的"思想自身的自我运动"的方法论，他为此写道："要使这门科学（即黑格尔体系）成立，我们必须由个别和特殊上升到普遍——这是为了重建直接经验材料而进行的活动。所以，似乎暗示理念应由自身来建立的先验认识要求的只是一种重建……但在意识中，先验认识采取过河拆桥的态度；它似乎自由地置身于自己的世界，没有阻拦的抵达这一彼岸；可是，抵达这一彼岸和发展自己的根由不在先验认识本身。"②

---

① 《马克思恩格斯选集》第 2 卷第 103 页。
② 黑格尔：《哲学史讲演录》，1955 年伦敦版第 3 卷第 176—177 页。

（2）第4小节业已表明，思想过程具有的范畴规则并不遵循经验事件的规则。当然，其反题也成立：现实过程中的历史连续性不是黑格尔体系中范畴的逻辑连续性。按照科莱蒂和马克思的推断，黑格尔把现实物质过程仅仅作为逻辑过程的显现，似乎只要掌握了逻辑过程就可以推测服从逻辑必然性的未来事件的过程。但是，黑格尔没有做这样的论证。他反而认为，现实过程有自身的未来发展模式，这一模式与思想过程的逻辑发展模式不同。①

（3）在黑格尔看来，物质经验对思想的独立性，不只是它的遵循不同规则的职能。他认为（康德和马克思也如此），还有使物质和思想区别开来的"其他东西"。在现实过程中，存在着不可忽略的偶然性因素，思想要去认识的神秘之物以及不能归结为逻辑范畴的东西。在黑格尔体系的几乎所有方面，黑格尔都指出了不为思想渗透的物质因素。例如，我们可以在个体精神、② 知觉内容、③ 市场作用④、实证法律内容⑤

---

① 在《历史哲学》中，黑格尔推测世界历史的未来发展或许会绕美国旋转。但这不是由必然性得出的。黑格尔又说"作为未来的王国，它（新世界）对我们没有任何吸引力"（1956年纽约版第87页）。

② "因为有许多必要的限制，个体精神被相互区别开来"。（《精神哲学》1971年纽约版第51页）

③ 在整理感知内容的过程中，确立了感知内容这种主观形式的偶然性和片面性。（《精神哲学》1971年纽约版第74—75页）

④ 市场"使所有家庭的常存依赖于自身和偶然性……所以，外部环境的突变、偶然性、物质条件及各种因素都使人归属于财产"。（《法哲学》1953年牛津版第148页）

⑤ 在实证法中，"可以考虑自我意志的偶然性及其他特殊情况"。（《法哲学》1953年牛津版第136页）

以及历史①中找到这种物质因素。就这些而言，思想面对不同于自身的"其他东西"。正因为黑格尔承认现实过程中的可能性和偶然性不能归结为范畴，所以他没有把物质世界归结为逻辑必然性。物质世界的独立性得到了保证。

（4）正如我们讨论理论出发点时所看到，黑格尔坚持哲学是"在思想中所把握的它那个时代"。现实过程和历史过程提供了思想过程所处的终极范围，表明了它们对于思想过程的独立性。人们或许会问，以古希腊或中世纪欧洲为基础的"黑格尔主义"体系是否完全不同于构筑在十九世纪德国之上的黑格尔自身体系？黑格尔将会指出，古希腊时代缺乏主观性原则。中世纪欧洲具有这一原则，但无法使这一原则和设想为"来世"的本质相一致。这些时期任何范畴的重建都完全不同于黑格尔的重建，（黑格尔认为）这些问题都被他克服了。我们已经注意到，黑格尔以为哲学不能先于经验科学的历史出现而得以发展。黑格尔的观点表明，构筑在哲学史上的思想体系不能超越一定历史发展时期达到的水平。相反，它们依赖于自身所在历史时期达到的原则。这样，前者（逻辑过程）完全没有否定后者（现实过程）的独立性。

---

① 从逻辑上看，一个自身不包括各种差别的抽象统一体，要先被支裂为不同实体聚合的抽象统二体，反过来也先于一个重建的更高的统一体，即把差别包含在自身中的具体统一体。由此，黑格尔能够找出世界历史的认识线索，找到由古希腊城邦（抽象统一体），经过罗马帝国和罗马法（差别、分裂）而达到近代国家（具体的差别中的统一体）的逻辑发展顺序。但黑格尔决没有把所有事件放进历史阶段的逻辑顺序中，这一逻辑顺序构成了他的历史哲学。整个历史的某一阶段所发生的特殊事件并没有包括在这一逻辑顺序中。关于"偶然性"在黑格尔体系中的位置，见迪特尔·亨利希：《黑格尔关于偶然性的理论》，载《黑格尔在上下文中》1971年法兰克福版。

6. 马克思关于思想过程的优先性 与马克思相比，黑格尔并没有过多地否定物质的独立性。这里最后要谈的是，与黑格尔相比，马克思并没有过少地承认思想过程的优先性。

科莱蒂强调马克思把现实过程和经验科学放在优先位置，乍听起来好像是令人信服和唯物主义的。但是，如果马克思信守科莱蒂的观点，《资本论》决不会出世，历史唯物主义决不会产生。因为马克思观点的要旨就是，资本主义的现实过程必然产生虚幻的现象。例如，那些沉溺于现实过程的人最终把"价格"和"供求"视为基本的经济范畴，把工资契约作为等价物的自由交换，把"资本"看作真正的生产因素，等等。经验科学从不怀疑现实过程的优先性，把所见现象当作它们理论的基本原则。这种经验科学就是马克思所说的庸俗经济学，而不会是历史唯物主义。只有坚持思想过程对现象经验中实在和物质的优先性，实在和物质的内容才能被认识。因为实在和物质有着隐含在表面现象背后的深层本质。思想的任务首先就是透过现象而到本质（由劳动时间而不是"价格"衡量的"价值"，工资契约中的剥削，生产价值的劳动等等），然后抓住使本质和现象联系起来的环节。要完成这一任务，思想仅仅坚持它的独立性是不够的，它还必须坚持对现实过程及其现象的首要性。在这一点上，马克思和黑格尔之间没有原则上的区别。

我们已经检查过黑格尔和马克思方法论所阐述的思想过程的不同阶段，我们也讨论过思想过程和现实过程之间的环节。这些都表明，黑格尔没有把现实过程归结为思想过程来消灭物质世界，同马克思一样没有认可思想过程的任何一种优先性。与科莱蒂的解释相反，这两位思想家之间的区别并不在此。确实，黑格尔强调概括了他的体系范畴规则的逻辑必然性，马克思也强调物质世界对于思想的独立性。不过，他们一方的观点是对另一方所强调观点的具体表现。黑格尔使物质的"他者"主题化，马克思的理论包含逻辑必然性（例如在马克思重建认识资本主义生产方式的范畴体系中，"价值"范畴的逻辑必然性先于"价格"范畴）。科莱蒂从黑格尔和马克思关于现实过程与思想过程如何联系的思想出发，马克思的"唯物主义"和黑格尔的"唯心主义"作了错误的比较。

（二）黑格尔哲学中有限个体的重要性

除了断定黑格尔消灭物质以外，科莱蒂还提出黑格尔思想和马克思思想对立的第二个缘由。黑格尔否认同一律和非矛盾律，并使普遍物化，从而否认有限和个体的独立存在。我在这一部分也将表明，科莱蒂的解释是错误的。在哲学原则方面，黑格尔和马克思没有什么分歧。我们在结束语中将说明，在把哲学原则应用到经验领域的过程中产生了这两位理论家之间的区别。下面按四个问题来批判科莱蒂的观点：黑格尔关于非矛盾律的地位、普遍的物化问题、"本质"（Wesen）向"观念"（Begriff）的过渡以及马克思关于有限的性质问题。

1. 黑格尔论同一律和非矛盾律。科莱蒂断言黑格尔消灭有限的第一个论点可以概括如下：确保有限，就要求我们的思想使一种有限物区别于另一种有限物；要做到这一点，同一律和非矛盾律是必需的；黑格尔在辩证逻辑中抛弃了同一律和非矛盾律，所以他消灭了有限。

这个论点没有考虑到，黑格尔体系的早期阶段并未随着体系的发展而被简单抛弃。相反，它们被保留下来，不过是作为相应的从属因素而被保留。① 弄清这一点，科莱蒂的批评就不攻自破。非矛盾律在黑格尔体系中有其自身的作用。② 当黑格尔推进其范畴时，这一定律仍保留它的相对正确。

搞清黑格尔怎样保留同一律和非矛盾律的最好办法，就是再现他超越这一定律的原因所在。就一堆任意放在一起的毫无相关的东西而言，按照同一律和非矛盾律的观点，它们是相互区别的。现在来看看一个生命有机整体的组成部分，例如身体的不同器官。这些组成部分也是相互区别的，心脏不同于肝脏。所以，同一律和非矛盾律在这里也是成立的。但我们不再考虑毫不相干实体的集合或者仅有外在关系的实体。心脏和肝脏被统一在有机体中，即使它们仍旧保持着区别。为了使这一认识成为首要原则，黑格尔引进了能够超越"同一"和"差别"的固定性的范畴，即让我们能够论述"差别中的统一"的范畴。辩证逻辑关注作为同一（整个有机体）和差别（构成有机体的不同组成部分）的统一体的有机体，所以就"超越"了同一律和非矛盾律。同一律和非矛盾律可以阐明不同组成部分之间的差别，辩证逻辑却能够既看到这些差别，又看到整体不同组成部分的统一。但是，辩证逻辑不否认同一律和非矛盾律。在同一时间关系中，同一物既不证实自身也不否定自身。辩证逻辑没有把心脏变成肝脏！所以，科莱蒂指责黑格尔否定有限的第

---

① 众所周知，黑格尔的"扬弃"（Aufhebung）一词具有双重含义了既指克服又指保留。

② 黑格尔把以非矛盾律为基础的思想称为"知性"。他说过，"作为知性的思想坚持事物性质的固定性及其相互差别。……必须肯定地承认知性的优势和作用。知性的优势在于，理论或实践离开知性就失去了固定性和准确性"。（《逻辑学》1966 年纽约版第 113—114 页）

一个论据未能奏效：即使承认了超过同一律和作矛盾律的差别中统一的逻辑，有限物还是能够被区分的。

2. 黑格尔的普遍实体化问题。科莱蒂提出的第二个论据如下：有限个体是真正主体。黑格尔的普遍实体化使这些真正主体变成想象主体或普遍的宾词。所以，求助于普遍的黑格尔体系不容有限个体的存在。

同马克思对黑格尔的批判一样，这种指责完全没有看到黑格尔思想中普遍的本体论地位。整个的形而上学史贯穿着一场论战。一方视普遍为独立现实（"唯实论"），另一方强调只有个体是"真正的现实"，普遍仅仅是名称（"唯名论"）。在黑格尔看来，这两种观点都是片面的和非辩证的。唯名论者并不满足于死盯住感官知觉到的个体事物。他们希望认清这些事物，从而假定这些事物是可以认识的。这种认识，这种对个体事物可理解性的把握，只有使用一般概念才能完成。不承认这些普遍的独立的本体论地位，结果是既否认了认识的可能性，也否认了个体事物的可理解性，从而与唯名论者自身的行动相矛盾。[①] 同样，普遍不与现存个体事物相联系，它就只是没有客观意义的空洞概念。于是黑格尔断定，任何站得住脚的本体论必须既承认普遍也承认个体。否认了普遍，就等于否认了个体；没有一般概念，个体事物就难以认识；离开个

[①] "经验主义者以知觉为把握当前实事的形式。这就是经验主义的缺点之所在了。因为知觉作为知觉，总是个别的，总是转瞬即逝的。但知识不能老停滞在知觉的阶段，必将进而在被知觉的个别事物中去寻求有普遍性和永久性的原则。这就是由单纯知觉进展到经验的过程"（参看《小逻辑》1980年中文版第113页），在我们看来，这里的经验主义就等同于"唯名论"。

体事物，一般概念就没有存在的意义。只有两者结合才能认识全体。①

这里，本文不准备为黑格尔的本体论辩护。本文所要强调的是，按照黑格尔的观点，承认普遍的本体论地位并不会使普遍实体化，也就是说不会断定普遍是"真正主体"而现存个体事物仅是普遍的宾词。由此，我们能够更准确地断定黑格尔体系中普遍被赋予的本体论地位。'在黑格尔看来，普遍乃是思想认识个体事物可理解性的一元化原则。相反，"真正主体"是统一体中产生的东西和原则性的东西。

根据黑格尔体系中常被看作普遍实体化例子的国家理论，我们就能够清楚地说明这一点。马克思和科莱蒂都指责黑格尔，因为他把国家、普遍变成了政治过程的真正主体，从而使个体公民仅仅成了国家的宾词。可是，黑格尔所认为的作为普遍的国家，不是一种"现实的"存在。毋宁说，国家是一种统摄各种现实存在的认识原则。特别要看到的是，黑格尔是按照"人民精神"②或者"民族精神"③来定义国家的。国家是一种原则，不是一种事物。尽管黑格尔急于断言这些原则同事物一样，其有一种本体论的地位。"真正主体"还是国家里面的个体公民，他们由原则而被统一在政治共同体中。黑格尔对国家的定义是："一旦意识上升为国家的普遍性意识，国家就成了具有特殊自我意识的实体意志的现实。"④作为国家基础的实体意志乃是统一政治共同体的原则。它是一种普遍的东西。它被认定有一种不同于个体公民的特殊

---

① 黑格尔称总体为"理念"：有限存在〔即个别事物〕与概念〔即普遍〕的统一即是理念。(《法哲学》1953年牛津版第225页）
② 见黑格尔：《民族法》1971年宾夕法尼亚版第92页及以下。
③ 见黑格尔：《法哲学》1953年牛津版第254页。
④ 见黑格尔：《法哲学》1953年牛津版第155—156页。

自我意识的本体论地位。黑格尔甚至还说过，实体意志就是"绝对目的本身"，它具有"相对于个体的最高权力，个体的最高职责就是作为国家的成员"（黑格尔对此还有论述）。但是，黑格尔并没有说实体意志就是真正主体，个体公民的特殊自我意识生来就是一种宾词。相反，只是在个体公民的特殊自我意识中，实体意志、普遍才具有真正的存在（"现实性"）。与科莱蒂不同，我们认为，承认一元化原则的本体论地位本身并不导致黑格尔否定由一元化原则统一起来的有限个体事物。

3. 黑格尔关于本质到概念的过渡。我们刚才已经断定，黑格尔对普遍的使用本身并没有自动地导致有限个体的消灭。不过黑格尔依赖其体系中联结普遍和个体的严密方法，也许会得到这种结果。科莱蒂的批判依赖于黑格尔的许多原话，在这些原话里面，黑格尔似乎清楚地用普遍消融了有限。

在审视科莱蒂的批判以前，如果我们想要弄清黑格尔本人的论断，至关重要的是表明这些论断在黑格尔体系结构中所处的地位。因为在科莱蒂引用的许多原话中，黑格尔似乎消融了有限：有限要么出自体系的特定位置，要么直接归因于这一位置所确立的东西。为了搞清黑格尔体系结构的意义所在，我们必须扼要地概括一下黑格尔《逻辑学》的主要部分。

《逻辑学》由三个部分组成。在第一部分，存在（Sein）诸范畴构成初级的本体论，即置于外在关系中的个体事物的本体论。黑格尔试图表明，这是一种贫乏的本体论。于是黑格尔得出第二个部分，即本质（Wesen）部分。本质诸范畴构成第二级的本体论，此时，个体事物的地位被归属到作为其基础的"本质"之下。在最后的概念

(Begriff)部分,黑格尔引进了沟通存在和本质的诸范畴;在差别的统一性范畴中,事物的每一极相互区别,但同时又被统一在结构化的总体中。科莱蒂对黑格尔"消灭有限"的引证都来自《逻辑学》前两部分或是涉及这两部分所确立的观点。在存在阶段,之所以强调有限个体缺乏独立性,是为了便于引出作为有限个体基础的"本质"。在本质阶段之所以同样如此,是为了建立不把现象作为唯一现实的第二级本体论。但在最后的概念阶段,黑格尔强调不能脱离特殊,局部,现象,有限,也就是不能脱离其对立而来思考普遍,全体,本质,无限。概念阶段的中心任务就是,推导出能在全体中保留差别因素和有限个体自律的诸范畴。

现在,让我们看看科莱蒂的两段典型论述。"'存在本质上就是非存在,我们称它为显现和外表(Schein)'(黑格尔)。如果有限和特殊没有自身存在,并且需要'他者'作为自身的'本质'或'基础',显然,要想成为自身,有限必须'忘却'在无限中从而取消自身。"(第46页)"一旦否定了有限的'虚幻'独立性,一旦确认有限没有自身有在而只是'虚幻的存在'(Schein),其本质也不在自身之中,有限就真的成了虚幻的存在或者本质的显现,成了来世的来世。"(第18页)从科莱蒂这里对黑格尔体系结构极其初步的概括来着,科莱蒂没有理解黑格尔对这一问题的定论。"显现"、"映现"、"本质"和"现象"等范畴,都是黑格尔指定给本质阶段的范畴。所以,它们只有被限定的和相对的真理性。在概念阶段,有限不仅仅是本质的现象。这里本质阶段被明确地扬弃。有限个体充分保留了自身的自律和差异,同时又与普遍保持着内在的本质统一。例如,断言个体自我只有在共同体中才能生存,并不是否定个体自我。恰好相反。这是黑格尔的立场。在掌握概念阶段的这些范畴以后,黑格尔就把社会政治领域中有限个体的充分自律作为判断国家合法性①和历史进步②的标准。

科莱蒂把黑格尔的本体论归结成一种视个别有限和普遍的差别为毫无差别的差别的"异同论",这就等于认为黑格尔的范畴体系是以本质阶段而告终的。科莱蒂把黑格尔变成十九世纪的斯宾诺莎,因为斯宾诺莎也将有限个体性仅仅作为实体的样式或属性。但科莱蒂认为,强调有

---

① "普遍物既不能没有特殊利益、知识和意志而发生效力并近于完成……现代国家的原则其有这样一种惊人的力量和深度,即它使主观性的原则完美起来,成为独立的个人特殊性的极端,而同时又使它回复到实体性的统一,于是在主观性的原则本身中保存着这个统一。"(参看《法哲学原理》中文版第260页)"个人无论采取任何方式履行他的义务,他必须同时找到他自己的利益,和他的满足或打算。本于他在国家中的地位,他的权利必然产生,由于这种权利,普遍事物就成为他自己的特殊事物。其实,特殊利益不应该被搁置一边,或受到压制,而应同普遍物符合一致,使它本身和普遍物都被保存着"。(参看《法哲学原理》中文版第262—265页)

② "实体的自由是意志固有的抽象而未成熟的理性,它要进一步在国家中发展自身。在前近代的理性阶段,存在着强调个人的思考和众志的主观自由;主观自由只有在个体中可以实现,并且构成个体自身的良心发现"(《历史哲学》1956年纽约版第104页)。正因为近代承认了主观自由的原则,黑格尔把它视为超过前近代时期的一种进步。

限个体自律正是区分黑格尔和斯宾诺莎的东西。① 概言之,科莱蒂没有弄懂黑格尔。

科莱蒂认为,消灭了有限的黑格尔哲学体系完全与马克思的思想不相容。我们已考察了黑格尔哲学体系的三个主要方面:超越同一律和非矛盾律的逻辑的运用、普遍的作用以及联结普遍和个体之间关系的具体方式。显然,这些方面都没有包含对有限个体的否定。相反,在黑格尔体系的理念顶点,黑格尔明确否认有限个体只是站在它头上的本质的表现。有限个体的独立性反而得以坚持。完成我们对科莱蒂的批判,还需要确立最后的一点。那就是表明,在马克思的哲学体系中,个体恰恰具有黑格尔哲学体系中那种同样的本体论地位。

4. 马克思和有限。在某种意义上,与黑格尔的本质向概念转化相一致的分析方法,对马克思的哲学体系极为重要。这一方法超越了同一律和非矛盾律,强调普遍的重要性,并且使普遍和有限个体之间的中介

---

① 科莱蒂用整章篇幅来合并斯宾诺莎和黑格尔。可是他从未讨论过黑格尔自己在《哲学史讲演录》中对斯宾诺莎的评价。黑格尔的观点是再清楚不过了。斯宾诺莎在反对那些满足于初级本体论的人时,同黑格尔站在一起,但他对个体的否定表明他尚未达到概念的层次,"斯宾诺莎进而论述个别事物,特别是论述自我意识、'我'的自由……关于个体,斯宾诺莎是这样讲的,把一切本物和局限性都归结到实体,而不止是紧紧抓住个别的东西。"(参看《哲学史讲演录》中文版第 4 卷第 114—115 页)"在其体系中,斯宾诺莎完全消灭了主观性、个体性和个性原则"(见《哲学史讲演录》1955 年伦敦版第 3 卷第 287 页),确实,在黑格尔青年时期的著作《耶拿逻辑》中,黑格尔的观点很接近斯宾诺莎。但是正是按照黑格尔对其早期著作中斯宾诺莎主义的克服,我们才能弄清他的思想发展。克拉斯·杜森详细说明了这一点,见他的《黑格尔逻辑学中的主体性问题》(《黑格尔研究》1976 年第 15 期)。

主题化。正因为马克思在这些方面与黑格尔一致,所以,马克思对有限的"否定"不少于——也不多于——黑格尔的。① 马克思对资本主义的分析以及对未来社会主义社会的设计,都可以证明这一点。

我们首先简单地描述一下马克思关于资本主义生产方式的模式。马克思从理论上考察了资本的循环及其变形。资本的循环可以图解如下:M—C…P…C′…M′。资本首先采取货币资本(M)的形式,然后,货币资本被用来购买一定的商品(C),特别是生产资料和劳动力。在生产过程中(P),劳动力从事生产资料的加工。在新商品(C′)被生产出来以后,资本采取了产业资本的形式。最后,我们由生产过程回到出售产品的流通过程。如果产品销售获得了利润,M′ > M,资本采取了符合其本性的形式,货币生出货币。于是,利润的一部分用于资本家的消费。剩余部分被积累起来用于再投资,开始下一个循环。

在分析这个循环的内在逻辑时,同一律和非矛盾律是适用的。不同资本的个别形式是相互区别的,资本的生产不同于资本的流通。但是,马克思的分析没有仅仅固守在这些差别之上。看不到资本循环诸阶段是既区别又统一的,就不可能抓住这一过程的实质内容。所以,形式逻辑的同一律和非矛盾律必须由辩证的差别性的统一律来补充。马克思的经济危机理论就奠定在这一定律之上。在资本主义的生产方式中,一种资本形式有可能在短时期内与其他的资本形式相分离。例如,买进的商品就能够脱离销出的商品。正是这样造成了整个循环在危机中瓦解的可能

---

① 科莱蒂没有从黑格尔那里引证相关的问题。在下面这段有名的信件引文中,马克思自己谈到《资本论》的完成有一份黑格尔的功劳:"我又把黑格尔的《逻辑学》浏览了一遍,这在材料加工的方法上帮了我很大的忙。"(《马克思恩格斯全集》第29卷第250页)

性。危机的发展在于实现那种"否定"有限形式的独立性要求的统一，如同黑格尔哲学中对"有限"的强制否定一样。"**危机**无非是生产过程中已经彼此独立的阶段强制地实现统一"。① 这里，马克思清楚地运用了黑格尔的辩证逻辑，即超越同一律和非矛盾律的逻辑。"如果，比如说买和卖，或者说商品的形态变化运动，代表着两个过程的统一，或者确切些说，代表着一个经历两个对立阶段的过程，因而，如果这个运动本质上是两个阶段的统一，那么，这个运动同样本质上也是两个阶段的分离和彼此独立。但因为它们毕竟有内在联系，所以有内在联系的因素的独立只能强制地作为具有破坏性的过程**表现出来**。正是在**危机**中，它们的统一、不同因素的统一才显示出来。相互联系和相互补充的因素所具有的彼此的独立性被强制地消灭了。因此，危机表现出各个彼此独立的因素的统一。没有表面上彼此无关的各个因素的这种内在统一，也就没有危机。"②

除了使用辩证逻辑以外，马克思还采取了黑格尔的普遍理论。"资本"是容纳了不同形式的统一原则。"资本"是一种普遍。它甚至具有一定的本体优先性，这在资本的不同形式彼此独立所造成的危机趋向中可以看到。但马克思一再强调，资本不是一种"物"。它的现实不能脱离它所统一起来的个别形式。这些不同的形式，即市场上的买卖活动、生产的劳动过程等都是资本增殖过程的"真正主体"。

然而在资本主义的生产方式中，普遍和个别之间的中间环节采取了片面的形式。普遍的实体化可以缺少任何本体的基础。不过，这种实体

---

① 《马克思恩格斯全集》第 26 卷第 2 册第 581 页。
② 《马克思恩格斯全集》第 26 卷第 2 册第 571 页。

化的现象是由资本主义制度所产生的。结果,"资本"似乎具有物的特性,并且成了社会经济过程的"真正主体"。现实的人的活动——他们才是事实上的"真正主体"——被当作一种潜在本质,即无止境追求增加积累的"资本"的现象。个人的生活命运,整个社会的经济繁荣以及国家的发展,似乎都作为"资本"需求的职能而消长。

与这种异化现实相反,马克思提出一种新的社会制度。马克思抛弃了空想社会主义者勾勒的社会主义社会的美好蓝图。马克思认为,巴黎公社的某些方面可以作为未来社会主义社会的模式。马克思特别赞赏巴黎公社让任何政府官员(不管是"经济"还是"政治"部门的)只拿工人平均工资的薪金,通过直接选举并且可以撤换。①

就这些方面而言,黑格尔的术语可以很容易地概括马克思的论点。首先,促使维护社会普遍利益的公共机构制度化(反对那种只关注局部利益的无政府主义模式)。其次,通过直接选举那些施行公共权力的官员,使相关的个体与普遍达到一致。最后,政府机构让这种个体与普遍的一致得以永远保持。只有相关的个体能够撤换那些不再维护普遍利益的政府官员,只有确认那些把自己看作独立于其他阶层的政府官员阶层缺乏物质的基础,方可以促成这了一点。这里,统一了个体的普遍并不像"资本"那样与个体为敌。普遍不是作为一种像资本积聚的命令一样的外在力量施加于个体。相反,个体的存在不再与政治共同体相脱离或疏远。在马克思看来,只有这样才算是个体的真正自律:"只有在集

---

① "公社的真正秘密就在于:它实质上是工人阶级的政府,是生产者阶级同占有者阶级斗争的结果,是终于发现的、可以使劳动在经济上获得解放的政治形式。"(参看《马克思恩格斯选集》第 2 卷第 378 页)这三个方面都由马克思在《法兰西内战》。(参看《马克思恩格斯选集》第 2 卷第 372—376 页)中讨论过。

体中,个人才能获得全面发展其才能的手段,也就是说,只有在集体中才可能有个人自由。……在真实的集体的条件下,各个个人在自己的联合中并通过这种联合获得自由。"①

在资本主义社会中,马克思发现了使个体服从其命令的本质("资本")。马克思看到,社会主义民主中的普遍是与个体的自律相一致的。所以,从哲学原理的角度看,马克思关于资本主义向社会主义的转化完全相似于黑格尔的本质向概念的转化。科莱蒂的正确之处在于强调,马克思主义没有按照斯宾诺莎的方式在全体中吞噬有限个体。但他完全没有看到,马克思这里使用的哲学范畴直接源于黑格尔的《逻辑学》。

结束语

我已证明,黑格尔的方法论并没有使他消灭物质,从而与马克思的思想不相容。因为在黑格尔和马克思那里,具体的历史经验既是思想的出发点又对思想过程保留其自律性,而思想过程既独立于现实过程又对现实过程具有一定的优先性。我还证明了,黑格尔的哲学体系并没有使他消灭有限个体,从而与马克思主义不相容。黑格尔的辩证逻辑、普遍的性质以及联结普遍和个体的方法,都没有导致这种结果。而在马克思的资本主义理论和未来社会蓝图中,都可以找到这些东西。所以说,科莱蒂的《马克思主义和黑格尔》一书的主要论题并不正确。不过,黑格尔主义是与马克思主义不相容。这与黑格尔的唯心主义和有限个体的自律性观点有关。其缘由并不是科莱蒂所指出的那些。

---

① 《马克思恩格斯选集》第1卷第82页。

黑格尔的"唯心主义"在三个领域与马克思的"唯物主义"形成对比。因为这些领域已是广为人知，这里只简要地陈述一下。第一个领域是理论的证实问题。黑格尔认为，思想体系能够在自身内部证实自己的正确性。这就说明了他的体系的循环结构，最后的范畴将证实最初的范畴的选择，正像最后的范畴必须紧随最初的范畴一样。马克思拒绝这种唯心主义的证实理论，即没有脱离观念领域的证实理论。他选择了物质实践的证实理论："人的思维是否具有客观的真理性，这并不是一个理论的问题，而是一个实践的问题。人应该在实践中证明自己思维的真理性，即自己思维的现实性和力量，亦即自己思维的此岸性"。①

第二个对比就是黑格尔和马克思关于人类历史的理论观点。黑格尔认为，思想体系对历史具有解释的首要性。特别是宗教世界观的传播，开创了世界历史的一个新阶段。宗教原则被不断地融合到法律的、社会的、经济的和政治的制度中。例如，正是基督教带来了近代世界的原则："这种意识〔人是自由的〕首先出现在宗教这个精神的最深处。把宗教原则引进现实世界的各种关系中是一个比简单输入更为广泛的问题，因为宗教原则的传播和应用需要一个艰难和漫长的文化过程。要证明这一点，我们可以指出，在接受基督教以后奴隶制并没有立即消失。在国家中，自由仍然没有居支配地位；政府及其宪法要么采取一种合理的制度，要么承认自由是它们的基础。宗教原则应用于政治关系，以及塑造和渗透社会结构的过程，乃是同历史本身相一致的过程"。② "离开在现实世界诸关系中表现自身的宗教，国家和法律都不会存在"。③ 在

---

① 《马克思恩格斯选集》第1卷第16页。
② 黑格尔：《历史哲学》英文版第18页。
③ 黑格尔：《历史哲学》英文版第416页。

马克思的历史理论中，像宗教世界观这样的思想体系并没有历史解释中的这种首要性。与物质的社会经济过程相比，文化现象仅有相对的自律性，"这种历史观就在于：从直接生活的物质生产出发来考察现实的生产过程，并把与该生产方式相联系的、它所产生的交往形式，把各个不同阶段上的市民社会，理解为整个历史的基础，然后必须在国家生活的范围内描述市民社会的活动，同时从市民社会出发来阐明各种不同的理论产物和意识形式，如宗教、哲学、道德等等，并在这个基础上追溯它们产生的过程。这样做当然就能够完整地描述全部过程（因而也就能够描述这个过程的各个不同方面之间的相互作用）了"。①

黑格尔的唯心主义与马克思的唯物主义对立的第三个领域，使我们触及到有限个体的自律性问题这一核心论题。黑格尔和马克思使用的共同原则都使他们主张一种社会制度，普遍和个体可以保持自身差别而统一在其中，即共同体的优先性并不会牺牲个体的自律性。不过，只是黑格尔感到，个体的自律性原则上可以在近代资本主义制度中得以保持。在其体系的模式中，黑格尔概括了可以保证这一点的一些方面：个人的财产权、个人的受教育权、个人的言论自由权、诸如按照公共法律由同等的公民进行公正审判的其他公民权等。②所以，黑格尔在思想上与近代资本主义国家相调和。他对近代国家的态度，就是思辨地（"唯心主

---

① 《马克思恩格斯选集》第1卷第43页。
② 关于财产权利，见《法哲学》第一部分"抽象法"，关于儿童受教育权利，见第174节，论自由主义，见第319节，其他公民权利见"司法"整个部分。近来，对黑格尔政治著作的学术研究强调黑格尔思想中的这些自由主义因素，否认黑格尔是极权主义的先驱者的观点。见 Z. A. 佩尔森斯雄编的论文集《黑格尔的政治哲学：问题和观点》（1971年纽约版）。

义地")去理解近代国家的内在合理性。

马克思认为，黑格尔所列举的措施完全不能保证个体在政治共同体中的自律性。只要社会服从资本积累的规律，像财产权这样的措施反而准许一个阶级对另一个阶级的剥削。这种剥削既否定了被剥削阶级成员的个体自律性，也妨碍了联合所有利益的真正普遍的实现。于是，马克思的理论最终要求一种改造物质现实的实践，以便造就一种使普遍（共同体）与个体的自律性真正统一起来的物质现实。这种物质实践的要求是马克思所捍卫的唯物主义的第三个、也许是最重要的方面，这是黑格尔哲学所没有的。

（原载美国《科学和社会》1986年夏季号）

（欧阳谦 译）

图书在版编目（CIP）数据

国外马克思主义研究Ⅱ / 冯章主编. —北京：
中央编译出版社，2015.11
（马克思主义研究资料 / 杨金海主编；36）
ISBN 978-7-5117-2846-3

Ⅰ.①国… Ⅱ.①冯… Ⅲ.①马克思主义 – 研究 – 国外 – 文集　Ⅳ.①A81-53

中国版本图书馆 CIP 数据核字（2015）第 274773 号

国外马克思主义研究Ⅱ

出 版 人：刘明清
责任编辑：邓　彤
责任印制：尹　珺
装帧设计：田晗工作室
排版制作：北京吉浪世纪制版科技有限公司
出版发行：中央编译出版社
地　　址：北京西城区车公庄大街乙 5 号鸿儒大厦 B 座（100044）
电　　话：（010）52612345（总编室）　　（010）52612352（编辑室）
　　　　　（010）52612316（发行部）　　（010）52612317（网络销售）
　　　　　（010）52612346（馆配部）　　（010）55626985（读者服务部）
传　　真：（010）66515838
经　　销：全国新华书店
印　　刷：山东鸿君杰文化发展有限公司
开　　本：787 毫米×1092 毫米　1/16
字　　数：386 千字
印　　张：31.25
版　　次：2015 年 11 月第 1 版第 1 次印刷
定　　价：190.00 元

网　　址：www.cctphome.com　　邮　　箱：cctp@cctphome.com
新浪微博：@中央编译出版社　　微　　信：中央编译出版社（ID：cctphome）
淘宝店铺：中央编译出版社直销店（http://shop108367160.taobao.com）　（010）52612349

本社常年法律顾问：北京嘉润律师事务所律师　李敬伟　问小牛
凡有印装质量问题，本社负责调换。电话：（010）55626985